미국 사람들이 매일 쓰는

인생
영단어

원어민 녹음 MP3 다운로드
지니의 영어방송국 www.joyclass.co.kr

휴대폰 암기카드앱 다운로드
구글 스토어 또는 애플 앱스토어에서 '지니의 영어방송국'으로 검색

지니쌤 동영상 강의(유료)
지니의 영어방송국 www.joyclass.co.kr

지니쌤 유튜브 강의
https://www.youtube.com/c/지니의영어방송국

Prologue

이 책을 5번 이상 보세요.
여러분의 영어, 수준이 달라집니다!

영어를 잘하는 가장 효과적인 방법은 무엇일까요? 21세기 전 세계 많은 언어학자들은 이렇게 말하고 있습니다.

With 2,500 to 3,000 words, you can understand 90% of everyday English conversations, English newspaper and magazine articles, and English used in the workplace.
2,500에서 3,000 단어로 영어로 이뤄지는 일상대화, 신문과 잡지, 그리고 비즈니스에 쓰이는 모든 영어의 90%를 이해할 수 있다.

미국 사람들은 평생 가야 한 번 쓰지도 않는 어려운 단어만 알아서는 영어를 잘할 수 없습니다. 영어를 잘하는 가장 효과적인 방법은 그들이 자주 쓰는 쉬운 단어를 제대로 알고 쓰는 것입니다. 단어를 제대로 모르면 회화, 듣기, 읽기, 쓰기 – 그 어느 것도 못합니다. 하지만 여러분께서 학창 시절, 노트를 까맣게 채우며 외웠던 〈단어-뜻〉식의 식상한 방식으로 공부해서는 절대로 영어를 잘할 수 없습니다.

〈인생 영단어〉는 제가 5년이 넘는 시간을 투자해서 개발한 국내 어디에서도 볼 수 없는 독특한 영어 교재입니다. 미국 사람들이 자주 쓰는 단어를 엄선해서 그 단어를 제대로 쓸 수 있도록 실용적인 영어표현과 표현의 쓰임에 대한 해설, 그리고 단어가 활용된 회화 패턴까지 단어에 대한 다양한 정보를 담고 있습니다.

이 교재를 통해서 모든 영어의 90%를 차지하는 단어 그리고 영어표현과 회화패턴을 먼저 공부하세요. 그리고 나서 여러분들이 좋아하는 미드나 영화, 영어원서를 보세요. 영어가 '공부하는 대상'이 아니라 '즐거움을 주는 재미'가 될 겁니다.

이 책이 나오기까지 많이 격려해주신 지니의 영어방송국 히월닌들과 사랑하는 부모님, 아내 혜성, 누아들 재민과 영민, 그리고 멋진 디자인으로 책을 꾸며주신 이윤정 님과 항상 지영방의 발전을 위해 애써주시는 김승영 실장님께 감사의 마음을 전합니다.

지니쌤

Construction

Dialogue

대화문을 통해 표제어를 제시하여
실제 회화 상황에서 각 단어들이
어떻게 쓰이는 지를 자연스럽게
접할 수 있도록 구성하였습니다.

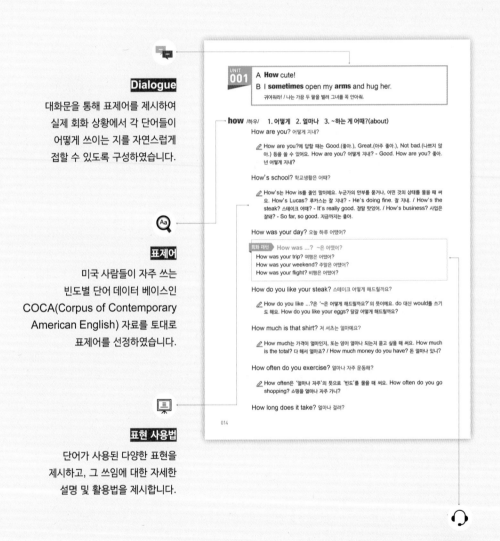

표제어

미국 사람들이 자주 쓰는
빈도별 단어 데이터 베이스인
COCA(Corpus of Contemporary
American English) 자료를 토대로
표제어를 선정하였습니다.

표현 사용법

단어가 사용된 다양한 표현을
제시하고, 그 쓰임에 대한 자세한
설명 및 활용법을 제시합니다.

회화패턴

단어를 활용한 회화패턴을 제시하여 학습한
단어를 실생활에서 사용할 수 있도록 실용성을
더욱 높였습니다.

accept /억쎕ㅌ/　받다, 받아들이다
　　Do you accept credit cards? 카드 받아요?

acceptable /억쎕터블/　받아들일 수 있는
　　The food was acceptable, but no more.
　　음식은 그런대로 괜찮았는데, 그 이상은 아냐.

cash /캐쉬/　현찰
　　Will you pay in cash or by card? 현찰로 하시겠어요, 카드로 하시겠어요?
　　in cash 현찰로, by card 카드로

card /카-ㄹ드/　카드; 신분증을 요구하다
　　They carded me. 그들은 내게 신분증을 요구했어.

관련단어 묶어보기

표제어와 관련된 단어들을 함께
제시하여 암기 효율을 극대화할 수
있도록 구성하였습니다.

Review

5개 Unit이 끝날 때마다 복습할 수 있는
장치로 Review Test를 제공합니다.
<우리말-영어> 방식의 영작 훈련을
통해 영어 표현력을 높일 수 있도록
구성했습니다.

Review

우리말 뜻을 보고 영어 단어를 써넣으세요.

01 스테이크 어떻게 익혀드릴까요?	How do you _____ your steak?
02 해변에 가는 게 어때?	How _____ going to the beach?
03 팔짱을 끼고	_____ in _____
04 나 좀 태워줄래?	Can you give me a _____?
05 그는 웨이터로 일해.	He works _____ a waiter.
06 조언 고마워.	Thanks for the _____.
07 돈이면 다 돼.	Money _____.

Index

Index

교재에서 다루고 있는 모든 단어를
알파벳 순서로 수록하여 단어 검색이
필요할 때 쉽게 찾을 수 있도록
했습니다.

Contents

Contents

Contents

Contents

UNIT 001

A **How** cute!

B I **sometimes** open my **arms** and hug her.

귀여워라! / 나는 가끔 두 팔을 벌려 그녀를 꼭 안아줘.

how /하우/   1. 어떻게   2. 얼마나   3. ~하는 게 어때?(about)

How are you? 어떻게 지내?

> ✎ How are you?에 답할 때는 Good.(좋아.), Great.(아주 좋아.), Not bad.(나쁘지 않아.) 등을 쓸 수 있어요. How are you? 어떻게 지내? - Good. How are you? 좋아. 넌 어떻게 지내?

How's school? 학교생활은 어때?

> ✎ How's는 How is를 줄인 말이에요. 누군가의 안부를 묻거나, 어떤 것의 상태를 물을 때 써요. How's Lucas? 루카스는 잘 지내? - He's doing fine. 잘 지내. / How's the steak? 스테이크 어때? - It's really good. 정말 맛있어. / How's business? 사업은 잘돼? - So far, so good. 지금까지는 좋아.

How was your day? 오늘 하루 어땠어?

> **회화 패턴** ▶ **How was ...?** ~은 어땠어?
> How was your trip? 여행은 어땠어?
> How was your weekend? 주말은 어땠어?
> How was your flight? 비행은 어땠어?

How do you like your steak? 스테이크 어떻게 해드릴까요?

> ✎ How do you like ...?은 '~은 어떻게 해드릴까요?'의 뜻이에요. do 대신 would를 쓰기도 해요. How do you like your eggs? 달걀 어떻게 해드릴까요?

How much is that shirt? 저 셔츠는 얼마예요?

> ✎ How much는 가격이 얼마인지, 또는 양이 얼마나 되는지 묻고 싶을 때 써요. How much is the total? 다 해서 얼마죠? / How much money do you have? 돈 얼마나 있니?

How often do you exercise? 얼마나 자주 운동해?

> ✎ How often은 '얼마나 자주'의 뜻으로 '빈도'를 물을 때 써요. How often do you go shopping? 쇼핑을 얼마나 자주 가니?

How long does it take? 얼마나 걸려?

✎ How long은 '얼마나 오래', take는 '시간이 걸리다'의 뜻이에요. 평소에 얼마나 시간이 걸리는지 물을 때 써요. How long does it take to get there by taxi? 거기까지 택시로 얼마나 걸리죠?

How about going to the beach? 해변에 가는 게 어때?

회화 패턴 ▶ **How about ...?** ~하는 게 어때?

How about next Friday? 다음 주 금요일 어때?
How about a drink after work? 퇴근하고 한 잔 어때?
How about renting a car? 차를 렌트하는 게 어때?

관련단어 묶어보기

however /하우**에**붜/ 하지만

However, this is not my fault. 하지만 이건 내 잘못이 아니야.

sometimes /**썸**타임ㅈ/ 가끔 (= at times)

Sometimes I have to work late. 가끔 야근을 해야 해.

✎ always 항상, usually 보통, often 자주, sometimes 가끔, hardly 거의 ~않다, never 결코 ~않다

arm /아-ㄹ암/ 1. 팔 2. (arms) 무기

I broke my arm. 팔이 부러졌어.
They walked arm in arm. 그들은 팔짱을 끼고 걸었다.
arm in arm 팔짱을 끼고
It's illegal to carry arms. 무기를 소지하는 것은 불법이다.

A How much should I **give** her **as** a **tip**?

B Two **dollars** will be enough.

그녀에게 팁으로 얼마를 줘야 해? / 2달러면 충분할 거야.

give /기ㅂ/ (gave-given) **주다**

Can you give me a ride? 나 좀 태워줄래?

> give me a ride 태워주다, give me a hug 안아주다, give me a hand 도와주다, give me a call 전화하다, give me a discount 깎아주다

Give me five. 하이파이브.(= Give me a high-five.)

I don't give a damn. 난 신경 안 써.(= I don't care.)

> damn은 '빌어먹을, 젠장'의 뜻으로 쓰이는 비속어예요. n은 발음하지 않습니다. 이 표현은 격식을 갖춘 상황에서 쓰기엔 적절하지 않으니 주의하세요.

He gave up without a fight. 그는 싸우지 않고 포기했어.

give up 포기하다

as /애ㅈ/ 1. ~로써 2. ~할 때 3. ~해서 4. ~함에 따라서

He works as a waiter. 그는 웨이터로 일해.

As I was having dinner, the phone rang. 저녁을 먹고 있을 때, 전화가 울렸어.

As he was out, I left a message. 그가 외출 중이어서, 메시지를 남겼어.

As she grew older, she got prettier. 그녀는 나이가 들수록, 더 예뻐졌어.

tip /팁/ 1. **팁** 2. **조언** 3. **끝**

Did you leave a tip? 팁 남겼어?

Thanks for the tip. 조언 고마워.

the tip of the iceberg 빙산의 일각

dollar /달러/ **달러**

Your total comes to 30 dollars. 다 합해서 30달러입니다.

money /머니/ 돈

Money talks. 돈이면 다 돼.

✎ '돈으로 모든 걸 살 순 없어.'라고 말할 때는 Money can't buy everything.을 써요.

He made a lot of money. 그는 돈을 많이 벌었어.
make money 돈을 벌다

coin /코인/ 동전

Let's toss a coin to decide. 동전을 던져 결정하자.

✎ 무언가를 결정하기 위해 동전을 위로 던지는 것을 toss a coin 또는 flip a coin이라 해요. 인물이 나오는 동전의 앞면이 heads, 뒷면이 tails예요. Let's toss a coin. Heads, we don't go; tails, we do. 동전을 던져 결정하자. 앞면이 나오면 안 가고, 뒷면이 나오면 가는 거야.

UNIT 003

A I just **saw** a car **accident**.
B Where did it **happen**?

방금 교통사고를 봤어. / 어디서 일어났는데?

---

see /씨-/ (saw-seen) 1. 보다, 만나다 2. 이해하다 3. 알아보다

Nice to see you again. 다시 보니 반갑다.

✎ 아는 사람을 다시 만났을 때는 Nice to meet you again.이라 하지 않아요. meet는 모르는 사람을 처음 만났을 때에 써요.

I see what you mean. 무슨 말인지 알겠어.
I'll see when the movie starts. 언제 영화가 시작하는지 알아볼게.
I think you should see a doctor. 병원에 가보는 게 좋겠어.
see a doctor 의사의 진찰을 받다

Are you seeing someone? 사귀는 사람 있니?

✎ see는 보통 진행형으로 쓰지 않지만, '사귀다'의 뜻일 때는 진행형(be seeing)을 써요.

17

sight /싸이트/ 1. 시력 2. 보기, 봄

She has good sight. 그녀는 시력이 좋아.

It was love at first sight. 첫눈에 반한 사랑이었어.

at first sight 첫눈에

watch /와-취/ 1. 보다 2. 조심하다

I watched TV all day long. 하루 종일 TV를 봤어.

> ✐ see는 어떤 것이 자연스럽게 눈에 들어와서 볼 때, watch는 무언가를 의식적으로 오래 지켜
> 볼 때 써요.

Watch your step. 발밑 조심해.

witness /위트니씨/ 목격자

She is the only witness. 그녀가 유일한 목격자야.

accident /액씨던트/ 사고

It was an accident. 그건 실수였어.

> ✐ 직역하면 '그것은 사고였다.'인데, 주로 의도하지 않게 안 좋은 일이 생겼을 때 써요. 일부러
> 그런 건 아니고 실수였음을 강조하는 표현이죠. I didn't mean to break it. It was an
> accident. 그걸 깨뜨리려 했던 건 아냐. 그건 실수였어.

He had a car accident. 그는 교통사고를 당했어.

I met him by accident. 우연히 그를 만났어.

meet ... by accident 우연히 ~을 만나다(= run into, bump into)

happen /해편/ 1. 일어나다 2. 우연히 ~하다(to-v)

It happens all the time. 늘 있는 일이야.

> ✐ 안 좋은 일이 생긴 상대방에게 흔히 있는 일이니 상심하지 말라고 할 때 써요. It happens.
> 로 줄여 표현하기도 해요. I didn't get the promotion. 나 승진 못했어. - Chin up. It
> happens all the time. 기운 내. 살다보면 그럴 수 있어.

Do you happen to know him? 혹시 그를 아니?

회화 패턴

Do you happen to-v ...? 혹시 ~하니?

Do you happen to remember his name? 혹시 그의 이름 기억해?
Do you happen to have a sleeve? 혹시 컵 홀더 있나요?
Do you happen to know her number? 혹시 그녀의 전화번호 아니?

관련단어 묶어보기

occur /어커ㄹ/ **일어나다**

When did the accident occur? 언제 사고가 났어?

A What are you doing **now**?
B I'm **trying** to access the **Internet**.

지금 뭐 하고 있어? / 인터넷에 접속하려는 중이야.

now /나우/ **지금**

It's now or never. 지금 아니면 기회가 없어.

> 🖉 무언가를 빨리 결정하지 않으면 다음 기회는 없다고 말할 때 써요. It's now or never, so make up your mind. 지금 아니면 기회가 없으니 결정해.

We should leave right now. 우리는 지금 당장 떠나야해.
right now 지금 당장

He'll be home by now. 그는 지금쯤 집에 있을 거야.
by now 지금쯤

From now on, I'll be more careful. 앞으로는 더 조심할게.
from now on 앞으로는

Now's not a good time. 지금은 좀 그래.

관련단어 묶어보기

nowadays /나우어데이ㅈ/ **오즘**

Kids nowadays are lazy. 요즘 아이들은 게으르다.

recent /뤼-쓴트/ **최근의**

This is his most recent novel. 이게 그의 가장 최근 소설이야.

recently /뤼-쓴틀리/ **최근에**

19

I haven't seen him recently. 최근에 그를 본 적이 없어.

---

try /트라이/ **1. 노력하다 2. 시도하다**

What are you trying to do? 뭘 하려는 거야?

> **회화 패턴** **I'm trying to-v ...** ~하려 해
>
> I'm trying to understand her. 그녀를 이해하려 해.
> I'm trying to save some money. 돈을 좀 모으려 해.
> I'm trying to cut down on carbs. 탄수화물을 줄이려고 해.

Have you ever tried Korean food? 한국 음식 먹어본 적 있어요?

어떤 음식을 먹어본 경험이 있는지 물을 때 Have you ever tried ...?를 써요. Have you ever tried Greek food? 그리스 음식 먹어본 적 있어요?

May I try this dress on? 이 옷 입어 봐도 돼요?

try on 입어보다, 신어보다

Give it a try. 한번 해봐.(= Give it a shot.)

관련단어 묶어보기

attempt /어템프ㅌ/ **시도하다**

He attempted to escape from the prison. 그는 탈옥을 시도했다.

effort /에풔ㅌ/ **노력**

Learning English takes a lot of effort. 영어를 배우는 것은 노력이 많이 필요해.

take effort 노력을 필요로 하다

Internet /인터넷/ **인터넷**

I looked it up on the Internet. 인터넷에서 찾아봤어.

관련단어 묶어보기

website /웹싸이ㅌ/ **웹사이트**

For more information, visit our website.
더 많은 정보가 필요하면 저희 웹사이트를 방문해 주세요.

A Can I **pay** on installment plans?
B **Sorry**, we only **accept cash**.

할부로 지불할 수 있나요? / 죄송하지만 저희는 현금만 받아요.

pay /페이/   1. (paid-paid) 지불하다   2. 급여

I paid ten dollars for this book. 이 책을 사는데 10달러를 지불했어.

> 🖊 동사 pay는 [pay+지불금액+for+구매대상] 또는 [pay for+구매대상]으로 써요. I paid $100 for this jacket. 이 재킷을 100달러에 샀어. / I paid for this jacket. 이 재킷을 샀어.

He is highly paid. 그는 급여가 높아.
The pay is too low. 급여가 너무 낮아.

sorry /쏘뤼/   1. 미안한   2. 유감인

I'm sorry, but I can't. 미안하지만, 안 되겠어.

> 🖊 I'm sorry.에 '괜찮아요.'라고 답할 때 That's all right., That's okay., No problem., No worries., No big deal., No sweat., Don't worry about it., Never mind. 등 다양한 표현을 쓸 수 있어요.

Sorry to bother you, but are you Mr. Rogers?
귀찮게 해서 죄송합니다만, 로저스 씨 맞나요?
I'm sorry to hear that. 정말 유감입니다.
Would you like a drink? – Sorry? 뭐 좀 마실래요? - 뭐라고 하셨죠?

> 🖊 상대방의 말을 알아듣지 못했을 때 Sorry?, Excuse me?, Pardon?, Come again? 등을 쓸 수 있어요.

관련단어 묶어보기
disappointed /디써**포**인티드/   **실망한**

Frankly, I'm disappointed. 솔직히 실망했어.

pity /피티/   **유감**

What a pity! 정말 안됐다!

It's a pity that you can't join us. 우리와 함께 할 수 없다니 아쉽다.

회화 패턴 ▶ It's a pity that ... ~하다니 아쉽다

It's a pity that you can't come. 못 온다니 아쉽다.
It's a pity that you're leaving. 가야 한다니 아쉽다.
It's a pity that he's not here. 그가 여기 없어서 아쉬워.

---

accept /억쎕트/ 받다, 받아들이다

Do you accept credit cards? 카드 받아요?

관련단어 묶어보기
acceptable /억쎕터블/ 받아들일 수 있는

The food was acceptable, but no more.
음식은 그런대로 괜찮았는데, 그 이상은 아냐.

---

cash /캐쉬/ 현찰

Will you pay in cash or by card? 현찰로 하시겠어요, 카드로 하시겠어요?
in cash 현찰로, by card 카드로

관련단어 묶어보기
card /카-ㄹ드/ 카드; 신분증을 요구하다

They carded me. 그들은 내게 신분증을 요구했어.

우리말 뜻을 보고 영어 단어를 써넣으세요.

01 스테이크 어떻게 익혀드릴까요?　　　How do you _____ your steak?

02 해변에 가는 게 어때?　　　How _____ going to the beach?

03 팔짱을 끼고　　　_____ in _____

04 나 좀 태워줄래?　　　Can you give me a _____ ?

05 그는 웨이터로 일해.　　　He works _____ a waiter.

06 조언 고마워.　　　Thanks for the _____ .

07 돈이면 다 돼.　　　Money _____ .

08 병원에 가보는 게 좋겠어.　　　I think you should _____ a doctor.

09 발밑 조심해.　　　_____ your step.

10 늘 있는 일이야.　　　It _____ all the time.

11 그는 지금쯤 집에 있을 거야.　　　He'll be home _____ now.

12 앞으로는　　　from now _____

13 최근에 그를 본 적이 없어.　　　I haven't seen him _____ .

14 이 옷 입어 봐도 돼요?　　　May I _____ this dress on?

15 급여가 너무 낮아.　　　The _____ is too low.

16 정말 유감입니다.　　　I'm _____ to hear that.

17 실망했어.　　　I'm _____ .

18 정말 안됐다!　　　What a _____ !

19 카드 받아요?　　　Do you _____ credit cards?

20 그들은 내게 신분증을 요구했어　　　They _____ me

Answer

01 like　02 about　03 arm　04 ride　05 as　06 tip　07 talks　08 see　09 Watch　10 happens
11 by　12 on　13 recently　14 try　15 pay　16 sorry　17 disappointed　18 pity　19 accept
20 carded

A We have a **delivery** service

B **Please** have it delivered to **this address**.

배달합니다. / 이 주소로 배달해 주세요.

---

delivery /딜리붜뤼/　배송, 배달

How long does delivery take? 배송은 얼마나 걸려요?

관련단어 묶어보기
deliver /딜리붜/　배달하다

When can you deliver the item? 언제 물건을 배달해 줄 수 있나요?

---

please /플리-ㅈ/　부디, 제발

Yes, please. 네, 그럴게요.(↔ No, thanks.)

✎ Would you like some more cake? 케이크 좀 더 드실래요? - Yes, please. 네, 그
럴게요. / No, thanks. 아뇨, 괜찮아요.

관련단어 묶어보기
pleased /플리-즈ㄷ/　기쁜

I'm pleased to meet you. 만나서 반갑습니다.

✎ This is my wife. 이쪽은 제 아내입니다. - I'm pleased to meet you. 만나서 반갑습
니다.

pleasant /플레즌ㅌ/　유쾌한

She's a pleasant person. 그녀는 유쾌한 사람이야.

pleasure /플레져/　기쁨

My pleasure. 도움이 되어 저도 기뻐요.

✎ That's very kind of you. 정말 친절하시네요. - My pleasure. 도움이 되어 저도 기뻐
요.

24

this /디쓰/ 1. 이 사람, 이것 2. 이번

Peter, this is my friend, Susie. 피터, 이쪽은 내 친구 수지야.

✎ 누군가에게 소개를 할 때 He is나 She is를 쓰지 않아요. 우리말로도 '이쪽은'이라고 하는 것처럼 영어로도 This is를 써서 표현해요.

I'm going to New York this Friday. 이번 주 금요일에 뉴욕에 갈 거야.

관련단어 묶어보기

that /댙/ 1. 그것, 저것 2. 그렇게

That's it. 그게 다예요.(= That's all.)

✎ 식당에서 주문을 마치면서 쓸 수 있어요. 상황에 따라서는 '바로 그거야!' 또는 '이제 그만해!' 의 뜻으로도 사용해요. 그리고 종업원이 주문을 받으며 '그게 다인가요?'라고 물을 때는 Is that it?을 씁니다.

I don't like fish that much. 생선을 그다지 좋아하지 않아.

That's because he's too cocky. 그건 그가 너무 건방지기 때문이야.

> **회화 패턴** ▸ **That's because ...** 그건 ~ 때문이야
>
> That's because I love you. 그건 내가 널 사랑하기 때문이야.
> That's because I have a cavity. 그건 내가 충치가 있기 때문이야.
> That's because you never practice. 그건 네가 연습을 안하기 때문이야.

That's why I don't like him. 그래서 그를 좋아하지 않는 거야.

> **회화 패턴** ▸ **That's why ...** 그래서 ~한 거야
>
> That's why I like this place. 그래서 내가 이곳을 좋아하는 거야.
> That's why I take the subway. 그래서 내가 지하철을 타는 거야.
> That's why it's so cheap. 그래서 그게 그렇게 싼 거야.

address /어드뤠쓰/ 1. 주소 2. 연설

What's your name and address? 성함과 주소가 어떻게 되세요?
She gave an address to the United Nations. 그녀는 유엔에서 연설을 했다.

A **Time** doesn't **affect** you at all.

B **What** do you mean?

시간이 너에게 전혀 영향을 주지 않는구나. / 무슨 말이야?

time /타임/ 1. 시간 2. 번, 회

There's no rush. Take your time. 급할 거 없어. 천천히 해.

How many times do I have to tell you? 도대체 몇 번이나 말해야 해?

It's time to go. 갈 시간이야.

> 회화 패턴 ▶ **It's time to-v** ... ~할 시간이야
>
> It's time to get up. 일어날 시간이야.
> It's time to get off work. 퇴근할 시간이야.
> It's time to start packing. 짐을 꾸려야할 시간이야.

Did you have a good time at the party? 파티에서 좋은 시간 보냈니?

have a good time 좋은 시간을 보내다

He is getting married. - It's about time.

그는 결혼해. - 이제 그럴 때도 됐지.

> ✏️ It's about time.은 오랫동안 기다려온 일이 이루어졌을 때 쓰는 표현이에요.

I was about ten at the time. 그 당시 나는 10살쯤이었어.

at the time 그 당시

affect /어펙트/ 영향을 미치다

Smoking can affect your health. 흡연은 건강에 영향을 줄 수 있다.

관련단어 묶어보기

effect /이펙트/ 영향

His death had a big effect on me. 그의 죽음은 내게 큰 영향을 끼쳤어.

effective /이펙티브/ 1. 효과적인 2. 유효한

Massage is effective against back pain. 마사지는 허리 통증에 효과적이다.

This contract is effective for one year. 이 계약은 1년간 유효해요.

what /왙/ 무엇

What do you do? 무슨 일 하세요?

> ✎ 상대방의 직업을 물을 때 What's your job?은 너무 직설적인 느낌이 들기 때문에 잘 쓰지 않아요. What do you do? 또는 What do you do for a living?을 쓰죠. What do you do for a living? 무슨 일 하세요? - I'm a lawyer. 변호사예요.

What do you do for fun? 취미가 뭐야?

> ✎ 상대방의 취미를 묻고 싶을 때 What's your hobby?처럼 딱딱한 표현보다는 What do you do for fun?이나 What do you do in your free time?을 쓰는 것이 좋아요.

What are you up to? 뭐해?

> ✎ What are you doing?과 비슷한 표현이에요. up to 다음에 미래를 나타내는 표현이 오면 '~할거니?'의 뜻으로 쓰여요. What are you up to tonight? 오늘밤에 뭐해?

You look stressed. What's going on? 스트레스 받는 것 같아. 무슨 일 있어?

> ✎ What's going on?은 '무슨 일 있어?' 외에 '별일 없니?'의 뜻으로 상대방의 안부를 물을 때도 써요. Hey, Oliver, what's going on? 안녕, 올리버, 별일 없니? - Not much, Mike. How've you been? 별일 없어, 마이크. 그동안 어떻게 지냈니?

You look nice. What's the occasion? 멋진데. 무슨 날이야?

What do you think? 어떻게 생각해?

> 우리말 '어떻게'를 직역해서 How do you think?라 쓰지 않아요. 상대방이 생각하는 '방법'을 묻는 것이 아니라 '내용'을 묻는 것이기 때문이죠.

What brings you here? 여긴 어쩐 일이야?

> ✎ What brings you here?는 이곳에 온 이유를 묻는 표현이에요. '여기 왜 오셨어요?'란 우리말을 그대로 Why are you here?라 말하면 따지는 듯 한 느낌을 줄 수 있으니 주의하세요.

What took you so long? 왜 이렇게 오래 걸렸어?

> ✎ 직역하면 '무엇이 너를 그렇게 시간 걸리게 했니?'예요. 상대방이 늦었거나 일을 늦게 마쳤을 때 써요. What took you so long? 왜 이리 늦었어? - Too much traffic. 차가 너무 막혔어.

I need your address. - What for? 네 주소가 필요해. - 왜?

What if something goes wrong? 일이 잘못되면 어쩌지?

What if ...? ~하면 어쩌지?

What if it rains tomorrow? 내일 비오면 어쩌지?
What if she says no? 그녀가 아니라고 하면 어쩌지?
What if we miss the last bus? 우리 막차를 놓치면 어쩌지?

관련단어 묶어보기

whatever /워레붜/ 무엇이든

Do whatever you want. 하고 싶은 대로 해.

What flavor do you want? - Whatever. 어떤 맛으로 먹을래? - 아무거나.

 Whatever.는 '그러든가 말든가.' 또는 '됐어.'의 뜻으로 언짢은 기분을 나타낼 때 쓸 수 있어요. 때에 따라서는 상대방의 말에 관심이 없다는 식의 성의 없이 답변으로 들릴 수 있으니 주의하세요. We're having pizza tonight. 우리 오늘밤에 피자 먹을거야. - Whatever. 그러든지 말든지.

UNIT 008

A **Why** are you **crying**?
B My husband is having an affair.
A Oh **no**. How did you **find** out?

왜 울고 있어? / 내 남편이 바람을 피우고 있어. / 아니 이런. 어떻게 알았어?

why /와이/ 왜

I don't know why she's angry with me. 왜 그녀가 나한테 화를 내는지 모르겠어.

회화 패턴 **I don't know why ...** 왜 ~인지 모르겠어

I don't know why she left. 그녀가 왜 떠났는지 모르겠어.
I don't know why you like her. 네가 왜 그녀를 좋아하는지 모르겠어.
I don't know why they broke up. 그들이 왜 헤어졌는지 모르겠어.

Why don't you take a break? 좀 쉬지 그래?

회화 패턴 **Why don't you ...?** ~하지 그러니?

Why don't you get a flu shot? 독감 주사를 맞지 그래?
Why don't you give it a try? 한번 해 보지 그래?
Why don't you google it? 구글로 검색해 보지 그래?

Why don't we go to the party together? 우리 같이 파티에 가는 게 어때?

Why don't we ...? 우리 ~하는 게 어때?

Why don't we go surfing this weekend? 우리 이번 주말에 서핑 하러 가는 게 어때?
Why don't we have steak for dinner? 우리 저녁으로 스테이크 먹는 게 어때?
Why don't we go see a movie? 우리 영화 보러 가는 게 어때?

Can you give me a ride home? – Why not?
집까지 태워다 줄 수 있니? - 물론이지.(= Sure.)
I can't do it. – Why not? 난 못해. - 왜 안 되는데?

✎ 우리말은 상대방에게 이유를 물을 때, 상대의 말이 긍정이든 부정이든 '왜?'라고 묻지만, 영어
에서는 상대의 말이 긍정이면 Why?, 부정이면 Why not?을 써요.

---

cry /크라이/ **울다**

I cried my eyes out last night. 어젯밤에 눈이 퉁퉁 붓도록 울었어.

✎ 말 그대로 '눈이 빠질 정도로 울다'의 뜻이에요. 오랜 시간 펑펑 우는 것을 나타냅니다.

tear /티어ㄹ/ **눈물**

She was in tears. 그녀는 눈물을 흘리고 있었어.

---

no /노우/ **하나도 없는**

I have no money on me. 나 지금 돈이 한 푼도 없어.

nope /노웁/ **아니**

Hungry? – Nope, I just ate. 배고파? - 아니, 방금 먹었어.

✎ No.라는 의미로 구어체에서는 Nope.이나 Nah.를 쓰기도 해요. Do you want to come
with us? 우리와 같이 갈래? - Nah, I've got too much work. 아니, 나 할 일이 너무
많아.

29

find /퐈인드/ (found-found) 1. 찾다 2. 알아내다(out) 3. ~라고 생각하다

I can't find my passport. 여권을 찾을 수가 없어.

> '~을 찾다'라고 할 때 find와 look for를 쓸 수 있어요. find는 '찾은 결과', look for는 '찾는 과정'에 초점을 둡니다. 예를 들어 '직업을 구하는 중이야.'라고 할 때는 I'm finding a job.이 아니라 I'm looking for a job.이라고 해야 하죠.

I found out the truth by accident. 그 사실을 우연히 알게 되었어.

> find out은 몰랐던 지식이나 사실 등을 연구나 경험을 통해서, 혹은 다른 사람에게 들어서 알게 되었을 때 써요.

She found the work dull. 그녀는 그 일이 지루하다고 생각했다.

UNIT 009

A I **think** that referee is **favoring** the home team.

B I **agree** with you.

저 심판이 홈팀을 봐 주고 있는 것 같아. / 나도 동의해.

---

think /띵크/ (thought-thought) 생각하다

What do you think? 어떻게 생각해?

> **회화 패턴** What do you think of ...? ~을 어떻게 생각해?
>
> What do you think of him? 그를 어떻게 생각해?
> What do you think of this plan? 이 계획을 어떻게 생각해?
> What do you think of our new boss? 새 상사를 어떻게 생각해?

Will we make it in time? - I think so.
우리 제시간에 도착할까? - 그럴 거야.(↔ I don't think so.)

I never thought I'd become an actor. 배우가 되리라곤 생각도 못했어.

> **회화 패턴** I never thought I would ... ~은 생각도 못했어
>
> I never thought I would say this. 이런 말하리라곤 생각도 못했어.
> I never thought I'd win the lottery. 복권에 당첨되리라곤 생각도 못했어.
> I never thought I'd see her again. 그녀를 다시 만나리라곤 생각도 못했어.

We're thinking of moving to Seoul. 우리는 서울로 이사할 생각이야.

(사람) be thinking of ... ~할까 생각중이야.

I'm thinking of getting a new car. 새 차를 살까 생각중이야.
She's thinking of changing her job. 그녀는 직장을 옮길까 생각중이야.
He is thinking of applying to grad school. 그는 대학원에 진학할까 생각중이야.

Come to think of it, that makes sense. 생각해 보니 일리가 있네.
come to think of it 생각해 보니

thought /또-ㅌ/ 생각

I'll give it some thought. 생각 좀 해볼게.

On second thought, I'd like to go. 다시 생각해 보니 가고 싶어요.

on second thought 다시 생각해 보니

favor /풰이붜/ 호의

Can I ask you a favor? 부탁 하나 해도 될까?

favorite /풰이붜뤄ㅌ/ 1. 매우 좋아하는 2. 매우 좋아하는 것

What's your favorite season? 무슨 계절을 제일 좋아해?

✎ favorite는 단순히 '좋아하는'이 아니라 '제일 좋아하는(like best)'의 뜻이에요.

What's your favorite ...? ~을 제일 좋아해?

What's your favorite food? 무슨 음식을 제일 좋아해?
What's your favorite song? 무슨 노래를 제일 좋아해?
What's your favorite movie? 무슨 영화를 제일 좋아해?

My all-time favorite song is Yesterday. 내가 가장 좋아하는 노래는 Yesterday야.

These chocolates are my favorite. 이 초콜릿은 내가 제일 좋아하는 거야.

agree /어그뤼-/ 동의하다(↔ disagree)

I agree with you on that. 그 점에서 너와 동의해.

I couldn't agree more. 전적으로 찬성이야.(= You can say that again.)

I couldn't agree more.는 '더 이상 동의할 수 없다.'로 더 동의할 수 없을 만큼 전적으로 동의한다는 뜻이에요.

Indian food doesn't agree with me. 인도 음식은 나한테 안 맞아.
not agree with ... ~의 몸에 맞지 않다

관련단어 묶어보기

agreement /어그뤼-먼트/ **합의**

They finally came to an agreement. 그들은 마침내 합의에 도달했어.

disagree /디스어그뤼-/ **동의하지 않다**

I disagree with what you say. 나는 네 말에 동의하지 않아.

UNIT 010

A **Let** me tell you a **story** I just **read**.
B Go **ahead**. I'm all ears.

내가 방금 읽은 얘기를 말해 줄게. / 말해 봐. 잘 들을게.

---

let /렛/ (let-let) **허락하다**

Let me know when you're done. 다 끝나면 알려줘.
Let me tell you something. 내 말 좀 들어봐.

회화 패턴 **Let me ...** 내가 ~할게

Let me help you. 내가 도와줄게.
Let me hold your bag. 내가 가방 들어줄게.
Let me check my schedule. 일정 확인해 볼게.

I'm hungry. Let's eat. 배고파. 밥 먹자.
Let's say you lose. 네가 졌다고 치자.

회화 패턴 **Let's say ...** ~한다 치자 / ~라고 가정해 보자

Let's say you're right. 네가 맞다 치자.
Let's say you ask her out. 그녀에게 데이트 신청을 했다 치자.
Let's say you can live on $100 a day. 하루에 100달러로 살 수 있다 치자.

Don't let me down again. 다시는 날 실망시키지 마.
let down ~을 실망시키다

story /스토-뤼/　1. **이야기**　2. **층**

It's a long story. 얘기하자면 길어.

Long story short, I don't like him. 한마디로 난 그를 좋아하지 않아.

> ✏ long story short는 '간단히 말하면'의 뜻으로 처음부터 설명하자면 너무 긴 얘기라 요점만 줄여 말하고 싶을 때 써요.

The movie was based on a true story. 그 영화는 실화를 바탕으로 했다.
true story 실화

This is a 10-story building. 이것은 10층짜리 건물이다.

---

read /뤼-ㄷ/　(read-read) 1. **읽다**　2. **읽어주다**

Read my lips. 내 말 잘 들어.

> ✏ 내 입술을 읽으란 말은 상대방에게 내가 말하려고 하는 내용을 집중해 들으라는 뜻으로 쓰는 표현이에요.

I'll read you a bedtime story. 내가 잠잘 때 이야기 하나 읽어줄게.

You read my mind. 내 마음을 읽었구나.

> ✏ 직역하면 '네가 내 마음을 읽었다.'로 내가 생각하고 있던 걸 상대방이 똑같이 말했을 때 써요. I think we should go out to a movie tonight. 오늘밤에 영화 보러 가는 게 어떨까 싶어. - You read my mind. 나도 똑같은 생각했는데.

---

ahead /어헤ㄷ/　**앞으로**

Go straight ahead and turn left. 앞으로 죽 가다가 왼편으로 도세요.

Sure, go ahead. 그럼요, 하세요.

> ✏ go ahead는 중단했던 것을 계속 하라고 하거나, 상대의 부탁이나 요청을 허락할 때 쓰는 표현이에요.

관련단어 묶어보기

forth /포-ㄹ뜨/　**앞으로**

Move your body back and forth. 몸을 앞뒤로 움직여라.

back and forth 앞뒤로

우리말 뜻을 보고 영어 단어를 써넣으세요.

01 배송은 얼마나 걸려요?　　　　How long does _____ take?

02 만나서 반갑습니다.　　　　　　I'm _____ to meet you.

03 그게 다예요.　　　　　　　　That's _____.

04 그건 그가 너무 건방지기 때문이야.　That's _____ he's too cocky.

05 성함과 주소가 어떻게 되세요?　What's your name and _____?

06 천천히 해.　　　　　　　　　_____ your time.

07 이제 그럴 때도 됐지.　　　　It's _____ time.

08 취미가 뭐야?　　　　　　　What do you do for _____?

09 무슨 날이니?　　　　　　　What's the _____?

10 여긴 어쩐 일이야?　　　　　What _____ you here?

11 일이 잘못되면 어쩌지?　　　What _____ something goes wrong?

12 좀 쉬지 그래?　　　　　　Why don't _____ take a break?

13 어떻게 생각해?　　　　　　_____ do you think?

14 배우가 되리라곤 생각도 못했어.　I never _____ I'd become an actor.

15 다시 생각해 보니 가고 싶어요.　On _____ thought, I'd like to go.

16 부탁 하나 해도 될까?　　　Can I ask you a _____?

17 전적으로 찬성이야.　　　　I couldn't agree _____.

18 네가 졌다고 치자.　　　　Let's _____ you lose.

19 얘기하자면 길어.　　　　　It's a long _____.

20 그럼요. 하세요.　　　　　　Sure, go _____.

Answer

01 delivery　02 pleased　03 it　04 because　05 address　06 Take　07 about　08 fun
09 occasion　10 brings　11 if　12 you　13 What　14 thought　15 second　16 favor　17 more
18 say　19 story　20 ahead

A What time do you need to get up **tomorrow**?

B **By** six **o'clock**. I set my **alarm** for six.

내일 몇 시에 일어나야 돼? / 6시까지. 6시로 알람을 맞춰 놨어.

tomorrow /터마뤄우/ 내일

Bye. See you tomorrow morning. 잘 가. 내일 아침에 보자.

관련단어 묶어보기
today /터데이/ 오늘; 요즘

Young people today have no respect. 요즘 젊은이들은 존경심이 없어.

by /바이/ 1. 옆에 2. ~에 의해 3. ~까지

I'd like a table by the window. 창가 쪽 자리로 부탁해요.

This cake was made by me. 이 케이크는 내가 만들었어.

I have to finish this work by Friday. 금요일까지 이 일을 끝내야 해.

> 🖉 by는 지금 이루어지지 않은 일이 언제까지는 이루어져야 한다고 말할 때 써요. 반면 until은 지금의 상태가 언제까지 계속 이어질지에 대해 말할 때 쓰죠. I stayed until morning. 나는 아침까지 머물렀어.

관련단어 묶어보기
beside /비싸이드/ 옆에

She sat down beside her husband. 그녀는 남편 옆에 앉았다.

He was beside himself with anger. 그는 화가 나서 제정신이 아니었어.

beside oneself 제 정신이 아닌

o'clock /어클락/ ~시

It's five o'clock. 5시야.

o'clock은 of the clock을 줄인 표현으로 '시계에서'의 뜻이에요. five o'clock은 five of the clock, 즉 '시계에서 5'를 나타내죠. o'clock은 '정각'을 나타낼 때 시간을 나타내는 숫자 다음에 써요. 생략하기도 해요. It's two o'clock in the morning. = It's two in the morning. 새벽 2시야.

clock /클락/   **시계**

They worked around the clock. 그들은 쉬지 않고 일했다.
around the clock 쉬지 않고

---

alarm /얼라-ㄹ암/   **1. 알람   2. 경보 장치**

I set the alarm for seven o'clock. 7시로 알람을 맞춰 놓았어.
set the alarm for ~시에 알람을 맞추다
A car alarm went off in the middle of the night.
한밤중에 자동차 도난 경보 장치가 울렸다.

UNIT 012

A How did you **do** on your **test**?
B I **scored** above average.

시험은 어떻게 봤어? / 평균 이상 득점했어.

do /두/   (did-done) 1. 하다   2. 성공하다   3. 지내다   4. 충분하다   5. 요리하다

You did the right thing. 넌 옳은 일을 한 거야.
We did it! 우리가 해냈어!
I'm doing well. 난 잘 지내.
That'll do. 그거면 충분해.

That'll do.에서 do는 be good enough, 즉 '충분히 괜찮다'란 의미에요. 상황에 따라서 '그 정도면 충분해.' 또는 '충분히 했으니 이제 그만해.'란 뜻으로 써요. I've only got twenty dollars. Is that enough? 20달러 밖에 없어. 그거면 돼? - OK, that'll do. 그래, 그거면 충분해. / That'll do, Billy. Stop your crying. 이제 그만해, 빌리. 울음 그쳐.

I'm doing chicken for dinner. 저녁으로 닭요리를 하고 있어.

He's doing the laundry. 그는 빨래를 하고 있다.

> ✏️ do the laundry 빨래하다, do the ironing 다림질하다, do the dishes 설거지하다, do the cooking 요리하다, do one's homework 숙제하다, do one's hair 머리를 손 질하다

I'm done with my work. 일을 다 끝냈어.

> ✏️ be done은 '(지금까지 해오던 것을) 끝내다'예요. 이때 done은 '끝난, 완료된'의 뜻으로 상 대방의 제안을 받아들일 때 쓰기도 해요. I'll offer you $5,000 for the car. 그 차 값으로 5,000달러 드릴게요. - Done. 그럽시다.

> **회화 패턴** ▶ **(사람) be done with/v-ing ...** ~을 끝냈어 / ~을 다 했어
> I'm not done with my coffee yet. 아직 커피 다 못 마셨어.
> I'm almost done reading this book. 이 책 거의 다 읽었어.
> Are you done with the scissors? 가위 다 썼니?

I have nothing to do with the accident. 나는 그 사고와 아무 관련이 없어.
have nothing to do with ~와 관계가 없다
It's a pleasure doing business with you. 귀사와 거래하게 되어 기쁩니다.
do business with ~와 거래하다

---

test /테스트/ 시험

I'm taking an English test tomorrow. 내일 영어 시험 봐.
take a test 시험을 보다

관련단어 묶어보기
exam /이그잼/ 1. 시험 2. 검사

I hope that she passes the exam. 그녀가 시험에 합격하기를 바라.
I had an eye exam. 시력 검사를 받았어.

examine /이그재민/ 진찰하다

You should be examined by a doctor. 너는 의사의 진찰을 받아야 해.

---

score /스코-어리/ 1. 점수 2. 득점하다

What's the score now? – The score is three to one.

지금 몇 대 몇이야? - 3대1이야.

He scored two goals in the game. 그는 그 경기에서 두 골을 넣었어.

UNIT 013

A We can't **afford** our **own** house yet.

B I've been to the **bank** and they can give us a **loan**.

우린 아직 집을 살 여유가 없어. / 은행에 갔다 왔는데 대출해 줄 수 있대.

---

afford /어포ㄹ드/　~할 여유가 있다

Can you afford to buy a computer? 컴퓨터를 살 여유가 있니?

I can't afford a vacation this year. 올해는 휴가 갈 여유가 없어.

> **회화 패턴** (사람) can't afford (to - v) ... ~할 여유가 없어
>
> I can't afford a house. 집을 살 여유가 없어.
> I can't afford a new car. 새 차를 살 여유가 없어.
> We can't afford to move. 우리는 이사할 여유가 없어.

---

own /오운/　1. 자신의　2. 소유하다

I saw it with my own eyes. 그것을 내 눈으로 똑똑히 봤어.

I'm living on my own now. 나는 지금 혼자 살고 있어.

on one's own 혼자서

They own a vacation home near the beach.
그들은 해변 근처에 별장을 소유하고 있어.

관련단어 묶어보기

owner /오우너-ㄹ/　소유주

I met the owner of the local hotel. 동네 호텔 주인을 만났어.

rent /뤤트/　1. 임대하다　2. (돈을 내고) 빌리다

I'd rather have my own house than rent. 임대하는 것보다 집을 갖는 게 더 나아.

I rented a tuxedo for two hundred dollars. 턱시도를 200달러에 빌렸어.

> ✎ 돈을 내고 빌리는 차를 우리말로 '렌터카'라고 하는데, 영어로는 rental car 또는 rented car라고 해요.

38

bank /뱅크/   1. 은행   2. 둑

The two men robbed the bank. 두 남자가 은행을 털었어.

> ✐ bank account 은행계좌, bank balance 은행잔고, bank statement 예금내역서, bank card 은행카드

We walked along the river bank. 우리는 강둑을 따라 걸었어.

loan /로운/   대출

I took out a loan to buy my house. 집을 사려고 대출 받았어.

take out a loan 대출을 받다

UNIT 014

A When will you be able to **get** out of here?
B **According to** the **doctor**, I can go home on Wednesday.
여기서 언제 퇴원할 수 있어? / 의사가 그러는데, 수요일에 집에 갈 수 있대.

get /겥/   (got-gotten) 1. ~가 되다   2. 구하다   3. 받다   4. 사다   5. 가져다주다   6. 이해하다   7. 답하다   8. 병에 걸리다   9. 도착하다   10. ~하라고 시키다

It's getting dark. 날이 점점 어두워진다.

> ✐ get의 기본의미는 '상태의 변화'예요. It's bright. 날이 밝아. → It's getting dark. 날이 어두워지고 있어. → It's dark. 날이 어두워. / I'm single. 미혼이야. → I'm getting married. 결혼해. → I'm married. 기혼자야.

I managed to get a ticket. 간신히 표를 구했어.

Can I get an extra blanket? 담요 한 장 더 주시겠어요?

> ✐ Can I get ...?은 직역하면 '~을 받을 수 있을까요?'지만 우리말로는 '~을 주실래요?'에 가까운 뜻의 표현이에요.

> **회화 패턴** ▶ **Can I get ...?** ~을 주실래요?
>
> Can I get a refill? 리필해 주실래요?
> Can I get some hot water? 뜨거운 물 좀 주실래요?
> Can I get an iced Americano to go? 아이스 아메리카노 포장해 주실래요?

My mom got these earrings for a dollar. 엄마가 이 귀걸이를 1달러에 샀어.

Can you get me a glass of water? 물 한 잔 갖다 줄래?

I don't get it. 이해가 안 돼.

> ✎ get이 '이해하다'의 뜻으로 쓰일 때 현재시제와 과거시제가 비슷한 뜻으로 쓰이는 경우가 많아요. 마치 우리말의 '알겠어.'와 '알았어.'의 쓰임과 비슷하죠. I get it. = I got it. = Get it. = Got it. 이해했어. / Do you get it? = Did you get it? = You got it? = Got it? 이해했니?

Can you get the phone, please? 전화 좀 받아줄래요?

I got this cold from you! 너한테서 이 감기 옮았어!

What time did you get here? 몇 시에 도착했어?

I'll get her to give you a call. 그녀에게 너한테 전화하라고 할게.

> **회화 패턴**　get 사람 to-v ... ~에게 ...하게 하다
>
> I got my son to do his homework. 아들이 숙제를 하게 했어.
> They got me to talk to the police. 그들이 내가 경찰에게 얘기하게 했어.
> We got a mechanic to repair the elevator.
> 우리는 수리공에게 그 엘리베이터를 수리하게 했어.

I've got to get back to work. 이제 일하러 가봐야겠어.

> **회화 패턴**　I've got to-v ... / I gotta ... ~해야겠어
>
> I've got to go now. 이제 가봐야겠어.
> I gotta get some sleep. 잠 좀 자야겠어.
> I gotta eat something. 뭐 좀 먹어야겠어.

I should get off at the next stop. 다음 정류장에서 내려야해.

get off 내리다

Get out of my house! 내 집에서 나가!

get out of ~에서 나가다

We get together once a week. 우리는 일주일에 한 번 모여.

get together 만나다

She never got along with her sister. 그녀는 언니와 사이가 좋지 않았어.

get along with ~와 잘 지내다

according to /어코ㄹ딩 투/　~에 따르면

According to him, it's a great movie. 그에 따르면 훌륭한 영화래.

🖉 according to는 다른 사람의 말이나 의견을 전달할 때 쓰는 표현이에요. 자신의 의견을 말할 때는 in my opinion을 씁니다.

doctor /닥터ㄹ/   1. 의사   2. 박사

You'd better see a doctor. 병원에 가보는 게 좋겠어.
see a doctor 의사의 진찰을 받다

🖉 family doctor 가족 주치의, eye doctor 안과 의사, pediatrician 소아과 의사, physician 내과 의사, surgeon 외과 의사

You're the doctor. 네 말대로 할게.(= You're the boss.)

🖉 상대방의 말을 따른다고 할 때 의사(doctor)나 상사(boss)처럼 권위가 있는 대상에 빗대어 말하기도 합니다.

She got a doctor's degree this year. 그녀는 올해 박사학위를 받았어.
doctor's degree 박사학위

관련단어 묶어보기

nurse /너-ㄹ쓰/   간호사

The nurse gave me an injection. 간호사가 내게 주사를 놓어.

dentist /덴티스트/   치과의사

I hate going to the dentist. 치과 가는 게 싫어.

patient /페이션트/   1. 환자   2. 참을성 있는

The doctor examined a patient. 의사는 환자를 진찰했다.
Dinner will be ready soon. Just be patient.
곧 저녁 식사가 준비될 거야. 조금만 참아.

A He has a lot of **nerve**. How **dare** he come here?
B He feels no **shame**.

저 사람 참 뻔뻔하다. 어떻게 여길 올 수가 있지? / 창피한 줄도 모르는 사람인가 봐.

nerve /너-ㄹ브/　1. 신경　2. 용기; 뻔뻔함

He injured a nerve in his foot. 그는 발의 신경을 다쳤어.

She had the nerve to tell the truth. 그녀는 진실을 말할 용기가 있었어.

have the nerve to-v ~할 용기가 있다

The noise started to get on my nerves. 그 소리가 신경에 거슬리기 시작했어.

get on one's nerves 신경을 건드리다

dare /데어ㄹ/　감히 ~하다

He wanted to ask her, but he didn't dare.
그는 그녀에게 묻고 싶었지만 감히 그러지 못했다.

I dare you to talk to her. 한번 그녀에게 말 걸어봐.

I dare you to-v 한번 ~해봐

Don't you dare be late! 너 늦기만 해봐!

> 회화 패턴 ▶ **Don't you dare v ...!** ~하기만 해봐!
>
> Don't you dare do that again! 또 그러기만 해봐!
> Don't you dare judge me! 감히 날 판단하지 마!
> Don't you dare speak of my family that way. 그런 식으로 내 가족에 대해 말하지 마!

How dare you lie to me! 감히 내게 거짓말을 하다니!

> 회화 패턴 ▶ **How dare you ...!** 감히 ~하다니!
>
> How dare you look down on me! 감히 날 얕잡아 보다니!
> How dare you judge me! 감히 날 판단하다니!
> How dare you talk to me like that! 감히 내게 그렇게 말하다니!

shame /쉐임/　1. 수치심, 창피　2. 유감스러운 일

She felt a sense of shame. 그녀는 수치심을 느꼈다.

Shame on you! 창피한 줄 알아!

It's a shame that you have to leave soon. 곧 떠나야 하다니 아쉽다.

✎ '~해서 아쉽다'의 뜻으로 원어민들은 It's a shame that ...이나 It's too bad that ...을
자주 써요.

It's a shame that ... ~하다니 아쉽다

It's a shame that he wasn't here. 그가 여기 못 왔다니 아쉽다.
It's a shame that you'll miss the show. 그 공연을 못 본다니 아쉽다.
It's a shame that she didn't pass the test. 그녀가 시험에 합격하지 못했다니 아쉽다.

What a shame! 아쉽다!

✎ 좋지 않은 상황이나 실망스런 얘기를 듣고 유감을 나타낼 때 '이런!', '안됐다.', '실망이다',
'아쉽다' 등의 뜻으로 What a shame!, What a pity!, What a bummer!, That's a
bummer!, Bummer!를 써요. You lost your wallet? Bummer! 지갑을 잃어버렸어?
안됐다!

우리말 뜻을 보고 영어 단어를 써넣으세요.

01 창가 쪽 자리로 부탁해요. I'd like a table _____ the window.

02 그는 화가 나서 제정신이 아니었어. He was _____ himself with anger.

03 그들은 쉬지 않고 일했다. They worked around the _____.

04 난 잘 지내. I'm _____ well.

05 그거면 충분해. That'll _____.

06 일을 다 끝냈어. I'm _____ with my work.

07 시력 검사를 받았어. I had an eye _____.

08 그는 두 골을 넣었어. He _____ two goals.

09 올해는 휴가 갈 여유가 없어. I can't _____ a vacation this year.

10 나는 지금 혼자 살고 있어. I'm living on my _____ now.

11 턱시도를 빌렸어. I _____ a tuxedo.

12 우리는 강둑을 따라 걸었어. We walked along the river _____.

13 집을 사려고 대출 받았어. I took out a _____ to buy my house.

14 날이 점점 어두워져. It's _____ dark.

15 담요 한 장 더 주시겠어요? Can I _____ an extra blanket?

16 그에 따르면 훌륭한 영화래. _____ to him, it's a great movie.

17 네 말대로 할게. You're the _____.

18 그는 발의 신경을 다쳤어. He injured a _____ in his foot.

19 감히 내게 거짓말을 하다니! How _____ you lie to me!

20 아쉽다! What a _____!

Answer

01 by   02 beside   03 clock   04 doing   05 do   06 done   07 exam   08 scored   09 afford
10 own   11 rented   12 bank   13 loan   14 getting   15 get   16 According   17 boss   18 nerve
19 dare   20 shame

A Is your **grandmother** still alive?

B No, she **passed** away when I was a **kid**.

할머니 아직 살아계셔? / 아니, 내가 어렸을 때 돌아가셨어.

grandmother /그랜마더ㄹ/ 할머니

My grandmother lives in the country.

할머니는 시골에 사셔.(grandfather 할아버지)

관련단어 묶어보기

grandchild /그랜촤일드/ 손주 (복수 grandchildren)

They have five grandchildren. 그 분들은 손주가 다섯 있어.

uncle /엉클/ 삼촌 (aunt 숙모)

I went to see my uncle and aunt in Busan. 부산에 계신 삼촌과 숙모를 뵈러 갔어.

cousin /커즌/ 사촌

I have a lot of cousins. 나는 사촌들이 많아.

pass /패쓰/ 1. 지나치다 2. 건네다 3. 합격하다 4. 그냥 넘어가다

She passed me without saying hello. 그녀는 인사도 없이 나를 지나쳤어.

Could you pass me the salt, please? 소금 좀 건네주실래요?

She passed the exam with flying colors. 그녀는 우수한 성적으로 시험에 합격했다.

> ✏ with flying colors는 '성공적으로'라는 뜻이에요. 마치 형형색색의 깃발을 펄럭이듯 훌륭하게 무언가를 해냈을 때 쓰는 표현이죠.

You wanna come? - No, thanks. I'll pass. 같이 갈래? - 아니, 괜찮아. 난 됐어.

> ✏ I'll pass.는 상대방이 무언가를 권했을 때 정중히 사양하며 쓰는 표현이에요. Would you like a cup of coffee? 커피 한잔 하시겠어요? - Thanks, but I'll pass. 고맙지만 사양할게요.

I'm about to pass out. 나 기절할 것 같아.

pass out 기절하다

kid /키ㄷ/　1. 아이　2. 농담하다

Pokemon? Oh boy, that is kid stuff! 포켓몬? 오, 이런, 그건 아이들이나 하는 거잖아!

Are you kidding? 농담이지?

> ✎ '농담해?', '말도 안 돼!'의 뜻으로 Are you kidding?, No kidding!, You've got to be kidding me!를 써요.

I'm not kidding. 농담 아니야.(= No kidding.)

관련단어 묶어보기

child /촤일ㄷ/　자녀, 어린이(복수 children)

How many children do you have? 자녀가 몇 명인가요?

A I don't think I can **make** it today.

B **Again**? It's your third absence this **week**.

오늘 못 갈 것 같아. / 또? 이번 주에 세 번째 결석이야.

---

make /메이ㅋ/　(made-made) 만들다

The smell made me sick. 그 냄새 때문에 속이 메스꺼웠어.

What makes you think that? 왜 그렇게 생각하시죠?

Make sure to wash your hands before meals. 식사 전에 꼭 손 씻어.

> **회화 패턴** Make sure to-v ... 꼭 ~해
>
> Make sure to wear a mask. 꼭 마스크 써.
> Make sure to stop by here. 꼭 여기 들러.
> Make sure to clean up after using the sink. 싱크대를 사용한 후에 꼭 청소해.

He made a lot of money. 그는 돈을 많이 벌었어.

make money 돈을 벌다

I made a big mistake. 큰 실수를 했어.

> ✎ make a mistake 실수하다, make a decision 결정하다, make a choice 선택하다, make an effort 노력하다, make an excuse 변명하다, make a reservation 예약하다

I made up my mind to go there. 거기 가기로 했어.

make up one's mind 결심하다

I don't think I can make it. 나 못 갈 것 같아.

> ✎ make it은 '~에 도착하다'의 뜻이에요. 행사나 파티에 참석하거나 누군가를 만나러 가야하는 상황에서 써요. Welcome! I'm glad you could make it to the party! 환영해요! 파티에 와주셔서 기뻐요!

You made it! 너 해냈구나!

Make it two. 같은 걸로 2개 주세요.

I made up with him. 그와 화해했어.

make up with ... ~와 화해하다

You made my day. 네 덕에 오늘 기분이 좋아.

> ✎ '당신이 나의 날을 만들어 주었다.', 다시 말해 '당신 덕분에 나의 하루가 행복해졌다.'는 뜻입니다. 누군가가 칭찬을 해주었거나, 친절을 베풀었을 때 고마움을 나타내는 표현이에요.

---

again /어겐/ 다시

You can say that again. 동감이야.

> ✎ 직역하면 '너는 그걸 다시 말할 수 있어.'로 상대방의 말에 전적으로 동의할 때 써요. 비슷한 표현으로 I couldn't agree more.가 있어요. She's in a bad mood today. 그녀는 오늘 기분이 안 좋아. - You can say that again. 정말 그래.

I've told you again and again. 내가 몇 번이고 말했잖아.

again and again 몇 번이고

---

week /위-ㅋ/ 일주일

I was very busy last week. 지난주에 아주 바빴어.

> ✎ last week 지난주에, this week 이번 주에, next week 다음주에, during the week 주중에, once a week 일주일에 한 번, three times a week 일주일에 세 번

관련단어 묶어보기
weekend /위-켄ㄷ/ 주말

What are you doing on the weekend? 주말에 뭐해?

weekly /위-클리/ 주간의

We have weekly meetings. 우리는 매주 회의를 해.

A Aren't you **uncomfortable** if you **sit** like that?
B No, I'm **okay**. Don't worry **about** me.
그렇게 앉아 있으면 불편하지 않니? / 아니, 난 괜찮아. 내 걱정은 하지 마.

uncomfortable /언컴프터블/ 불편한

These shoes are uncomfortable. 이 신발은 불편해.

관련단어 묶어보기
comfortable /컴프터블/ 편안한 (= comfy)

I don't feel comfortable with him. 그와 함께 있으면 마음이 편하지 않아.

sit /씰/ (sat-sat) 앉다

May I sit here? 여기 앉아도 될까요?

관련단어 묶어보기
seat /씨-트/ 자리

Excuse me, is this seat taken? 실례합니다, 이 자리 누가 앉았나요?

✐ front seat 앞좌석, back seat 뒷좌석, window seat 창가좌석, aisle seat 통로 쪽 좌석

Please take a seat. 앉으세요.
take a seat 앉다

okay /오우케이/   1. 괜찮은   2. 건강상태가 괜찮은

I'm so sorry. – That's okay. 정말 미안해. - 괜찮아.

Are you okay? You look pale. 괜찮아? 창백해 보여.

 관련단어 묶어보기
all right /올 롸이트/   괜찮은

Is it all right if I open the window? 창문을 열어도 될까요?

> 회화 패턴 ▶ **Is it all right/okay if I ...?** ~해도 될까요?
>
> Is it all right if I leave now? 이제 가도 될까요?
> Is it all right if I sit here? 여기 앉아도 될까요?
> Is it okay if I borrow your bike? 자전거 좀 빌려도 될까요?

about /어바웉/   1. ~에 관한   2. 약, 대략

What's this book about? 이 책은 무슨 내용이야?

It takes about an hour to get there. 거기까지 가는데 한 시간 정도 걸려.

I was just about to have lunch. 막 점심을 먹으려던 참이었어.

> 회화 패턴 ▶ **I'm about to ...** 막 ~하려던 참이야
>
> I'm about to tell you. 막 말하려던 참이야.
> I'm about to call you. 막 전화하려던 참이야.
> I'm about to have lunch. 막 점심 먹으려던 참이야.

How about a cup of coffee? 커피 한잔 어때?
how about ~은 어때?

UNIT 019   A What **services** do they **provide**?
B They **offer** Internet **support**.
어떤 서비스를 제공하나요? / 인터넷 지원을 합니다.

service /써-뷔씨/   서비스

The food is good, but the service is awful. 음식은 좋지만 서비스는 형편없어.

A service charge is included in your bill. 봉사료는 계산서에 포함되어 있다.

service charge 봉사료

관련단어 묶어보기
serve /써-ㅂ/   1. 음식을 제공하다   2. 응대하다   3. 근무하다

Breakfast is served between 7 and 9 a.m.
아침식사는 오전 7시에서 9시 사이에 제공됩니다.

Are you being served? 누가 도와드리고 있나요?

> 🖉 상점에서 점원이 손님에게 도와주는 점원이 있는지 묻거나, 식당에서 주문했는지 물을 때 쓰는
> 표현이에요.

He is serving as the ambassador to the US. 그는 주미대사로 일하고 있다.

---

provide /프뤄봐이ㄷ/   제공하다

They provided us with food. 그들은 우리에게 음식을 제공했어.

관련단어 묶어보기
supply /써플라이/   공급하다

This river supplies the whole city with water. 이 강은 도시 전체에 물을 공급한다.

contribute /컨트뤼뷰-ㅌ/   기여하다

She contributed a lot to the team's victory. 그녀는 팀의 승리에 많은 기여를 했어.

---

offer /아-풔/   1. 제안하다   2. 제공하다

I offered a good job to him. 그에게 좋은 일자리를 제안했어.

We're offering a high-quality service. 저희는 수준 높은 서비스를 제공합니다.

I turned down the offer. 그 제안을 거절했어.

turn down the offer 제안을 거절하다

---

support /써포-ㄹㅌ/   1. 지지하다   2. 부양하다

I support his proposal. 그의 제안을 지지해.

I have two children to support. 부양할 아이가 둘 있어.

supporter /써포-ㄹ터ㄹ/ 지지자

She became his strong supporter. 그녀는 그의 든든한 후원자가 되었어.

A His Korean **accent sounded strange**.

B Actually, he is from China.

그의 한국어 억양이 이상하게 들렸어. / 사실, 그는 중국에서 왔어.

accent /액센트/ 억양

He speaks English with a German accent. 그는 독일어 억양으로 영어를 말해.

sound /싸운드/ 1. 소리 2. ~처럼 들리다

Turn the sound down a little. 소리 좀 낮춰.

How does that sound? 그거 어때?

> 회화 패턴 **How does ... sound?** ~ 어때?
>
> How does coffee sound? 커피 어때?
> How does 3 o'clock sound? 3시 어때?
> How does a break sound? 잠깐 쉬는 게 어때?

Sounds like a plan. 정말 좋은 생각이야.(= Sounds great.)

> 🖉 직역하면 '계획처럼 들려.'인데 마치 계획한 것처럼 완벽하게 들린다는 뜻으로 상대방의 제안
> 이 흔쾌히 좋다고 할 때 쓰는 표현이에요.

voice /보이ㅆ/ 목소리

Please keep your voice down. 목소리 좀 낮추세요.

strange /스트뤠인쥐/ 1. 이상한 2. 낯선

There's something strange about him. 그는 어딘가 이상한 데가 있어.

At first the place was strange to me. 처음에 그곳은 내게 낯설었어.

관련단어 묶어보기
weird /위어ㄷ/ **이상한**

He's a very weird man. 그는 아주 이상한 사람이야.

odd /아-ㄷ/ **이상한**

It's odd that he didn't come home. 그가 집에 오지 않았다니 이상해.

---

actually /액추얼리/ 1. 사실은 2. 실제로

Actually, I don't like ice cream. 사실, 아이스크림을 좋아하지 않아.

> ✎ actually는 상대방에게 의외이거나 예상치 못한 사실을 말할 때 또는 잘못된 사실을 정정할 때 써요.

> 회화 패턴 ▶ Actually, ... 사실 ~
>
> Actually, I didn't want to go. 사실 가고 싶지 않았어.
> Actually, I'm busy at the moment. 사실 지금 바빠.
> Actually, it was Monday morning. 사실 월요일 아침이었어.

What actually happened? 실제로 무슨 일이 있었는데?

관련단어 묶어보기
actual /액추얼/ **실제의**

He looks younger than his actual age. 그는 실제 나이보다 젊어 보여.

우리말 뜻을 보고 영어 단어를 써넣으세요.

01 나는 사촌들이 많아.   I have a lot of _____ .

02 소금 좀 건네주실래요?   Could you _____ me the salt?

03 나 기절할 것 같아.   I'm about to pass _____ .

04 농담이지?   Are you _____ ?

05 꼭 손 씻어.   Make _____ to wash your hands.

06 나 못 갈 것 같아.   I don't think I can make _____ .

07 동감이야.   You can say that _____ .

08 우리는 매주 회의를 해.   We have _____ meetings.

09 이 신발은 불편해.   These shoes are _____ .

10 이 자리 누가 앉았나요?   Is this _____ taken?

11 창문을 열어도 될까요?   Is it all _____ if I open the window?

12 막 점심을 먹으려던 참이었어.   I was just _____ to have lunch.

13 누가 도와드리고 있나요?   Are you being _____ ?

14 그들은 우리에게 음식을 제공했어.   They _____ us with food.

15 그 제안을 거절했어.   I turned down the _____ .

16 그의 제안을 지지해.   I _____ his proposal.

17 독일어 억양으로   with a German _____

18 그거 어때?   How does that _____ ?

19 목소리 좀 낮추세요.   Please keep your _____ down.

20 사실, 아이스크림을 좋아하지 않아   _____ , I don't like ice cream.

Answer

01 cousins 02 pass 03 out 04 kidding 05 sure 06 it 07 again 08 weekly
09 uncomfortable 10 seat 11 right 12 about 13 served 14 provided 15 offer 16 support
17 accent 18 sound 19 voice 20 Actually

A We're not able to **have** children, so we're hoping to **adopt**.
B Good **luck** to you.

아이를 가질 수 없어서 입양을 희망하고 있어. / 행운을 빌어.

have /해ㅂ/　(had-had) 1. 가지다　2. 먹다　3. 경험하다　4. 병을 앓다
　　　　　　　5. 함께 있다

He has brown eyes. 그는 눈이 갈색이야.

She has a good memory. 그녀는 기억력이 좋아.

The room has a good view. 그 방은 전망이 좋아.

My phone has four cameras. 내 휴대폰은 카메라가 4개야.

> 🖉 우리말 '~은/는 ...이/가 ~해'라는 말을 영어는 [have+형용사+명사]로 표현하는 경우가 많아요.

I usually have breakfast at about seven. 나는 보통 7시쯤에 아침을 먹어.

Have a good one. 잘 가.

> 🖉 Have a good one.은 좋은 하루를 보내라는 작별 인사로 주로 쓰이지만, 시간대에 상관없이 헤어지는 모든 상황에서 쓸 수 있는 인사 표현이에요.

Did you have fun yesterday? 어제 재밌었어?

I have a cold. 감기에 걸렸어.

He has a broken leg. 그는 다리가 부러졌어.

It's good to have you here. 와주셔서 기뻐요.

You'd better not watch too much TV. TV를 너무 많이 보지 마.

> 🖉 had better는 '~하는 편이 좋다'란 뜻입니다. You'd better는 상대방에게 강요나 경고의 말처럼 들리기 때문에 사용할 때 주의하셔야 해요.

회화 패턴 ▶ **You had better ...** ~하는 게 나아

You'd better exercise. 운동 좀 해.
You'd better not come home late. 집에 늦게 오지 마.
You'd better listen to your parents. 부모님 말씀 좀 들어.

Let's have a talk over drinks. 술 마시면서 얘기합시다.

🖉 have a talk 이야기하다, have a discussion 토론하다, have a look 보다, have a meeting 회의하다, have a party 파티를 열다

adopt /어다-압트/   1. 입양하다   2. 채택하다

She was adopted when she was four. 그녀는 4살 때 입양됐어.

Congress finally adopted the policy. 의회는 마침내 그 정책을 채택했다.

luck /럭/   운

He had bad luck. 그는 운이 나빴어.

You're out of luck. 넌 운이 없나 봐.

Just my luck. 운도 지지리 없지.

> 🖉 직역하면 '그게 내 운이지.'란 뜻으로 하는 일마다 잘 되지 않을 때 자신의 운을 탓하며 쓰는 표현이에요.

Wish me luck. 행운을 빌어줘.(Good luck. 행운을 빌어.)

관련단어 묶어보기

lucky /럭키/   운 좋은

I was lucky to pass the test. 운 좋게 시험에 합격했어.

Lucky you! 운 좋네!

> 🖉 우연히 좋은 일이 생긴 상대방에게 쓰는 표현이에요. You found $20 in your pocket? Lucky you! 호주머니에서 20달러를 찾았다고? 운 좋네!

luckily /럭킬리/   다행히도

Luckily for them, he braked in time. 다행히도 그는 제때 브레이크를 밟았다.

A Is it rude to burp while having **meals**?

B **Absolutely**. Never ever do that.

A But I heard **blowing** your nose is acceptable.

식사 중에 트림하는 건 무례한 거니? / 당연하지. 절대 그러지 마. /
하지만 코를 푸는 건 괜찮다고 들었어.

meal /밀-/ 식사

I always have three meals a day. 나는 항상 하루에 세 끼를 먹어.

관련단어 묶어보기

cereal /씨뤼얼/ 시리얼

I ate cereal for breakfast. 아침으로 시리얼을 먹었어.

dessert /디저-르트/ 디저트

I'll skip dessert. 디저트는 안 먹을래.

diet /다이어트/ 다이어트

I decided to go on a diet. 다이어트하기로 했어.

go on a diet 다이어트를 시작하다

absolutely /앱썰루-틀리/ 1. 정말로 2. 물론

I'm absolutely sure he's lying. 그가 거짓말을 하고 있다고 확신해.

Did you do your homework? – Absolutely. 숙제했어? - 당연하지!

> ✎ Absolutely.는 Sure.나 Of course.처럼 상대방의 말에 전적으로 동의할 때, Absolutely
> not.은 상대방의 말에 동의하지 않거나 강하게 거부할 때 써요.

관련단어 묶어보기

absolute /앱썰루-트/ 절대적인

There is no absolute standard for beauty. 아름다움에는 절대적인 기준이 없다.

blow /블로우/ (blew-blown) 1. 불다 2. 기회를 날리다

The referee blew his whistle. 심판이 휘슬을 불었다.

Thanks to you, I blew it. 너 때문에 망쳤어.

> ✍ blow는 '실수하다' 또는 '어리석은 행동으로 기회를 날리다'의 뜻이 있어요. 비슷한 표현으로 screw up, mess up이 있죠. I blew it. = I screwed up. = I messed up. 내가 망쳤어. How did your interview go? 인터뷰 어땠어? - I think I blew it. 망친 것 같아.

She blew out the candles. 그녀는 촛불을 껐다.
blow out ~을 끄다

breathe /브뤼-드/   숨 쉬다

Relax and breathe deeply. 긴장 푸시고 깊게 숨을 들이마시세요.

breath /브뤠뜨/   입김, 숨

You have bad breath. 너 입 냄새 나.

I'm out of breath. 숨이 차.
out of breath 숨이 찬

He took my breath away. 그를 보고 숨이 멎을 뻔 했어.
take one's breath away 멋져서 숨이 멎다

UNIT 023

A Have you **decided** yet? Or do you need a few more **minutes**?
B We're **ready** to **order**.

결정하셨나요? 아니면 몇 분 더 필요하세요? / 주문할게요.

decide /디싸이드/   결정하다

I decided to go to Paris for my vacation. 휴가를 파리에 가기로 결심했어.

> 회화 패턴 ▶ **I decided to ...** ~하기로 했어
> I decided to learn Spanish. 스페인어를 배우기로 했어.
> I decided to quit smoking. 담배를 끊기로 했어.
> I decided to go to Canada this summer. 이번 여름에 캐나다에 가기로 했어.

decision /디씨젼/   결정

We have to make a decision by tomorrow. 우리는 내일까지 결정을 내려야 해.

make a decision 결정하다

intend /인텐드/ 작정하다

I intend to go to London. 런던에 갈 작정이야.

judge /줘쥐/ 판단하다

The jury judged the man to be guilty. 배심원단은 그 남자에게 유죄를 선고했다.

minute /미닛/ 분

Do you have a minute? 잠시 시간 좀 내주시겠어요?

I'll be back in a minute. 금방 돌아올게.

> ✎ in a minute는 '금방'이란 뜻이에요. 비슷한 표현으로 very soon, in a second, in a moment, in a jiffy, in no time, in a short time, any minute, before long, right away 등이 있어요.

관련단어 묶어보기

second /쎄컨드/ 초

Hold your breath for five seconds. 5초간 숨을 참아.

hour /아우어ㄹ/ 시간

Our office hours are 9 a.m. to 6 p.m.
저희 근무 시간은 오전 9시부터 오후 6시까지입니다.

ready /뤠디/ 준비한

She's getting ready to go to the party. 그녀는 파티에 갈 준비를 하고 있어.

관련단어 묶어보기

prepare /프뤼페어ㄹ/ 준비하다

She's busy preparing to go on a trip. 그녀는 여행갈 준비를 하느라 바빠.

order /오-ㄹ더ㄹ/ 1. 순서 2. 질서 3. 주문 4. 주문하다

The names are in alphabetical order. 이름이 알파벳순으로 나열되어 있다.

The phone is out of order. 전화기가 고장 났어.

✏️ be out of order는 '고장 나다'의 뜻이에요. order가 '질서', out of는 '~에서 벗어난'이
니까 작동이 잘 되던 상태에서 벗어났다, 즉 '고장 난'의 뜻이 된 것이죠. be out of order는
자판기, 화장실, 엘리베이터 등 공공시설물이 고장 난 경우에 주로 써요. 일상적으로 자주 쓰는
표현으로 be broken이나 be not working이 있어요. The elevator is out of order.
엘리베이터가 고장 났어. / My laptop is broken. 노트북이 고장 났어. / The mouse
isn't working. 마우스가 작동하지 않아.

I'm calling to place an order. 주문하려고 전화했어요.
place an order 주문하다
We ordered coffee and dessert. 우리는 커피와 디저트를 주문했어.

UNIT 024 A This drama **reminds** me of when I was studying **abroad**.
B **It** must have been **difficult**.

이 드라마를 보면 유학 시절이 생각나. / 힘들었겠다.

---

remind /뤼마인ㄷ/   1. 생각나게 하다   2. 알려주다

Don't remind me. 생각나게 하지 마.

✏️ 상대방이 다시 떠올리기 싫은 기억을 상기시킬 때 그러지 말라는 뜻으로 쓰는 표현이에요.

That song reminds me of our first date.
그 노래를 들으면 우리의 첫 데이트가 생각나.

Remind me to buy some milk. 나한테 우유를 사라고 좀 알려 줘.

---

abroad /어브뤄-ㄷ/   해외에, 해외에서

Have you ever been abroad? 외국에 가 본 적 있어?
A lot of workers here are from abroad. 여기 많은 노동자들은 외국에서 왔어.

---

it /잍/   1. (날씨, 시간, 요일, 날짜, 거리 등) 비인칭 주어   2. 가주어

It's raining today. 오늘 비가 내려.
It's impossible to get there in time. 제시간에 그곳에 도착하는 것은 불가능해.

Well, this is it! Wish me luck! 자, 이제 시작이야! 행운을 빌어줘.

> ✎ This is it!은 기대하던 일이 막 시작될 때 '자, 시작이야!' 또는 찾아왔던 것을 발견했을 때 '바로 이거야!'의 뜻으로 써요. This is it! This is a very big day. 자, 시작이야! 오늘은 정말 중요한 날이야! / This is it! The world's best pizza! 바로 이거야! 세계 최고의 피자!

That's it for today. 오늘은 여기까지.

Will you get me a coffee? - Sure, you got it. 커피 한 잔 줄래? - 그래, 알겠어.

> ✎ You got it.은 직역하면 '너는 그것을 가졌어.'인데 이때 it은 상대방이 요청한 것을 가리켜요. 그래서 이 표현은 상대방의 요구를 들어주며 '알겠어.' 또는 '바로 할게.'의 뜻으로 써요.

difficult /디퓌컬트/ 　 어려운

It's difficult to read your handwriting. 네 글씨는 읽기가 어려워.

관련단어 묶어보기

difficulty /디퓌컬티/ 　 어려움

He had difficulty in finding a job. 그는 직장을 구하는데 어려움을 겪었어.

회화 패턴

> (사람) have difficulty in v-ing ... ~하는데 어려움을 겪다
>
> I had difficulty in falling asleep. 나는 불면증으로 고생했어.
> You might have difficulty in breathing. 숨쉬기 힘들지도 몰라.
> He still has difficulty in walking. 그는 여전히 걷는데 어려움을 겪고 있어.

tricky /트뤼키/ 　 까다로운

It's tricky to learn to ride a skateboard.
스케이트보드 타는 법을 배우는 건 까다로워.

challenging /챌린칭/ 　 도전적인

Teenagers prefer more challenging jobs.
십대들은 좀 더 도전적인 일들을 선호한다.

> ✎ chanllenging은 difficult와 달리 어렵긴 하지만 도전해 볼만하다는 긍정적인 뉘앙스를 담고 있어요.

UNIT 025

A There's a fax **coming** in.

B It's **probably** just another **advertisement**.

팩스가 들어오고 있어. / 아마 그냥 다른 광고일 거야.

come /컴/ (came-come) 오다, 상대방에게 가다

Dinner is ready. – I'm coming. 저녁 준비됐어. - 갈게.

✏️ 대화하는 상대방 쪽으로 가는 경우에 우리말은 '가다'를 쓰지만, 영어는 go가 아니라 come 을 써요. come은 대화하는 사람들의 거리가 가까워질 때, go는 거리가 멀어질 때 씁니다.

I came to love him. 나는 그를 사랑하게 되었어.

come to-v ~하게 되다

I came across her at the bookstore. 서점에서 그녀를 우연히 만났어.

come across 우연히 만나다

Come on! We're going to be late. 어서! 우리 늦겠다.

✏️ Come on!은 다양한 의미로 써요. 먼저 상대방에게 서두르라고 할 때 '어서!', 상대방이 못 하겠다고 할 때 좀 하자는 의미로 '좀 하자!', 자꾸 귀찮게 하는 상대방에게 '하지 마!', 무언가 에 어려움을 겪는 상대방을 응원해 주며 '힘내!', 상대방이 말도 안되는 얘기를 한다고 느낄 때 '말도 안 돼' 등의 뜻으로 쓰여요.

> **회화 패턴** ▶ Come on! 좀 하자! / 하지 마! / 힘내! / 말도 안 돼!
>
> I don't feel like going out tonight. - Oh, come on!
> 오늘밤은 나가고 싶지 않아. - 아, 좀 하자.
> Come on, don't do that. 좀, 그러지 마.
> Come on, you can do it. 힘내! 넌 할 수 있어.
> I think she could win the election. - Come on!
> 그녀가 선거를 이길 것 같아. - 말도 안 돼!

Can I come over? 가도 돼?

✏️ '들르다'의 뜻으로 come over와 come by가 있어요. come by는 주로 잠깐 시간을 내어 들르는 경우라면, come over는 적지 않은 시간을 머무는 경우에 써요.

Something's come up. 일이 생겼어.

come up 생기다, 발생하다

She always comes up with fresh ideas.

그녀는 항상 신선한 아이디어를 생각해 낸다.

come up with ~을 생각해내다

How come you're so late? 어째서 이렇게 늦었니?

How come ...? 어째서 ~이니?

How come you never call me? 어째서 넌 전화 한번 안하니?

How come you didn't invite him? 어째서 그를 초대하지 않았니?

How come you broke up with her? 어째서 그녀랑 헤어졌니?

probably /프롸-버블리/ 아마도

Probably she's right. 아마 그녀가 맞을 거야.

🖉 가능성을 나타내는 부사로 probably는 50% 이상의 높은 가능성을, maybe와 perhaps 는 50% 정도의 가능성을 나타내요.

관련단어 묶어보기

maybe /메이비/ 아마도

Maybe, maybe not. 그럴 수도 있고, 아닐 수도 있지.

perhaps /퍼ㄹ햅ㅆ/ 아마도

Perhaps I'll go to the movies tonight. 아마 오늘밤에 영화 보러 갈 거야.

advertisement /애ㄷ붜ㄹ타이ㅈ먼ㅌ/ 광고(= ad)

We put an advertisement in the local paper. 우리는 지역 신문에 광고를 냈어.

관련단어 묶어보기

commercial /커머-ㄹ셜/ 1. 광고 2. 상업적인

The company is running a TV commercial. 그 회사는 TV 광고를 하고 있어.

The movie was a huge commercial success.
그 영화는 상업적으로 큰 성공을 거두었어.

우리말 뜻을 보고 영어 단어를 써넣으세요.

01 내 휴대폰은 카메라가 4개야.   My phone _____ four cameras.

02 잘 가.   Have a good _____ .

03 TV를 많이 보지 마.   You'd _____ not watch much TV.

04 운도 지지리 없지.   Just my _____ .

05 디저트는 안 먹을래.   I'll skip _____ .

06 다이어트하기로 했어.   I decided to _____ on a diet.

07 너 때문에 망쳤어.   Thanks to you, I _____ it.

08 숨이 차.   I'm out of _____ .

09 파리에 가기로 했어.   I _____ to go to Paris.

10 금방 돌아올게.   I'll be back in a _____ .

11 전화기가 고장 났어.   The phone is out of _____ .

12 생각나게 하지 마.   Don't _____ me.

13 외국에 가 본 적 있어?   Have you ever been _____ ?

14 오늘은 여기까지.   That's _____ for today.

15 그녀를 우연히 만났어.   I came ____ ____ her.

16 가도 돼?   Can I come _____ ?

17 일이 생겼어.   Something's come _____ .

18 어째서 이렇게 늦었니?   _____ come you're so late?

19 아마 그녀가 맞을 거야.   _____ she's right.

20 큰 상업적인 성공   a huge _____ success

Answer

01 has 02 one 03 better 04 luck 05 dessert 06 go 07 blew 08 breath 09 decided
10 minute 11 order 12 remind 13 abroad 14 it 15 across 16 over 17 up 18 How
19 Probably 20 commercial

A Traffic is really **bad**.

B I see. I'll be **asking** for trouble **if** I take the car.

교통이 아주 안 좋아. / 그렇구나. 차를 갖고 갔으면 사서 고생할 뻔 했다.

bad /배ㄷ/ 안 좋은

I feel bad. 기분이 안 좋아.

That's too bad. 그것 참 안됐다.

> 🖉 That's too bad.는 감기가 걸렸다거나 누가 자전거를 훔쳐갔다는 등의 조금은 덜 심각
> 한 상황에 주로 써요. 심각한 상황이라면 That's terrible!(정말 안됐구나!)이나 I'm so
> sorry!(정말 유감이에요!)를 쓰는 것이 좋아요.

My bad. 내 잘못이야.

> 🖉 '내 잘못이야.'라고 할 때 My bad., My mistake.나 My fault.를 써요. My bad.는 주로
> 친구나 가족처럼 편한 상대에게 자신의 실수를 가볍게 인정할 때 쓰죠. 정말 큰 실수를 했을 때
> 는 I'm sorry.나 I apologize.를 쓰세요. You just spilled your beer on my term
> paper! 너 방금 내 기말 리포트에 맥주를 엎질렀어! - Oops, my bad. 이런, 내가 잘못했
> 어.

관련단어 묶어보기

badly /배들리/ 1. 심하게 2. 몹시

He was badly hurt in the accident. 그는 그 사고로 크게 다쳤어.

I miss him badly. 그가 몹시 그리워.

worse /우워-르쓰/ 더 나쁜

My headache is getting worse. 두통이 심해지고 있어.

worst /우워-르스트/ 가장 나쁜

Worst of all, I have no money at all. 무엇보다도, 나는 돈이 전혀 없어.

worst of all 가장 나쁜 것은

ask /애스크/ 1. 묻다 2. 요청하다

Don't ask me. 모르겠어.(= Beats me.)

He asked me for an explanation. 그는 나에게 설명을 부탁했어.

He asked her out. 그는 그녀에게 데이트 신청을 했어.

ask out 데이트를 신청하다

If you ask me, he's making a big mistake.
내 생각에 그는 큰 실수를 하고 있는 거야.

if /이프/　　1. 만약 ~하면　2. ~인지 아닌지

We can go to the movies if you like. 네가 좋다면 우리는 영화를 보러 갈 수 있어.

I don't know if he's married. 나는 그가 결혼했는지 안 했는지 몰라.

What if the train is late? 기차가 늦으면 어떡해?

what if ...? ~하면 어쩌지?

관련단어 묶어보기

whether /웨더/　　~인지 아닌지

I doubt whether it'll work. 그게 효과가 있을지 의심스러워.

unless /언레쓰/　　~이 아니면

She won't come unless you do. 네가 오지 않으면 그녀는 오지 않을 거야.

A I see **lots** of **signs** saying B&B here.

B B&B **stands** for Bed and Breakfast. It's a type of accommodation.

여기 B&B라고 쓰여 있는 표지판이 많이 보인다. / B&B는 침대와 아침을 나타내. 숙소의 일종이지.

lot /라-ㅌ/　1. 많은(a lot of)　2. 용지, 부지

This fish has a lot of bones in it. 이 생선은 가시가 많아.

Let me help you. – Thanks a lot. 내가 도와줄게. - 정말 고마워.

This is a pay parking lot. 이곳은 유료 주차장이야.

관련단어 묶어보기

ton /톤/　아주 많은(tons of)

I have tons of work to do. 할 일이 산더미처럼 쌓여 있어.

sign /싸인/　1. 표지판, 간판　2. 징조　3. 서명하다

The sign says "No smoking." 표지판에 '금연'이라고 쓰여 있어.

It's a good sign to see dolphins at sea. 바다에서 돌고래를 보는 건 좋은 징조야.

Could you sign for this package, please? 이 소포에 서명해 주실래요?

I signed up for the language institute. 어학원에 등록했어.

sign up for ~에 등록하다

관련단어 묶어보기

signal /씨그널/　신호

No signal here. 신호가 안 잡혀.

> 🖉 휴대폰의 신호가 잡히지 않을 때 써요. There's no signal here.를 줄인 표현이에요. 비슷
> 한 표현으로 There's no reception here., I can't get a signal here.가 있어요.

stand /스탠ㄷ/　(stood-stood) 1. 서다　2. 참다

We stood in line to buy tickets. 우리는 표를 사기 위해 줄을 섰어.

I can't stand it. 도저히 참을 수가 없어.

✒ 무언가가 너무 싫거나 짜증이 나서 참을 수 없을 때 써요. I can't stand your lies anymore. 네 거짓말을 더 이상 못 참겠어.

I'll always stand by you. 항상 네 편이 되어줄게.
stand by ~의 곁을 지키다

ER stands for Emergency Room. ER은 응급실을 의미해.
stand for ~을 나타내다

I got stood up. 나 바람맞았어.
stand up 바람맞히다

UNIT 028

A I don't know why you **work** so hard.
B I don't really **care**. I just **love** what I do.
난 네가 왜 그렇게 열심히 하는지 모르겠어. / 정말 상관없어. 난 내가 하는 일이 그냥 좋아.

---

work /워-ㄹ크/ 1. 일하다 2. 작동하다 3. 효과가 있다

Don't work too hard. 무리하지 마.

> ✒ 영어에는 '수고해.'란 표현이 없어요. 비슷한 느낌으로 Work hard.라고 말하면 아마 자기가 뭔데 나한테 일 열심히 하라는 거야라며 오해할 수도 있어요. 수고하고 있는 사람에게는 보통 Don't work too hard.(너무 무리하지 마.), Take it easy.(쉬어가며 해.)라고 하거나 그냥 See you.(갈게.)라고 가볍게 인사하면 돼요.

My computer doesn't work properly. 내 컴퓨터가 제대로 작동하지 않아.

I do yoga every day. It works for me. 매일 요가 해. 그게 나한테 효과가 있어.

I'm working on it. 지금 하고 있어.
work on ~을 작업 중이다

I work out every day to keep fit. 건강을 유지하기 위해 매일 운동해.
work out 운동하다

What time do you get off work? 몇 시에 퇴근해?

> ✒ 퇴근 시간을 물을 때 finish work을 쓰는 경우가 많은데, 원어민들은 get off work을 자주 써요.

관련단어 묶어보기
job /좌-ㅂ/ **일, 직장**

She's looking for a job. 그녀는 일자리를 찾고 있어.

He's trying to get a job. 그는 취직하려고 애쓰고 있어.

How can I apply for a job there? 그곳에 어떻게 지원하면 되지요?
apply for a job 취업원서를 내다

I tutor as a part-time job. 아르바이트로 과외를 해.
part-time job 아르바이트

I'm between jobs. 직업을 구하는 중이야.

between jobs 실직 상태인

> 🖊 직역하면 '직업 사이에 있다.'죠. 현재 일은 하지 않고 구직 중이란 뜻이에요. Because I'm between jobs, I'm spending more time with my cat. 지금 쉬고 있어서, 고양이와 더 많은 시간을 보내.

Good job! 잘했어!

> 🖊 '잘했어!'라고 상대방에게 칭찬할 때 쓸 수 있는 표현은 무척 다양해요. Excellent!, Fantastic!, Great work!, Nice going!, Well done!, Way to go!, Good for you!, You got it!, You nailed it! 등이 있어요.

care /케어ㄹ/　1. 관심을 가지다　2. 관심

Who cares? 누가 신경이나 쓴데?

See if I care. 마음대로 해.

> 🖊 직역하면 '내가 신경을 쓰는지 봐.'예요. 주로 화가 나서 상대방이 뭘 하든 신경 쓰지 않을 테니 맘대로 하라고 할 때 써요. I'm going to tell the teacher what you did! 선생님한테 가서 다 이를 거야! - Go ahead, see if I care. 그래, 맘대로 해.

Take care. 몸조심 해.

> 🖊 Take care. 또는 Take care of yourself.는 상대방에게 몸 건강하라고 말할 때나 작별할 때 '잘 지내.'란 뜻의 인사로 써요.

Who's taking care of the baby? 누가 아기를 돌보고 있어?
take care of 돌보다

I'll take care of the rest. 나머지는 내가 처리할게.
take care of 처리하다

careful /케어플/ **조심하는**

Be careful. The floor's slippery. 조심해. 바닥이 미끄러워.

warn /워-ㄹ은/ **경고하다**

I warned you not to walk home alone. 혼자 집에 걸어가지 말라고 경고했잖아.

warning /워-ㄹ닝/ **경고**

Let me give you a word of warning. 경고 한마디 할게.

---

love /러브/ **1. 사랑하다 2. 사랑**

I love it when you do that. 네가 그럴 때가 정말 좋아.

> 회화 패턴 **I love it when ... ~할 때 정말 좋아**
>
> I love it when it rains. 비가 올 때 정말 좋아.
> I love it when she smiles. 그녀가 웃을 때가 정말 좋아.
> I love it when he sings for me. 그가 날 위해 노래를 불러 줄 때가 정말 좋아.

I fell in love with her. 난 그녀와 사랑에 빠졌어.
fall in love with ~와 사랑에 빠지다

I'm in love with you. 난 널 사랑하고 있어.
be in love with ~와 사랑하다

lovely /러블리/ **사랑스러운**

What a lovely day! 정말 멋진 날이야!

UNIT 029

A I advise you to get a **lawyer**.
B I don't **need** a lawyer. I didn't do **anything** wrong!
변호사 선임을 권해드려요. / 변호사 필요 없습니다. 전 잘못한 거 없어요!

lawyer /로-여ㄹ/ **변호사**

You need to get a lawyer. 너는 변호사를 구해야 해.

69

law /로-/ 법률

She majored in law. 그녀는 법학을 전공했어.

illegal /일리-걸/ 불법의(↔ legal)

It's illegal to take drugs. 마약을 복용하는 것은 불법이야.

court /코-르트/ 법정

She has to appear in court as a witness. 그녀는 증인으로 법정에 출두해야 해.

regulation /뤠귤레이션/ 규정

That goes against the regulations. 그것은 규정에 어긋납니다.

---

need /니-드/ 1. 필요하다 2. 필요

Do you need any help? 도움이 필요하세요?

There's no need to shout! 소리 지를 필요 없어!

---

anything /에니띵/ 1. 무엇 2. 무엇이든

Anything else? 더 필요하신 건 없나요?

What would you like to drink? – Anything is OK.
뭐 마실래요? - 아무거나 괜찮아요.

everything /에브뤼띵/ 모든 것

How's everything? – Fine, thanks. 잘 지내? - 좋아, 고마워.

He puts his work before everything else. 그는 자신의 일을 무엇보다도 우선시해.

everywhere /에브뤼웨어ㄹ/ 1. 모든 곳 2. 어디에 ~라도

I looked everywhere. 나는 사방을 찾아봤어.

Everywhere we went, the place was packed. 우리가 가는 곳마다 만원이었어.

A I **admit** my **mistake**. I **hope** you can **forgive** me.
B Well, okay. But this is the last time!

내 실수를 인정해. 용서해 주었으면 좋겠어. / 음, 알았어. 하지만 이번이 마지막이야!

admit /어드미트/ 인정하다

I admitted my defeat. 나는 패배를 인정했어.

mistake /미스테이크/ 실수

It's easy to make a mistake. 실수하는 건 쉬워.
make a mistake 실수하다

관련단어 묶어보기
error /에뤄ㄹ/ 실수

I made an error in spelling. 철자를 틀렸어.
make an error 실수하다

hope /호웁/ 1. 희망하다 2. 희망

I hope to see you again. 또 볼 수 있으면 좋겠어.
Don't get your hopes up. 너무 기대하진 마.

관련단어 묶어보기
wish /위쉬/ 바라다

I wish you all the best. 행운을 빌어.

> ✏ 무언가 이루어지길 희망하고 바랄 때는 hope, 일어날 가능성이 거의 없는 일을 바랄 때는 wish를 써요. 하지만 I wish you a Merry Christmas!처럼 wish 다음에 명사가 오면 hope와 같은 뜻으로 사용돼요.

I'm going to be a billionaire. - You wish. 나는 억만장자가 될 거야. - 꿈 깨.

> ✏ 상대방이 전혀 가능성 없는 희망사항을 말할 때 써요. 비슷한 표현으로 In your dreams.가 있어요.

Close your eyes and make a wish! 눈을 감고 소원을 빌어.

make a wish 소원을 빌다

want /완-트/　원하다

Do you want some dessert? 디저트 좀 먹을래?

> 회화 패턴　**Do you want ...? / You wanna ...? ~할래?**
>
> Do you want a Coke? 콜라 마실래?
> Do you want a ride? 태워 줄까?
> You wanna come with us? 우리랑 같이 갈래?

Do you want me to take the wheel? 내가 운전할까?

> 회화 패턴　**Do you want me to-v ...? 내가 ~줄까?**
>
> Do you want me to call a taxi? 택시를 불러줄까?
> Do you want me to get you a towel? 수건을 갖다 줄까?
> Do you want me to take you home? 집에 데려다 줄까?

forgive /풔ㄹ기ㅂ/　(forgave-forgiven) 용서하다

I can't forgive him for lying to me. 그가 내게 거짓말한 것을 용서할 수 없어.
I'm really sorry. – It's okay. You're forgiven. 정말 미안해. - 괜찮아. 용서해 줄게.

Review

우리말 뜻을 보고 영어 단어를 써넣으세요.

01 그것 참 안됐다.　　　　　　That's too _____ .

02 두통이 심해지고 있어.　　　My headache is getting _____ .

03 모르겠어.　　　　　　　　Don't _____ me.

04 그게 효과가 있을지 의심스러워.　I doubt _____ it'll work.

05 이곳은 유료 주차장이야.　　This is a pay parking _____ .

06 표지판에 '금연'이라 쓰여 있어.　The _____ says "No smoking."

07 신호가 안 잡혀.　　　　　No _____ here.

08 항상 네 편이 되어줄게.　　I'll always _____ by you.

09 그게 나한테 효과가 있어.　It _____ for me.

10 몇 시에 퇴근해?　　　　　What time do you get _____ work?

11 잘했어!　　　　　　　　Good _____ !

12 마음대로 해.　　　　　　See if I _____ .

13 네가 그럴 때가 정말 좋아.　I _____ it when you do that.

14 너는 변호사를 구해야 해.　You need to get a _____ .

15 더 필요하신 건 없나요?　　_____ else?

16 잘 지내?　　　　　　　　How's _____ ?

17 실수하는 건 쉬워.　　　　It's easy to make a _____ .

18 너무 기대하진 마.　　　　Don't get your _____ up.

19 행운을 빌어.　　　　　　I _____ you all the best.

20 용서해 줄게.　　　　　　You're _____

01 bad　02 worse　03 ask　04 whether　05 lot　06 sign　07 signal　08 stand　09 works
10 off　11 job　12 care　13 love　14 lawyer　15 Anything　16 everything　17 mistake
18 hopes　19 wish　20 forgiven

A If you're tired, should we **rest** at home?

B No, **since** I **took** a nap this afternoon, I'm okay.

피곤하면 집에서 쉴까? / 아니, 오늘 오후에 낮잠을 자서 괜찮아.

rest /뤠스트/   1. 쉬다; 쉬게 하다   2. 휴식   3. 나머지

I usually rest for a while after lunch. 보통 점심 식사 후에 잠깐 쉬어.

Rest your eyes every hour. 1시간마다 눈을 쉬어줘.

May he rest in peace. 그가 편히 잠들기를.

> ✎ rest in peace는 '평화로이 잠드소서.', 우리말로는 '고인의 명복을 빕니다.'와 비슷한 뜻으로 쓰는 표현이에요. 묘비에 앞글자를 따서 R.I.P.를 적기도 해요.

Why don't you get some rest? 좀 쉬지 그래?

I'm not doing this job for the rest of my life. 난 남은 평생 이 일을 하지 않을 거야.

since /씬쓰/   ~한 이후로

I haven't eaten since breakfast. 아침 식사 이후로 아무 것도 먹지 않았어.

I don't love you anymore. - Since when?

난 더 이상 널 사랑하지 않아. - 언제부터?

take /테이크/   (took-taken) 1. 선택하다   2. 데리고 가다   3. 복용하다   4. 받다

5. 시간이 걸리다

I'll take this. 이걸로 할 게요.

Could you take her home? 그녀를 집에 데려다 줄 수 있니?

Take this medicine twice a day. 이 약을 하루에 두 번 드세요.

> ✎ 음식을 먹을 때는 eat, 음료를 마실 때는 drink, 약을 먹을 때는 take를 씁니다. have는 음식을 먹거나 음료를 마실 때 모두 쓸 수 있어요.

We don't take credit cards. 저희는 신용카드를 받지 않아요.

How long does it take to get to the airport? 공항까지 가는 데 얼마나 걸려?

What took you so long? 왜 이렇게 오래 걸렸어?

He usually takes a bus to school. 그는 보통 버스를 타고 학교에 가.

✏ take a bus 버스를 타다, take a shower 샤워하다, take a seat 자리에 앉다, take a photo 사진을 찍다, take a break 휴식을 취하다, take a walk 산책하다, take a nap 낮잠을 자다

I wish I could take it back. 취소할 수 있으면 좋겠어.
take back 취소하다

Take care. The road is slippery. 조심해. 길이 미끄러워.

✏ Take care.는 '조심해.' 또는 헤어질 때 작별 인사로 '몸조심해.', '건강해.'란 뜻으로 써요.

UNIT 032

A Is it **necessary** to **open** a savings **account**?
B Sure. It's important to **set** money aside for later.

적금을 들어야 할 필요가 있을까? / 물론이지. 나중을 위해서 돈을 저축해 두는 게 중요해.

---

necessary /네써쎄뤼/　필요한

If necessary, you can call me anytime. 필요하면 언제든 전화해도 돼.

관련단어 묶어보기
necessarily /네써**쎄**릴리/　반드시

Expensive goods are not necessarily the best.
비싼 물건이 반드시 최고인 것은 아냐.
not necessarily 반드시 ~하지 않다

---

open /오우펀/　1. 열다　2. 열려 있는

Most stores don't open on Sundays. 대부분의 가게는 일요일에 문을 열지 않아.
How late are you open? – We're open until nine.
몇 시까지 영업하세요? - 9시까지 영업해요.

---

account /어카운트/　1. 계좌　2. 설명

I'd like to open an account. 계좌를 개설하고 싶어요.
They gave different accounts of the event.

그들은 그 사건에 대해 다른 설명을 했다.

She retired early on account of ill health. 그녀는 건강이 안 좋아서 일찍 은퇴했다.

on account of ~ 때문에(= because of)

explain /익스플레인/ **설명하다**

Let me explain. 내가 설명할게.

explanation /엑스플러네이션/ **설명**

I can't think of any other explanation. 다른 설명이 떠오르지 않아.

set /쎌/ (set-set) 1. 정하다 2. 해가 지다

We set a date for the party. 우리는 파티 날짜를 정했어.

She set the alarm for 7 a.m. 그녀는 알람을 오전 7시에 맞춰 놓았다.

set the alarm for ~시로 알람을 맞추다

The sun set early in the winter. 겨울에는 해가 일찍 진다.

settle /쎄틀/ 1. 결정하다 2. 정착하다

It's settled that we're leaving at 9. 9시에 출발하기로 결정되었다.

After they got married, they settled in Seoul.
그들은 결혼한 후에 서울에 정착했어.

UNIT
033

A They say he got **caught stealing** a bike.

B That boy will never **act** his **age**.

그가 자전거를 훔치다 잡혔대. / 그 아이는 나이 값을 못할 거야.

catch /캐취/ (caught-caught) 1. 잡다 2. 알아듣다 3. 병에 걸리다

Would you throw me a towel? - OK. Catch! 수건 좀 던져줄래? - 그래. 잡아!

Sorry, I didn't catch your name. 죄송해요. 이름을 잘 듣지 못했어요.

Be careful not to catch a cold. 감기 걸리지 않게 조심해.

We should catch up sometime. 언제 한 번 만나자.

🖋 catch up은 '밀린 얘기를 나누다'의 뜻으로 우리말로, '조만간 한번 만나자.' 또는 '언제 밥 한번 같이 먹자.'와 비슷한 느낌의 표현이에요.

steal /스틸-/ (stole-stolen) 1. 훔치다 2. 횡재

He went to jail for stealing cars. 그는 차를 훔쳐서 교도소에 갔어.

That's a steal! 엄청 싸게 샀구나!

🖋 steal은 동사로 '훔치다'이지만 명사로는 '싸게 파는 물건'이란 뜻이에요. 훔친 것이나 다름없을 정도로 싸다는 것을 강조한 단어죠.

관련단어 묶어보기
rob /롸-ㅂ/ 털다

We are planning to rob a bank. 우리는 은행을 털 계획이야.

act /액트/ 행동하다

Don't act innocent. 시침 떼지 마.

🖋 innocent는 '순진한'이란 뜻이에요. 그래서 act innocent는 '순진한 척 하다' 또는 '오리발을 내밀다'의 뜻으로 쓰여요. act 대신 play를 쓰기도 해요.

관련단어 묶어보기
action /액션/ 행동

Actions speak louder than words. 말보다 행동이 중요해.

active /액티브/ 활동적인

My grandfather is active for his age. 우리 할아버지는 나이에 비해 활동적이셔.

activity /액티버티/ 활동

People enjoy leisure activities on weekends.
사람들은 주말에 여가 활동을 즐긴다.

age /에이쥐/ 1. 나이 2. 시대

Age is just a number. 나이는 숫자에 불과해.

We live in the computer age. 우리는 컴퓨터 시대에 살고 있어.

관련단어 묶어보기
century /쎈처뤼/   세기

She is the greatest pianist of this century. 그녀는 금세기 최고의 피아니스트야.

UNIT 034

A You'd better stop **drinking**.
B I'm not drunk. I'll drive you home **after** I finish this **bottle**.
A No way. You're too drunk to drive.
술은 그만 마시는 게 좋겠어. / 난 취하지 않았어. 이 병 다 마시고 집에 데려다 줄게. /
말도 안 돼. 넌 너무 취해서 운전 못해.

drink /드링크/   (drank-drunk) 1. 마시다   2. 음료; 술

Don't drink and drive. 음주 운전하지 마.
drink and drive 음주 운전하다

He had a drink with his friends. 그는 친구들과 술을 마셨어.
have a drink with ~와 술을 마시다

관련단어 묶어보기
pour /포-어르/   붓다, 따르다

I poured the old milk down the sink. 싱크대에 오래된 우유를 부어 버렸어.

spill /스필/   흘리다

Someone spilled wine on the carpet. 누군가가 카펫에 와인을 쏟았어.

tea /티-/   차

It's not my cup of tea. 그건 내 취향이 아냐.
not one's cup of tea 취향이 아니다

coffee /커-퓌/   커피

Why don't we talk over coffee? 커피 마시면서 얘기하지 않을래?
over coffee 커피 마시면서

after /애프터-ㄹ/   ~후에

I go swimming everyday after work. 나는 일 끝나고 매일 수영하러 가.

Here's the elevator. – After you. 엘리베이터가 왔네요. - 먼저 타세요.

> 🖋 상대방에게 먼저 하라고 할 때 Go ahead.나 You can go first.도 쓸 수 있어요.

So you made it after all! 그래 결국 네가 해냈구나!

after all 결국

bottle /바-틀/   병

He drank two bottles of beer. 그는 맥주 2병을 마셨어.

관련단어 묶어보기

bucket /버킷/   양동이

It's a drop in the bucket. 새 발의 피야.

container /컨테이너ㄹ/   용기

Store the cake in an airtight container. 케이크를 밀폐 용기에 보관해.

bag /배ㄱ/   봉지

Do you need a plastic bag? 비닐봉지 필요하십니까?

> 🖋 '비닐봉지'는 vinyl bag이 아니고 plastic bag이라 해요. '종이봉투'는 paper bag이죠.

bowl /보울/   그릇

In a mixing bowl, add lemon juice. 믹싱 볼에 레몬주스를 넣으세요.

UNIT 035

A His **speech** is **exceptional**.

B He has the **ability** to **tell** a story in a pleasant way.

그의 연설은 뛰어나. / 그는 이야기를 유쾌하게 말하는 능력이 있어.

speech /스피-취/   연설

He made a speech on human rights. 그는 인권에 관한 연설을 했어.

speechless /스피-췰러쓰/ 말문이 막히는

I'm speechless. 말문이 막혀.

> 🖉 너무 기쁘거나 놀랐을 때 또는 너무 당황스러워서 어떤 말을 해야 할지 감이 오지 않을 때 써요. Is an octopus a vegetable? 문어가 채소야? - I'm speechless. 어이가 없네.

exceptional /익쎕셔널/ 뛰어난

This is a wine of exceptional quality. 이것은 뛰어난 품질의 와인이다.

exception /익쎕션/ 예외

There's an exception to every rule. 모든 규칙에는 예외가 있다.

except /익쎕트/ ~을 제외하고

Everyone was invited except me. 나만 빼고 모두 초대받았어.

ability /어빌러티/ 능력

He has the ability to do the job. 그는 그 일을 할 능력이 있어.
have the ability to-v ~할 능력이 있다

able /에이블/ 할 수 있는, 능력 있는

Will you be able to finish the job in time? 그 일을 제시간에 끝낼 수 있겠니?
be able to-v ~ 할 수 있다(= can)
She's a very able teacher. 그녀는 매우 유능한 선생님이야.

skill /스킬/ 기술

This job requires computer skills. 이 일은 컴퓨터 기술을 필요로 해.

talent /탤런트/ 재능

She has a talent for music. 그녀는 음악에 소질이 있어.

tell /텔/ (told-told) ~에게 말하다

Don't tell me what to do. 나한테 이래라저래라 하지 마.

I'm telling you. I didn't do anything. 정말이야. 난 아무 짓도 안 했어.

> 🖊 직역하면 '내가 너에게 말하고 있는 중이야.'로 지금 말하고 있는 내용이 사실이라는 점을 강조할 때 써요. I'm telling you, it will never happen again. 정말이야. 그런 일은 다시 일어나지 않을 거야.

It's so hot today. - You're telling me. 오늘 정말 덥다. - 정말 그래.

> 🖊 상대방이 방금 한 말이 정말 맞는 말이라고 강하게 동의할 때 써요. Stephen's in such a bad mood today. 스티븐이 오늘 기분이 너무 안 좋아. - You're telling me! 정말 그래!

관련단어 묶어보기

say /쎄이/ (said-said) 1. 말하다 2. ~라고 적혀있다

He said nothing to me about it. 그는 그것에 대해 나에게 아무 말도 하지 않았다.

> 🖊 say는 '내용을 말하다'를 뜻해요. 우리가 만화에서 흔히 보는 '말풍선' 같은 느낌이죠. 반면 tell은 '누군가에게 내용을 전달하다'를 뜻하죠. 그래서 say 다음에는 말한 내용이 바로 오고, tell 다음에는 말을 전하는 대상이 주로 옵니다. say something 무언가를 말하다 / tell him something 그에게 무언가를 말하다

The notice said "Keep Out." 표지판에 '출입금지'라고 적혀 있었다.

speak /스픽/ (spoke-spoken) 1. 말하다 2. (언어를) 말하다

Could you speak more slowly? 좀 천천히 말씀해주실래요?

I can speak three languages. 3개 국어를 할 수 있어요.

Please speak up. I can't hear you. 좀 더 크게 말해줘. 안 들려.

speak up 소리 높여 말하다

Speak of the devil. 호랑이도 제 말하면 온다더니.

> 🖊 대화에서 언급했던 사람이 갑자기 나타났을 때 써요. speak 대신 talk을 쓰기도 해요. Speak of the devil. We were just talking about you! 호랑이도 제 말하면 온다더니. 방금 너에 대해 얘기하던 중이었어,

Speaking of which, have you decided? 말이 나와서 말인데, 결정했어?

✎ speaking of는 '~에 대한 말이 나와서 말인데'의 뜻이에요. 주로 말하고 있는 내용과 관련해서 새로운 생각이 떠올랐을 때 쓰죠. 막연히 '말이 나와서 말인데'라고 할 때는 of 다음에 which를 써요. Well, speaking of Chinese food, Michael lived in China last year. 음, 중국 음식 말이 나와서 말인데, 마이클이 작년에 중국에 살았어.

talk /턱-/ 이야기하다

Nice talking to you. 얘기 즐거웠어.

✎ speak은 '말을 하다'의 뜻이에요. 말하는 사람으로부터 소리가 한쪽 방향으로 퍼져나가는 느낌이죠. 반면 talk는 '말을 주고받다'를 뜻해요. speak과 달리 소리가 양방향의 느낌이 있죠. 그래서 서로 대화하는 상황에 써요. Parrots can speak, but they can't talk. 앵무새는 말은 하지만, 대화는 할 수 없다.

I was just talking to myself. 그냥 혼잣말을 하고 있었다.
talk to myself 혼잣말하다

How about steak? - Now you're talking. 스테이크는 어때? - 그거 좋지.

✎ 직역하면 '이제 너는 말을 하고 있다.'인데, 우리말로는 '이제야 말이 통하네.'의 뜻에 가깝죠. 상대방이 처음에는 그렇지 않다가 마침내 내 마음에 드는 제안이나 의견을 말할 때 써요.

I'm lazy? Look who's talking. 내가 게으르다고? 사돈 남 말 하네.

✎ 직역하면 '누가 얘기하는지 보라.'인데, 본인도 비슷한 허물이 있으면서 남에게 뭐라 하는 사람에게 너나 똑바로 하라는 뜻으로 써요.

우리말 뜻을 보고 영어 단어를 써넣으세요.

01 좀 쉬지 그래?　　　　　　　Why don't you get some _____.

02 언제부터?　　　　　　　　　_____ when?

03 이걸로 할 게요.　　　　　　I'll _____ this.

04 조심해.　　　　　　　　　　Take _____.

05 9시까지 영업해요.　　　　　We're _____ until nine.

06 계좌를 개설하고 싶어요.　　I'd like to open an _____.

07 내가 설명할게.　　　　　　Let me _____.

08 겨울에는 해가 일찍 진다.　The sun _____ early in the winter.

09 이름을 잘 듣지 못했어요.　I didn't _____ your name.

10 언제 한 번 만나자.　　　　We should catch _____ sometime.

11 엄청 싸게 샀구나!　　　　That's a _____!

12 시침 떼지 마.　　　　　　Don't _____ innocent.

13 나이는 숫자에 불과해.　　_____ is just a number.

14 음주 운전하지 마.　　　　Don't _____ and drive.

15 그건 내 취향이 아냐.　　It's not my cup of _____.

16 먼저 타세요.　　　　　　_____ you.

17 비닐봉지 필요하신가요?　Do you need a _____ bag?

18 말문이 막혀.　　　　　　I'm _____.

19 3개 국어를 할 수 있어요.　I can _____ three languages.

20 사돈 남 말 하네.　　　　Look who's _____

Answer

01 rest　02 Since　03 take　04 care　05 open　06 account　07 explain　08 set　09 catch

10 up　11 steal　12 act　13 Age　14 drink　15 tea　16 After　17 plastic　18 speechless

19 speak　20 talking

A Are you coming to my **house**?

B It **depends**. I **might** have to work.

우리 집에 올 거니? / 상황 봐서. 어쩌면 일해야 할지도 몰라.

---

house /하우스/ 집

She lives in a two-story house. 그녀는 2층 집에 살아.

> 🖉 '집'하면 우리는 house를 떠올리지만 house는 아파트, 타운하우스와 같은 여러 주거 형태 중 '단독 주택'을 가리켜요.

It's on the house. 서비스예요.

on the house 무료로 제공되는

> 🖉 house에는 '식당'이란 뜻이 있어요. 해산물 식당은 seafood house, 스테이크 식당을 steak house라 하죠. on the house는 식당이나 술집에서 음료나 음식이 무료로 제공 되는 것을 말해요. 우리가 흔히 쓰는 '서비스'는 틀린 표현이죠. It's service. (X) / This bottle of wine is on the house. 이 와인 한 병은 서비스입니다.

관련단어 묶어보기

home /호움/ 집, 가정

I feel at home here. 나는 여기가 편해.

feel at home 편하다

> 🖉 house는 건물 자체로서의 '집'을 말한다면 home은 단순히 물리적인 건물이 아니라 '가족 과 함께 지내는 곳'이에요. 그래서 home에는 내가 애착을 느끼고, 마음의 평안을 얻는 곳이 란 느낌이 있죠. There's no place like home. 집보다 좋은 곳은 없다.

Make yourself at home. 편히 있어.

> 🖉 집에 온 손님에게 편하게 있으라고 할 때 Make yourself at home. 또는 Make yourself comfortable.이라고 해요.

---

apartment /어**파**-르트먼트/ 아파트

He rented a two-bedroom apartment. 그는 방 두 개짜리 아파트를 빌렸어.

✏️ apartment는 주로 임대를 목적으로 한 아파트를 말해요. 우리나라 아파트처럼 분양해서 개인이 소유하는 아파트는 condominium 또는 줄여서 condo라고 하죠. 참고로 '아파트'는 일본식 영어표현이고 영어로는 apartment가 맞아요.

place /플레이씨/ 　장소; 집

I came over to his place yesterday. 어제 그의 집에 들렀어.

> ✏️ house, apartment, condo, townhouse 등 다양한 주거형태가 있기 때문에 뭉뚱그려서 '집'을 place라 표현하는 경우도 많아요.

What would you do in my place? 내 입장이라면 어떻게 하겠니?
in my place 나라면

The Olympics take place every four years. 올림픽은 4년마다 열려.
take place 열리다

depend /디펜드/ 　1. 의존하다　2. 좌우되다

He depends too much on his parents. 그는 부모에게 너무 많이 의존해.
It depends. 상황에 따라 달라.

> ✏️ 상황이나 조건에 따라 대답이 달라질 수 있어서 딱 떨어지게 답을 할 수 없을 때 It depends. 또는 That depends.를 씁니다. How long are you staying? 얼마나 머무를 거니? - I don't know. It depends. 모르겠어. 상황에 따라 달라.

관련단어 묶어보기
dependent /디펜던트/ 　의존하는

Many people are dependent on caffeine. 많은 사람들이 카페인에 의존하고 있어.

rely /륄라이/ 　신뢰하다

You can rely on him. 그를 믿어도 돼.

trust /트뤄스트/ 　신뢰하다

I rust your instinct! 네 본능을 믿어!

might /마이트/ 　~일지도 모른다

She might not be there. 그녀는 그곳에 없을지도 몰라.

✏️ might는 may의 과거형으로 쓰이지만, '~일지 모른다'의 뜻으로 추측을 나타낼 때는 may 와 같이 현재시제로 쓰여요.

관련단어 묶어보기
may /메이/　~해도 좋다

May I come in? – No, you may not. 들어가도 돼요? - 아뇨, 그러지 마세요.

You may as well go home. 집에 가는 게 좋겠어.

✏️ '~하는 편이 낫다'의 뜻으로 had better와 may we well을 쓸 수 있어요. had better는 경고나 충고에 가까운 느낌이라면, may as well은 나쁘지 않은 괜찮은 선택이란 느낌일 때 써요.

UNIT 037

A I didn't hear my alarm clock **go** off.
B Luckily, the teacher hasn't **arrived yet**.

알람 울리는 소리를 듣지 못했어. / 다행히 선생님은 아직 도착하지 않으셨어.

---

go /고우/　(went-gone) 1. 가다　2. 되다　3. 진행되다

I've got to go. 가봐야겠어.(= I gotta go.)

I'll go get something to eat. 가서 먹을 것 좀 가지고 올게.

✏️ [go + 동사원형]는 '~하러 가다'의 뜻으로 원래 [go and 동사원형]에서 and가 생략된 경우예요.

회화 패턴 ▶ Go + 동사 ... 가서 ~해

Go work out. 가서 운동해.
Go wash your hands. 가서 손 씻어.
Go tell your teacher. 가서 선생님께 말씀드려.

He went blind because of the accident. 그는 그 사고로 실명했어.

✏️ go blind 실명하다, go bad 상하다, go wrong 잘못되다, go gray 머리가 세다, go mad 미치다, go flat 타이어에 바람이 빠지다, go bankrupt 파산하다

How's it going? 어떻게 지내?

We went shopping at the department store. 우리는 백화점에 쇼핑하러 갔어.

> ✎ go shopping 쇼핑하러 가다, go surfing 서핑 하러 가다, go fishing 낚시하러 가다,
> go camping 캠핑하러 가다, go skiing 스키 타러 가다, go swimming 수영하러 가다

My headache is gone. 두통이 사라졌다.
be gone 사라지다

I go by Genie here. 난 여기서 지니로 통해.
go by ~로 통하다

May I start now? – Yes, go ahead. 이제 시작해도 될까? - 응, 그래.
go ahead 하세요

The price is going down. 가격이 떨어지고 있어.
go down 가격이나 기온이 내려가다

Is this for here or to go? – To go, please.
이거 여기서 드세요, 포장하세요? – 포장해 주세요.
to go 포장해 가다

관련단어 묶어보기
wander /완-더ㄹ/　**돌아다니다**

Homeless people wandered the streets. 노숙자들이 거리를 배회했다.

---

arrive /어롸이브/　**도착하다**

What time do you arrive in LA? LA에는 몇 시에 도착해?

---

yet /옡/　**1. 아직　2. 이제**

Are you ready? – No, not yet. 준비됐어? - 아니, 아직.
Are my socks dry yet? 내 양말 이제 말랐니?

> ✎ yet이 의문문에 쓰일 때는 현재까지 어떤 일이 일어났는지 확인할 때 써요. 우리말로는 '이제'
> 로 해석하거나 아예 이에 해석하지 않는 게 자연스러울 때도 많죠. Have you had lunch
> yet? 점심 먹었어?

관련단어 묶어보기
already /올-뤠디/　**1. 이미　2. 벌써**

Should I tell Harry? – He already knows. 해리에게 말해야 할까? - 그는 이미 알아.

Are you leaving already? 벌써 가세요?

UNIT 038

A Are you going **alone**?

B I'll be going **with** my **colleagues together**.

혼자 가니? / 동료들과 함께 갈 거야.

---

alone /얼로운/ 혼자서

He lives alone. 그는 혼자 살아.

Leave me alone. 날 좀 내버려 둬.

Leave my things alone! 내 물건 건드리지 마!

관련단어 묶어보기
lonely /로운리/ 외로운

She felt very lonely. 그녀는 매우 외로움을 느꼈다.

---

with /위드/ 1. ~와 함께 2. ~을 가진 3. ~을 써서

I'll be with you in a minute. 금방 갈게.

He wants a car with two doors. 그는 문이 두 개인 차를 원해.

> ✐ a girl with red hair 빨간 머리 소녀, a man with a gun 총을 가진 남자, a jacket with a hood 모자달린 재킷

Chop the onions with a knife. 칼로 양파를 잘게 썰어.

관련단어 묶어보기
without /위다우트/ ~ 없이

I can't see without my glasses. 안경 없이는 볼 수 없어.

---

colleague /카-알리-ㄱ/ 동료(= co-worker)

She is my long-time colleague. 그녀는 나의 오랜 동료야.

boss /보-ㅆ/ 상사

I asked my boss for a day off. 상사에게 하루 쉴 수 있는지 물어봤어.

You're the boss. 네 말대로 할 게.(= You're the doctor.)

She's always bossing me around. 그녀는 항상 나한테 이래라저래라 해.

✎ 마치 상사(boss)라도 되는 것처럼 이래라저래라 하는 것을 boss around라고 해요.

together /터게더ㄹ/ 같이, 함께

We went to school together. 우리는 학교 동창이야.

Mix the cocoa and sugar together. 코코아와 설탕을 함께 섞어라.

UNIT 039

A Isn't there a strange **smell** in the **office**?

B Yes, there seems to be. Let's **air out** the office.

사무실에서 이상한 냄새가 나지 않니? / 그래, 그런 것 같아. 사무실을 환기시키자.

smell /스멜/ 1. 냄새를 맡다 2. 냄새가 나다 3. 냄새

I can smell something burning. 뭔가가 타는 냄새가 나.

Your feet smell! 너 발 냄새 나!

The smell is getting worse. 냄새가 점점 심해지고 있다.

office /어-퓌ㅆ/ 사무실

The head office is in New York. 본사는 뉴욕에 있다.

head office 본사

officer /어-퓌써ㄹ/ 경찰, 장교, 공무원

Two officers are on patrol now.

경찰관 2명이 지금 순찰 중이다.(= police officer)

✎ police officer 경찰관, army officer 군 장교, public officer 공무원, customs officer 세관원, prison officer 교도관

official /어퓌셜/　1. 공무원　2. 공식의

My uncle is a government official. 내 삼촌은 정부 공무원이야.

The president made an official visit to Germany.
대통령은 독일을 공식 방문했다.

✎ official visit 공식방문, official ceremony 공식행사, official record 공식기록, official statement 공식성명, official sponsor 공식후원사

air /에어ㄹ/　1. 공기　2. 항공

Wanna get some air? 바람 좀 쐴래?

I prefer to travel by air. 나는 비행기 여행을 더 좋아해.
by air 비행기로

I'm walking on air. 정말 기뻐.

✎ walk on air는 직역하면 '공기 위를 걷다'인데, 우리말 '하늘을 날 것 같은 기분이다'와 비슷한 표현이에요. 무척 기쁠 때 쓰죠. Ann was walking on air when she got the job. 일자리를 구했을 때 앤은 무척 기뻤다.

out /아웃/　1. 외출하여　2. 발표되어

Did anyone call me while I was out? 내가 외출한 동안 누가 전화했니?

The novel will be out soon. 그 소설이 곧 출간될 거야.

I'm out of money. 돈이 다 떨어졌어.
out of money 돈이 떨어진

관련단어 묶어보기
outside /아웃싸이ㄷ/　밖에서

Meet me outside the library. 도서관 밖에서 보자.

A Can I **borrow** your **notes** for a **moment**?
B Sure, here you go.

잠깐 필기한 것 좀 빌려 줄래? / 그럼, 여기 있어.

borrow /바-뤄우/ 빌리다

Can I borrow your bike? 자전거 좀 빌릴 수 있을까?

관련단어 묶어보기
lend /렌ㄷ/ (lent-lent) 빌려주다

Can you lend me $20? 20달러만 빌려줄래?

note /노우ㅌ/ 1. 필기 2. 주의하다

Did you take notes during the class? 수업시간에 필기를 했니?

Please note that these prices may change.
이러한 가격은 변경될 수 있다는 점에 유의하세요.

관련단어 묶어보기
message /메시쥐/ 메시지

Can I take a message? 메시지 남기시겠습니까?

take a message 메시지를 받다

moment /모우먼ㅌ/ 순간, 잠시

The moment I saw her, I fell in love with her. 그녀를 본 순간 사랑에 빠졌어.

the moment ~하는 바로 그 순간

I'll be back in a moment. 잠시 후에 돌아올게.

in a moment 곧, 바로

Can I borrow your pen for a moment? 잠깐 펜 좀 빌려줄게?

    🖉 for a moment는 '잠시 동안'이란 뜻이에요. 비슷한 표현으로 for a second, for a minute, for a while, for a short time 등이 있어요.

For the moment we're just friends. 지금 우린 친구일 뿐이야.

I'm afraid he's not here at the moment. 죄송합니다만 그는 지금 여기에 없어요.

He was here a moment ago. 그는 조금 전에 여기에 있었어.

a moment ago 조금 전에

It looks like rain at any moment. 금방이라도 비가 올 것 같다.

at any moment 금방이라도

우리말 뜻을 보고 영어 단어를 써넣으세요.

01 서비스예요.   It's on the _____.

02 편히 있어.   Make yourself at _____.

03 상황에 따라 달라.   It _____.

04 네 본능을 믿어!   _____ your instinct!

05 너는 집에 가는 게 좋겠어.   You _____ as well go home.

06 어떻게 지내?   How's it _____?

07 포장해 주세요.   To _____, please.

08 내 양말 이제 말랐니?   Are my socks dry _____?

09 내 물건 건드리지 마!   Leave my things _____!

10 칼로 양파를 잘게 썰어.   Chop the onions _____ a knife.

11 그녀는 나의 오랜 동료야.   She is my long-time _____.

12 우리는 학교 동창이야.   We went to school _____.

13 너 발 냄새 나!   Your feet _____!

14 경찰관 2명이 순찰 중이다.   Two _____ are on patrol.

15 정말 기뻐.   I'm walking on _____.

16 돈이 다 떨어졌어.   I'm _____ of money.

17 20달러만 빌려줄래?   Can you _____ me $20?

18 잠깐 펜 좀 빌려줄래?   Can I borrow your pen for a _____?

19 그는 지금 여기 없어요.   He's not here _____ the moment.

20 그는 조금 전에 여기 있었어.   He was here a moment _____.

Answer

01 house   02 home   03 depends   04 Trust   05 may   06 going   07 go   08 yet   09 alone
10 with   11 colleague   12 together   13 smell   14 officers   15 air   16 out   17 lend   18 moment
19 at   20 ago

UNIT 041

A I **also** need to **buy** some **dress shirts**.

B I can help you with that.

정장 셔츠도 좀 사야 해. / 내가 도와줄게.

also /올-쏘우/　또한

I'm cold, and I'm also hungry. 춥고 배도 고파.(= I'm hungry, too.)

✎ '또한'의 뜻으로 쓰일 때 also는 too보다 정중한 느낌을 줍니다. 주로 문장 끝에 쓰는 too와 달리 be동사나 조동사 뒤, 일반 동사 앞에 와요.

He plays not only tennis but also golf. 그는 테니스뿐 아니라 골프도 쳐.

not only A but also B A 뿐 아니라 B도

관련단어 묶어보기

too /투-/　1. 너무　2. 또한

I was too busy to have lunch. 너무 바빠서 점심을 못 먹었어.

too ... to-v 너무 ~해서 ...하지 못하다

Nice to meet you. - You too. 만나서 반가워요. - 저도요.(= Likewise.)

✎ 상대방의 상태나 상황이 나와 비슷할 때는 Me, too.를, 상대방이 나에게 건넨 말에는 You, too.를 써요. I'm tired. 피곤해. - Me, too. 나도. / Have a nice day. 좋은 하루 보내. - You, too. 너도.

buy /바이/　(bought-bought) 1. 사다　2. 믿다

Buy one, get one free. 하나 사면, 하나 더 드려요.

✎ 직역하면 '하나 사면, 하나는 공짜로 드려요.'예요. 우리가 쓰는 '원 플러스 원'은 쓰지 않습니다. 줄여서 BOGO으로 쓰기도 해요. We bought them on a BOGO deal. 우리는 그 것을 원 플러스 원 거래로 샀어.

I don't buy it. 나 그거 안 믿어.

✎ buy가 '믿다'의 뜻으로, 상대방의 말을 믿지 않을 때 I don't buy it. 또는 I'm not buying it.을 써요.

buyer /바이어ㄹ/ **구매자**

There were several potential buyers. 잠재적 구매자가 몇 명 있었어.

purchase /퍼-ㄹ쳐씨/ **구입하다**

They purchased the land for $1 million. 그들은 그 땅을 100만 달러에 샀어.

---

dress /드뤠씨/ **1. 입다 2. 옷**

She always dresses in black. 그녀는 항상 검은색 옷을 입어.

Hurry up and get dressed. 빨리 옷 입어.

get dressed 옷을 입다

You don't have to dress up. 옷을 차려입지 않아도 돼.

dress up 옷을 차려입다

This restaurant has a strict dress code. 이 식당은 복장 규정이 엄격해.

dress code 복장규정

---

shirt /셔-ㄹ트/ **셔츠**

Keep your shirt on! 화내지 마!

> ✒ 직역하면 '셔츠를 입고 있어.'의 뜻이에요. 화가 나면 셔츠를 벗어던지는데서 비롯된 표현으로 '진정해.'란 뜻이죠. 비슷한 표현으로 Calm down., Chill out., Take it easy., Pull yourself together., Hold your horses. 등이 있어요.

---

collar /칼-러ㄹ/ **옷깃**

I grabbed him by the collar. 그의 멱살을 잡았어.

A You've **achieved** all your goals.

B No **way**. I'm just **starting**.

넌 모든 목표를 달성했어. / 말도 안 돼. 이제 막 시작하는 중이야.

achieve /어취-ㅂ/   성취하다

She achieved success and wealth. 그녀는 성공과 부를 이루었어.

관련단어 묶어보기

achievement /어취-ㅂ먼트/   성취

I felt a sense of achievement. 성취감을 느꼈어.

gain /게인/   늘리다(= put on)

I have gained a lot of weight recently. 최근에 살이 많이 쪘어.

way /웨이/   1. 길   2. 방향, 쪽   3. 점, 면   4. 정말, 아주

It's a long way from here. 여기서 멀어.

> ✐ '(거리가) 먼'의 뜻으로 의문문이나 부정문에서는 far, 긍정문에서는 a long way를 주로 써요.

I still have a long way to go. 아직 갈 길이 멀어.

The restroom is this way. 화장실은 이쪽이야.

Thank you for helping us in many ways. 여러모로 저희를 도와주셔서 고마워요.

I think he's way cool. 그는 정말 멋있는 것 같아.

> ✐ way는 부사로 '정말, 매우'의 뜻으로 써요. '너무'란 뜻으로 쓰이는 too 앞에서 한 번 더 강조하는 느낌으로 쓰기도 하죠. We're way excited. 우리는 정말 흥분했어. / This shirt is way too expensive. 이 셔츠는 너무 비싸.

The way I see it, this is our last chance. 내가 보기에 이번이 우리의 마지막 기회야.
the way I see it 내가 보기에

Oh, by the way, what time is it? 아, 그런데 지금 몇 시야?
by the way 그런데

I ran out of gas on my way home. 집으로 가는 길에 기름이 다 떨어졌어.

I'm on my way to ~하러 가는 중이야

I'm on my way. 가는 중이야.
I'm on my way to work. 출근하는 중이야.
I'm on my way to the pharmacy. 약국에 가는 중이야.

Way to go. 잘했어.

> 🖉 상대방에게 잘했다고 칭찬할 때 Way to go., Good job., Well done. 등을 써요.

Get out of my way. 저리 비켜.

manner /매너ㄹ/   1. 방법   2. (복수) 매너, 예의범절

He answered in a businesslike manner. 그는 사무적으로 대답했다.
Where are your manners? 매너 좀 지켜.

> 🖉 직역하면 '너의 매너는 어디에 있니?'인데, 예의를 좀 지키라고 할 때 써요. 비슷한 표현으로 Mind your manners.가 있어요. Please mind your manners in front of the elders. 어르신들 앞에서는 예의를 지키세요.

method /메떠ㄷ/   방법

What is the best method of learning English?
영어를 배우는 가장 좋은 방법은 무엇일까?

start /스타-ㄹ트/   1. 시작하다   2. 시동 걸리다   3. 시작

Let's get started. 시작합시다.(= Here we go.)
The car wouldn't start this morning. 오늘 아침에 차가 시동이 걸리지 않았어.
I'm going to LA at the start of next month. 다음 달 초에 LA에 가.
at the start of ~의 초에(↔ at the end of ~의 말에)

begin /비긴/   (began-begun) 시작하다

The meeting will begin at 10. 회의는 10시에 시작할 거야.
To begin with, I don't like his looks. 우선 그의 외모가 마음에 들지 않아.
to begin with 우선

beginning /비기닝/   시작

The trip was a disaster from beginning to end.
여행이 처음부터 끝까지 엉망이었어.

from beginning to end 처음부터 끝까지

 A Did you **bring** the **towels**?
B Yes, I brought the **swimming tube**, too.

수건 가져왔어? / 응, 수영 튜브도 가져왔어.

bring /브링/ (brought-brought) 1. 가져오다 2. 데려오다 3. 가져다주다 4. 특정 장소에 있게 하다

Don't forget to bring your laptop. 잊지 말고 노트북 가져와.

Is it OK if I bring some friends to the party?
파티에 친구 몇 명을 데리고 와도 괜찮을까?

Can you bring me another beer? 맥주 한 잔 더 갖다 주시겠어요?

What brings you here? 여긴 무슨 일이야?

The Internet brought about big changes in people's lives.
인터넷은 사람들의 삶에 큰 변화를 가져왔다.

bring about ~을 초래하다

My parents brought me up strictly. 부모님은 나를 엄하게 키우셨어.

bring up ~을 기르다

Don't bring up that subject again. 다시는 그 문제를 꺼내지 마.

bring up 화제를 꺼내다

Bring it on. 누가 이기나 한번 해 보자.

✏️ 직역하면 '그것을 계속(on) 가져와 봐라.'예요. 이때 it은 '어려움, 도전, 싸움'을 얘기해요. 그래서 언제든 어려움에 맞설 준비가 되어 있다는 뜻으로 써요. We've trained hard and we're ready. Bring it on! 우리는 열심히 연습했고 준비가 끝났어. 이제 한번 해 보자!

towel /타우얼/ 수건

I dried myself with a towel. 수건으로 몸을 말렸다.

swim /스윔/ (swam-swum) 1. 수영하다 2. 헤엄치다

Let's go swimming this afternoon. 오늘 오후에 수영하러 가자.

go swimming 수영하러 가다

Tropical fish swam slowly around in the tank.
열대어들이 수조 안을 천천히 헤엄쳐 다녔다.

tube /투-ㅂ/ 튜브

Squeeze the toothpaste from the end of the tube. 튜브 끝에서부터 치약을 짜.

A This **food** has a very savory **taste**.
B That's **because** I **added** sesame oil.

이 음식은 맛이 참 고소해. / 참기름을 넣어서 그래.

food /푸-ㄷ/ 음식

The restaurant serves good food at low prices.
그 식당은 저렴한 가격에 좋은 음식을 제공한다.

관련단어 묶어보기
bread /브뤠ㄷ/ 빵

I bought a loaf of bread this morning. 오늘 아침에 빵 한 덩어리를 샀어.

---

taste /테이스트/ 1. 맛이 나다 2. 맛보다 3. 취향

How does it taste? – It tastes good. 맛이 어때? - 맛 좋아.

✎ spicy 매운, sweet 단, bitter 쓴, salty 짠, sour 신, bland 싱거운

She tasted the soup. 그녀는 수프를 맛보았다.
We have similar taste in movies. 우리는 영화 취향이 비슷해.

관련단어 묶어보기
sweet /스위-ㅌ/ 1. 감미로운 2. 상냥한 3. 달콤한

She has a sweet voice. 그녀는 목소리가 감미로워.

It's so sweet of you to help me. 나를 도와주다니 정말 친절하구나.

I have a sweet tooth. 나는 단것을 좋아해.

have a sweet tooth 단 것을 좋아하다

delicious /딜리셔ㅆ/   맛있는

Who cooked this? It's delicious. 이거 누가 요리했어? 맛있다

> ✎ '맛이 좋다'라고 말할 때 delicious 대신 great(맛 좋은), tasty(맛있는), mouthwatering (군침 도는), yummy(아주 맛있는)를 쓸 수 있어요.

because /비커-ㅈ/   ~ 때문에

You shouldn't ignore him just because he is poor.

가난하다고 그를 무시해서는 안 돼.

> ✎ just because는 '단지 ~라고 해서'란 뜻의 접속사예요. 그냥 Just because.만 써서 '그 냥.'이란 의미로 쓰기도 해요. Why did you call me? 왜 전화했니? - Just because. 그냥.

It's all because of you. 모두 너 때문이야.

because of ~ 때문에

add /애ㄷ/   더하다

Can you add an extra shot for me? 샷 추가해 주시겠어요?

관련단어 묶어보기
addition /어디션/   추가; 덧셈

It was rainy, and in addition, it was cold. 비도 오고, 게다가 추웠다.

in addition 게다가

extra /엑스트뤄/   추가로

Do I have to pay extra? 추가 요금을 내야 하나요?

100

A Is your **listening** comprehension **improving**?

B It'll come out **somehow**.

듣고 이해하는 건 나아지고 있니? / 어떻게든 되겠지.

listen /리슨/　1. 듣다　2. 들어 봐

I'm listening. 듣고 있어.

> 🖉 listen은 의지를 가지고 집중해서 귀를 기울여 들을 때 쓰고, hear는 들으려고 애쓰지 않아도
> 듣게 되는 정보나 소리에 사용해요.

He was not listening to me. 그는 내 말을 들으려하지 않았어.
listen to 귀 기울이다

Listen, can I call you back later? 저기, 나중에 전화해도 될까?

If you listen hard, you can hear the sound of the sea.
잘 들어보면 바다 소리를 들을 수 있어.
listen hard 유심히 듣다

관련단어 묶어보기
hear /히어ㄹ/　(heard-heard) 듣다

Can you hear me? 내 말 들려?

Hear me out. 내 말 끝까지 들어봐.(= Let me finish.)

I've heard so much about you. 말씀 많이 들었어요.

I'm looking forward to hearing from you soon. 답장 기다리겠습니다.
hear from ~에게서 소식을 듣다

I've never heard of him. 그에 대해 들어본 적이 없어.
hear of ~에 대해 듣다

From what I hear, things are going well. 일이 잘 풀리고 있대.
from what I hear 내가 듣기로

hearing /히어링/　청력

He has good hearing. 그는 청력이 좋아.

> 🖉 hearing test는 건강 검진할 때 하는 '청력평가'를 말합니다. 반면 listening test는 시험에
> 서 '듣기평가'를 뜻하죠.

improve /임프루-ㅂ/   향상시키다

I want to improve my English. 영어를 향상시키고 싶어.

> ✐ '향상시키다'의 뜻으로 upgrade를 쓰는 경우가 있는데 ungrade는 주로 컴퓨터나 자동차 같은 기계의 성능을 향상시킬 경우에 써요. I upgraded my computer. 내 컴퓨터 성능을 업그레이드했어.

somehow /썸하우/   1. 어떻게든   2. 왠지

I'll find out her address somehow. 어떻게든 그녀의 주소를 알아낼 거야.

Somehow, that area looked familiar to me. 왠지 그 지역은 낯이 익었어.

우리말 뜻을 보고 영어 단어를 써넣으세요.

01 너무 바빠서 점심을 못 먹었어.   I was _____ busy to have lunch.

02 나 그거 안 믿어.   I don't _____ it.

03 빨리 옷 입어.   Hurry up and get _____.

04 화내지 마!   Keep your _____ on!

05 성취감을 느꼈어.   I felt a sense of _____.

06 여기서 멀어.   It's a long _____ from here.

07 그는 정말 멋져.   He's _____ cool.

08 가는 중이야.   I'm _____ my way.

09 시작합시다.   Let's get _____.

10 여긴 무슨 일이야?   What _____ you here?

11 누가 이기나 한번 해 보자.   Bring it _____.

12 맛 좋아.   It _____ good.

13 나는 단것을 좋아해.   I have a _____ tooth.

14 모두 너 때문이야.   It's all _____ of you.

15 게다가 추웠어.   In _____, it was cold.

16 추가 요금을 내야 하나요?   Do I have to pay _____?

17 듣고 있어.   I'm _____.

18 내 말 들려?   Can you _____ me?

19 말씀 많이 들었어요.   I've _____ so much about you.

20 영어를 향상시키고 싶어.   I want to _____ my English.

Answer

01 too 02 buy 03 dressed 04 shirt 05 achievement 06 way 07 way 08 on 09 started
10 brings 11 on 12 tastes 13 sweet 14 because 15 addition 16 extra 17 listening
18 hear 19 heard 20 improve

A Did you **call** him?

B I did, but no one **answered** the **phone**.

그에게 전화했어? / 했는데, 아무도 전화를 안 받았어.

call /콜-/ 1. 전화를 하다 2. 큰 소리로 부르다 3. ~라고 부르다
4. 전화를 걸어 부르다 5. 판단

I'll call you back later. 나중에 다시 전화할게.

I'm calling to make a reservation. 예약하려고 전화했어요.

She called my name from across the street.
그녀는 길 건너편에서 내 이름을 불렀다.

You can call me Jen. 나를 젠이라고 불러도 돼.

I called her a taxi. 그녀에게 택시를 불러줬어.

She called in sick. 그녀가 병가를 냈어.

call in sick 아파서 결근한다고 전화하다

Let's call it a day. 오늘은 이만 끝냅시다.

I called off the trip to Japan. 일본 여행을 취소했어.

call off 취소하다

Give me a call. 전화 줘.

give ... a call ~에게 전화하다

Good call. 좋은 판단이야.

> ✎ call이 '판단, 결정'이란 뜻으로 자주 쓰입니다. It's your call. 결정은 네가 하는 거야.

answer /앤써-/ 1. 답하다 2. 대답

I asked her name, but she didn't answer.
그녀의 이름을 물었지만 그녀는 대답하지 않았어.

I rang the bell, but there was no answer. 초인종을 눌렀지만 답이 없었어.

관련단어 묶어보기

reply /뤼플라이/ **대답하다**

"I don't understand," she replied. "이해할 수 없어."라고 그녀가 대답했다.

phone /포운/   전화, 전화기

Please put your phone on vibrate. 전화기를 진동으로 해주세요.

> ✏️ 전화기를 진동으로 할 때는 on vibrate, 무음으로 할 때는 on silent를 써요.

Will somebody answer the phone? 누가 전화 좀 받아줄래?
answer the phone 전화를 받다

She's on the phone. 그녀는 통화 중이에요.
be on the phone 통화중인

A Is there any reason you **dropped** out of school?
B I wanted to **continue** my **dancing career**.

학교를 그만둔 어떤 이유가 있나요? / 계속 춤을 추고 싶었습니다.

drop /드랍-/   1. 떨어뜨리다   2. 낮추다

Be careful not to drop the plate. 접시를 떨어뜨리지 않도록 조심해.

The store has dropped its prices. 그 가게는 가격을 인하했다.

I'll drop you off at the station on my way home. 집에 가는 길에 역에 내려줄게.
drop ... off ~을 내려주다

Just drop it, will you? 그만 좀 해, 응?
drop it 그만 얘기해(= stop talking)

I'll drop by your house. 내가 너희 집에 들를게.
drop by ~에 들르다(= drop in)

continue /컨티뉴-/   계속하다

Let's have lunch and continue the meeting. 점심을 먹고 회의를 계속합시다.

관련단어 묶어보기
continuous /컨티뉴어쓰/   지속적인

We appreciate your continuous support. 여러분의 지속적인 지원에 감사드립니다.

dance /댄쓰/　1. 춤추다　2. 춤

Would you like to dance? 춤추시겠어요?

May I have this dance? 이번 춤은 저와 추실래요?

---

career /커뤼어ㄹ/　1. 사회생활　2. 경력

He started his acting career as an extra. 그는 단역으로 연기 생활을 시작했어.

She has a successful career in sales.

그녀는 영업 분야에서 성공적인 경력을 쌓았다.

A Did you **learn** to play the piano **on** your own?

B No, I learned at **school**.

피아노는 혼자 익힌 거야? / 아니, 학교에서 배웠어.

---

learn /러-ㄹ언/　배우다

To learn a language, you have to study it every day.

언어를 배우려면 매일 공부해야 한다.

> ✎ learn은 배우는 과정이 아니라 어떤 것을 완전히 배운 상태를 뜻해요. 반면 study는 무언가를 배우기 위한 과정에 주안점을 두죠. I studied but I didn't learn anything. 공부했지만 아무것도 배우지 못했어.

Actors have to learn their lines by heart. 배우들은 대사를 외워야 한다.

learn ... by heart ~을 암기하다(= memorize)

관련단어 묶어보기
study /스터디/　1. 공부하다　2. 연구

He is studying at Harvard University. 그는 하버드 대학에서 공부하고 있어.

She carried out a study on birds. 그녀는 새에 대한 연구를 수행했다.

---

on /온/　1. (날짜, 요일 앞에) ~에　2. ~에 관한(= about)

My birthday is on May 10. 내 생일은 5월 10일이야.

I saw a documentary on penguins. 펭귄에 관한 다큐멘터리를 봤어.

It rained on and off all day. 하루 종일 비가 오락가락했어.
on and off 오다가다, 때때로(= off and on)

school /스쿠-울/ 학교

Which school do you go to? 어느 학교에 다니니?
I started school at seven. 나는 7살에 입학했어.
start school 학교에 입학하다

관련단어 묶어보기
education /에듀케이션/ 교육

She had a good education. 그녀는 좋은 교육을 받았어.

educational /에듀케이셔늘/ 교육적인

This program is very educational. 이 프로그램은 매우 교육적이다.

graduate /그래듀에이트/ 1. 졸업하다 2. /그래듀어트/ 졸업생

I graduated from college last year. 작년에 대학을 졸업했어.

> '~을 졸업하다'는 graduate from이에요. 그냥 graduate만 쓰면 틀리니 주의하세요.

She is a graduate of UCLA. 그녀는 UCLA 졸업생이다.

UNIT 049

A He is the **black** sheep of his **family**.
B Why is that?
A He always gets into **trouble**.
그는 집안의 골칫거리야. / 왜 그런데? / 항상 문제를 일으켜.

black /블랙/ 검은색; 암담한

The future looks black. 앞날이 캄캄해.

관련단어 묶어보기
red /뤠드/ 빨간색; 적자

The business is now in the red. 그 사업은 이제 적자다.

✎ in the red는 '적자인', in the black은 '흑자인'의 뜻이에요.

white /와이트/ **하얀색; 백인**

There has been trouble between whites and blacks.
백인과 흑인들 사이에 분쟁이 있어 왔다.

blue /블루-/ **파란색; 우울한**

I'm feeling blue. 우울해.

pink /핑크/ **분홍색**

He looked in the pink. 그는 건강해 보였어.

in the pink 건강한

green /그륀-/ **초록색; 풋내기의**

You're still green. 넌 아직 풋내기야.

yellow /옐로우/ **노란색; 겁이 많은**

He is yellow. 그는 겁쟁이야.

color /컬러/ **색깔**

What's your favorite color? 가장 좋아하는 색깔이 뭐야?

---

family /패멀리/ **가족**

There are four people in my family. 우리 가족은 4명이야.

✎ 우리말을 직역해서 My family is four.라고 하지 않아요. 이렇게 말하면 원어민들은 My family is poor.(우리 집은 가난해.)로 잘못 알아듣는 경우도 많습니다.

This house is too big for a family of four. 이 집은 네 식구가 살기에는 너무 커.
I come from a family of teachers. 나는 교사 집안 출신이야.

✎ a family of teachers 교사 집안, a family of doctors 의사 집안, a family of musicians 음악가 집안, a family of politicians 정치가 집안

관련단어 묶어보기
familiar /풔밀리어ㄹ/ **1. 익숙한 2. ~을 잘 아는**

The street was familiar to me. 그 거리는 내게 익숙해.

I'm familiar with this area. 나는 이 지역을 잘 알아.

relative /뤨러티브/　1. 친척　2. 상대적인

Many relatives visited our house. 많은 친척들이 우리 집을 방문했어.

His head is large relative to his height. 그의 머리는 키에 비해 커.

relation /뤼레이션/　관계

The study found a relation between smoking and cancer.
그 연구는 흡연과 암 사이의 관계를 발견했다.

folk /포우ㅋ/　1. 여러분　2. 부모

What do you folks think? 너희들은 어떻게 생각해?

How are your folks? 부모님은 어떻게 지내세요?

trouble /트러블/　1. 병　2. 곤경

I have stomach trouble. 배탈이 났어.

I'm in big trouble. 큰 곤경에 처했어.

be in big trouble 큰 곤경에 처하다

I had trouble finding his house. 그의 집을 찾기가 힘들었어.

> 회화 패턴 ▶ I have trouble v-ing ... ~하기 힘들어
>
> I have trouble sleeping at night. 밤에 잠을 잘 못자.
> I have trouble remembering things. 기억을 잘 못하겠어.
> I have trouble breathing sometimes. 가끔 숨을 잘 못 쉬겠어.

관련단어 묶어보기

nuisance /누-슨씨/　골칫거리

The dogs next door are a real nuisance. 옆집 개들이 정말 골칫거리야.

conflict /칸플릭트/　충돌

He often comes into conflict with his boss. 그는 상사와 자주 충돌해.

A Cleopatra was **very smart** and spoke nine **languages**.
B She must have been **intelligent**.

클레오파트라는 아주 영리했고, 9개 국어를 구사했어. / 정말 똑똑했나 보다.

very /붸뤼/   1. 매우   2. 바로 그

I enjoyed my visit very much. 방문 정말 즐거웠어요.

I'm not very photogenic. 나는 사진이 별로 받지 않아.

That is the very house where he lived. 저곳이 그가 살았던 바로 그 집이야.

smart /스마-ㄹ트/   똑똑한

He's a very smart kid. 그는 아주 똑똑한 아이야.

관련단어 묶어보기

wise /와이즈/   현명한

The wisest action is just to say nothing.
가장 현명한 행동은 아무 말도 하지 않는 것이다.

brilliant /브릴리언트/   1. 눈부신   2. 뛰어난

Diamonds are brilliant. 다이아몬드는 눈부시다.

Wow, what a brilliant idea! 와, 정말 뛰어난 생각이다!

clever /클레붜ㄹ/   기발한

His tricks were very clever. 그의 마술은 매우 기발했다.

language /랭귀쥐/   1. 언어   2. 말

We're talking the same language. 이제 말이 통하는군요.

Watch your language! 말조심해!

intelligent /인텔리줜트/   똑똑한

She is highly intelligent. 그녀는 아주 똑똑해.

intelligence /인텔리줜씨/ 지성, 지능

She is a person with both beauty and intelligence.

그녀는 미모와 지성을 겸비한 사람이야.

Review

우리말 뜻을 보고 영어 단어를 써넣으세요.

01 예약하려고 전화했어요.　　　I'm _____ to make a reservation.

02 오늘은 이만 끝냅시다.　　　Let's call it a _____.

03 좋은 판단이야.　　　Good _____.

04 그녀는 통화 중이에요.　　　She's on the _____.

05 너희 집에 들를게.　　　I'll _____ by your house.

06 이번 춤은 저와 추실래요?　　　May I have this _____?

07 내 생일은 5월 10일이야.　　　My birthday is _____ May 10.

08 하루 종일 비가 오락가락했어.　　　It rained on and _____ all day.

09 나는 7살에 입학했어.　　　I started _____ at seven.

10 그녀는 좋은 교육을 받았어.　　　She has a good _____.

11 작년에 대학을 졸업했어.　　　I _____ from college last year.

12 앞날이 캄캄해.　　　The future looks _____.

13 우울해.　　　I'm feeling _____.

14 그는 겁쟁이야.　　　He is _____.

15 그 거리는 내게 익숙해.　　　The street was _____ to me.

16 부모님은 어떻게 지내세요?　　　How are your _____?

17 배탈이 났어.　　　I have stomach _____.

18 그는 아주 똑똑한 아이야.　　　He's a very _____ kid.

19 말조심해!　　　Watch your _____!

20 그녀는 지성을 갖춘 사람이야.　　　She is a person with _____.

Answer

01 calling　02 day　03 call　04 phone　05 drop　06 dance　07 on　08 off　09 school
10 education　11 graduated　12 black　13 blue　14 yellow　15 familiar　16 folks　17 trouble
18 smart　19 language　20 intelligence

112

A Is the **plastic** factory near **here**?

B Yes, it's within walking **distance**.

그 플라스틱 공장이 근처에 있나요? / 네, 걸어서 갈 거리예요.

plastic /플래스틱/   1. 플라스틱   2. 성형의

Can I have a plastic bag? 비닐봉지 하나 주시겠어요?

Plastic surgery is popular in Korea. 성형수술은 한국에서 인기가 있어.

here /히어ㄹ/   여기

I'm over here. 나 여기 있어.

Here we are. Let's get off! 다 왔다. 내리자!

Here you go. 여기 있어.

> 🖉 상대방에게 물건을 건네줄 때 Here you go., Here you are. 또는 There you go.를 써요. 그냥 Here.만 쓰기도 해요.

Here we go. 자, 시작이다.

> 🖉 어떤 것을 막 시작하려 할 때 써요. Let's do that again. Ready? Here we go. 다시 해보자. 준비됐지? 자 시작한다.

Here we go again. 또 시작이군.

> 🖉 상대방이 마음에 들지 않는 행동을 할 때 Here we go again. 또는 There you go again.을 써요.

Here's to you! 당신을 위하여 건배!

회화 패턴 ▶ **Here's to ....** ~을 위해 건배!

Here's to the bride! 신부를 위해 건배!

Here's to good health. 건강을 위해 건배!

Here's to our friendship! 우리의 우정을 위해 건배!

I'm here to help you. 당신을 도와주러 온 거예요.

I'm here to-v ... ~하러 왔어요

I'm here to see your boss. 사장님 뵈러 왔는데요.
I'm here to pick up my laundry. 세탁물 가지러 왔어요.
I'm here to renew my driver's license. 운전면허증 갱신하러 왔어요.

관련단어 묶어보기

there /데어ㄹ/   1. (there's) ~가 있다   2. 거기에

There's a bank down the road. 길을 따라가면 은행이 하나 있어.
I'll be right there. 금방 갈게.
There you go. 바로 그거야.

> 🖋 상대방에게 물건을 건네주며 '여기있어'라는 의미로 쓰거나 또는 기대했던 걸 상대방이 해냈을
> 때 Good job., Well done.과 비슷한 뜻으로 써요. There you go! You're so great!
> 잘했어! 훌륭해!

distance /디스턴씨/   거리

Keep your distance from the car ahead. 앞차와 거리를 둬.
We watched the fight from a distance. 우리는 멀리서 그 싸움을 지켜보았다.
from a distance 멀리서

A Go **clean** up the **messy room**.
B I already did!

가서 지저분한 방을 청소해라. / 벌써 했어요!

clean /클리-ㄴ/   1. 깨끗한   2. 닦다   3. 깨끗해지다

Are your hands clean? 손 깨끗해?
I need to clean the bathtub. 욕조 청소 좀 해야겠어.
The dish cleans easily. 그 접시는 잘 닦여.
I need to clean out my closet. 옷장 정리 좀 해야겠어.
clean out 정리하다

wipe /와이프/ **닦다**

The server wiped the table. 서버가 탁자를 닦았다.

---

messy /메씨/ **지저분한**

The house was always messy. 그 집은 항상 지저분했어.

mess /메씨/ **엉망진창**

The room was a mess. 방이 엉망진창이었어.

Don't make a mess in the kitchen. 부엌 어지럽히지 마.

make a mess 어지럽히다

She is in a mess. 그녀는 곤경에 빠져 있어.

in a mess 곤경에 빠진

Don't mess with me. 나 열 받게 하지 마.

mess with 화나게 하다

You messed up my plans. 네가 내 계획을 망쳤어.

mess up 망치다

Who messed up the kitchen? 누가 부엌을 엉망으로 만들었니?

mess up 지저분하게 만들다

How did you do on the test? - Oh, I really messed up.
시험 잘 봤어? - 아, 정말 망쳤어.

mess up 망치다

---

room /룸/ **1. 방 2. 공간**

I'd like to book a double room for two nights. 더블 룸 2박을 예약하고 싶어요.

This table takes up too much room. 이 탁자는 너무 많은 공간을 차지해.

take up room 공간을 차지하다

space /스페이쓰/ **1. 공간 2. 우주**

The astronauts will spend a month in space.
우주비행사들은 우주에서 한 달을 보낼 것이다.

in space 우주에서

115

UNIT 053

A **Hello**, how may I **help** you?

B Hi, two tickets for **adults** and one for a child, please.

안녕하세요, 어떻게 도와드릴까요? / 안녕하세요, 어른 표 두 장, 어린이 표 한 장 부탁합니다.

hello /헬로우/ **안녕**

Say hello to your mother. 어머니에게 안부 전해 주세요.

say hello to ~에게 안부를 전하다

관련단어 묶어보기
hi /하이/ **안녕**

Hi there! How are you doing? 안녕! 어떻게 지내?

✎ 친구를 만나 가볍게 '안녕!'이라고 인사할 때 Hi! 대신 Hey!를 쓰기도 해요.

help /헬프/ **1. 돕다 2. 도움**

My sister helps me with my homework. 누나는 내가 숙제하는 걸 도와줘.

I can't help laughing. 웃음을 참을 수가 없어.

회화 패턴 ▶ **I can't help v-ing ...** ~하지 않을 수 없어

I can't help loving you. 널 사랑할 수밖에 없어.

I can't help working all the time. 계속 일을 할 수밖에 없어.

I couldn't help having some dessert. 디저트를 먹을 수밖에 없었어.

I couldn't help it. 나도 어쩔 수 없었어.

Help yourself. 마음껏 드세요.

✎ Help yourself.는 원래 남의 힘을 빌리지 않고 직접 하라는 뜻이에요. 그래서 음식이나 물건 등을 원하는 만큼 알아서 먹거나 알아서 쓰라고 할 때 써요. Do you mind if I use the phone? 전화 좀 써도 될까요? - Help yourself. 쓰세요.

You're a big help. 넌 큰 도움이 돼.

관련단어 묶어보기
helpful /헬프플/ **도움이 되는**

It is helpful to know that. 그것을 아는 것은 도움이 된다.

assistance /어씨스턴씨/ 지원

We offer financial assistance to students.
저희는 학생들에게 재정적 지원을 제공해요.

assistant /어씨스턴트/ 조수

She is the president's personal assistant. 그녀는 사장의 개인 비서야.

cooperation /코우아-퍼뤠이션/ 협력, 협조

Thank you for your cooperation. 협조해 주셔서 감사합니다.

adult /어덜트/ 어른

Admission is $8 for adults and $5 for children.
입장료는 어른 8달러, 어린이 5달러입니다.

> ✎ adult는 '어른, 성인'을 뜻하는 일반적인 말이에요. 비슷한 뜻의 grown-up은 주로 아이의
> 입장에서 어른을 표현할 때 써요.

UNIT 054

A You're always making me **angry**.
B Calm down. What's **wrong**?
A You forgot to **turn** off the stove again.

넌 항상 날 화나게 하는구나. / 진정해. 뭐가 잘못되었어? /
너 또 가스레인지 끄는 걸 깜빡했잖아.

angry /앵그리/ 화나는

Please don't be angry with me. 제발 나한테 화내지 마.

관련단어 묶어보기
mad /매드/ 몹시 화가 나

Are you still mad at me? 아직도 나한테 화났어?
The heat is driving me mad. 더워서 미치겠어.
drive ... mad ~을 미치게 하다

upset /업셑/ 화나게 하다

I'm sorry. I didn't mean to upset you. 미안해. 널 화나게 할 의도는 아니었어.

She suffers from an upset stomach. 그녀는 배탈로 고생한다.

upset stomach 배탈

---

wrong /뤄-ㅇ/ 잘못된

There's something wrong with my computer. 내 컴퓨터에 뭔가 문제가 있어.

Don't get me wrong. 오해하지 마.

> ✎ 내가 하는 말이나 행동을 상대방이 잘못 받아들이지 않기를 원할 때 Don't get me wrong.
> 을 써요. Don't get me wrong. I'd love to come, but I'm too busy. 오해하지마.
> 나도 가고 싶지만 너무 바빠.

---

turn /터-ㄹ은/　1. 돌리다　2. 어떤 상태가 되다

Turn the handle to the right. 손잡이를 오른쪽으로 돌려.

The weather has turned hot. 날씨가 더워졌어.

I turned down his invitation. 그의 초대를 거절했어.

turn down 거절하다

Turn the radio down, please. 라디오 소리 좀 줄여줘.

turn down 소리, 온도 등을 낮추다(↔ turn up)

Did you turn the gas off? 가스는 껐어?

turn off 전기, 가스, 수도 등을 끄다(↔ turn on)

It's your turn to do the dishes. 네가 설거지 할 차례야.

회화 패턴 ▶ It's your turn to-v ... 네가 ~할 차례야

It's your turn to drive. 네가 운전할 차례야.

It's your turn to make dinner. 네가 저녁 할 차례야.

It's your turn to bath the dog. 네가 개를 목욕시킬 차례야.

UNIT 055

A **Which** program do you want to watch?

B Turn to channel 9. It's almost time **for** the **news**.

어떤 프로그램 보고 싶어? / 9번 채널로 돌려봐. 곧 뉴스 할 시간이야.

---

which /위취/   1. 어느 사람, 어느 것   2. 어느, 어떤

Which of you want to go first? 너희들 중 누가 먼저 가고 싶니?

Which books are you looking for? 어떤 책들을 찾으십니까?

✐ which는 몇 가지 선택 사항 중에서 어느 것을 원하는지 물을 때 써요.

Speaking of which, are you going to the party?

말이 나와서 말인데, 파티에 갈 거야?

speaking of which 말이 난 김에

---

for /포-ㄹ/   1. ~을 위해서   2. ~ 동안   3. 교환의 대상   4. ~에 찬성하는
   5. ~치고는

For more information, visit our website.

자세한 정보를 위해서 저희 웹사이트를 방문하세요.

I've lived here for ten years. 10년째 여기 살고 있어.

✐ for는 항상 숫자가 들어간 구체적인 기간을 나타낼 때, during은 방학, 휴가, 낮, 밤 등 특정한 기간을 말할 때 씁니다. for two hours 2시간 동안 / during the summer 여름 동안

I bought this sweater for 30 dollars. 나는 이 스웨터를 30달러에 샀어.

✐ 전치사 for는 '교환의 대상'을 나타낼 때 써요. 30달러를 주고 스웨터와 교환했다는 뜻을 갖죠.

What for? 뭐 때문에?(= Why?)

For or against? 찬성이야, 반대야?

For a Canadian, he speaks Korean well. 캐나다인치고는 그는 한국어를 잘해.

---

news /누-ㅈ/   소식

No news is good news. 무소식이 희소식이다.

newspaper /누-ㅈ페이퍼ㄹ/ 신문

She subscribes to a daily newspaper. 그녀는 일간지를 구독해.

headline /헤ㄷ라인/ 머리기사

The attacks made headlines around the world.
그 공격은 전 세계의 헤드라인을 장식했다.

media /미-디어/ 대중매체

What social media do you use? 어떤 SNS를 사용하니?

> ✎ 우리나라 사람들은 대부분 SNS(Social Networking Services)라고 표현하지만 원어민
> 들은 잘 쓰지 않는 표현이에요. 원어민들은 주로 social media를 써요.

Review

우리말 뜻을 보고 영어 단어를 써넣으세요.

01 성형수술이 인기가 있다.   _____ surgery is popular.

02 여기 있어.   _____ you go.

03 또 시작이군.   Here we go _____.

04 바로 그거야.   _____ you go.

05 그 접시는 잘 닦여.   The dish _____ easily.

06 그 집은 항상 지저분했어.   The house was always _____.

07 네가 내 계획을 망쳤어.   You _____ up my plans.

08 어머니에게 안부 전해 주세요.   Say _____ to your mother.

09 웃음을 참을 수가 없어.   I can't _____ laughing.

10 마음껏 드세요.   Help _____.

11 입장료는 어른 8달러예요.   Admission is $8 for _____.

12 아직도 나한테 화났어?   Are you still _____ at me?

13 널 화나게 할 의도는 아녔어.   I didn't mean to _____ you.

14 오해하지 마.   Don't get me _____.

15 그의 초대를 거절했어.   I _____ down his invitation.

16 네가 설거지 할 차례야.   It's your _____ to do the dishes.

17 말이 나와서 말인데   Speaking of _____

18 10년째 여기 살고 있어.   I've lived here _____ ten years.

19 뭐 때문에?   _____ for?

20 어떤 SNS를 사용하니?   What social _____ do you use?

Answer

01 Plastic   02 Here   03 again   04 There   05 cleans   06 messy   07 messed   08 hello
09 help   10 yourself   11 adults   12 mad   13 upset   14 wrong   15 turned   16 turn   17 which
18 for   19 what   20 media

A Did you buy a **new** cellphone? Can you give me your **old** one?

B Hey, nothing's **free** in **life**.

새 휴대폰 샀어? 쓰던 건 나 줄래? / 이봐, 세상에 공짜는 없어.

---

new /누-/ **새로운; 처음 시작해서 잘 모르는**

I'm new to the job. 그 업무가 아직 낯설어요.

관련단어 묶어보기
fresh /프뤠쉬/ **1. 신선한 2. ~에서 갓 나온**

Let's go out for some fresh air. 나가서 바람 좀 쐬자.

I was fresh out of law school. 법대를 갓 졸업했어요.

---

old /오울ㄷ/ **나이 든; 오래된**

Those were the good old days. 그때가 좋았지.

> ✎ 어르신을 old man이라 부르는 건 실례될 수 있어요. senior citizen이라 하시는 게 좋습니
> 다. programs for senior citizens 어르신들을 위한 프로그램

관련단어 묶어보기
young /영/ **어린**

When I was younger, my hair was curly. 내가 어렸을 때 곱슬머리였어.

> ✎ young은 상대적인 개념이기 때문에 '내가 어렸을 때'란 말을 when I was young보다는
> when I was younger 또는 When I was little로 표현하는 게 좋아요.

youth /유-ㄸ/ **젊음**

How do you keep your youth? 젊음을 어떻게 유지하세요?

---

free /프뤼-/ **1. 자유로운 2. 한가한 3. 공짜의 4. ~이 없는**

After five years in prison, he was free. 그는 5년 징역형을 받고 풀려났다.

Are you free for lunch tomorrow? 내일 점심 때 시간 있니?

There are no free lunches. 공짜 점심은 없어.

All our drinks are free from artificial colorings.
저희 모든 음료에는 인공 색소가 없어요.

> 🖉 free는 명사 뒤 접미사(-free)로 쓰여서 '~이 없는'이라는 뜻의 형용사를 만들죠. duty-free 면세의, fat-free 무지방의, interest-free 무이자의, sugar-free 무가당의

Please feel free to ask questions. 자유롭게 질문하세요.

> **회화 패턴** ▶ Feel free to-v ... 편하게 ~하세요
>
> Feel free to look around. 편하게 둘러보세요.
> Feel free to come by anytime. 언제든 편하게 들러주세요.
> Feel free to contact me. 편하게 연락주세요.

관련단어 묶어보기
freedom /프뤼-덤/ 자유

Kids have too much freedom these days. 요즘 아이들은 자유가 너무 많아.

---

life /라이프/ 1. 삶, 시절 2. 생명

I spent my early life in France. 나는 어린 시절을 프랑스에서 보냈어.

They lost their lives in the accident. 그들은 그 사고로 목숨을 잃었어.

That's life. 사는 게 다 그렇지 뭐.(= That's the way it goes.)

> 🖉 That's life.는 무엇인가가 뜻대로 되지 않아 실망스러울 때 쓰는 표현이에요. I didn't get the job but that's life, isn't it? 그 일자리를 구하지 못했어. 일이 잘 안 풀리네.

Not on your life! 꿈도 꾸지 마!(= In your dreams!)

관련단어 묶어보기
alive /얼라이브/ 살아있는

I don't know whether he's alive. 그가 살아있는지 아닌지 모르겠어.

living /리빙/ 생활

The cost of living has risen sharply. 생활비가 크게 올랐어.

live /라이브/ 1. 생중계의, 살아있는 2. /리브/ 살다

The game is going out live on TV. 그 경기는 TV로 생중계되고 있다.

We have lived here for five years. 우리는 여기서 5년째 살고 있어.

I can live with that. 견딜만해.

UNIT 057

A As **soon** as I sign into my messenger, she always talks on and on.

B Why don't you **use** the '**appear** offline' status?

내가 메신저에 로그인하자마자, 그녀는 항상 계속 말을 해. / '오프라인으로 표시' 상태를 사용하지 그래?

---

soon /수-ㄴ/   곧, 바로

Will she be back anytime soon? 그녀가 곧 돌아올까?

anytime soon (의문문이나 부정문에서) 곧

How soon can you start working? 언제부터 일을 시작할 수 있니?

 회화 패턴 ▶ **How soon ...?** 얼마나 빨리 ~? / 언제 ~?

How soon can you get here? 여기 언제 도착할 수 있니?
How soon can you get back to me? 언제 연락줄 수 있어?
How soon can I get the order? 주문한 것 언제 받을 수 있나요?

Please let me know as soon as possible. 가능한 한 빨리 내게 알려줘.

✎ as soon as possible은 '가능한 빨리'의 뜻으로 앞 글자만 따서 ASAP라 쓰기도 해요. 발음할 때는 '에이 에스 에이 피'와 같이 알파벳을 하나하나 읽거나 ASAP를 한 단어로 취급해서 [에이쎕]으로 발음해요.

Sooner or later we have to make a decision. 조만간 우리는 결정을 내려야 해.

sooner or later 조만간

The sooner, the better. 빠르면 빠를수록 좋아.

---

use /유-ㅈ/   1. 이용하다   2. /유-ㅆ/ 용도

Do you use Facebook? 페이스북 하니?

I could use a cup of coffee. 커피 한 잔 마시고 싶어.

I could use ... ~하고 싶어

I could use a nap. 낮잠 자고 싶어.
I could use a drink. 술 한 잔 하고 싶어.
I could use some rest. 좀 쉬고 싶어.

This machine has many uses. 이 기계는 여러 가지 용도가 있다.
It's no use making excuses. 변명해도 소용없다.
it's no use v-ing ~해도 소용없다

used /유-ㅈㄷ/ **중고의**

He bought a used car. 그가 중고차를 샀어.
I used to be fat. 나는 뚱뚱했었어.

I used to-v ... ~했었어

I used to smoke. 담배를 피웠었어.
I used to live in London. 런던에 살았었어.
I used to work for LG. LG에서 일했었어.

I'm used to getting up early.
나는 일찍 일어나는 것에 익숙해.

I'm used to v-ing ... ~에 익숙해

I'm used to working late. 야근하는 것에 익숙해.
I'm used to living in Paris. 파리 생활에 익숙해.
I'm not used to driving this car yet. 아직 이 차를 운전하는 게 익숙하지 않아.

useful /유-ㅅ플/ **도움이 되는**

The information was useful to us. 그 정보는 우리에게 유용했어.

appear /어피어ㄹ/ **1. ~처럼 보이다 2. 나타나다**

He appears a good person. 그는 좋은 사람처럼 보여.
My friend appeared on TV yesterday. 내 친구가 어제 TV에 나왔어.

disappear /디서피어ㄹ/ **사라지다**

The sun disappeared behind a cloud. 해가 구름 뒤로 사라졌다.

A I live away from my **parents**.
B I **guess** you **miss** them a lot.
A Well, I'm used to it now.

나는 부모님과 떨어져 살아. / 부모님이 많이 그립겠다. / 글쎄, 이젠 익숙해졌어.

parent /페어뤈ㅌ/   **부모**

He's still living with his parents. 그는 아직도 부모님과 살아.

관련단어 묶어보기

mom /맘/   **엄마**

Are you listening, Mom? 듣고 있어요, 엄마?

dad /대ㄷ/   **아빠**

Is it OK if I borrow the car, Dad? 차 좀 빌려도 돼요, 아빠?

brother /브롸더ㄹ/   **형제**

Do you have any brothers and sisters? 너는 형제자매가 있니?

✐ '형제자매'를 한 단어로 sibling으로 표현하기도 해요. Do you have any siblings?

sister /씨스터ㄹ/   **누이**

I'm his half-sister. 나는 그의 이복누이야.

---

guess /게ㅆ/   **1. 추측하다   2. 생각하다   3. 추측**

I don't really know. I'm just guessing. 잘 모르겠어. 그냥 짐작이야.
Did you have a good time? - I guess so. 즐거운 시간 보냈니? - 그런 것 같아.
She wasn't happy? - I guess not. 그녀는 행복하지 않았니? - 아니었나 봐.
Make a guess! 맞춰봐!

---

miss /미ㅆ/   **1. 그리워하다   2. 놓치다   3. 이해하지 못하다**

I'll miss you when you go. 네가 떠나면 보고 싶을 거야.
You'll miss your plane unless you leave now.

지금 출발하지 않으면 비행기를 놓칠 거야.

He completely missed the joke. 그는 그 농담을 전혀 이해하지 못했어.

You can't miss it. 틀림없이 찾으실 거예요.

✏️ 직역하면 '그것을 놓칠 리 없다'인데 길을 묻는 상대방에게 찾는 장소를 못 보고 지나칠 리 없이 쉽게 찾을 수 있다는 뜻으로 쓰는 표현이에요.

UNIT 059

A I can **arrange** a **meeting** at your convenience.
B That's good. **Thanks**.

제가 당신이 편한 시간으로 회의를 잡을 게요. / 좋네요. 고맙습니다.

---

arrange /어뤠인쥐/ 정하다

Can I arrange an appointment for Thursday? 목요일로 예약할 수 있나요?

arrangement /어뤠인쥐먼ㅌ/ 준비

We're making arrangements for the wedding. 우리는 결혼 준비를 하고 있어.

---

meeting /미-팅/ 회의

We're having a meeting next week. 우리는 다음 주에 회의를 할 거야.

✏️ 우리는 남녀가 소개받아 만나는 것을 '미팅'이라고 하지만 영어로는 blind date라고 해요. meeting은 공식적인 만남이나 회의를 말합니다.

He is in a meeting at the moment. 그는 지금 회의 중이야.
be in a meeting 회의 중이다

meet /미-ㅌ/ (met-met) 만나다

Have we met before? 우리 전에 만난 적 있나요?

Let's meet up sometime. 언제 한번 만나자.
meet up 만나다

I didn't meet the deadline. 기한을 맞추지 못했어.

welcome /웰컴/ 1. 환영 2. 환영하다

Thank you for your welcome. 환영해줘서 감사합니다.

Welcome back. It's good to see you again.
돌아온 것을 환영해. 다시 만나서 반가워.

thank /땡ㅋ/ 감사하다

Thank you for your concern. 걱정해줘서 고마워.

> 🖉 Thank you.에 대한 대답으로 You're welcome.(천만에요.), My pleasure.(오히려 제가 기뻐요.), Don't mention it.(별말씀을요.), No problem./No big deal./No worries./No sweat.(괜찮아요.) 등을 쓸 수 있어요.

회화 패턴 ▶ Thank you for ... ~해서 고마워요

Thank you for your time. 시간 내줘서 고마워요.
Thank you for your support. 응원해줘서 고마워요.
Thank you for coming. 와 주셔서 고마워요.

Thank God you're safe! 네가 안전해서 정말 다행이야!

회화 패턴 ▶ Thank God ...! ~해서 다행이야!

Thank God I live in Korea! 한국에 살아서 다행이야!
Thank God she's moved out! 그녀가 이사 가서 다행이야!
Thank God I've found out my keys! 열쇠를 찾아서 다행이야!

Have a nice day. - Thanks. You too. 좋은 하루 보내. - 고마워. 너도.

Thanks, but no thanks. 고맙지만 괜찮아요.

I can't thank you enough.
뭐라고 감사드려야 될지 모르겠습니다.(= Thanks a million.)

Thanks to you, I was able to finish it in time. 덕분에 제시간에 끝낼 수 있었어.
thanks to ... ~ 덕분에

관련단어 묶어보기
appreciate /어프뤼쉬에이트/ 고마워하다

Thanks for coming. I really appreciate it. 와주셔서 고마워요. 정말 감사합니다.

UNIT 060

A Why is **everyone attacking** me? It's not **fair**.
B You started the **fight** first.

왜 다들 날 공격하는 거야? 공평치 않아. / 네가 먼저 싸움을 시작했잖아.

everyone /에브뤼원/ 모두

Everyone wants to be rich. 모두가 부자가 되고 싶어 한다.

✎ everyone은 '모두'의 뜻이지만 각각의 개인을 강조하는 단어이기 때문에 단수취급을 하죠. 그래서 want가 아니라 wants를 씁니다.

관련단어 묶어보기
everybody /에브뤼바디/ 모두

Everybody says he's a player. 다들 그가 바람둥이래.

attack /어택/ 1. 공격하다 2. 공격

He was attacked by a bully. 그는 불량배에게 폭행을 당했어.
The city is under attack. 그 도시는 공격을 받고 있다.

관련단어 묶어보기
defend /디펜드/ 방어하다

You should learn to defend yourself. 스스로를 방어하는 법을 배워야 해.

defense /디펜쓰/ 1. 변호 2. 수비

In my defense, I was younger then. 변명하자면 난 그때 어렸어.
Our team is weak in defense. 우리 팀은 수비가 약해.

fair /풰어ㄹ/ 1. 공평한 2. 박람회

It's not fair. 불공평해.

The job fair takes place in May. 취업 박람회는 5월에 열린다.

fairly /풰얼리/ 1. 꽤 2. 공평하게

The hotel has a fairly large pool. 그 호텔은 수영장이 꽤 커.

I haven't been treated fairly. 나는 공평한 대우를 받지 못했어.

unfair /언풰어ㄹ/ **불공평한**

It is unfair that she lost her job. 그녀가 직장을 잃은 것은 불공평해.

---

fight /퐈이트/ 1. (fought-fought) 싸우다 2. 싸움

He was always fighting with his girlfriend. 그는 항상 여자 친구와 싸우고 있었어.

My parents had a big fight about money. 부모님이 돈 문제로 크게 싸웠어.

우리말 뜻을 보고 영어 단어를 써넣으세요.

01 법대를 갓 졸업했어요.   I was _____ out of law school.

02 그때가 좋았지.   Those were the good _____ days.

03 내일 점심 때 시간 있니?   Are you _____ for lunch tomorrow?

04 편하게 질문하세요.   Please _____ free to ask questions.

05 사는 게 다 그렇지 뭐.   That's _____.

06 견딜만해.   I can _____ with that.

07 빠르면 빠를수록 좋아.   The _____, the better.

08 페이스북 하니?   Do you _____ Facebook?

09 변명해도 소용없어.   It's _____ use making excuses.

10 나는 뚱뚱했어.   I _____ to be fat.

11 그는 좋은 사람처럼 보여.   He _____ a good person.

12 나는 그의 이복누이야.   I'm his _____.

13 맞춰봐!   Make a _____!

14 틀림없이 찾으실 거예요.   You can't _____ it.

15 그는 지금 회의 중이야.   He's in a _____ at the moment.

16 기한을 맞추지 못했어.   I didn't _____ the deadline.

17 네가 안전해서 정말 다행이야!   _____ God you're safe!

18 그 도시는 공격을 받고 있다.   The city is under _____.

19 우리 팀은 수비가 약해.   Our team is weak in _____.

20 불공평해.   It's not _____.

Answer

01 fresh   02 old   03 free   04 feel   05 life   06 live   07 sooner   08 use   09 no   10 used
11 appears   12 half-sister   13 guess   14 miss   15 meeting   16 meet   17 Thank   18 attack
19 defense   20 fair

A She slapped me **across** the face in front of my **friends**.

B Oh my goodness. That was **over** the **limit**.

내 친구들 앞에서 그녀가 내 뺨을 때렸어. / 세상에. 정말 지나쳤다.

across /어크뤄-쓰/　건너편에

There's a school just across from our house.

우리 집 바로 맞은편에 학교가 있어.

She lives across the street from us. 그녀는 우리 집 길 건너편에 살아.

across the street 길 건너에

friend /프뤤드/　친구

I made a lot of friends at school. 학교에서 많은 친구들을 사귀었어.

make friends 친구를 사귀다

I'm drinking with work friends. 직장 동료들과 한잔하고 있어.

What are friends for? 친구 좋다는 게 뭐야?(= That's what friends are for.)

He unfriended me on Facebook! 그가 페이스북에서 나를 친구 삭제했어!

> ✏ unfriend는 동사로 'SNS에서 친구 삭제하다'라는 뜻의 페이스북 용어예요.

관련단어 묶어보기
friendly /프뤤들리/　상냥한, 친절한

She gave me a friendly smile. 그녀는 내게 다정한 미소를 지어 보였어.

over /오우붜르/　1. ~을 건너　2. ~ 동안　3. ~을 넘어

The station is over the bridge. 역은 다리 건너에 있어.

What did you do over the weekend? 주말 동안 뭐했니?

She is over twenty. 그녀는 스무 살이 넘었어.

School is over at three. 학교는 3시에 끝나.

be over 끝나다

limit /리미트/ 제한

He drove over the speed limit. 그는 제한속도를 초과해서 차를 몰았어.

> ✎ speed limit 속도제한, time limit 시간제한, credit limit 신용한도, size limit 크기제한

various /붸뤼어쓰/ 다양한

This coat comes in various colors. 이 코트는 다양한 색깔로 나와.

UNIT 062

A How are the negotiations coming **along**?

B The other **company** is being more **aggressive than** us.

협상은 어떻게 되어 가고 있어? / 상대 회사가 우리 회사보다 더 공격적이야.

---

along /얼롱-/ ~을 따라

She walked along the beach. 그녀는 해변을 따라 걸었다.

I've known it all along. 나는 그것을 줄곧 알고 있었어.

all along 줄곧

I get along well with my family. 나는 가족과 잘 지내.

get along well with ~와 잘 지내다

---

company /컴퍼니/   1. 회사   2. 동행   3. 친구   4. 손님

He is running a small company. 그는 작은 회사를 경영하고 있어.

> ✎ '회사'를 뜻하는 가장 일반적인 말이 company이고, business는 주로 소규모 회사, firm은 법률, 컨설팅 등의 전문적인 서비스를 제공하는 회사를 말해요.

I enjoyed your company. 동행 즐거웠어요.

I don't like the company he keeps. 나는 그가 사귀는 친구들을 좋아하지 않아.

We're having company this evening. 오늘 저녁에 손님이 오기로 되어 있어.

---

aggressive /어그뤠씨-ㅂ/   공격적인

He is an aggressive driver. 그는 난폭하게 운전해.

than /댄/ ~보다

I can swim better than you. 나는 너보다 수영을 더 잘 할 수 있어.

I got up an hour earlier than usual. 평소보다 한 시간 일찍 일어났어.
than usual 평소보다

It'll take less than an hour. 한 시간도 안 걸릴 거야.
less than ~보다 적은(↔ more than)

UNIT 063

A What is the **best** thing that **ever** happened to you?
B A year ago, I **obtained** my interpreter's **license**.
너에게 있었던 가장 좋은 일은 뭐야? / 1년 전에 통역 자격증을 땄어.

---

best /베스트/ 최고의

You're the best. 넌 정말 최고야.

> ✍ 상대방이 내게 친절한 행동을 베풀어서 고마움을 느낄 때 쓸 수 있는 표현이에요. Thanks for helping me. You're the best. 도와줘서 고마워. 넌 정말 최고야.

That's the best thing I can do. 그게 내가 할 수 있는 최선이야.

That's the best movie I've ever seen! 내가 본 영화 가운데 최고야!

> 회화 패턴 ▶ the best ... I've ever ... 내가 ~해본 최고의 ~야
>
> It's the best novel I've ever read. 그건 내가 읽어본 소설 중에 최고야.
> He is the best student I've ever taught. 그는 내가 가르친 학생 중에 최고야.
> Jazz is the best music I've ever heard. 재즈는 내가 들어본 음악 중에 최고야.

관련단어 묶어보기
good /굿/ 좋은, 괜찮은

I'm good. 전 괜찮아요.(= I'm okay.)

✎ 상대방이 무언가를 권유하거나 도움을 주겠다고 할 때 I'm good.이라고 답하면, 좋다고 수락하는 것이 아니라 괜찮다고 거절하는 뜻이에요. Would you like anything to drink? 마실 것 좀 드릴까요? - No, thanks. I'm good. 아뇨, 고맙지만, 전 괜찮아요.

What's good here? 여기 뭐가 맛있어요?

✎ 식당에서 맛있는 음식을 추천받을 때 쓰는 표현이에요. '추천 메뉴가 뭐죠?'라고 물을 때는 What do you recommend?를 쓰면 됩니다.

It's good to see you again. 다시 만나서 반가워.

He's good at cooking. 그는 요리를 잘해.

> 회화 패턴 ▶ **(사람) be good at ...** ~을 잘해
>
> I'm good at fixing things. 난 뭐든 잘 고쳐.
> He's good at sports. 그는 운동을 잘해.
> She's good at finding cheap flights. 그녀는 저렴한 항공권을 잘 찾아.

The offer is too good to be true. 그 제안은 믿기 힘들 정도로 좋아.

✎ too good to be true는 직역하면 '사실이기엔 너무 좋은'의 뜻으로 더할 나위 없이 좋은 경우에 쓰거나 좋아 보이지만 실제는 그렇지 않다고 의심할 때 써요.

We're getting married. – Good for you. 우리 결혼해. - 잘됐다.

✎ Good for you.는 상대방에게 좋은 일이 생겼을 때 써요. 비슷한 뜻으로 I'm happy for you.를 쓰기도 합니다.

It's a good thing you came early. 네가 일찍 와서 다행이야.

> 회화 패턴 ▶ **It's a good thing ...** ~해서 다행이야
>
> It's a good thing you're at home. 네가 집에 있어서 다행이야.
> It's a good thing I brought an umbrella. 우산을 갖고 와서 다행이야.
> It's a good thing they all like noodles. 그들 모두 국수를 좋아해서 다행이야.

better /베터ㄹ/ 더 좋은

My English is getting better day by day. 내 영어 실력은 나날이 좋아지고 있다.
get better 나아지다

It's better than nothing. 없는 것보다는 나아.

It's better than I thought. 생각했던 것보다는 나아.

I'd better get going. 난 이만 가봐야겠어.

We're better off going later. 나중에 가는 게 낫겠어.

> 회화 패턴 ▶ (사람) be better off v-ing ... ~가 낫겠어
>
> We're better off staying at home. 집에 있는 게 낫겠어.
> She's better off without him. 그녀한테는 그가 없는 게 낫겠어.
> He will be better off in the hospital. 그는 병원에 있는 게 낫겠어.

Couldn't be better. 이보다 더 좋을 순 없어.

goodness /구ㄷ너스/   맙소사

My goodness, you have spent a lot! 세상에, 너 돈을 너무 많이 썼어!

ever /에붜ㄹ/   언제든

This is the best steak I've ever had. 이건 내가 먹어본 스테이크 중 최고야.

This is the best movie ever. 이건 내가 본 최고의 영화야.

Have you ever been to Paris? 파리에 가본 적이 있니?

> 회화 패턴 ▶ Have you ever ...? ~한 적 있어?
>
> Have you ever met him? 그를 만나본 적 있어?
> Have you ever seen a ghost? 귀신 본 적 있어?
> Have you ever tried Korean street food? 한국의 길거리 음식 먹어본 적 있어?

I'll never ever do that again! 다시는 그러지 않을 게!

> ✎ never ever는 '결코 ~아니다'라는 강한 부정의 뜻인데 이때 ever는 never를 강조하는 역할을 해요.

I hardly ever watch TV. 나는 TV를 거의 보지 않아.
hardly ever 거의 ~않다

obtain /어ㅂ테인/   얻다, 구하다(= get)

I obtained my parents' permission. 부모님의 허락을 받았어.

license /라이쓴ㅆ/   면허

She was arrested for driving without a license.

그녀는 무면허 운전으로 체포되었어.

A Is it better to have a **travel** pass? What are the **advantages**?

B You can get a **discount** every time you transfer from the **bus** to the subway.

교통 카드가 있는 게 낫나요? 이점이 뭐죠? / 버스에서 지하철로 갈아탈 때마다 할인을 받을 수 있어요.

travel /트래블/　1. 이동하다　2. 여행하다

Good news travels fast. 좋은 소식은 빨리 퍼진다.

I'm planning to travel around Australia. 호주를 여행할 계획이야.

관련단어 묶어보기

trip /트립/　여행

They recently took a trip to Florida. 그들은 최근에 플로리다로 여행을 갔어.

take a trip 여행하다(**= go on a trip**)

> ✎ trip은 명사, travel은 동사로 주로 쓰여요. 예를 들어 '나는 여행을 좋아해.'는 영어로 I love travel.이라 하지 않고 I love to travel.이나 I love to go on trips.로 표현해요.

journey /쭤-ㄹ니/　여행

They made a journey to China. 그들은 중국으로 여행을 떠났어.

make a journey 여행하다

passport /패쓰포-ㄹ트/　여권

May I see your passport, please? 여권 좀 볼 수 있을까요?

advantage /어드봰티쥐/　이점, 장점

Don't take advantage of other's weaknesses. 남의 약점을 이용하지 마.

take advantage of ~을 이용하다

We took full advantage of the hotel facilities.

우리는 호텔 시설을 최대한 이용했어.

take advantage of ~을 사용하다

discount /디쓰카운트/　1. 할인　2. 할인하다

You can get a discount if you pay in cash. 현금으로 결제하면 할인받을 수 있어.

The price has been discounted by 40 percent. 가격이 40% 할인되었다.

bus /버쓰/　버스

Did she get on the bus? 그녀는 버스에 탔니?

get on the bus 버스에 타다(↔ **get off the bus** 버스에서 내리다)

He had to run to catch the bus. 그는 버스를 타기 위해 뛰어야만 했다.

catch the bus 버스를 잡다(↔ **miss the bus** 버스를 놓치다)

I took the bus to the university. 버스를 타고 대학에 갔어.

> 🖉 get on the bus가 버스에 타는 '동작'에 중점을 둔다면, take the bus는 버스를 이용해서 어딘가로 '이동'한다는 의미를 담고 있어요.

UNIT 065

A The **road** is **wide** open now.

B Yes, **traffic** is moving smoothly here.

지금 길이 뻥 뚫렸네. / 그래, 여기는 교통이 원활해.

---

road /로우드/　도로(= Rd.)

There were a lot of cars on the road. 도로에 차가 많았어.

We'd better hit the road. 이제 가 봐야겠어.

hit the road 길을 나서다

He'll be a good doctor down the road. 그는 앞으로 좋은 의사가 될 거야.

down the road 장래에

관련단어 묶어보기

street /스트뤼-트/　거리(= St.)

The bank is just across the street. 은행이 바로 길 건너편에 있어.

avenue /애버뉴-/　거리(= Ave.)

They stayed at a hotel on Fifth Avenue. 그들은 5번가에 있는 호텔에 묵었어.

path /패뜨/　길

I walked along the mountain path. 산길을 따라 걸었어.

freeway /프리-웨이/ 고속도로 (= expressway)

Traffic is heavy on the freeway. 그 고속도로는 교통이 혼잡해.

wide /와이드/ 넓은

How wide is that stream? 저 개울은 얼마나 넓어?

> ✎ wide는 '폭이 넓은' 것을 나타내요. 전체적인 면적이 넓은 것을 말할 때는 large나 big을 써요. Russia is a very large country. 러시아는 아주 넓은 나라다.

관련단어 묶어보기
narrow /내뤄우/ 좁은

She has narrow shoulders. 그녀는 어깨가 좁아.

broad /브뤄-드/ 넓은

He is tall, broad, and muscular. 그는 키가 크고, 가슴이 넓고, 근육질이야.

deep /디-ㅍ/ 1. 깊은 2. 저음의

How deep is the lake? 그 호수는 얼마나 깊어?

He has a deep voice. 그는 목소리가 저음이야.

Deep down I still love him. 마음속으로는 그를 여전히 사랑해.

deep down 마음속으로는

traffic /트래퓍/ 교통, 교통량

Sorry I'm late. I was stuck in traffic. 늦어서 미안해. 차가 막혀서 꼼짝 못했어.

> ✎ stuck은 '갇힌', traffic은 '교통량'의 뜻으로 be stuck in traffic은 차가 막혀서 꼼짝 못하는 상황을 묘사할 때 쓰는 표현이에요.

I was caught in a traffic jam. 교통 체증에 걸렸어.

traffic jam 교통체증

He had a traffic accident yesterday. 그는 어제 교통사고를 당했어.

traffic accident 교통사고

Review

우리말 뜻을 보고 영어 단어를 써넣으세요.

01 그녀는 길 건너편에 살아. She lives _____ the street.

02 많은 친구들을 사귀었어. I _____ a lot of friends at school.

03 그녀는 스무 살이 넘었어. She is _____ twenty.

04 나는 가족과 잘 지내. I get _____ well with my family.

05 그는 작은 회사를 경영하고 있어. He's running a small _____.

06 그는 난폭하게 운전해. He is an _____ driver.

07 한 시간도 안 걸릴 거야. It'll take less _____ an hour.

08 넌 최고야. You're the _____.

09 여기 뭐가 맛있어요? What's _____ here?

10 잘됐다. Good _____ you.

11 없는 것보다는 나아. It's _____ than nothing.

12 이건 내가 본 최고의 영화야. This is the best movie _____.

13 좋은 소식은 빨리 퍼진다. Good news _____ fast.

14 여권 좀 볼 수 있을까요? May I see your _____, please?

15 그녀는 버스에 탔니? Did she _____ on the bus?

16 이제 가 봐야겠어. We'd better hit the _____.

17 그녀는 어깨가 좁아. She has _____ shoulders.

18 그 호수는 얼마나 깊어요? How _____ is the lake?

19 차가 막혔어. I was stuck in _____.

20 교통 체증에 걸렸어. I was caught in a traffic _____.

Answer

01 across 02 made 03 over 04 along 05 company 06 aggressive 07 than 08 best
09 good 10 for 11 better 12 ever 13 travels 14 passport 15 get 16 road 17 narrow
18 deep 19 traffic 20 jam

UNIT 066

A Where is the foreign **exchange** booth?
B I think it's **near** the gift **shop**.
A Oh, good. Then we could get a few souvenirs **afterward**.

환전소가 어디에 있지? / 선물 가게 근처에 있는 것 같아. / 오, 좋아. 그러면 나중에 기념품을 몇 가지 살 수 있겠다.

exchange /익스췌인쥐/ 교환하다

I exchanged Korean won for dollars. 한국 원화를 달러로 교환했어.

> ✎ exchange은 '교환하다' 즉, '주고받다'의 뜻이에요. 'A를 주고 B를 받다'라고 하면 exchange A for B를 써요.

near /니어ㄹ/ ~에서 가까운

His house is near the airport. 그의 집은 공항 근처에 있어.
I'll see you in the near future. 조만간 찾아뵐게요.
in the near future 조만간

관련단어 묶어보기
nearly /니얼리/ 거의

The bottle's nearly empty. 병이 거의 비었어.

almost /올-모우스트/ 거의

I almost died in a car accident. 교통사고로 죽을 뻔했어.
Are you finished? – Almost. 다 먹었니? - 거의.

shop /샤-ㅍ/ 1. 가게(= store) 2. 쇼핑하다

There's a shoe shop around the corner. 모퉁이를 돌면 신발 가게가 있어.
I usually shop for vegetables in the market. 주로 시장에서 채소를 사.

관련단어 묶어보기
shopping /샤-핑/ 쇼핑

He hates doing the shopping. 그는 쇼핑하는 걸 싫어해.

do the shopping 쇼핑하다

I'm just window shopping. 그냥 아이쇼핑을 하고 있어.

 물건을 사지 않고 구경만 하는 것을 영어로 아이쇼핑(eyeshopping)이라 하지 않고 windowshopping이라 해요.

supermarket /**수**-퍼르마르컷/ 슈퍼마켓

I go to the supermarket once a week. 일주일에 한 번 슈퍼마켓에 가.

afterward /애프터ㄹ워ㄹ드/ 나중에

Let's go out now and eat afterward. 지금 나가서 이따 밥 먹자.

UNIT 067

A Where **can** I catch the **connecting flight** to New York?
B Which airline are you taking?
A I must take Delta Airline.

뉴욕으로 가는 연결 항공편은 어디서 탈 수 있나요? / 어느 항공사를 이용하세요? /
델타 항공을 타야 해요.

---

can /캔/ ~할 수 있다

You can go now. 이제 가도 돼.

> **회화 패턴** You can ... ~해도 돼
>
> You can talk to me. 나한테 말하면 돼.
> You can call me anytime. 언제든 전화해도 돼.
> You can take tomorrow off. 내일 쉬어도 돼.

Can I take pictures? 사진 찍어도 될까요?

> **회화 패턴** Can I ...? ~해도 돼요?
>
> Can I come in? 들어가도 돼요?
> Can I check out late? 늦게 체크아웃해도 돼요?
> Can I ask you a favor? 부탁 좀 해도 돼요?

Can I get a cheeseburger and a coke? 치즈버거와 콜라 주실래요?

Can you lend me your book? 책을 나에게 빌려줄 수 있니?

Can you ...? ~해 주실래요?

Can you call me back? 다시 전화해 주실래요?
Can you say that again? 다시 말해 주실래요?
Can you give me a discount? 할인해 주실래요?

That can't be true. 그럴 리가 없어.
can't be ~일리 없다

No can do. 난 할 수 없어.(= Can't do it.)

could /쿠드/　~할 수 있었다

When she was five, she could read Korean.
그녀가 다섯 살이었을 때, 한국어를 읽을 수 있었어.

---

connect /커넥트/　연결하다

First connect the printer to the computer. 먼저 프린터를 컴퓨터에 연결해.

connection /커넥션/　연결

We have a bad connection. I can't hear you well.
통화 연결 상태가 좋지 않아. 잘 안 들려.

---

flight /플라이트/　비행; 비행 편

I booked a flight to Tokyo. 도쿄행 비행 편을 예약했어.
book a flight 비행기를 예매하다

fly /플라이/　(flew flown) 비행하다

I'm flying to Thailand tomorrow. 내일 태국에 비행기로 갈 거야.

plane /플레인/　비행기

The plane will take off in twenty minutes. 비행기는 20분 후에 이륙합니다.

board /보-ㄹ드/　1. **탑승하다**　2. **이사회**

Flight 703 to London is now boarding. 런던행 703편이 탑승 중입니다.

The board approved the plan. 이사회가 그 계획을 승인했어.

A Let's get down to **business** now.

B Sure. What's the **first** item on the **agenda**?

이제 본론으로 들어갑시다. / 그러죠. 의제에서 첫 번째 안건이 뭔가요?

business /비즈너쓰/　**사업**

I have my own business. 저는 사업을 하고 있어요.

He runs a printing business. 그는 인쇄업을 하고 있어.

run a business 사업을 운영하다

I want to do business with you. 당신 회사와 거래하고 싶습니다.

do business with ~와 거래하다

She's in New York this week on business. 그녀는 이번 주에 사업차 뉴욕에 있어.

on business 사업차

None of your business. 네가 상관할 바 아냐.(= Mind your own business.)

OK, let's get down to business. 자, 본론에 들어갑시다.

> 🖉 get down to business는 '본론에 들어가다'의 뜻이에요. 회의를 가벼운 대화로 시작해서
> 본격적인 업무 얘기로 들어갈 때 쓰는 표현이죠.

first /풔-ㄹ스트/　**첫 번째**

This is my first visit to Japan. 이번이 첫 번째 일본 방문이야.

They always put their children first. 그들은 항상 아이들을 우선시해.

put ... first ~을 우선으로 하다

We met for the first time at school. 우리는 학교에서 처음 만났어.

for the first time 처음으로

At first, I didn't like him. 처음에는 그를 좋아하지 않았어.

at first 처음에는

First of all, you must tell your parents. 우선 부모님께 말씀을 드려야 해.

first of all 무엇보다도

I'll call you first thing tomorrow. 내일 일어나자마자 전화할게.

✎ first thing은 '맨 먼저'의 뜻이에요. I'll do it first thing in the morning 아침에 일어나서 맨 먼저 그걸 할게.

First things first. 먼저 할 일부터 해야지.

✎ 상대방에게 가장 먼저 해야 할 중요한 일을 상기시킬 때 쓰는 표현이에요.

관련단어 묶어보기

firstly /풔-ㄹ스틀리/ **우선, 첫째로**

Firstly, I don't have enough money. 우선, 돈이 충분하지 않아.

agenda /어줸더/ **의제**

There are several items on the agenda. 의제에는 몇 가지 안건이 있어.

UNIT 069

A Do you know how to **carry** out **artificial** respiration?
B No, not well. Why are you asking that?
A I'm **writing** a **report** on first aid.

인공호흡을 어떻게 하는지 알아? / 아니, 잘 몰라. 왜 그런 걸 물어보는 거야? / 응급처치에 관한 보고서를 쓰고 있어.

carry /캐뤼/ **1. 운반하다 2. 가지고 다니다**

Let me carry that for you. 내가 들어줄게.

I never carry much cash. 나는 현금을 많이 가지고 다니지 않아.

We have to carry out the plan. 우리는 그 계획을 실행해야 해.

carry out 실행하다

관련단어 묶어보기

carriage /캐뤼쥐/ **탈것**

The man is wheeling a baby carriage. 그 남자는 유모차를 밀고 있어.

✐ '유모차'는 baby carriage, baby stroller 또는 baby buggy라고 해요.

artificial /아ㄹ티퓌셜/   1. 인조의   2. 꾸민

These gloves are made of artificial leather. 이 장갑은 인조 가죽으로 만들었어.

She wore an artificial smile. 그녀는 억지웃음을 지었어.

write /롸이트/   (wrote-written) 쓰다

I couldn't read or write. 나는 읽지도 쓰지도 못했어.

관련단어 묶어보기

writing /롸이팅/   글씨

I can't recognize your writing. 너의 글씨를 알아볼 수가 없어.

writer /롸이터ㄹ/   작가

I want to be a writer when I grow up. 커서 작가가 되고 싶어.

pencil /펜슬/   연필

He drew the picture in pencil. 그는 연필로 그림을 그렸어.

> ✐ '연필로'라고 말할 때 연필이라는 '재료'가 강조되면 in pencil을, 연필이라는 '도구'가 강조되면 with a pencil을 써요. Write your name with a pencil. 연필로 이름을 쓰세요.

report /뤼포-ㄹ트/   1. 보도   2. 보도하다

Did you see the news report on the plane crash? 비행기 사고 뉴스 보도 봤어?

The murder case was reported in all the newspapers.
그 살인 사건은 모든 신문에 보도되었어.

UNIT 070

A Another **year** is almost gone already.
B Time **runs** so **fast**.

벌써 또 한 해가 거의 지났네. / 세월 참 빨라.

year /이어ㄹ/ 　1. 해, 년, 연 　2. 학년

This island is warm all year round. 이 섬은 일 년 내내 따뜻해.
all year round 일 년 내내
I'm in my second year of high school. 고등학교 2학년이에요.

annual /애뉴얼/ 　연간의

What's your annual income? 연수입이 어떻게 되세요?

calendar /캘린더ㄹ/ 　달력

I marked his birthday on the calendar. 그의 생일을 달력에 표시했어.

run /뤈/ 　(ran-run) 1. 운영하다 　2. 작동하다 　3. 운행하다 　4. 전해지다

He runs a small hotel. 그는 작은 호텔을 운영해.
This machine runs on electricity. 이 기계는 전기로 작동해.
The subway runs every ten minutes. 지하철이 10분마다 운행해.
Blue eyes run in our family. 파란 눈은 우리 집안 내력이야.
I ran across him at a bookstore. 서점에서 우연히 그를 만났어.
run across 우연히 만나다(= run into, bump into)
We're running out of gas. 기름이 다 떨어져 가.
run out of ~을 다 써버리다

race /뤠이씨/ 　1. 경주 　2. 인종

Let's have a race to the beach. 해변까지 경주하자.
have a race 경주하다
Our school welcomes students of all races.
저희 학교는 모든 인종의 학생들을 환영해요.

rush /뤄쉬/ 　1. 서두르다(= hurry) 　2. 재촉하다 　3. 서두름, 분주함

He rushed to clean his room. 그는 서둘러 방을 청소했다.

Don't rush me. 재촉하지 마.

What's the rush? 뭐가 그리 급해?(= What's the hurry?)

walk /워-ㅋ/　1. 걷다, 걸어서 바래다주다　2. 산책　3. 걷기

I'll walk you home. 집까지 바래다줄게.

Let's go for a walk. 산책하러 가자.

go for a walk 산책하러 가다

The school is a ten-minute walk from here.
학교는 여기서 걸어서 10분 거리에 있어.

fast /풰스트/　빠른

He's a fast learner. 그는 빨리 배워.

관련단어 묶어보기

quick /퀵/　빠른

What's the quickest way to the library? 도서관으로 가는 가장 빠른 방법이 뭐야?

> ✎ fast는 빨리 움직이는 사람이나 사물에 써요. 반면 quick은 짧은 시간에 민첩하게 움직이는 동작이나 행동에 사용해요. a fast car 빠른 차 / a quick response 빠른 대답

quickly /퀵클리/　빨리

She replied to my email quickly. 그녀는 내 이메일에 빠르게 답장을 보냈어.

slow /슬로우/　1. 느린　2. 속도를 늦추다

My computer is really slow. 내 컴퓨터는 정말 느려.

Slow down! You're driving too fast! 속도 좀 줄여! 너 너무 빨리 운전하고 있어!

slowly /슬로울리/　천천히

Could you speak more slowly, please? 조금 천천히 말씀해주시겠어요?

우리말 뜻을 보고 영어 단어를 써넣으세요.

01 한국 원화를 달러로 교환하다   _____ Korean won for dollars

02 조만간 찾아뵐게요.   I'll see you in the _____ future.

03 교통사고로 죽을 뻔했어.   I _____ died in a car accident.

04 그냥 아이쇼핑을 하고 있어.   I'm just _____ shopping.

05 사진 찍어도 될까요?   _____ I take pictures?

06 치즈버거 주실래요?   Can I _____ a cheeseburger?

07 그럴 리가 없어.   That _____ be true.

08 통화 연결 상태가 좋지 않아.   We have a bad _____ .

09 도쿄행 비행 편을 예약했어.   I booked a _____ to Tokyo.

10 그는 인쇄업을 하고 있어.   He runs a printing _____ .

11 네가 상관할 바 아냐.   _____ of your business.

12 우리는 학교에서 처음 만났어.   We met for the _____ time at school.

13 처음에는 그를 좋아하지 않았어.   _____ first, I didn't like him.

14 내가 들어줄게.   Let me _____ that for you.

15 그녀는 억지웃음을 지었어.   She wore an _____ smile.

16 연수입이 어떻게 되세요?   What's your _____ income?

17 그는 작은 호텔을 운영해.   He _____ a small hotel.

18 재촉하지 마.   Don't _____ me.

19 그는 빨리 배워.   He's a _____ learner.

20 속도 좀 줄여.   _____ down.

Answer

01 exchange 02 near 03 almost 04 window 05 Can 06 get 07 can't 08 connection
09 flight 10 company 11 None 12 first 13 At 14 carry 15 artificial 16 annual 17 runs
18 rush 19 fast 20 Slow

A The traffic is too **heavy**. You'd better go on foot.
B Okay. I'll **follow** your **advice**. **Bye**, darling.

교통이 너무 혼잡해. 걸어서 가는 게 좋겠어. / 알겠어. 당신 조언대로 할게. 안녕, 자기야.

heavy /헤뷔/　1. 무거운　2. 많은, 심한

It's too heavy for me to lift. 너무 무거워서 들 수가 없어.

The game was canceled because of heavy rain. 폭우로 경기가 취소되었어.

Traffic is always heavy in this area. 이 지역은 항상 교통이 혼잡해.

She's a heavy drinker. 그녀는 술을 많이 마셔.

follow /팔-로우/　1. 따라가다　2. 이해하다　3. 따르다　4. 팔로우하다

You go ahead. I'll follow later. 먼저 가. 나중에 따라갈게.

I'm not following you. 네 말을 이해할 수 없어.

Follow your heart. 하고 싶은 대로 해.

> ✐ 어려운 결정을 앞두고 무엇을 선택할지 고민할 때 마음 가는 대로 하라는 의미로 쓰는 표현이
> 에요. I couldn't decide what to do, so I just followed my heart. 무얼 할지 결정
> 을 못해서 그냥 하고 싶은 걸 했어.

Follow me on Twitter. 트위터에서 날 팔로우해.

advice /어드봐이쓰/　충고

Let me give a piece of advice. 충고 한마디 할게.

> ✐ advice는 셀 수 없는 명사이기 때문에 단수와 복수가 없어요. 그래서 an advice나
> advices처럼 쓰면 틀려요. 대신 a piece of advice나 some advice라고 써야 해요.

관련단어 묶어보기
advise /어드봐이즈/　충고하다

She advised me to give up the plan. 그녀는 내게 그 계획을 포기하라고 충고했어.

advisor /어드봐이저/　고문

He is the key advisor to the president. 그는 대통령의 핵심 고문이야.

consult /컨썰트/   상의하다, 상담하다

I'd better consult my wife first. 우선 아내와 상의해 보는 게 좋겠어.

---

bye /바이/   안녕

Bye for now. See you later. 그럼 이만 안녕. 나중에 보자.

> ✎ 헤어질 때는 See you around., Catch you later., Take care. 등 다양한 표현을 쓸
> 수 있어요. 전화를 끊으면서 '나중에 통화하자.'라고 할 때는 I'll talk to you later.를 쓰면
> 돼요.

UNIT 072

A How many **people** are there **in** all?
B Four. So it'll be okay if you slice the pizza into eight **pieces**.

모두 몇 명이야? / 4명. 그러니까 피자를 8조각으로 자르면 괜찮을 거야.

people /피-플/   1. 사람들   2. (the) 국민

I don't care what people say. 사람들이 뭐라고 하든 신경 안 써.

I'm not a people person. 저는 사교적이지 않아요.
people person 사교적인 사람

The president lost the support of the people. 대통령이 국민의 지지를 잃었어.

관련단어 묶어보기

crowd /크라우드/   1. 군중   2. 밀려오다

He lost his son in the crowd. 그는 사람들 속에서 아들을 잃어버렸어.

Fans crowded around the singer. 팬들이 그 가수 주위에 몰려들었어.

neighbor /네이버ㄹ/   이웃

Our neighbors say they'll look after our cat.
이웃들이 우리 고양이를 돌봐주겠다고 해.

---

in /인/   1. (월, 계절, 연도 앞에) ~에   2. ~후에   3. ~안에

My birthday is in November. 내 생일은 11월이야.

I'll call back in 10 minutes. 10분 후에 다시 전화할게.

> 🖉 현재를 기준으로 '(특정한 시간) 후에'라고 말할 때는 전치사 in을 써요. in three days 3
> 일 후에 / in two weeks 2주 후에

Is Tom in? 톰 있어요?

관련단어 묶어보기
into /인투/   1. ~안으로   2. ~으로

She got into her car. 그녀는 차에 탔다.

Cut the cake into five pieces. 케이크를 다섯 조각으로 잘라.

I'm into rock music. 나는 록 음악에 빠져 있어.

> 🖉 be into는 '~에 관심이 있다, 좋아하다'의 뜻으로 취미활동이나 스포츠 등에 푹 빠져있을 때
> 써요. He was never into sport. 그는 스포츠를 전혀 좋아하지 않았어.

piece /피-ㅆ/   조각

You should eat three pieces of fruit a day.
하루에 과일 세 조각을 드시는 게 좋아요.

You want a piece of me? 나랑 한판 붙어볼래?

> 🖉 You're not so tough. 너 그리 세 보이지 않아. - Oh, is that right? You want a
> piece of me? 오, 그래? 나랑 한판 붙어볼래?

The test was a piece of cake. 그 시험은 식은 죽 먹기였어.

> 🖉 우리말 '식은 죽 먹기'처럼 영어로 아주 쉬운 것을 묘사할 때는 비유적으로 a piece of
> cake(케이크 한 조각), a walk in the park(공원 산책) 또는 a breeze(산들바람) 등을
> 써요. How was the test? 시험 어땠니? - It was a breeze. 아주 쉬웠어.

관련단어 묶어보기
unit /유-닛/   단위

The meter is a unit of length. 미터는 길이의 단위다.

A What did you **object** to?

B Well, among other **things**, the **long** working hours.

뭘 반대했어? / 음, 무엇보다도, 긴 근무 시간이야.

object /어브젝트/　1. 반대하다　/아브젝트/ 2. 물체　3. 대상

I object to going there. 나는 그곳에 가는 걸 반대해.

The boat hit a solid object. 배가 단단한 물체에 부딪쳤어.

Money is no object. 돈은 신경 쓰지 마.

> 🖉 object는 '고려의 대상'을 뜻해요. 한마디로 돈은 고려의 대상이 아니니 신경 쓰지 말라는 의미로 쓰는 표현이에요. I'll buy whatever you want. Money is no object. 원하는 건 뭐든 사줄게. 돈은 신경 쓰지 마.

thing /띵/　1. 것, 물건　2. 상황

What's that thing on the table? 탁자 위에 저거 뭐야?

Things are bad now. 지금은 상황이 좋지 않아.

관련단어 묶어보기
stuff /스터프/　1. 것, 물건　2. 일　3. 쑤셔 넣다　4. (stuffed) 잔뜩 먹은

What's this sticky stuff on the floor? 바닥에 있는 이 끈적끈적한 것은 뭐지?

Where's my stuff? 내 물건 어디 있어?

I have a lot of stuff to do. 할 일이 많아.

He stuffed his clothes into a bag. 그는 옷을 가방에 쑤셔 넣었다.

I'm stuffed. 배불러.(= I'm full.)

long /로-옹/　1. 길이가 긴　2. 시간이 오래된

It's 20 feet long and 15 feet wide. 그것은 길이가 20피트, 너비가 15피트야.

Long time no see. How have you been? 오랜만이야. 어떻게 지냈니?

> 🖉 Long time no see.는 원래 미국에 정착한 초기 중국인 이민자들이 쓰던 어색한 표현이었는데, 유행처럼 퍼지면서 지금은 하나의 관용표현으로 굳어졌어요.

She will succeed in the long run. 그녀는 결국 성공할 거야.

in the long run 결국에는(= eventually)

We'll go as long as the weather is good. 우리는 날씨가 좋으면 갈거야.

> ✎ as long as는 조건을 나타내는 접속사로 '~하기만 하면' 또는 '~하는 한'의 뜻으로 쓰여요.
> I'll help as long as you buy pizza. 네가 피자를 사주면 도와줄게.

short /쇼-ㄹ트/ 짧은

We are short of money. 우리는 돈이 부족해.

be short of ~이 모자라다

In short, she is a genius. 한마디로 말해, 그녀는 천재야.

in short 한마디로 말해

A Is there any **problem**?

B Yes, could you **double check** the bill?

무슨 문제가 있나요? / 네, 계산서를 다시 한 번 확인해 주시겠습니까?

problem /프롸-블럼/   1. (시험) 문제   2. (다루기 힘든) 문제

I can't solve this math problem. 이 수학 문제는 못 풀겠어.

What's your problem? 너 왜 그러는 거야?

> ✎ What's the problem?, What's the matter?나 What's wrong?은 '무슨 문제 있
> 니?' 또는 '괜찮니?'의 뜻으로 상대방을 염려하는 표현이라면, What's your problem?,
> What's the matter with you?나 What's wrong with you?는 '너 대체 왜 그래?'
> 의 뜻으로 상대방에게 따지듯 쓰는 말이에요.

That's your problem. 내가 알 바 아니야.

Thanks for your help. – No problem. 도와줘서 고마워. - 괜찮아.

---

double /더블/   1. 2배의   2. 2배가 되다   3. 2배

Do you want a double bed or twin beds?
더블베드로 하시겠어요, 트윈베드로 하시겠어요?

154

My house has doubled in value since I bought it.
우리 집은 내가 산 이후로 가치가 두 배로 올랐어.

We'll pay you double. 두 배로 줄게.

---

check /췌ㅋ/ 1. 확인하다 2. 표시하다 3. 짐을 부치다 4. 계산서 5. 체크무늬

Check it out. 이거 좀 봐.

> ✎ 상대방이 관심을 가질만한 무언가를 보라고 하거나 들어보라고 권할 때 쓰는 표현이에요. it 대신에 this를 쓰기도 해요. Check this out. It's that website I was telling you about. 이거 좀 봐. 네게 얘기했던 그 사이트야.

Listen carefully and check the correct answer. 잘 듣고 정답에 체크하세요.

How many bags are you checking? 짐을 몇 개나 부치실 건가요?

Can I check in early? 일찍 체크인해도 될까요?

check in 체크인하다(↔ **check out** 체크아웃하다)

Separate checks, please. 따로 계산해 주세요.

> ✎ 식당에서 각자 주문한 메뉴에 대해 계산서를 따로 달라고 할 때 써요. 전체 금액을 사람 수로 똑같이 나눠 낼 때는 Let's split the bill.(돈을 똑같이 나눠 내자.)을 씁니다.

Do you prefer checks or stripes? 체크무늬가 더 좋니, 아니면 줄무늬가 더 좋니?

Can I take a rain check? 나중에 해도 될까?

> ✎ rain check은 비가 와서 경기가 취소되었을 때 다음 경기를 볼 수 있도록 주던 '우천 교환권' 이에요. 그래서 take a rain check은 약속이나 초대를 사정상 다음으로 미루고 싶을 때 써요. Mind if I take a rain check on that drink? I have to work late tonight. 술은 나중에 해도 될까? 오늘밤에 야근해야 하거든.

UNIT 075

A What **kind** of **sea** animals did you see there?

B I saw sharks. I **touched** starfish, too.

거기서 어떤 종류의 바다 동물을 봤니? / 상어를 봤어요. 불가사리도 만졌고요.

---

kind /카인ㄷ/ 1. 친절한 2. 종류

Thanks. That's very kind of you. 고마워. 정말 친절하구나.

What kind of dog is that? 저건 어떤 종류의 개야?

He's kind of handsome. 그는 잘생긴 편이야.

> ✎ kind of는 '좀, 약간'의 뜻으로 정도를 나타내는 표현이에요. 비슷한 표현으로 sort of, slightly, somewhat 등이 있어요. I feel sort of foolish. 내가 좀 바보 같다고 느껴.

This book is one of a kind. 이 책은 아주 독특해.

> ✎ one of a kind는 직역하면 '한 종류 중 유일한 하나'의 뜻으로 잘 찾아보기 힘든 독특한 사람이나 사물에 써요. She is one of a kind. 그녀는 정말 별나.

관련단어 묶어보기
sort /쏘-르트/ 분류하다

Apples are sorted according to size. 사과는 크기로 분류된다.

---

sea /씨-/ 바다

I'd like to live by the sea. 바닷가에서 살고 싶어요.

관련단어 묶어보기
beach /비-취/ 해변

I walked along the beach. 해변을 따라 걸었어.

coast /코우스트/ 해안

The city is on the west coast of Canada. 그 도시는 캐나다의 서해안에 있다.

sail /쎄일/ 항해하다

This ship is sailing to China. 이 배는 중국으로 항해하고 있다.

ocean /오우션/ 바다

We swam in the ocean. 우리는 바다에서 수영을 했어.

> ✎ the Pacific Ocean 태평양, the Atlantic Ocean 대서양, the Indian Ocean 인도양, the Arctic Ocean 북극해, the Antarctic Ocean 남극해

touch /터취/   1. 만지다   2. 감동시키다   3. 접촉

Don't touch the plate. It's hot. 접시 만지지 마. 뜨거워.

I was really touched by the movie. 그 영화를 보고 정말 감동받았어.

Keep in touch. 연락하며 지내자.

I lost touch with some of my friends. 나는 몇몇 친구들과 연락이 끊겼어.

lose touch with ~와 연락이 끊기다

contact /칸-택ㅌ/ 연락하다

Please contact me at this phone number. 이 전화번호로 연락주세요.

우리말 뜻을 보고 영어 단어를 써넣으세요.

01 그녀는 술을 많이 마셔.   She's a _____ drinker.

02 하고 싶은 대로 해.   _____ your heart.

03 충고 한마디 할게.   Let me give a piece of _____.

04 저는 사교적이지 않아요.   I'm not a _____ person.

05 10분 후에 다시 전화할게.   I'll call back _____ 10 minutes.

06 나는 록 음악에 빠져 있어.   I'm _____ rock music.

07 그 시험은 식은 죽 먹기였어.   The test was a _____ of cake.

08 미터는 길이의 단위다.   The meter is a _____ of length.

09 돈은 신경 쓰지 마.   Money is no _____.

10 지금은 상황이 좋지 않아.   _____ are bad now.

11 배불러.   I'm _____.

12 오랜만이야!   _____ time no see!

13 우리는 돈이 부족해.   We are _____ of money.

14 너 왜 그러는 거야?   What's your _____?

15 두 배로 줄게.   We'll pay you _____.

16 이거 좀 봐.   _____ it out.

17 나중에 해도 될까?   Can I take a _____ check?

18 그는 잘생긴 편이야.   He's _____ of handsome.

19 해변을 따라 걸었어.   I walked along the _____.

20 연락하며 지내자.   Keep in _____.

Answer

01 heavy 02 Follow 03 advice 04 people 05 in 06 into 07 piece 08 unit 09 object
10 Things 11 stuffed 12 Long 13 short 14 problem 15 double 16 Check 17 rain
18 kind 19 beach 20 touch

A Didn't they **announce** the delay of our flight?

B Yes, **but** I guess they've **fixed** the problem.

비행기가 지연된다고 방송하지 않았어? / 그래, 그런데 문제를 해결했나 봐.

announce /어나운쓰/ **발표하다**

She announced her marriage. 그녀가 결혼을 발표했어.

관련단어 묶어보기
announcement /어나운쓰먼트/ **발표**

He made an important announcement on TV.

그는 텔레비전에서 중요한 발표를 했다.

make an announcement 발표하다

but /벝/ 1. 그러나, 하지만 2. ~을 제외하고(= except) 3. 단지

She's not a singer but an actress. 그녀는 가수가 아니라 배우야.

not A but B A가 아니라 B이다

Any day but Friday is fine with me. 난 금요일만 빼고 아무 날이나 괜찮아.

> 🖉 but은 전치사로 '~을 제외하고'의 의미예요. 그래서 any day but Friday는 '금요일을 제외하고 어떤 날이나'란 뜻이 돼요.

I had no choice but to leave. 떠날 수밖에 없었어.

have no choice but to-v ~할 수 밖에 없다

The story was nothing but lies. 그 이야기는 거짓말에 불과했다.

nothing but 단지(= only)

fix /퓍쓰/ 1. 고정하다 2. 고치다(= repair) 3. 정하다 4. 준비하다

The interest rate was fixed at 6.5%. 금리가 6.5%로 고정되었어.

He's outside fixing the brakes on the car.

그는 밖에서 차의 브레이크를 고치고 있어.

Have you fixed a date for the wedding yet? 결혼식 날짜는 잡았니?

Should we fix dinner or go out to eat? 저녁 준비할까, 아니면 외식할까?

✏️ '저녁을 준비하다'의 뜻으로 fix dinner, make dinner 또는 prepare dinner를 써요.

관련단어 묶어보기
repair /뤼페어ㄹ/ 수리하다

Where can I get my bike repaired? 자전거 수리는 어디서 해?

solve /싸-알ㅂ/ 해결하다

They thought money would solve all their problems.
그들은 돈이 그들의 모든 문제를 해결할 것이라고 생각했어.

solution /썰루-션/ 해결책

They failed to come up with a solution. 그들은 해결책을 내놓지 못했어.
come up with a solution 해결책을 내놓다

UNIT 077

A **Although** the **weather**'s **nice**, I don't **feel** like going out.

B But if you go out, you'll feel better.

날씨가 좋긴 하지만, 나가고 싶지 않아. / 하지만 밖에 나가면 기분이 나아질 거야.

---

although /올-도우/ ~이긴 하지만

Although small, the kitchen is well designed.
비록 작지만 부엌이 잘 설계되어 있어.

관련단어 묶어보기
though /도우/ 하지만

Our team lost. It was a good game, though.
우리 팀이 졌어. 하지만 좋은 경기였어.

회화 패턴 ⟩ ..., though 하지만 ~

She was happy. Not for long, though. 그녀는 행복했어. 하지만 오래가진 않았어.
Mike is a little strange. I like him, though. 마이크는 좀 이상해. 하지만 그가 좋아.
Have you been to France? - No. I'd like to, though.
프랑스 가 봤어? - 아뇨. 하지만 가보고 싶어요.

despite /디스파이트/ ~에도 불구하고

The game continued despite the heavy rain.
폭우에도 불구하고 경기는 계속되었다.

weather /웨더ㄹ/ 날씨

What's the weather like today? 오늘 날씨 어때?

> ✍ like은 전치사로 '~와 같은'의 뜻이죠. 직역하면 '오늘 날씨가 무엇과 같으니?', 즉 날씨가 어떠냐고 묻는 표현이에요.

The weather forecast said it would be fine.
일기예보에서 날씨가 괜찮을 거라고 했어.
weather forecast 일기예보

I feel under the weather today. 오늘 몸이 좀 안 좋아.

> ✍ under the weather는 '몸이 안 좋은, 몸이 아픈'의 뜻이에요. You look a bit under the weather. 몸이 좀 안 좋아 보여.

관련단어 묶어보기
cloud /클라우ㄷ/ 구름

Every cloud has a silver lining. 고생 끝에 낙이 온다.

> ✍ 직역하면 '모든 구름은 은빛 안감을 갖고 있다'인데요, 어두운 구름 뒤로 밝은 빛이 비추듯 힘든 상황 속에도 항상 희망이 있다는 뜻이에요.

snow /스노우/ 눈

We had a lot of snow this year. 올해는 눈이 많이 내렸어.

rain /뤠인/ 1. 비 2. 비가 오다

It looks like rain. 비가 올 것 같아.
It rained heavily last night. 어젯밤에 비가 많이 왔어.
I'll be there, rain or shine. 비가 오든 눈이 오든 갈 게.
rain or shine 날씨에 관계없이

flood /플러ㄷ/ 홍수

We live in a flood of information. 우리는 정보의 홍수 속에 살고 있다.

nice /나이쓰/ 좋은

Have a nice day! 좋은 하루 보내세요!

It's perfect for you. - Nice try. 너한테 딱이다. - 안속아.

> ✎ Nice try.는 말 그대로 '좋은 시도였어.'란 뜻도 있지만, 속이려고 하는 상대방에게 시도는 좋았지만, 속지 않겠다고 의미로 쓰는 표현이기도 해요.

What a nice surprise! 여긴 웬일이야!

> ✎ 직역하면 '정말 기분 좋은 놀라움이다!'예요. 뜻밖의 장소에서 아는 사람을 우연히 만났을 때 써요. What a nice surprise! How are you doing? 여긴 웬일이야! 어떻게 지내니?

feel /퓌-일/ (felt-felt) 1. 느끼다 2. 생각이 들다 3. 만져보다

How do you feel today? 오늘 기분이 어때?

I'm not feeling well. 몸이 별로 안 좋아.

> ✎ feel은 몸 상태나 기분을 나타낼 때는 현재형과 현재진행형이 비슷한 뜻으로 쓰여요. I'm not feeling well. = I don't feel well. / How do you feel? = How are you feeling?

How do you feel about the movie? 그 영화에 대해 어떻게 생각하니?

> ✎ How do you feel about ...?은 '~에 대해 어떻게 생각해?'라는 뜻이에요. 주로 상대방에게 어떤 것에 대해 느끼는 기분이나 감정을 물을 때 써요. How do you feel about getting old? 나이를 먹는 기분이 어때?

I felt her forehead to see if she had a fever.
그녀가 열이 나는지 이마를 만져보았어.

Feel free to call me anytime. 언제든지 전화해.

feel free to-v 편하게 ~하다

I don't feel like talking right now. 지금은 말하고 싶지 않아.

> **회화 패턴** ▶ **I feel like ...** ~하고 싶은 기분이 들어
>
> I feel like dancing. 춤추고 싶어.
> I feel like going shopping. 쇼핑하러 가고 싶어.
> I don't feel like working today. 오늘 일할 기분이 아냐.

feeling /퓌-일링/   느낌, 기분

I know the feeling. 그 심정 내가 알지.

I had a gut feeling that he was lying. 그가 거짓말을 하고 있다는 직감이 들었어.

> ✎ gut는 '내장' 또는 '직감'을 뜻해요. 그래서 gut feeling은 머리를 써서 이성적으로 나온 생각이 아니라 본능적인 직감에 따른 느낌을 강조한 표현이에요.

UNIT 078

A Any **exciting** news?

B You know how things are **around** here. **Same** old, same old.

뭐 재미있는 소식 있어? / 여기 상황이 어떤지 알잖아. 맨날 똑같지 뭐.

---

exciting /익싸이팅/   흥미진진한

The soccer game was really exciting! 그 축구 경기는 정말 흥미진진했어!

excited /익싸이티드/   흥분한

I was so excited that I couldn't sleep. 너무 흥분해서 잠을 잘 수가 없었어.

excitement /익싸이트먼트/   흥분

Their eyes sparkled with excitement. 그들의 눈은 흥분으로 반짝거렸다.

---

around /어롸운드/   1. 주변에   2. 약, 쯤

He lives around here. 그는 이 근처에 살아.

He'll be back around two o'clock. 그는 2시경에 돌아올 거야.

There's a bus stop just around the corner.
모퉁이를 돌면 바로 버스 정류장이 있어.

Spring is just around the corner. 봄이 성큼 다가왔어.

> ✎ around the corner는 장소와 관련해서는 모퉁이를 돌면 또는 가까운 거리란 뜻이고, 시간과 관련해서 쓰면 어떤 시기가 매우 가까워졌다는 뜻이에요.

same /쎄임/ 같은

I feel the same. 나도 마찬가지야.

Merry Christmas! – Same to you. 메리 크리스마스! - 당신도요.(= You too.)

I'll have orange juice. – Same here.
오렌지 주스로 할게요. - 저도 같은 걸로 주세요.(= I'll have the same.)

They arrived at the same time. 그들은 동시에 도착했다.

at the same time 동시에(= at once)

관련단어 묶어보기

different /디프런트/ 다른; 다양한

There are many different types of bag. 많은 다양한 종류의 가방이 있다.

difference /디프런쓰/ 차이

What's the difference between jam and jelly? 잼과 젤리의 차이점이 뭐야?

It makes no difference to me. 뭐든 상관없어.

> ✎ make no difference는 직역하면 '차이가 없다'인데 '중요하지 않다' 또는 '상관없다'의 뜻으로 쓰여요. Where do you want to go for dinner? 저녁 어디서 먹고 싶니? - It makes no difference to me. 어디든 상관없어.

UNIT 079

A There's a rumor that you're seeing someone.

B I'm too **busy** to be dating **anybody**.

A Come on, there's no **smoke** without **fire**.

너 누굴 만난다는 소문이 있어. / 난 너무 바빠서 누구도 만날 시간이 없어. /
설마, 아니 땐 굴뚝에 연기 나겠어?

---

busy /비지/ 1. 바쁜 2. 붐비는 3. 통화 중인

I was busy cooking. 요리하느라 바빴어.

> **회화 패턴** ▶ (사람) be busy v-ing ... ~하느라 바빠
>
> I'm busy practicing the piano. 피아노 연습하느라 바빠.
> She was busy cooking. 그녀는 요리를 하느라 바빴어.
> He's busy preparing for his test. 그는 시험 준비를 하느라 바빠.

The house is near a busy road. 그 집은 혼잡한 도로 근처에 있어.

I called her, but the line was busy. 그녀에게 전화를 걸었지만 통화 중이었어.

anybody /에니바디/ 누구든지, 아무나

Is anybody there? 거기 누구 있어요?

관련단어 묶어보기
anyone /에니원/ 누구든지, 아무나

Anyone can use the pool. 누구나 수영장을 이용할 수 있다.

smoke /스모우ㅋ/ 1. 연기가 나다 2. 담배 한 대 피우기

The engine smokes badly. 엔진에서 연기가 심하게 나.

He went out for a smoke. 그는 담배 피우러 나갔어.

> 🖋 '담배 한 대 피우자.'라고 할 때 Let's have a smoke. 또는 Let's have a cigarette.
> 을 써요.

관련단어 묶어보기
smoking /스모우킹/ 흡연

When did you start smoking? 언제부터 담배를 피우기 시작했어?

fire /퐈이어ㄹ/ 1. 불, 화재 2. 해고하다 3. 발사하다

Firefighters put out the fire. 소방관들이 불을 껐다.

put out the fire 화재를 진압하다

The house is on fire! 그 집이 불타고 있어!

be on fire 불타고 있다

He was fired from his job. 그는 직장에서 해고되었어.

Soldiers fired on the crowd. 군인들이 군중을 향해 사격했다.

A I don't think that these **clothes suit** me.

B Why don't you try them on anyhow?

이 옷이 나한테 안 어울리는 것 같아. / 어쨌든 한번 입어보지 그래?

clothes /클로우ㅈ/ 옷

Clothes make the man. 옷이 사람을 만든다.

> 🖋 clothes는 셔츠, 바지 등 '실제로 입는 옷가지들'이에요. 이 단어는 복수 형태이기 때문에 여러 개의 옷을 가리킬 때만 쓸 수 있어요. My clothes are wet. 옷이 다 젖었어. / My shirt is wet. 셔츠가 젖었어.

관련단어 묶어보기

cloth /클로-ㄸ/ 천

This shirt is made of silk cloth. 이 셔츠는 비단 천으로 만들어졌다.

clothing /클로우딩/ 의류

The clothing industry is becoming active. 의류 산업이 활발해지고 있다.

T-shirt /티셔ㅌ/ 티셔츠

He was wearing a tight T-shirt. 그는 꽉 끼는 티셔츠를 입고 있었어.

pants /팬츠/ 바지

These pants are too big for me. 이 바지는 내게 너무 커.

> 🖋 '바지'는 가랑이가 2개이기 때문에 항상 복수형태(pants)로 쓰고, 복수로 취급해요.

uniform /유-니포-ㄹ옴/ 유니폼

You look nice in uniform. 넌 제복이 잘 어울려.

in uniform 유니폼을 입은

suit /수-ㅌ/ ~에게 어울리다

That coat really suits you. 그 코트는 네게 정말 잘 어울려.

> 🖋 옷이 잘 어울린다고 할 때는 suit, 옷 치수가 몸에 딱 맞는다고 할 때는 fit을 써요. The suit fits him perfectly. 정장이 그에게 딱 맞아.

Suit yourself. 맘대로 해.

✏️ 직역하면 '너 자신에게 맞춰'로 자신이 생각한대로 하라는 뜻이에요. 상대방에게 어떤 제안을 했는데, 받아들이지 않을 때 약간 짜증내는 느낌으로 쓰기도 해요. I don't want to go. 가고 싶지 않아. - Suit yourself. 맘대로 해.

관련단어 묶어보기

suitable /수-터블/ 적합한

We are hoping to find a suitable school.
우리는 적합한 학교를 찾게 되길 바라고 있어.

fit /퓓/ 1. 착용 2. 크기가 맞다 3. 건강한

How's the fit? - It's a little baggy. 치수가 맞아? - 좀 헐렁해.

That jacket fits well. 저 재킷은 잘 맞아.

I swim twice a week to keep fit. 건강을 유지하기 위해 일주일에 두 번 수영을 해.

match /매취/ 1. 경기 2. 잘 어울리는 사람 3. 어울리다 4. 일치하다

We played a tennis match. 우리는 테니스 시합을 했어.

They're a perfect match. 그들은 아주 잘 어울려.

Your tie matches the color of your suit. 넥타이가 네 양복 색깔과 잘 어울려.

DNA doesn't match. DNA가 일치하지 않아.

Review

우리말 뜻을 보고 영어 단어를 써넣으세요.

01 그녀는 결혼을 발표했다.   She _____ her marriage.

02 그녀는 가수가 아니라 배우야.   She's not a singer _____ an actress.

03 떠날 수밖에 없었어.   I have no _____ but to leave.

04 저녁 준비할까?   Should we _____ dinner?

05 하지만 좋은 경기였어.   It was a good game, _____.

06 폭우에도 불구하고   _____ the heavy rain

07 오늘 날씨 어때?   What's the _____ like today?

08 고생 끝에 낙이 온다.   Every _____ has a silver lining.

09 정보의 홍수   a _____ of information

10 안속아.   _____ try.

11 여긴 웬일이야!   What a nice _____!

12 몸이 별로 안 좋아.   I'm not _____ well.

13 그 축구 경기는 흥미진진했어!   The soccer game was _____!

14 그는 이 근처에 살아.   He lives _____ here.

15 나도 마찬가지야.   I feel the _____.

16 뭐든 상관없어.   It makes no _____ to me.

17 요리하느라 바빴어.   I was _____ cooking.

18 그는 직장에서 해고되었어.   He was _____ from his job.

19 옷이 사람을 만든다.   _____ make the man.

20 치수가 맞아?   How's the _____?

Answer

01 announced   02 but   03 choice   04 fix   05 though   06 despite   07 weather   08 cloud
09 flood   10 Nice   11 surprise   12 feeling   13 exciting   14 around   15 same   16 difference
17 busy   18 fired   19 Clothes   20 fit

A I want you to babysit the **twins** this **evening**.

B All right. What are friends for, **anyway**?

A Oh, thanks! I really **owe** you one!

오늘 저녁에 쌍둥이를 봐줬으면 좋겠어. / 알겠어. 어쨌든 친구 좋다는 게 뭐야? /
오, 고마워! 정말 신세를 졌네!

twin /트윈/ 쌍둥이

I can't tell the twins apart. 쌍둥이를 구별 못하겠어.

관련단어 묶어보기
copy /카-피/ 1. 복사 2. 한 부 3. 복사하다

I made three copies of my report. 보고서를 세 부 복사했어.

make a copy 복사하다

This book has sold over 50,000 copies. 이 책은 5만 부 이상 팔렸어.

Would you copy this for me? 이것 좀 복사해 줄래요?

evening /이-브닝/ 저녁

Good evening. 좋은 저녁.

What are you doing tomorrow evening? 내일 저녁에 뭐 할 거야?

> ✐ tomorrow evening 내일 저녁, in the evening 저녁에, this evening 오늘 저녁, on
> Friday evening 금요일 저녁

anyway /에니웨이/ 1. 어쨌든 2. 그건 그렇고

Thanks for asking anyway. 어쨌든 물어봐 줘서 고마워.

Anyway, how's your mother? 그건 그렇고, 어머니는 어떠셔?

owe /오우/ 1. 돈을 빚지다 2. 신세지다

I owe my brother $50. 형에게 50달러를 빚졌어.

How much do I owe you? 얼마를 드리면 될까요?

✏️ 직역하면 '제가 당신에게 얼마를 빚지고 있어요?'로 상품이나 서비스에 대해 줘야할 돈이 얼마인지 물을 때 써요. how much 대신에 what을 쓰기도 합니다. Here you go. 여기 있습니다. - Thanks. What do I owe you? 감사합니다. 얼마죠?

I owe you an apology. 너한테 사과할 게 있어.

I owe you one. 내가 신세를 졌어.

회화 패턴 ▶ **I owe you ...** 신세를 졌어

I owe you big time. 큰 신세를 졌어.
I owe you dinner. 신세를 졌으니 저녁 한 번 살게.
I owe you a drink. 신세를 졌으니 술 한 잔 살게.

UNIT 082

A This book is all falling **apart**.

B Why don't you **glue** the pages **back** in?

이 책이 다 떨어지려고 해요. / 풀로 붙여 보지 그래요?

apart /어파-르트/ 떨어져

We're living apart now. 우리는 지금 떨어져 살아.

Apart from my wage, I get a lot of tips. 월급 말고도 팁을 많이 받아.

✏️ apart from은 '~외에도'의 뜻이에요. 같은 뜻으로 besides가 있죠. apart from the piano = besides the piano 피아노 말고도

glue /글루-/ 풀, 접착제

I use glue to stick pictures on paper. 종이에 그림을 붙이기 위해 풀을 사용해.

✏️ 풀뿐 아니라 우리가 '본드(bond)'라고 부르는 접착제도 glue라고 해요.

back /백/ 1. 뒤로 2. 본래 자리로 3. 다시 4. 과거로 5. 후진하다 6. 지지하다 7. 등

Don't look back. 뒤돌아보지 마.

Put the milk back in the refrigerator. 우유를 다시 냉장고에 넣어.

I'll call you back later. 나중에 다시 전화할게.

We go way back. 우리는 알고 지낸 지 오래됐어.

> ✏ 직역하면 '우리가 안 건 한참 전으로 거슬러 간다.'예요. 이때 way는 부사로 '아주 멀리'의 뜻이죠. We go back a long way.도 같은 뜻으로 쓰여요.

Don't talk back to me. 말대꾸하지 마.

talk back 말대꾸하다

Take that back. 그 말 취소해.

take back 취소하다

Back in high school, I was a nerd. 고등학교 다닐 때, 나는 괴짜였어.

> ✏ back in high school 고등학교 다닐 때, back in college 대학 다닐 때, back in elementary school 초등학교 다닐 때

I backed the car into the garage. 차를 후진해서 차고 안으로 들어갔다.

I back his argument. 나는 그의 주장을 지지해.

Do you sleep on your back or your stomach? 똑바로 자, 아니면 엎드려 자?

I got your back. 내가 있잖아.

> ✏ 직역하면 '내가 너의 뒤를 가지고 있다', 즉 힘든 일이 있는 상대방에게 내가 뒤에서 지켜주고, 응원하고 있으니 걱정하지 말라는 뜻으로 하는 말이에요.

Get off my back. 나 좀 내버려둬.(= Back off.)

> ✏ 직역하면 '내 등에서 내려와.'예요. 누군가가 등 위에 올라타서 이래라저래라 간섭하고, 끊임없이 불평하는 것을 이제는 멈추라는 뜻으로 쓰는 표현이죠. I'm tired of your constant criticism! Get off my back! 너의 끊임없는 비판에 질렸어! 나 좀 그만 괴롭혀!

관련단어 묶어보기
behind /비**하**인ㄷ/   뒤에, 뒤떨어져

My daughter is far behind in English. 내 딸은 영어가 많이 뒤처져 있어.

A I **hate** my freckles! How can I get **rid** of them?

B You should **wear** makeup to **cover** your freckles.

난 주근깨가 싫어! 어떻게 하면 없앨 수 있을까? / 주근깨를 가리려면 화장을 해.

---

hate /헤이트/ 싫어하다

I hate it when people smoke near me.

사람들이 내 근처에서 담배를 피우는 게 싫어.

> **회화 패턴** ▶ **I hate it when ...** ~하면 싫어
>
> I hate it when it rains. 비가 오면 싫어.
> I hate it when that happens. 그런 일이 생기면 싫어.
> I hate it when I find a cockroach. 바퀴벌레를 보면 싫어.

---

rid /뤼드/ 없애다

I got rid of my old bag. 내 낡은 가방을 버렸어.

get rid of ~을 버리다

She opened the door to get rid of the smell.

그녀는 냄새를 없애기 위해 문을 열었다.

get rid of ~을 없애다

---

wear /웨어ㄹ/ (wore-worn) 1. 입다 2. 매다 3. 끼다 4. 닳다

She always wears black. 그녀는 항상 검은색 옷을 입어.

> ✎ wear는 옷 등을 입고 있는 '상태'를 나타내요. 그래서 진행형인 be wearing을 쓰면 '입고 있다'가 되죠. 반면 put on은 입는 '동작'을 나타내요. 진행형인 be putting on을 쓰면 '입고 있는 중이다'란 뜻이죠. I'm wearing a scarf. 스카프를 매고 있어. / I'm putting on a scarf. 스카프를 매는 중이야.

Do I have to wear a tie? 넥타이를 매야 해?

> ✎ wear a tie 넥타이를 매다, wear a seat belt 안전벨트를 매다, wear shoes 신발을 신다, wear a cap 모자를 쓰다, wear glasses 안경을 쓰다, wear perfume 향수를 뿌리다, wear a watch 시계를 차다

I sometimes wear contact lenses. 나는 가끔 콘택트렌즈를 착용해.

I had to wear a cast on my arm. 팔에 깁스를 해야 했어.

wear a cast 깁스를 하다

The cushions are starting to wear a little. 쿠션들이 조금씩 닳기 시작해.

cover /커붜ㄹ/ 1. 가리다 2. 다루다, 포함하다 3. 보장하다

He covered his face with his hands. 그는 손으로 얼굴을 가렸다.

The book covers European history. 그 책은 유럽 역사를 다루고 있어.

Does this policy cover my husband to drive?
이 보험약관은 제 남편이 운전한 것도 보장하나요?

I'll be covering for her next week. 내가 다음 주에 그녀를 대신할 거야.

cover for ~을 대신하다

Can you cover for me? 날 위해 거짓말 좀 해줄래?

cover for ~을 위해 거짓말하다

> 🖊 cover for는 누군가가 곤경에 빠지는 것을 막기 위해 거짓말을 해주다란 뜻이에요. If mom asks where I am, will you cover for me? 엄마가 나 어디 있냐고 물으면, 거짓말 좀 해줄래?

UNIT 084
A Did you see that **tree**? Everyone thought that it was **dead**.
B It's **amazing** how it **survived**.
저 나무 봤어? 모두들 그게 죽었다고 생각했어. / 어떻게 살아남았는지 정말 놀라워.

tree /트리-/ 나무

We planted an apple tree in the backyard. 우리는 뒤뜰에 사과나무를 심었어.

관련단어 묶어보기
branch /브뢔취/ 가지; 지사

He works in our New York branch. 그는 우리 뉴욕 지사에서 일해.

dead /데ㄷ/ 1. 죽은 2. 작동을 안 하는 3. 정말, 완전히

She's been dead for five years. 그녀가 죽은 지 5년이 되었어.

The phone suddenly went dead. 전화기가 갑자기 꺼졌어.

I'm dead tired. 정말 피곤해.

> ✐ dead는 형용사 앞에서 부사로 쓰이면 '완전히'란 뜻으로 형용사를 강조하는 역할을 합니다. I'm dead serious. 진심이야.

관련단어 묶어보기
death /데뜨/ 죽음

I'm bored to death. 심심해 죽겠어.

> ✐ to death는 실제로 어떻게 죽게 되었는지 묘사할 때나 비유적으로 '죽을 만큼 몹시'의 뜻으로 써요. be shot to death 총 맞아 죽다, be stabbed to death 칼에 찔려 죽다, freeze to death 얼어 죽다, starve to death 굶어 죽다 / be scared to death 무서워 죽다, be worried to death 걱정되어 죽다

die /다이/　1. 죽다　2. 작동을 안 하다　3. 사라지다

He died of cancer. 그는 암으로 죽었다.

> ✐ die(죽다)를 '돌아가시다, 세상을 떠나다'처럼 좀 더 정중하게 표현하고 싶을 때는 pass away나 pass on을 써요. Her father passed away. 그녀의 아버님이 돌아가셨어.

I can't believe my car died. 차가 작동을 안 해서 엄청 놀랐어.

My memory of her will never die.
그녀에 대한 내 기억은 영원히 사라지지 않을 것이다.

I'm dying for some ice cream. 아이스크림 먹고 싶어 죽겠어.

회화 패턴 ▶ I'm dying for 명사/to-v ... ~하고 싶어 죽겠어

I'm dying for a cup of water. 물 한 잔 마시고 싶어 죽겠어.
I'm dying to know. 알고 싶어 죽겠어.
I'm dying to take off my mask. 마스크를 벗고 싶어 죽겠어.

The food here is to die for. 여기 음식 맛이 끝내 줘.

> ✐ 우리말에 '둘이 먹다 하나 죽어도 모를 맛'이란 표현처럼 영어로는 목숨을 바치고 싶을 정도로 좋아한다는 의미로 to die for를 써요. The apartment has a view to die for. 그 아파트는 전망이 끝내 줘.

kill /킬/　1. 죽이다; 아파 죽을 지경이 되게 하다　2. 몹시 웃게 하다

My feet are killing me. 발이 아파 죽겠어.

Stop it! You're killing me! 그만해! 웃겨 죽겠어.

> ✎ You're killing me!는 상황에 따라 '웃겨 죽겠어.' 또는 '힘들어 죽겠어.'의 뜻으로 써요.
> More overtime? You're killing me! 초과근무를 더하라고요? 힘들어 죽겠어요!

murder /머ㄹ더ㄹ/ 살해하다

He was murdered by terrorists. 그는 테러리스트들에 의해 살해되었어.

amazing /어메이징/ 놀라운

It's amazing that nobody was injured. 아무도 다치지 않았다니 놀라워.

관련단어 묶어보기

surprise /써프롸이즈/ 놀라움

To my surprise, they got married a month ago.
놀랍게도 그들은 한 달 전에 결혼했어.
to one's surprise 놀랍게도

She gave me the surprising news. 그녀는 내게 놀라운 소식을 알려주었어.

I'm surprised to see you here. 널 여기서 보다니 놀랍다.

shock /샤-ㅋ/ 1. 충격 2. 충격을 주다

I got a shock when I saw the bill. 계산서를 보고 충격 받았어.

I was shocked to hear that he had cancer.
그가 암에 걸렸다는 소식을 듣고 충격 받았어.

survive /써봐이브/ 1. 살아남다 2. (위기 등을) 견디다

Only one person survived this accident.
이 사고에서 살아남은 사람은 단 한 명뿐이었다.

I'm sure he will survive this crisis. 그가 이 위기를 견뎌낼 거라고 확신해.

A That **guy**'s stereo is **driving** me **crazy**.

B Do you want me to go **downstairs** and ask him to turn it down?

저 사람 스테레오 때문에 미치겠어. / 아래층에 내려가서 소리 좀 줄여달라고 할까?

guy /가이/ 1. 남자, 사내 2. 너희들

He's a real tough guy. 그는 정말 강인한 남자야.

Come on, you guys, let's get going! 어서, 얘들아, 가자!

> ✎ guy는 '남자, 사내'란 뜻이지만, you guys라고 할 때는 '너희들'의 뜻으로 남자뿐 아니라 여자들에게도 쓸 수 있는 표현이에요.

관련단어 묶어보기

man /맨/ 남성 (복수 men)

He's such a family man. 그는 정말 가정적인 남자야.

family man 가정적인 남자

Come on, be a man now. No more crying. 이봐, 남자답게 굴어. 더 이상 울지 마.

woman /우먼/ 여성 (복수 women)

Who's that woman you were talking to? 네가 말하던 그 여자는 누구니?

individual /인디**뷔**쥬얼/ 개인

We respect the freedom of the individual. 우리는 개인의 자유를 존중한다.

drive /드라이브/ (drove-driven) 1. 태워다 주다 2. ~하도록 만들다
3. 드라이브

She drove him to London. 그녀는 그를 런던으로 태워다 줬어.

This cough is driving me crazy! 이 기침 때문에 미치겠어!

Let's go for a drive. 드라이브하러 가자.

go for a drive 드라이브하러 가다

crazy /크뤠이지/ 1. 미친 2. 대단히 좋아하는 3. 화가 난

You must be crazy to lend him money. 그에게 돈을 빌려주다니 정말 미쳤구나.

She's really crazy about him. 그녀는 정말로 그를 좋아해.

My mom will go crazy if she finds out that. 엄마는 그걸 알면 엄청 화 내실거야.

downstairs /다운스테어즈/ 아래층으로

I went downstairs to make coffee. 커피를 타러 아래층으로 내려갔어.

관련단어 묶어보기
upstairs /업스테어즈/ 위층으로

I carried her bags upstairs. 그녀의 가방을 위층으로 옮겼어.

> ✎ downstairs와 upstairs는 항상 끝에 –s를 붙여 복수 형태로 써요.

우리말 뜻을 보고 영어 단어를 써넣으세요.

01 쌍둥이를 구별 못하겠어.   I can't tell the _____ apart.

02 이것 좀 복사해 줄래요?   Would you _____ this for me?

03 좋은 저녁.   Good _____.

04 어쨌든 물어봐 줘서 고마워.   Thanks for asking _____.

05 내가 신세를 졌어.   I _____ you one.

06 고등학교 다닐 때   _____ in high school

07 내 낡은 가방을 버렸어.   I got _____ of my old bag.

08 넥타이를 매야 해?   Do I have to _____ a tie?

09 날 위해 거짓말 좀 해줄래?   Can you _____ for me?

10 그는 우리 뉴욕 지사에서 일해.   He works in our New York _____.

11 전화기가 꺼졌어.   The phone went _____.

12 심심해 죽겠어.   I'm bored to _____.

13 아이스크림 먹고 싶어 죽겠어.   I'm _____ for some ice cream.

14 발이 아파 죽겠어.   My feet are _____ me.

15 널 여기서 보다니 놀랍다.   I'm _____ to see you here.

16 그는 이 위기를 견뎌낼 거야.   He'll _____ this crisis.

17 그는 정말 강인한 남자야.   He's a real tough _____.

18 남자답게 굴어.   Be a _____.

19 이 기침 때문에 미치겠어!   This cough is _____ me crazy!

20 커피를 타러 아래층으로 내려갔어.   I went _____ to make coffee.

Answer

01 twins   02 copy   03 evening   04 anyway   05 owe   06 back   07 rid   08 wear   09 cover

10 branch   11 dead   12 death   13 dying   14 killing   15 surprised   16 survive   17 guy

18 man   19 driving   20 downstairs

A Make sure to **wake** me up. I have an **appointment** in the **morning**.
B Don't worry. I won't **forget**.

꼭 깨워 줘. 아침에 예약이 있어. / 걱정하지 마. 잊지 않을게.

wake /웨이ㅋ/ (woke-waken) 잠에서 깨다

I woke up at seven but didn't get up. 7시에 깼지만 일어나진 않았어.

🖉 wake up은 '잠에서 깨다'입니다. 잠자리에서 몸을 일으키는 것은 get up이라 하고, 일어난 상태는 be up으로 표현합니다. You're up early. 일찍 일어났네.

관련단어 묶어보기
awake /어웨이ㅋ/ 깨어 있는

I tried to stay awake. 깨어 있으려고 애썼어.

appointment /어포인트먼트/ 약속, 예약

I have an appointment at two. 2시에 예약이 있어.

have an appointment 예약이 있다

🖉 appointment는 주로 의사나 변호사 등 전문직 종사자와 시간을 정해 만나는 '예약'에 가까운 약속이에요. 누군가를 사적으로 만나는 약속에는 plans를 써요. Do you have any plans this weekend? 이번 주말에 약속 있니?

관련단어 묶어보기
appoint /어포인트/ 지명하다

He was appointed as chairman. 그는 회장에 임명되었다.

morning /모-ㄹ닝/ 아침

I'm not feeling good this morning. 오늘 아침은 몸이 안 좋아.

🖉 this morning 오늘 아침에, tomorrow morning 내일 아침에, yesterday morning 어제 아침에, on Monday morning 월요일 아침에

I didn't get home until two in the morning! 새벽 두시가 되어서야 집에 도착했어!

179

in the morning 아침에, 새벽에

관련단어 묶어보기
afternoon /애프터ㄹ**누**-운/   **오후**

It was very hot in the afternoon. 오후에는 아주 더웠어.

> ✐ in the afternoon 오후에, this afternoon 오늘 오후에, tomorrow afternoon 내일
> 오후에, yesterday afternoon 어제 오후에, on Sunday afternoon 일요일 오후에

---

forget /풔ㄹ**겟**/   (forgot-forgotten) **잊다**

Don't forget to lock up when you leave. 나갈 때 문 잠그는 거 잊지 마.

> **회화 패턴** ▶ **Don't forget to-v ...** ~하는 거 잊지 마
>
> Don't forget to flush the toilet. 변기 물 내리는 거 잊지 마.
> Don't forget to take the medicine. 약 먹는 거 잊지 마.
> Don't forget to make the bed. 침대 정리하는 거 잊지 마.

Before I forget, your mother called. 미리 말해두는데, 네 엄마가 전화하셨어.

Forget about it. 신경 쓰지 마.(= No problem.)

관련단어 묶어보기
remember /뤼**멤**버ㄹ/   **기억하다**

I can't remember his name at the moment. 지금 그의 이름이 생각나지 않아.
Now I remember. 이제 기억 나.

recall /뤼코-올/   **1. 기억해 내다   2. 리콜하다**

Can you recall what happened last night?
어젯밤에 무슨 일이 있었는지 기억나니?

The cars had to be recalled due to an engine fault.
그 차들은 엔진 결함으로 인해 리콜 되어야 했다.

A So do you want me to **pick** you up from the **museum**?

B I'd appreciate it if you could do that.

A Okay. See you **then**.

그럼 박물관에 데리러 갈까? / 그렇게 해 주면 고맙지. / 알았어. 그때 보자.

---

pick /픽/　1. 고르다　2. 선택

Just pick out what you like. 그냥 마음에 드는 걸 골라.

I picked them up at Costco for ten bucks. 코스트코에서 10달러주고 샀어.

pick up 사다

Take your pick. 골라봐.

관련단어 묶어보기

choose /츄-즈/　(chose-chosen) 고르다

You choose. I can't decide. 네가 골라. 난 결정 못하겠어.

choice /쵸이씨/　선택

I had no choice. 어쩔 수 없었어.

option /압-션/　선택

As I see it, we have two options. 내가 보기에, 우리에겐 두 가지 선택권이 있어.

---

museum /뮤지-엄/　박물관

What's the entrance fee to the museum? 박물관 입장료는 얼마인가요?

---

then /덴/　1. 그때　2. 그럼

I haven't seen him since then. 그 이후로 그를 본 적이 없어.

since then 그 이후로

Can you wait until then? 그때까지 기다릴 수 있겠니?

until then 그때까지

Back then, I worked as a waiter. 그 당시 나는 웨이터로 일했어.

back then 그 당시에

He calls me every now and then. 그는 가끔 내게 전화해.

every now and then 가끔(= sometimes)

We watched a movie and then had dinner. 우리는 영화를 보고 저녁을 먹었어.

and then 그러고 나서

I can't make it on Monday. – Then how about Wednesday?
월요일엔 못 가. - 그럼 수요일은 어때?

UNIT 088

A This morning is so **cool**. **Summer** heat has **suddenly** gone.
B Typhoon Sara is **approaching** Korea.

오늘 아침은 정말 선선하다. 여름 더위가 갑자기 사라져버렸어. / 태풍 사라가 한국으로 다가오고 있거든.

---

cool /쿠-울/   1. 멋진   2. 좋은   3. 냉정, 침착

You look cool in those jeans. 그 청바지를 입으니 멋져 보여.

> ✎ cool은 '시원한, 냉정한' 외에 일상대화에서는 '좋다, 멋지다'의 뜻으로 많이 써요. 비슷한 뜻의 표현으로 great, excellent, awesome, super, fabulous, fantastic 등이 있어요.

I'll meet you there at six. - Cool. 거기서 6시에 만나. - 좋아.

> ✎ 상대방의 제안에 좋다고 할 때나 상대방의 사과에 괜찮다고 할 때에 (That's/It's) cool.을 써요. I'm sorry I'm late. 늦어서 미안해. - That's cool. 괜찮아.(= That's okay.)

Keep your cool. 침착해.

---

summer /써머ㄹ/   여름

It's really hot here in the summer. 여기는 여름에 정말 더워.

> ✎ '여름에'는 영어로 in the summer 또는 in summer 모두 쓸 수 있어요.

관련단어 묶어보기
spring /스프링/   봄

I'm going to Cancun this spring. 나는 이번 봄에 칸쿤에 갈 거야.

fall /포-올/   1. 가을   (fell-fallen) 2. 떨어지다   3. ~한 상태가 되다

They met in the fall of 2020. 그들은 2020년 가을에 만났다.

I fell off the bed. 침대에서 떨어졌어.

He fell asleep while watching TV. 그는 TV를 보다 잠이 들었다.

season /씨-즌/　계절

Strawberries are now in season. 딸기가 지금이 제철이야.

in season 제철인(↔ out of season 제철이 아닌)

✎ 영어로 '비수기'는 off-season, '성수기'는 peak season이라 해요.

suddenly /써던리/　갑자기

I suddenly felt dizzy. 갑자기 현기증이 났어.

관련단어 묶어보기
sudden /써든/　갑작스런

I was shocked by her sudden death. 그녀의 갑작스러운 죽음에 충격을 받았어.

All of a sudden, the power went out. 갑자기 전기가 나갔어.

all of a sudden 갑자기(= suddenly)

approach /어프뤄우취/　1. 접근하다　2. 접근방식

I'm not sure how to approach the problem.
그 문제에 어떻게 접근해야 할지 모르겠어.

He took a different approach. 그는 다른 접근방식을 취했어.

A Could you **show** me some blinds?

B **Well**, I have these white blinds.

A I don't think those are **appropriate**.

블라인드 좀 보여 주시겠습니까? / 음, 이 하얀 블라인드가 있습니다.
그건 적당하지 않은 것 같네요.

show /쇼우/ 1. 보이다 2. 안내하다 3. 상영되다 4. 공연; 프로그램

She didn't show her emotions. 그녀는 감정을 드러내지 않았다.

Follow me. I'll show you the way. 따라오세요. 길을 알려드릴게요.

The movie is showing now. 그 영화가 지금 상영 중이야.

I'll show you around Seoul. 내가 서울 구경시켜 줄게.

> ✐ [show+사람+around+장소]는 '~에게 ...을 구경시키다'의 뜻이에요. He showed me around the house. 그는 내게 그 집을 구경시켜줬어.

Did you enjoy the show? 그 공연은 재미있었니?

> ✐ TV나 라디오 프로그램을 program 대신 show을 쓰기도 해요. TV/radio show TV/라디오 프로그램, talk show 토크쇼, game show 게임쇼(상금을 타기 위해 다양한 게임과 퀴즈를 하는 프로그램), quiz show 퀴즈 프로그램, news show 뉴스 프로그램

관련단어 묶어보기

hide /하이드/ (hid-hidden) 숨다

There was no place to hide. 숨을 곳이 없었어.

well /웰/ 잘

Everything is going well. 모든 일이 잘 되고 있어.

> ✐ well은 부사로는 '잘', 형용사로는 '건강한'의 뜻으로 써요. I don't feel well. 몸이 안 좋아.

He speaks English and Japanese as well. 그는 영어와 일본어도 할 줄 알아.
as well 또한(= too)

She is bright as well as beautiful. 그녀는 아름다울 뿐만 아니라 머리도 좋아.
A as well as B B 뿐 아니라 A도

We may as well get started now. 이제 시작하는 게 좋겠어.

may as well ~하는 편이 낫다

appropriate /어프뤄우프리이트/ 적합한

This movie is not appropriate for children. 이 영화는 아이들에게 적합하지 않아.

관련단어 묶어보기

proper /프롸-퍼ㄹ/ 적절한

It's not proper to talk like that. 그런 식으로 말하는 건 적절치 않아.

properly /프롸-펄리/ 제대로

This computer isn't working properly. 이 컴퓨터는 제대로 작동하지 않고 있어.

UNIT 090

A I'm sorry for being **rude**, but I have to go.
B Right now? In the **middle** of our **conversation**?

무례해서 죄송하지만, 가 봐야겠어요. / 지금요? 얘기 도중에 말입니까?

---

rude /루-ㄷ/ 무례한

It's rude to stare. 빤히 쳐다보는 건 실례야.

---

middle /미들/ 가운데

She was standing in the middle of the room. 그녀는 방 한가운데에 서 있었어.
in the middle of (공간) 가운데에

I got a phone call in the middle of the night. 한밤중에 전화를 받았어.

Can I call you back? I'm in the middle of a meeting.
나중에 다시 전화해도 될까요? 제가 회의 중이예요.

회화 패턴 **I'm in the middle of ...** ~ 중이에요

I'm in the middle of something. 뭘 좀 하는 중이에요.
I'm in the middle of dinner. 저녁 식사 중이에요.
I'm in the middle of massage. 마사지 받는 중이에요.

conversation /칸-붜ㄹ쎄이션/　대화

We had a conversation about music. 우리는 음악에 대한 대화를 나눴어.

관련단어 묶어보기

blah /블라-/　어쩌고저쩌고

They say they want to cut taxes, blah, blah, blah.
그들은 세금 인하를 원하고 어쩌고저쩌고 말한다.

> ✏ blah, blah, blah는 굳이 길게 자세히 얘기할 필요가 없을 때 말을 생략하며 쓰는 표현이에요.

chat /챝/　1. 수다를 떨다　2. 인터넷 채팅하다

We chatted on the phone quite a long time.
우리는 꽤 오랫동안 전화로 수다를 떨었어.

We were chatting until midnight. 우리는 자정까지 인터넷 채팅을 하고 있었어.

> ✏ 채팅할 때 자주 쓰는 대표적인 약자를 알아볼게요. Be right back. (BRB) 곧 돌아올게. / Talk to you later. (TTYL) 나중에 얘기하자. / Laughing out loud. (LOL) 크게 웃고 있어. / Oh my God! (OMG) 세상에! / By the way. (BTW) 그나저나.

communicate /커뮤-니케이트/　의사소통을 하다

I usually communicate with him by email. 나는 보통 그와 이메일로 연락해.

communication /커뮤-니케이션/　의사소통

Good communication is vital in a large organization.
큰 조직에서는 좋은 의사소통이 필수적이다.

우리말 뜻을 보고 영어 단어를 써넣으세요.

01 7시에 깼어.　　　　　　　I _____ up at seven.

02 2시에 예약이 있어.　　　　I have an _____ at two.

03 오늘 아침은 몸이 안 좋아.　I'm not feeling good _____ morning.

04 문 잠그는 거 잊지 마.　　　Don't _____ to lock up.

05 이제 기억 나.　　　　　　Now I _____.

06 골라봐.　　　　　　　　　Take your _____.

07 네가 골라.　　　　　　　You _____.

08 그때까지 기다릴 수 있겠니?　Can you wait until _____?

09 그는 가끔 내게 전화해.　　He calls me every _____ and then.

10 멋져 보여.　　　　　　　You look _____.

11 침대에서 떨어졌어.　　　　I _____ off the bed.

12 딸기가 지금 제철이야.　　Strawberries are now in _____.

13 갑자기 현기증이 났어.　　I _____ felt dizzy.

14 갑자기 전기가 나갔어.　　All of a _____, the power went out.

15 길을 알려드릴게요.　　　　I'll _____ you the way.

16 숨을 곳이 없었어.　　　　There was no place to _____.

17 빤히 쳐다보는 건 실례야.　It's _____ to stare.

18 제가 회의 중이에요.　　　I'm in the _____ of a meeting.

19 우리는 전화로 수다를 떨었어.　We _____ on the phone.

20 좋은 의사소통이 필수적이다.　Good _____ is vital

Answer

01 woke　02 appointment　03 this　04 forget　05 remember　06 pick　07 choose　08 then

09 now　10 cool　11 fell　12 season　13 suddenly　14 sudden　15 show　16 hide　17 rude

18 middle　19 chatted　20 communication

A How was your **day**?

B **Horrible**! I get more and more **annoyed at** my boss.

오늘 하루 어땠어? / 끔찍했어. 상사에게 점점 더 짜증이 나.

day /데이/ 1. 하루 2. 낮

I had a long day. 오늘 정말 힘들었어.

> 하루가 길게 느껴질 정도로 힘든 날이었을 때 써요. 비슷한 표현으로 It's been a long day.가 있어요. Are you doing anything after work? 퇴근하고 뭐 할 거니? - I think I'll go home. It's been a long day. 집에 가려고. 힘든 하루였어.

Tomorrow is a big day. 내일은 중요한 날이야.

big day 중요한 날

It was hot during the day. 낮에는 더웠어.

I'm doing fine these days. 요즘 잘 지내고 있어.

these days 요즘

You made my day. 네 덕에 즐거운 하루 보냈어.

Those were the days. 그때가 좋았지.(= Those were the good old days.)

That will be the day. 절대 그럴 리 없어.

> 직역하면 '그날이 올 것이다.'인데 반어적으로 절대 그럴 일이 없을 것이란 뜻으로 쓰여요. Sam is going to give up smoking. 샘이 담배를 끊을 거래. - That'll be the day. 절대 그럴 리 없어.

Let's call it a day. 오늘은 이만 끝내자.

> 일을 마무리하고 집에 가자라고 할 때 써요. 밤이 되서야 마무리할 때는 Let's call it a night.이라고 말하기도 해요.

I studied day and night. 밤낮으로 공부했어.

day and night 밤낮으로

Her health was improving day by day. 그녀의 건강은 나날이 좋아지고 있었다.

day by day 나날이

관련단어 묶어보기

daily /데일리/ 매일

The shop is open daily. 그 가게는 매일 영업해.

horrible /호-뤄블/ **무시무시한**

I had a horrible dream last night. 어젯밤에 끔찍한 꿈을 꿨어.

관련단어 묶어보기

awful /오-풜/ **끔찍한**

You look awful. What's wrong? 안색이 안 좋아 보여. 안 좋은 일 있니?

terrible /테러블/ **끔찍한**

You're making a terrible mistake. 넌 끔찍한 실수를 저지르고 있어.

terribly /테러블리/ **대단히**

I'm terribly sorry. 정말 죄송해요.

suck /썩/ **형편없다**

If you ask me, the whole thing sucks. 내 생각엔 모든 게 엉망이야.

> suck은 동사로 어떤 것이 정말 좋지 않다고 부정적으로 이야기할 때 또는 무언가를 아주 못할 때 써요. The party sucked. 파티가 엉망이었어. / He sang a few songs. He sucks. 그가 노래를 몇 곡 했어. 정말 노래 못하더라. / I suck at math. 나 수학 정말 못해.

---

annoy /어노이/ **성가시게 하다**

He really annoys me sometimes. 그는 가끔 정말 나를 짜증나게 해.

관련단어 묶어보기

annoying /어노잉/ **성가신**

He kept asking annoying questions. 그는 짜증나는 질문을 계속 했어.

---

at /앹/ **(시간, 장소 앞) ~에**

The movie starts at 8:00. 영화는 8시에 시작해.

> at은 기본적으로 '점'의 느낌을 갖는 전치사예요. 그래서 시간을 나타낼 때는 '점'처럼 짧은 시각을, 장소를 나타낼 때는 좁은 공간으로서의 '위치나 지점'을 나타내죠.

The criminal was arrested at last. 범인은 마침내 체포되었어.

at last 마침내

She reads at least one book a month. 그녀는 적어도 한 달에 한 권의 책을 읽어.

at least 적어도(↔ **at most** 많아야)

I can't do two things at once. 난 두 가지 일은 같이 못해.

at once 동시에(= **at the same time**)

UNIT 092

A **Yesterday** I was too **tired**, so I went to bed **early**. But it was so hard to fall asleep.

B **When** you're too tired, that happens sometimes.

어제는 너무 피곤해서 일찍 잤어. 그런데 잠들기가 너무 힘들더라. / 너무 피곤하면 가끔 그렇게 돼.

---

yesterday /예스터ㄹ데이/ 어제

What did you do yesterday morning? 어제 아침에 뭐했어?

I wasn't born yesterday. 날 만만하게 보지 마.

> 상대방이 나를 만만하게 보고 속이려할 때 내가 어제 태어난 아기처럼 아무것도 모르는 사람이 아니란 뜻으로 하는 말이에요. You don't fool me. I wasn't born yesterday. 넌 날 못 속여. 날 만만하게 보지 마.

---

tired /타이어ㄹ드/ 피곤한

I was too tired to move. 너무 피곤해서 움직일 수가 없었어.

I'm sick and tired of her complaints. 그녀의 불평이 지긋지긋해.

> **회화 패턴** ▶ **I'm sick (and tired) of ...** ~이 정말 지긋지긋해
>
> I'm sick and tired of pizza. 정말 피자에 질렸어.
> I'm getting sick of this cold weather. 이 추운 날씨가 정말 지긋지긋해.
> I'm sick of listening to you. 네 얘기 듣는 것 정말 지긋지긋해.

---

early /어-ㄹ리/ 1. 일찍 2. 이른

You're early! 일찍 왔구나!

✏️ You're early!는 상대방이 평소보다 일찍 왔을 때 놀라움을 나타내는 표현이에요. You're early today. Why are you so early? 오늘 일찍 왔네. 왜 이리 일찍 왔니?

He is in the early thirties. 그는 30대 초반이야.

✏️ 나이 대를 말할 때 '초반'에는 early를, '후반'에는 late를 써요. He is in the late thirties. 그는 30대 후반이야.

Try to leave ten minutes earlier than usual. 평소보다 10분만 더 일찍 나와.
earlier than usual 평소보다 더 일찍

Work will begin in October at the earliest. 빠르면 10월에 작업이 시작될 거야.
at the earliest 빠르면(↔ **at the latest** 늦어도)

when /웬/   ~할 때

I'll call you when I get home. 집에 도착하면 전화할게.

✏️ '~하면'을 '조건'을 나타내는 접속사 if를 써서 if I get home라고 하면 '집에 도착하는 조건일 때만'이란 뜻으로 그럴지 모르겠지만 '혹시라도 집에 도착하면'의 뜻이 돼요.

When it comes to love, I know nothing. 사랑에 관한 한 나는 아무것도 몰라.

✏️ when it comes to music 음악에 관한 한, when it comes to cooking 요리에 관한 한, when it comes to painting 그림에 관한 한

Say when. 되면 얘기해.

✏️ 상대방에게 술을 따라 주거나 음식을 덜어 주면서 하는 말이에요. 원하는 양이 되었을 때 When.으로 답하면 돼요.

whenever /웬에버ㄹ/   ~할 때마다

My heart beats faster whenever I see her. 그녀를 볼 때마다 심장이 너 빨리 뛰어.

191

A Are you **certain** it's no **bother**?

B No trouble at **all**. I'll be **glad** to assist you.

폐가 안 되는 게 확실한가요? / 전혀 그렇지 않아요. 기꺼이 도와드릴게요.

certain /써-ㄹ튼/　1. 확실한, 틀림없는(= sure)　2. 어떤

Are you certain about that? 확실해?

The restaurant has a certain charm. 그 식당은 어떤 매력이 있어.

관련단어 묶어보기

certainly /써-ㄹ튼리/　**틀림없이**

Without treatment, she will certainly die.

치료를 받지 않으면 그녀는 틀림없이 죽어.

---

bother /바-더ㄹ/　1. 신경 쓰다　2. 괴롭히다　3. 방해하다

Don't bother. 굳이 그럴 필요 없어.

> 🖉 신경 쓰지 말라는 뜻으로 You don't have to do that.과 비슷한 의미로 쓰는 표현이에요.
> I'll get you a chair. 의자 가져다 드릴게요. - No, please don't bother. 아뇨, 정말
> 그러실 필요 없어요.

What's bothering you? 뭐가 마음에 걸리니?

Sorry to bother you, but there's a call for you.

방해해서 죄송하지만, 전화가 왔어요.

> 🖉 Sorry to bother you.는 '성가시게 해서 죄송합니다.'란 뜻으로 우리가 자주 쓰는
> Excuse me.보다 정중한 느낌을 주는 표현이에요. Sorry to bother you. Can I ask
> you a quick question? 실례합니다. 짧게 질문 하나 해도 될까요?

---

all /오-올/　모든

All my friends are coming to the party. 내 친구들은 모두 파티에 올 거야.

It's all about money these days. 요즘은 돈이 전부야.

be all about ... ~이 전부다, ~에 푹 빠지다

He's all about his daughter. 그에겐 딸이 전부야.
I'm all about sports. 요즘 스포츠에 푹 빠져있어.
She's all about English. 그녀는 영어에 푹 빠져있어.

She was right after all. 결국 그녀가 옳았어.
after all 결국

First of all, fill out the application. 우선, 이 양식을 작성해.
first of all 우선

Do you like him? – Not at all. 그를 좋아해? - 전혀.

✎ not at all은 강한 부정의 뜻으로 '전혀'의 뜻이에요. 참고로 at all만 쓰면 '조금이라도'의 뜻이니 같이 기억해 두세요. Did you eat at all? 뭐 좀 먹었니?

관련단어 묶어보기
half /해프/ 절반; 30분

It takes about an hour and a half to get there.
거기까지 가는데 한 시간 반 정도 걸려.

glad /글래드/ 기쁜

I'm glad you liked it. 맘에 들었다니 기뻐.

회화 패턴 I'm glad ... ~해서 기뻐

I'm glad you're safe. 네가 무사해서 기뻐.
I'm glad you said that. 네가 그렇게 말해줘서 기뻐.
I'm so glad you could come. 와주셔서 정말 기뻐요.

관련단어 묶어보기
delighted /딜라이티드/ 매우 기뻐하는

I'm delighted to see you again. 너를 다시 만나서 기뻐.

A What **qualities** do you **admire** most in **others**?

B I admire people who are hardworking and **positive**.

다른 사람들에게서 가장 존경하는 특성은 뭐니? / 나는 열심히 일하고 긍정적인
사람들을 존경해.

quality /쾰-러티/ 질

The air quality in this area is terrible. 이 지역의 대기 질은 형편없다.

관련단어 묶어보기
quantity /콴-터티/ 양

It's cheaper if you buy in quantity. 많이 사면 더 싸.

in quantity 대량으로

admire /어드마이어ㄹ/ 존경하다, 감탄하다

I admire his courage. 그의 용기를 존경해.

✏ admire는 무언가를 감탄하며 바라보는 이미지를 갖는 단어예요. 그래서 사람에게 쓰일 때는 '존경하다', 사물에 쓰일 때는 '감탄하다'란 뜻을 갖죠. We stopped and admired the view 우리는 멈춰서 그 풍경을 감탄하여 바라보았다.

관련단어 묶어보기
respect /뤼스펙트/ 존경하다, 존중하다

I respect him for his honesty. 그의 정직함을 존경해.

other /어더ㄹ/ 1. 다른 2. 다른 사람(것)

Here's one glove, but where's the other one?
여기 장갑이 하나 있는데, 다른 장갑은 어디 있지?

✏ 두 개 중 나머지 하나를 말할 때 the other를 써요. 막연하게 '다른'이라고 할 때는 the 없이 쓰죠. other people 다른 사람들, other countries 다른 나라들, other schools 다른 학교들

She is always nice to others. 그녀는 항상 다른 사람들에게 친절해.

Maybe some other time. 다음에 하자.(= Maybe next time.)

I saw him the other day. 며칠 전에 그를 봤어.

the other day 며칠 전에

another /어너더ㄹ/　1. 또 다른 사람(것)　2. 또 하나의

I don't like this shirt. Will you show me another?

이 셔츠는 맘에 들지 않아요. 다른 것 좀 보여주실래요?

✐ 원래 있던 것 외에 추가로 한 가지를 더 얘기할 때 '또 다른 하나'의 뜻으로 another를 써요.

Bad things keep happening one after another.

좋지 않은 일이 줄줄이 터지고 있어.

one after another 차례로

Would you like another drink? 한 잔 더 하시겠어요?

---

positive /파-저티브/　1. 긍정적인　2. 확실한　3. 양성의

Try to look on the positive side. 긍정적인 면을 보도록 노력해봐.

Are you positive? - I'm positive. 확신해? - 장담해.

✐ I'm positive.는 I'm sure., I'm certain.과 같은 뜻이에요.

My blood type is AB positive. 내 혈액형은 AB 양성이야.

negative /네기디브/　부정적인; 음성의

He tested negative for the disease. 그는 그 질병에 대해 음성 판정을 받았어.

UNIT 095

A How did you **manage** to get such **great** tickets to the **game**?

B I received them in advance.

어떻게 그렇게 대단한 경기 입장권을 구했니? / 미리 예약했어.

manage /매니쥐/　관리하다

Can I help you? – That's okay. I can manage.

도와드릴까요? - 괜찮아요. 제가 할 수 있어요.

We managed to get to the airport in time.
우리는 간신히 제시간에 공항에 도착했어.

> **회화 패턴** **(사람) managed to-v ...** 간신히 ~했어
>
> I managed to pass the test. 간신히 시험에 합격했어.
> I managed to find a parking place. 간신히 주차 공간을 찾았어.
> We just managed to make the deadline. 우리는 간신히 마감기한을 맞췄어.

관련단어 묶어보기

management /매니쥐먼ㅌ/ 경영, 경영진

Management has accepted the proposal. 경영진이 그 제안을 받아들였다.

handle /핸들/ 다루다

Leave it to me. I can handle it. 맡겨주세요. 제가 다룰 수 있어요.

cope /코웁/ 대처하다(with)

How do you cope with stress? 스트레스에 어떻게 대처하세요?

great /그뤠이ㅌ/ 1. 훌륭한, 멋진 2. 큰, 엄청난

We had a great time. 우리는 멋진 시간을 보냈어.

His death was a great shock to me. 그의 죽음은 내게 큰 충격이었어.

관련단어 묶어보기

excellent /엑설런ㅌ/ 뛰어난

It was an excellent concert. 정말 멋진 콘서트였어.

fantastic /팬태스틱/ 환상적인

You look fantastic! 너 정말 멋져 보여!

marvelous /마-ㄹ벌러스/ 놀라운

What a marvelous idea! 정말 놀라운 생각이야!

gorgeous /고-ㄹ줘씨/ 아주 멋진

The room has a gorgeous view. 그 방은 전망이 아주 멋져.

game /게임/ **경기**

We watched a soccer game on TV. 우리는 TV로 축구 경기를 봤어.

관련단어 묶어보기

compete /컴피-트/ **경쟁하다**

We can't compete with them on price. 우리는 가격 면에서 그들과 경쟁할 수 없어.

competition /컴퍼티션/ **경쟁**

Competition for jobs is getting intense. 일자리 경쟁이 치열해지고 있어.

competitive /컴페터티브/ **경쟁력 있는**

This price is competitive in the market. 이 가격은 시장에서 경쟁력이 있어.

우리말 뜻을 보고 영어 단어를 써넣으세요.

01 오늘 정말 힘들었어.　　　　I had a long _____.

02 요즘 잘 지내고 있어.　　　　I'm doing fine _____ days.

03 그 가게는 매일 영업해.　　　The shop is open _____.

04 정말 죄송해요.　　　　　　I'm _____ sorry.

05 모든 게 엉망이야.　　　　　The whole thing _____.

06 날 만만하게 보지 마.　　　I wasn't born _____.

07 그녀의 불평이 지긋지긋해.　I'm _____ of her complaints.

08 일찍 왔구나!　　　　　　　You're _____!

09 사랑에 관한 한　　　　　　_____ it comes to love

10 됐으면 얘기해.　　　　　　_____ when.

11 확실해?　　　　　　　　　Are you _____ about that?

12 굳이 그럴 필요 없어.　　　Don't _____.

13 돈이 전부야.　　　　　　　It's _____ about money.

14 맘에 들었다니 기뻐.　　　I'm _____ you liked it.

15 많이 사면 더 싸.　　　　　It's cheaper if you buy in _____.

16 다음에 하자.　　　　　　　Maybe some _____ time.

17 장담해.　　　　　　　　　I'm _____.

18 제가 할 수 있어요.　　　　I can _____.

19 정말 놀라운 생각이야!　　What a _____ idea!

20 이 가격은 경쟁력이 있어.　This price is _____.

Answer

01 day　02 these　03 daily　04 terribly　05 sucks　06 yesterday　07 sick　08 early　09 when
10 Say　11 certain　12 bother　13 all　14 glad　15 quantity　16 other　17 positive　18 manage
19 marvelous　20 competitive

A **Neither** of the **hands** of the clock is **moving**.

B You must need a new battery.

시계 바늘이 하나도 안 움직여. / 새 전지가 필요하겠다.

neither /니-더/　~도 마찬가지로 아니다

Me, neither. 나도 아냐.

✏️ '나도.'라고 말할 때 상대방이 긍정으로 얘기하면 Me, too.를, 부정으로 얘기하면 Me, neither.를 써요. I like pizza. 피자 좋아해. - Me, too. 나도. / I don't like steak. 스테이크 안 좋아해. - Me, neither. 나도.

I don't like horror movies. – Neither do I. 나는 공포영화를 좋아하지 않아. - 나도.

Neither she nor I can swim. 그녀도 나도 수영을 못해.

neither A nor B A도 B도 아니다

hand /핸드/　1. 손　2. 건네주다

I shook hands with the president. 대통령과 악수를 했어.

✏️ 악수는 두 개의 손을 맞잡고 하는 것이기 때문에 단수가 아니라 복수인 hands를 써야 해요.

Let's give her a big hand. 그녀에게 큰 박수를 보냅시다.

give ... a big hand ~에게 힘찬 박수를 보내다

We walked hand in hand. 우리는 손을 잡고 걸었어.

hand in hand 손잡고

I'm sorry, but I have my hands full. 미안해, 하지만 내가 무척 바빠.

have one's hands full 아주 바쁘다

He won the election hands down. 그는 선거에서 압승했어.

✏️ hands down은 '아주 쉽게'와 '의심의 여지없이, 당연히'의 뜻으로 쓰여요. It's hands down the best movie of the year. 그건 의심의 여지없이 올해 최고의 영화야

Did you hand in your report? 보고서 제출했니?

hand in 제출하다(= submit)

관련단어 묶어보기
wrist /뤼스트/　손목

He wore a copper bracelet on his wrist. 그는 손목에 구리 팔찌를 차고 있었어.

finger /핑거/ 손가락

I'll keep my fingers crossed for you. 행운을 빌어.

keep my fingers crossed for ... ~을 위해 행운을 빌다

> 🖋 원어민들이 상대방에게 행운을 빌 때 중지를 검지 위로 꼬아 십자가 모양을 만드는데서 비롯된 표현이에요. Fingers crossed.로 줄여 쓰기도 해요.

nail /네일/ 손톱; 못; 잘 해내다

I nailed the test. 시험 정말 잘 봤어.

> 🖋 nail이 동사로는 어떤 것을 완벽에 가까울 정도로 해내다의 뜻이에요. She nailed a three-point shot. 그녀는 3점 슛을 멋지게 성공시켰어.

move /무-ㅂ/ 1. 옮기다 2. 이사하다 3. 감동시키다

Could you move your car, please? 차 좀 옮겨 주시겠어요?

We are moving to Seoul next week. 우리는 다음 주에 서울로 이사해.

I was deeply moved by his speech. 그의 연설에 깊이 감명 받았어.

Get a move on! 서둘러!

> 🖋 우리가 잘 알고 있는 Hurry up!과 비슷한 뜻의 표현이에요. Get a move on or you'll be late. 서둘러. 안 그러면 늦어.

A Do you like to **cook**?

B Yes. On weekends, I **often** make **dinner** for my **wife**.

요리하는 거 좋아하니? / 응. 주말에는 종종 아내를 위해 저녁을 만들어.

cook /쿡/ 1. 요리하다 2. 요리사

He cooked lunch for me. 그는 나를 위해 점심을 요리했어.

> 🖋 cook은 불을 사용해서 음식을 요리하는 경우에 써요. 불을 쓰지 않고 만드는 음식에는 주로 make를 쓰죠. I'll make you some sandwiches. 내가 샌드위치 좀 만들어줄게.

Who was the cook? 요리사가 누구였니?

> ✒ '요리사'는 cooker가 아니라 cook이에요. cooker는 '요리 기구'를 말해요. rice cooker 밥솥 / pressure cooker 압력솥 / slow cooker 찜 솥

관련단어 묶어보기
cooking /쿠킹/ 요리

I did the cooking and my husband did the dishes.
나는 요리를 하고 남편은 설거지를 했어.
do the cooking 요리하다

recipe /뤠써피/ 조리법

I have my own recipe for apple pie.
나만의 애플파이 조리법이 있어.

---

often /오-픈/ 자주

I see her quite often. 나는 그녀를 꽤 자주 봐.

관련단어 묶어보기
frequently /프뤼-퀀틀리/ 자주

This word is used frequently. 이 단어는 자주 쓰여.

---

dinner /디너ㄹ/ 저녁식사

Let me take you out for dinner. 내가 밖에서 저녁 사줄게.

> ✒ dinner는 원래 하루 식사 중 가장 거하게 격식을 갖춰 먹는 식사를 말해요. 보통 그런 식사를 저녁에 하기 때문에 dinner가 '저녁식사'란 뜻을 갖게 되었습니다.

관련단어 묶어보기
lunch /런취/ 점심식사

We get a one-hour lunch break. 우리는 한 시간 동안 점심시간을 가져.
lunch break 점심시간

breakfast /브뤡풔스트/ 아침식사

I had bacon and eggs for breakfast. 아침으로 베이컨과 달걀을 먹었어.

🖉 breakfast, lunch, dinner 앞에는 관사(a/an)를 쓰지 않아요. 하지만 앞에 good, great, excellent 등과 같은 형용사가 수식하면 관사를 씁니다. That was an excellent dinner! 정말 훌륭한 저녁 식사였어요!

wife /와이프/ 아내

The resort was full of lawyers with their trophy wives.
리조트에는 트로피 부인을 둔 변호사들로 가득했어.

🖉 trophy wife는 나이 많은 부유한 남자의 매력적인 젊은 아내를 말해요. 조금 부정적인 어감의 표현이죠. 반대의 경우는 trophy husband라고 합니다.

관련단어 묶어보기
husband /허즈번ㄷ/ 남편

I'd like you to meet my husband Alex. 제 남편 알렉스예요.

marry /매뤼/ 결혼하다

My daughter's getting married in July. 내 딸이 7월에 결혼해.

🖉 marry는 '~와 결혼하다'란 뜻으로 보통 뒤에 사람을 목적어로 쓰죠. marry with라 쓰지 않습니다. 목적어가 없을 경우에는 get married를 주로 써요. He married a Korean. (O) / He married with a Korean. (X) 그는 한국인과 결혼했어.

divorce /디보-ㄹ스/ 이혼

Why did they get a divorce? 그들은 왜 이혼했을까?

wedding /웨딩/ 결혼식

They invited me to their wedding. 그들이 나를 결혼식에 초대했어.

A Are you **anxious** about **something**?
B Not really. Why?
A You **keep biting** your nails.

뭐 걱정되는 거 있어? / 별로. 왜? / 계속 손톱을 깨물고 있어서.

---

anxious /앵ㅋ셔쓰/ 　1. 걱정하는　2. 간절히 바라는

He is anxious about the test score. 그는 시험 점수를 걱정하고 있어.

I'm very anxious to meet her. 그녀를 정말 만나고 싶어.

관련단어 묶어보기
anxiety /앵**자**이어티/ 　염려, 걱정

She discussed her anxieties with him. 그녀는 자신의 근심에 대해 그와 의논했다.

---

something /썸띵/ 　1. 어떤 것, 무엇　2. 대단한 것

I have something in my eye. 눈에 뭐가 들어갔어.

That was really something, wasn't it? 그거 정말 대단했어, 그렇지 않니?

You own this place or something? 네가 여기 전세라도 냈냐?

> **회화 패턴** ..., or something　~이나 뭐 그런 거
>
> Are you crazy, or something? 너 미친 거 아냐?
> Her name is Emma, or something. 그녀의 이름이 엠마인가 뭐 그런 거야.
> Can I get you a glass of wine, or something? 와인이나 뭐 그런 거 좀 갖다 줄까?

His job has something to do with computers. 그의 일은 컴퓨터와 관련이 있다.

✏️ '~와 관련이 있다'는 have something to do with, '~와 관련이 없다'는 have nothing to do with를 써요. I have nothing to do with the matter. 나는 그 문제와 아무런 관련이 없어.

관련단어 묶어보기
someone /썸원/ 　어떤 사람; 대단한 사람

There's someone in the bathroom. 화장실에 누가 있어요.

somebody /썸바디/ 　어떤 사람; 대단한 사람

He's somebody here. 그는 이곳에선 대단한 사람이야.

---

keep /키-ㅍ/ (kept-kept) 1. 보관하다 2. 지키다 3. ~한 상태를 유지하다

I kept her letters for years. 몇 년 동안 그녀의 편지를 보관했어.

Can you keep my secret? 내 비밀을 지켜줄 수 있니?

I'm sorry to keep you waiting. 기다리게 해서 미안해.

Keep going! 계속 해!

> **회화 패턴** **keep v-ing** 계속 ~하다
>
> He kept talking to me. 그는 내게 계속 말을 걸었어.
> The rain kept falling all afternoon. 오후 내내 비가 내렸어.
> Keep walking until you come to a traffic light. 신호등까지 계속 걸어가세요.

Keep your chin up. 기운 내.

> ✏️ 직역하면 '턱(chin)을 위로 들고 있어'란 뜻에서 힘든 일을 겪고 있는 사람에게 힘내라며 쓰는
> 표현이에요. 줄여서 Chin up.을 쓰기도 해요. Chin up! Everything will work out for
> the best. 기운 내! 모든 일이 잘될 거야.

Keep up the good work. 계속 열심히 해.

> ✏️ keep up은 '계속하다', good work은 '잘한 일'이에요. 지금까지 그래왔던 것처럼 앞으로
> 도 지금처럼 계속 잘하란 의미로 격려할 때 쓰는 표현입니다. 비슷한 뜻의 표현으로 Keep it
> up.이 있어요. You're doing very well. Keep it up! 아주 잘하고 있어. 계속 열심히 해.

The noise kept me from sleeping deeply. 소음 때문에 잠을 깊이 못 잤어.
keep ... from v-ing ~가 ...을 못하게 하다

Keep what I'm saying in mind. 내 말 명심해.
keep ... in mind ~을 명심하다

Danger! Keep out! 위험! 접근금지!

---

bite /바이트/ 1. (bit-bitten) 물다 2. 한 입

I was bitten by a mosquito. 모기에 물렸어.

Can I have a bite of your salad? 샐러드 한 입 먹어봐도 돼?

Let's grab a bite to eat. 뭐 좀 먹자.
grab a bite to eat 간단히 먹다

Bite the bullet. 이 악물고 참아.

✏️ 직역하면 '총알을 물어.'의 뜻인데 전쟁터에서 부상을 당한 병사들이 총알을 입에 물고 수술의 통증을 참은 것에서 유래한 표현이에요. 하고 싶지 않은 일을 해야 하는 상황에서 써요. I'm going to bite the bullet and sell my car. 그러고 싶지 않지만 차를 팔 거야.

UNIT 099

A Give me another **clue**. The one **leaning against** the wall?
B You **still** don't **recognize** me?

다른 단서를 줘. 벽에 기대어 있는 사람? / 아직도 날 못 알아보는 거야?

clue /클루-/ 실마리, 단서

Where's Tyler? - I don't have a clue. 타일러는 어디 있어? - 나도 몰라.

✏️ 실마리가 하나도 없어서 전혀 모르겠다는 뜻으로 써요. 비슷한 표현으로 I have no clue., I have no idea.가 있어요.

lean /린-/ 1. 기대다 2. 늘씬한

Don't lean out of the window. 창밖으로 몸 내밀지 마.

Professional dancers are usually lean. 전문 무용수들은 보통 날씬해.

✏️ lean은 운동으로 다져진 근육질의 날씬한 몸을 묘사할 때 쓰는 단어예요.

against /어겐스트/ 1. ~에 거슬러 2. ~을 상대로

You can't do that! It's against the law. 그러면 안 돼! 그건 불법이야.

Brazil won a victory against Germany. 브라질이 독일을 상대로 승리했어.

still /스틸/ 1. 여전히 2. 가만히

She still lives with her parents. 그녀는 아직도 부모님과 함께 살아.

Please stand still while I take a picture. 내가 사진 찍을 동안 가만히 서 있어 줘.

recognize /뤠커그나이즈/ 알아차리다

I recognized her from her picture. 나는 그녀의 사진을 보고 그녀를 알아보았다.

관련단어 묶어보기

notice /노우티쓰/ 1. 알아차리다 2. 알림, 통지 3. 사직서 4. 안내문

I didn't notice him leaving. 그가 떠나는 것을 알아차리지 못했어.

You must give one month's notice. 한 달 전에 통보해야 합니다.

He gave notice on Thursday. 그는 목요일에 사직서를 냈어.

> 🖉 give notice는 회사에 그만두겠다고 통보하는 것을 말해요.

The notice on the wall said 'No smoking'.
벽에 있는 안내문에 '금연'이라고 적혀 있었다.

UNIT 100

A I **would** not rely on my horoscope.
B I don't **put** much weight on it, either.
나는 별점에 의존하진 않을 거야. / 나도 별로 비중을 두진 않아.

---

would /우드/ ~일 텐데

She would look better with long hair. 그녀는 머리가 길면 더 예쁠 텐데.

I'd like to see your new house. 너의 새 집을 보고 싶어.

> **회화 패턴** I would like (to-v) ... ~하고 싶어요
>
> I would like to order a pizza. 피자 주문하고 싶어요.
> I'd like a haircut only. 커트만 하고 싶어요.
> I'd like a room with a nice view. 전망 좋은 방으로 부탁해요.

Would you like a drink? 마실 것 드릴까요?

> **회화 패턴** Would you like (to-v) ...? ~하시겠어요?
>
> Would you like some coffee? 커피 좀 드실래요?
> Would you like to join us for dinner? 저희랑 저녁 같이 하실래요?
> Would you like to leave early from work? 조퇴하시겠어요?

I'd rather go out than stay here. 여기 있느니 나갈래.

206

I'd rather ... 차라리 ~할래

I'd rather watch TV. 차라리 TV를 볼래.
I'd rather not go to the party. 파티에 가지 않는 게 낫겠어.
I'd rather not talk now. 지금은 말하지 않는 게 낫겠어.

I'd say you're right. 네 말이 맞는 것 같아.

✎ I would say는 확실하게 알지 못하는 것에 대해서 막연히 자신의 생각을 말할 때 써요.

I'd say ... ~인 것 같아

I'd say she was about thirty. 그녀는 서른 살쯤 된 것 같아.
I'd say I'm 50% done. 50% 정도 끝낸 것 같아.
I'd say you got a good deal. 너 정말 잘 산 것 같아.

관련단어 묶어보기

will /윌/   1. ~할 것이다   2. 의지

I'll go shopping later. 이따 쇼핑하러 갈 거야.
I'll ~할 거야(= let me)

I'm willing to help you. 기꺼이 널 도울게.

I'm willing to-v ... 기꺼이 ~할게

I'm willing to learn. 기꺼이 배울게.
I'm willing to try. 한 번 해볼게.
I'm willing to do that. 그렇게 할게.

He has a strong will. 그는 의지가 강하나.

shall /쉘/   ~할 것이다

What time shall we meet? 우리 몇 시에 만날까?

Shall we ...? 우리 ~할까?

Shall we shop till we drop? 우리 실컷 쇼핑이나 할까?
Shall we get together this Sunday? 이번 주 일요일에 만날까?
Shall we try the sandwich shop? 그 샌드위치 가게에 가볼까?

Shall we? 할까?

✎ 식사를 하거나, 회의를 시작할 때, 또는 외출을 하는 등 다양한 상황에서 이제 시작하자는 뜻으로 쓰는 표현이에요. Shall we? 갈까? - Yeah, let's. 그래, 가자.

put /풋/ (put-put) 1. 두다 2. 적다(= write) 3. 말하다

Where did you put the book? 그 책을 어디에 두었니?

Put your name here. 여기에 이름을 적으세요.

To put it simply, better late than never.
간단히 말해서, 늦는 것이 안하는 것보다 나아.

> ✎ to put it simply는 '간단히 말해서'의 의미예요. 이때 put은 '말하다'란 뜻이죠. 어떤 것에
> 대해 설명한 후 간단히 요약해서 말할 때 써요. To put it simply, he was fired. 간단히
> 말해서, 그는 해고됐어.

He put off going to the dentist. 그는 치과에 가는 것을 미뤘어.
put off ~을 미루다

Put your coat on! It's cold outside. 코트를 입어! 밖이 추워.
put on 옷을 입다(↔ take off 옷을 벗다)

I can't put up with this noise. 이 소음을 참을 수 없어.
put up with ~을 참다(= stand)

Review

우리말 뜻을 보고 영어 단어를 써넣으세요.

01 나도 아냐.   Me, _____ .

02 대통령과 악수를 했어.   I shook _____ with the president.

03 보고서 제출했니?   Did you hand _____ your report?

04 시험 정말 잘 봤어.   I _____ the test.

05 서둘러!   Get a _____ on!

06 요리사가 누구였니?   Who was the _____ ?

07 나는 그녀를 꽤 자주 봐.   I see her quite _____ .

08 그들은 왜 이혼했을까?   Why did they get a _____ ?

09 그녀를 만나고 싶어.   I'm _____ to meet her.

10 눈에 뭐가 들어갔어.   I have _____ in my eye.

11 네가 여기 전세라도 냈냐?   You own this place _____ something?

12 그는 이곳에선 대단한 사람이야.   He's _____ here.

13 계속 해!   _____ going!

14 계속 열심히 해.   Keep up the good _____ .

15 뭐 좀 먹자.   Let's grab a _____ to eat.

16 나도 몰라.   I don't have a _____ .

17 그건 불법이야.   It's _____ the law.

18 네 말이 맞는 것 같아.   I _____ say you're right.

19 할까?   _____ we?

20 여기에 이름을 적으세요.   _____ your name here.

Answer

01 neither 02 hands 03 in 04 nailed 05 move 06 cook 07 often 08 divorce 09 anxious
10 something 11 or 12 somebody 13 Keep 14 work 15 bite 16 clue 17 against
18 would 19 Shall 20 Put

209

UNIT 101

A County Plumbing and **Heating**.

B Hello. Could you tell me if you fix **kitchen sinks**?

카운티 배관 및 난방입니다. / 여보세요. 부엌 싱크대도 수리하시나요?

---

heat /히-트/　1. 더위　2. 난방장치　3. 데우다(up)

I can't work in this heat. 이런 더위에는 일을 할 수 없어.

I'm cold. Turn up the heat. 나 추워. 난방기 온도 좀 올려.

She heated up some soup. 그녀는 수프를 데웠다.

관련단어 묶어보기

temperature /템프러춰/　1. 기온, 온도　2. 고열

What's the temperature today? 오늘 기온이 몇 도야?

I'm not feeling well. I have a temperature. 몸이 안 좋아. 열이 나.

degree /디그뤼-/　1. 도　2. 학위　3. 정도

The temperature fell to minus five degrees. 기온이 영하 5도까지 떨어졌어.

> ✎ 24℃ = twenty-four degrees Celsius 섭씨 24도 / -12℉ = minus twelve degrees Fahrenheit 화씨 영하 12도

He got a doctor's degree this year. 그는 올해 박사 학위를 받았어.

> ✎ bachelor's degree 학사 학위, master's degree 석사 학위

I agree with her to some degree. 어느 정도 그녀의 의견에 동의해.

to some degree 어느 정도는

---

kitchen /키췬/　부엌

Put the groceries on the kitchen table. 식료품을 식탁 위에 놔.

관련단어 묶어보기

dish /디쉬/　요리; 접시

We serve a variety of Thai dishes. 저희는 다양한 태국 요리를 제공합니다.

mug /머그/　머그

He likes to have a mug of cocoa before bed.

그는 자기 전에 코코아 한 잔 마시는 것을 좋아해.

    🖉 손잡이가 있는 큰 컵을 mug라고 합니다. 컵의 한 종류이기 때문에 mug cup이라고 하지 않아요. coffee mug 커피 잔, beer mug 맥주 잔

lid /리드/   뚜껑

I can't get the lid off. – Turn it clockwise.
뚜껑을 열 수가 없어. – 시계 방향으로 돌려.

    🖉 clockwise는 '시계 방향으로', counterclockwise는 '시계 반대 방향으로'예요.

oven /어븐/   오븐

It's like an oven in here. 여기 찜질방 같아.

    🖉 like an oven은 마치 오븐 속에 있는 것처럼 아주 덥다(very hot)는 뜻이에요.

---

sink /씽크/   1. (sank-sunk) 침몰하다   2. 싱크대

The Titanic sank after hitting an iceberg. 타이타닉호는 빙산과 충돌한 후 침몰했다.
The sink is blocked. 싱크대가 막혔어.

    🖉 sink는 수도꼭지와 배수구가 있는 공간을 가리키는 말이에요. a kitchen sink 부엌 싱크대 / a bathroom sink 세면대

UNIT 102

A How come you never go to your **music class**?
B **Attendance** is not **required**.

음악 수업은 왜 안 가? / 출석이 필수가 아니거든.

music /뮤-직/   음악

What kind of music do you like? 어떤 종류의 음악을 좋아해?

    🖉 pop 팝, rock 록, classical 클래식, jazz 재즈, hip hop 힙합, metal 메탈, reggae 레게

Put some music on. 음악 좀 틀어봐.
put music on / put on music 음악을 틀다

tune /투-운/   1. 선율(= melody)   2. 채널을 맞추다

The song has a simple tune. 그 노래는 선율이 단조로워.
She tuned to KBS for the news. 그녀는 뉴스를 보려고 KBS를 틀었다.

class /클래쓰/   1. 학급   2. 수업   3. 계급

We're in the same class at school. 우리는 학교에서 같은 반이야.
I'm taking a yoga class. 요가 수업을 듣고 있어.
I've been to my class reunion. 동창회에 다녀왔어.
class reunion 동창회
In some societies, class is more important than ability.
어떤 사회에서는 능력보다 계급이 더 중요하다.

classroom /클래쓰루-움/   교실

She sits at the front of the classroom. 그녀는 교실 앞에 앉아.

attendance /어텐던쓰/   출석

Be quiet while I take attendance. 출석 확인할 동안 조용히 해.

attend /어텐드/   1. 참석하다   2. ~에 다니다(= go to)

Only 12 people attended the meeting. 그 모임에는 12명만 참석했어.
I'm the first child to attend college. 나는 대학에 입학한 첫 번째 아이야.

attention /어텐션/   주의, 주목

She didn't pay attention to what he was saying.
그녀는 그가 하는 말에 주의를 기울이지 않았어.
pay attention to ~에 주목하다

require /뤼콰이어/　요구하다

Fluent English is required for this job. 이 일은 유창한 영어가 요구된다.

UNIT 103

A I think I should change my **attitude toward** people.
B What makes you say such a thing?
A People **look** down on me.

사람에 대한 내 태도를 바꿔야 할 것 같아. / 왜 그런 말을 해? / 사람들이 날 무시해.

attitude /애티튜-ㄷ/　1. 태도　2. 반항적인 태도

Her attitude toward marriage has changed. 결혼에 대한 그녀의 태도가 변했다.
The young singer has attitude. 그 젊은 가수는 건방져.

toward /터워ㄹㄷ/　1. ~을 향하여　2. ~ 가까이

He came running toward me. 그가 나를 향해 달려왔다.
It's getting toward lunch time. 점심시간이 가까워지고 있다.

look /룩/　1. 보다　2. ~처럼 보이다

I'm just looking. 그냥 둘러보고 있어요.
How do I look? 나 어때 보여?
It looks like I made a mistake. 내가 실수한 것 같아.

> **회화 패턴** **(It) looks like ...** ~처럼 보여, ~인 것 같아
>
> It looks like rain. 비가 올 것 같아.
> It looks like I'm wrong. 내가 틀린 것 같아.
> Looks like he's a beginner. 그는 초보인 것 같아.

It looks good on you. 그거 너한테 잘 어울려.
look good on ~에게 잘 어울리다

I'm looking forward to summer vacation. 여름휴가가 기대돼.

look forward to에서 to는 부정사의 to가 아니라 전치사이기 때문에 to 다음에 동사가 올 때는 동사원형이 아니라 v-ing을 써야 해요.

> **회화 패턴** **I'm looking forward to ...** ~가 기대돼
>
> I'm looking forward to the concert. 그 콘서트가 기대돼.
> I'm looking forward to seeing you again. 널 다시 만나길 기대해.
> I'm looking forward to meeting new friends. 새로운 친구들을 만나는 게 기대돼.

Look out! 조심해!(= Watch out!)

> Look out!이나 Watch out!은 거리에서 갑자기 나타난 자동차를 보고 조심하라고 할 때처럼 주로 급박한 상황에서 써요. Watch out! You're going to hit that car! 조심해! 차에 치겠어!

Look it up. 사전에서 찾아봐.
look up (사전이나 인터넷 등에서) 찾아보다

She stayed home to look after the baby.
그녀는 아기를 돌보기 위해 집에 머물렀다.
look after ~을 돌보다(= take care of)

Are you looking for something in particular? 특별히 찾으시는 물건이 있으세요?
look for ~을 찾다

We looked around the museum. 우리는 박물관을 둘러보았어.
look around 둘러보다

Could you look over this report? 이 보고서를 검토해 주시겠어요?
look over 검토하다

UNIT 104

A Is room service **available**?
B Not at this time, sir. It's **only** available until **midnight**.

룸서비스 이용 가능한가요? / 지금은 안 됩니다. 자정까지만 이용하실 수 있어요.

available /어붸일러블/   1. 시간이 있는   2. 손에 넣을 수 있는

Are you available tonight? 오늘 밤에 시간 있니?
Is this dress available in a smaller size? 이 옷이 더 작은 사이즈로 있나요?

only /오운리/   1. 오직, 단지

I have only ten dollars. 10달러 밖에 없어.

We were not only hungry, but also tired.
우리는 배고플 뿐만 아니라 피곤하기도 했어.

not only A but also B A뿐 아니라 B도

If only I won this lottery! 이 복권이 당첨되면 좋겠다!

✎ If only는 현실에서는 이루기 힘든 일을 바랄 때 쓰는 가정법 구문이에요. 그래서 비현실이란 것을 가정하기 위해 시제를 현재시제가 아니라 일부러 틀리게 과거시제로 쓰죠.

> **회화 패턴** > If only ... ~이면 좋겠다!
>
> If only I were rich! 내가 부자면 좋겠다!
> If only it would stop raining! 비가 그쳤으면 좋겠다!
> If only I could dance like that! 저렇게 춤을 췄으면 좋겠다!

관련단어 묶어보기
merely /미얼리/   그저, 단지

He merely shrugged. 그는 어깨를 으쓱할 뿐이었다.

---

midnight /미드나이트/   자정

We arrived at midnight. 우리는 자정에 도착했어.

관련단어 묶어보기
night /나이트/   밤

At night the temperature drops below zero. 밤에는 기온이 영하로 떨어진다.
at night 밤에

I woke up in the middle of the night. 한밤중에 잠에서 깼어.
in the middle of the night 한밤중에

He drank night after night. 그는 밤마다 술을 마셨어.
night after night 밤마다

He only studies day and night. 그는 밤낮으로 공부만 해.
day and night 밤낮으로

You can call me at any time, day or night. 낮이든 밤이든 아무 때나 전화해도 돼.
day or night 낮이든 밤이든

Good night. Sweet dreams. 잘 자. 좋은 꿈 꿔.

Good morning., Good afternoon., Good evening.은 모두 만났을 때 건네는 인사지만, Good night.은 헤어질 때 쓰는 인사예요. 같은 뜻으로 아이들에게는 Night night.을 쓰기도 하죠.

tonight /터나이트/ 오늘밤

What are you up to tonight? 오늘밤에 뭐 할 거니?

UNIT 105

A Don't you think that your **joke** was a **bit** too much?
B I **apologize** if I spoiled your **mood**. I didn't **mean** to.

네 농담이 좀 지나치다고 생각하지 않니? / 네 기분을 망쳤다면 사과할게.
일부러 그런 건 아니야.

---

joke /조우ㅋ/ 1. 농담하다 2. 농담

I'm just joking. 그냥 농담이야.(= I'm just kidding.)

This is not a joking matter. 농담할 일 아냐.

Are you making a joke? 농담하는 거야?

make a joke 농담하다

---

bit /비트/ 조각

There were bits of broken glass on the floor. 바닥에 깨진 유리조각들이 있었어.

I'm feeling a bit tired. 좀 피곤해.

 '조금'이라고 정도를 표현할 때 a bit, a little, a little bit을 써요. He's a bit angry. = He's a little angry. = He's a little bit angry. 그는 좀 화가 났어.

He owes me quite a bit of money. 그는 내게 꽤 많은 빚을 졌어.

quite a bit 꽤 많은

---

apologize /어팔-러좌이ㅈ/ ~에게 사과하다(to)

Apologize to your brother now! 지금 당장 네 동생에게 사과해!

apology /어**팔**-러쥐/ 사과

My apologies. 죄송해요.

> ✎ 직역하면 '나의 사과들'인데, I'm sorry.와 같은 뜻의 표현이에요. I'm sorry.에 비해 좀 더 격식을 갖춘 느낌을 주죠. My apologies. I didn't understand. 죄송해요. 제가 이해를 못 했어요.

Apology accepted. 사과 받아줄게.

Please accept my sincere apologies. 나의 진심 어린 사과를 받아줘.

I owe you an apology. 너한테 사과할 게 있어.

> ✎ owe가 '빚지다'의 뜻이기 때문에 직역하면 '너에게 사과를 빚졌어.'예요.

mood /무-ㄷ/ 1. 기분 2. 분위기

I'm not in a good mood. 나 기분이 안 좋아.

My husband put me in a bad mood. 남편이 나를 기분 나쁘게 했어.

I'm not in the mood for a party. 파티 할 기분이 아냐.

> **회화 패턴** ▷ I'm not in the mood for ... ~할 기분이 아냐
>
> I'm not in the mood for a joke. 농담할 기분이 아냐.
> I'm not in the mood for dancing. 춤 출 기분이 아냐.
> I'm not in the mood for shopping. 쇼핑할 기분이 아냐.

The mood of the meeting was heavy. 회의 분위기는 무거웠다.

mean /미-인/ (meant-meant) 1. 의미하다 2. 중요성을 갖다 3. 의도하다
4. 비열한

What does this word mean? 이 단어는 무슨 뜻인가요?

> ✎ 모르는 단어나 표현을 물을 때 What does ... mean?을 써요. What does 'fake' mean? fake가 무슨 뜻인가요?

See what I mean? 내 말 알겠지?

Do you mean that? 그 말 진심이야?

상대방이 한 말(that)이 중요성을 갖는지 또는 진심인지 묻는 표현이에요.

I meant to call you, but I forgot. 너한테 전화하려고 했는데 깜빡했어.

I didn't mean to hurt you. 네게 상처를 주려한 건 아냐.

> **회화 패턴** I didn't mean to-v ... ~하려고 한 건 아냐
>
> I didn't mean to lie to you 거짓말하려고 한 건 아냐.
> I didn't mean to be late. 늦게 오려 했던 건 아냐.
> I didn't mean to scare you. 널 놀라게 하려던 건 아냐.

I didn't mean it. 고의가 아니었어.

That's a mean thing to do. 그건 비열한 짓이야.

관련단어 묶어보기

meaning /미-닝/   **의미**

What's the meaning of this word? 이 단어의 의미는 뭔가요?

우리말 뜻을 보고 영어 단어를 써넣으세요.

01 난방기 온도 좀 올려.   Turn up the _____.

02 그녀는 수프를 데웠어.   She heated _____ some soup.

03 오늘 기온이 몇 도야?   What's the _____ today?

04 그는 박사 학위를 받았어.   He got a doctor's _____.

05 뚜껑을 열 수가 없어.   I can't get the _____ off.

06 여기 찜질방 같아.   It's like an _____ in here.

07 싱크대가 막혔어.   The _____ is blocked.

08 그 노래는 선율이 단조로워.   The song has a simple _____.

09 동창회에 다녀왔어.   I've been to my _____ reunion.

10 그 젊은 가수는 건방져.   The young singer has _____.

11 그가 나를 향해 달려왔어.   He came running _____ me.

12 그냥 둘러보고 있어요.   I'm just _____.

13 그거 너한테 잘 어울려.   It looks _____ on you.

14 이 보고서를 검토해 주시겠어요?   Could you look _____ this report?

15 오늘 밤에 시간 있어?   Are you _____ tonight?

16 이 복권이 당첨되면 좋겠다!   If _____ I won this lottery!

17 농담할 일이 아냐.   This is not a _____ matter.

18 미안해.   My _____.

19 파티 할 기분이 아냐.   I'm not in the _____ for a party.

20 네게 상처를 주려한 건 아냐.   I didn't _____ to hurt you.

Answer

01 heat   02 up   03 temperature   04 degree   05 lid   06 oven   07 sink   08 tune   09 class
10 attitude   11 toward   12 looking   13 good   14 over   15 available   16 only   17 joking
18 apologies   19 mood   20 mean

A I wasn't **aware** that he had been **ill**.

B He wasn't in the **hospital** until shortly before he passed **away**.

그 분이 아프신 줄 전혀 몰랐어요. / 세상을 떠나기 직전에야 입원하셨어요.

aware /어웨어ㄹ/   ~을 알고 있는

He was well aware of the problem. 그는 그 문제를 잘 알고 있었어.

ill /일/   1. 아픈   2. 나쁜(= bad)

He is seriously ill. 그는 위독해.

> ill은 폐렴이나 암처럼 상대적으로 중대한 병에 걸려 아픈 경우에, sick은 감기처럼 일반적인 질병으로 아픈 경우에 써요.

She left school because of ill health. 그녀는 건강이 좋지 않아 학교를 그만뒀어.

관련단어 묶어보기
illness /일너씨/   병

Stress can cause mental illness. 스트레스는 정신병을 일으킬 수 있다.

sick /씩/   1. 아픈   2. 메스꺼운

He called in sick. 그는 병가를 냈어.

> call in sick은 '병가를 내다'의 뜻으로 전화를 걸어 아파서 출근하지 못하겠다고 말할 때 써요.

The smell made me sick. 그 냄새 때문에 속이 메스꺼웠어.

hospital /하-스피틀/   병원

He was in the hospital for two weeks. 그는 2주 동안 병원에 입원했어.

be in the hospital 입원하다

> hospital은 종합 병원처럼 큰 병원, clinic은 치과, 성형외과처럼 특정 분야만 전문적으로 진료하는 병원, the doctor's (office)는 동네 병원을 주로 말해요.

I was out of the hospital. 병원에서 퇴원했어.

be out of the hospital 퇴원하다

away /어웨이/ 떨어져

Please look after the baby while I'm away. 제가 없는 동안 아기 좀 봐주세요.

I'll get it right away. 바로 가져올게.

right away 바로(= immediately)

관련단어 묶어보기

off /오-ㅍ/ 1. ~에서 떨어져 2. 할인되어 3. 취소된

All shirts are 20 percent off. 모든 셔츠는 20% 할인돼요.

The wedding is off. 결혼식이 취소되었어.

> ✏ be off는 '취소되다'의 뜻으로 be canceled와 같은 뜻이에요.

It's raining on and off. 비가 오락가락해.

on and off 하다가 말다가(= off and on)

I took Monday off. 월요일을 쉬었어.

take ... off ~을 쉬다

UNIT 107

A I think this **discussion** isn't getting us anywhere.

B I couldn't agree **more**. We'd better **finish** up.

이 논의는 결론이 나지 않을 거 같아. / 전적으로 동의해. 마무리하는 게 좋겠어.

---

discussion /디스커션/ 토론

They're having a discussion about football. 그들은 축구에 대해 토론하고 있어.

관련단어 묶어보기

discuss /디스키ㅆ/ 토론하다

I'd like to discuss the matter. 그 문제에 대해 토론하고 싶어요.

> ✏ discuss는 타동사로 토론의 대상이 바로 쓰여요. '~에 대해 토론하다'를 직역해서 discuss about을 쓰면 틀려요. 그 계획에 대해 토론하다 discuss the plan (O) / discuss about the plan (X)

debate /디베이트/ **논쟁하다**

The issue is hotly debated on the Internet.
그 문제는 인터넷에서 뜨거운 논쟁거리야.

more /모-ㄹ/ **더 많이**

Would you like some more? 좀 더 드시겠어요?

The club has more than 100 members. 그 클럽의 회원은 100명이 넘어.
more than ~보다 많이

More and more people travel abroad. 점점 더 많은 사람들이 해외로 여행을 간다.
more and more 점점 더 많은

She doesn't live here any more. 그녀는 더 이상 여기에 살지 않아.
not ... any more 더 이상 ~아니다(= not ... any longer)

관련단어 묶어보기
most /모우스트/ **대부분의**

Most people disagree. 대부분의 사람들은 동의하지 않아.

Most of all, children need love. 무엇보다도, 아이들은 사랑이 필요해.
most of all 무엇보다도(= above all, first of all)

mostly /모우스틀리/ **대개 (= mainly)**

The players are mostly men. 선수들은 대부분 남자들이야.

finish /퓌니쉬/ **~을 끝내다**

Are you finished with the computer? 컴퓨터 다 썼니?
be finished with ~을 끝내다(= be done with)

관련단어 묶어보기
complete /컴플리-ㅌ/ **1. 완전한 2. 완료하다**

This is a complete waste of time. 이건 완전히 시간 낭비야.

The project should be completed within a year.
그 프로젝트는 1년 이내에 완료되어야 해요.

completely /컴플리-틀리/ **완전히**

I'm not completely sure. 확실히는 모르겠어.

A I have a really bad **cold**.

B Have you taken any **medicine**?

A **Yeah**, I just took it.

정말 심한 감기에 걸렸어. / 약은 먹었니? / 응, 방금 먹었어.

cold /코울드/　1. 추운　2. 냉정한　3. 감기

It was freezing cold outside. 밖은 몹시 추웠어.

He is a cold man. 그는 냉정한 사람이야.

Be careful not to catch a cold. 감기 안 걸리게 조심해.

catch a cold 감기에 걸리다(= get a cold)

관련단어 묶어보기
cough /코-ㅍ/　1. 기침하다　2. 기침

I couldn't stop coughing. 기침을 멈출 수가 없었어.

I have a terrible cough. 기침이 심해.

have a cough 기침이 나다

hot /하-ㅌ/　1. 뜨거운　2. 매운　3. 인기 있는

Be careful. The plates are hot. 조심해. 접시가 뜨거워.

This curry is too hot. 이 카레는 너무 매워.

This is one of the hottest clubs in town.

이 클럽은 마을에서 가장 인기 있는 클럽 중 하나야.

medicine /메디슨/　약

Take this medicine twice a day. 이 약을 하루에 두 번 복용하세요.

take medicine 약을 복용하다

✐ pill/lablet/capsule 알약, eye drop 안약, nasal spray 코 스프레이, ointment 연고

관련단어 묶어보기
drug /드러ㄱ/　마약; 약

The actor admitted to taking drugs. 그 배우는 마약을 복용한 것을 인정했다.

drug는 헤로인이나 LSD 같은 중독성 강한 마약을 뜻할 때가 많아요.

He's like a drug addict. 그는 마약 중독자 같아.
drug addict 마약 중독자

---

yeah /예어/ 응, 그래

Are you ready? - Yeah, I'm coming. 준비됐어? - 응, 갈게.

관련단어 묶어보기

yes /예쓰/ 네

Would you like a cup of coffee? - Yes, please.
커피 한 잔 하시겠어요? - 네, 주세요.

Please answer yes or no. 예, 아니요로 대답해 주세요.

Were you surprised? - Well, yes and no.
놀랐니? - 음, 그렇기도 하고 아니기도 해.

 yes and no는 상대방의 질문에 딱 부러지게 대답하기 애매한 상황에서 써요.

UNIT 109

A I **left** my bag in the **movie** theater this afternoon.

B We have a **few** bags here. Is it a tote bag?

오늘 오후에 영화관에 가방을 두고 왔어요. / 여기 가방이 몇 개 있어요. 토트백인가요?

---

leave /리-ㅂ/ (left-left) 1. 떠나다 2. ~을 두다 3. ~인 채로 두다 4. 맡기다
5. 휴가

When do you leave for work? 언제 출근하십니까?
leave for work 출근하다(= go to work)

I left my keys in the car. 차 안에 열쇠를 두고 내렸어.

 우리말은 '두고 내렸어'처럼 모든 과정을 설명하는 경향이 있는 반면, 영어는 '뒀어(left)'처럼 과정보다는 결과만 말하는 경우가 많아요.

Leave the door open, please. 문을 열어 두세요.

Leave it to me. 나한테 맡겨.

She's on sick leave. 그녀는 병가 중이에요.

> ✎ sick leave 병가, annual leave 연차 휴가, maternity leave 출산 휴가(여자),
> paternity leave 출산 휴가(남자), paid leave 유급 휴가, unpaid leave 무급 휴가

관련단어 묶어보기
vacation /붸케이션/ 휴가

I'm going on vacation next week. 다음 주에 휴가 가.
go on vacation 휴가를 가다(= take a vacation)

holiday /할러데이/ 1. 휴일 2. (holidays) 연말연시

The 4th of July is a national holiday in the US. 7월 4일은 미국의 국경일이다.
Happy Holidays! 연말연시 즐겁게 보내세요!

> ✎ 유대교나 이슬람교처럼 기독교가 아닌 종교를 가진 사람들에게는 Merry Christmas! 대신
> Happy Holidays!를 쓰기도 해요.

movie /무-뷔/ 영화

How about going to the movies? 영화 보러 가는 게 어때?

> ✎ action movie 액션 영화, horror movie 공포 영화, sci-fi movie 공상과학 영화,
> comedy 코미디, thriller 스릴러, cartoon 만화 영화

관련단어 묶어보기
film /퓔름/ 영화

Have you seen any good films recently? 최근에 좋은 영화 본 적 있니?

> ✎ film과 movie는 모두 '영화'란 뜻으로 쓰지만, film은 좀 더 전문적인 느낌을 주는 용어로 예
> 술영화나 독립영화에 쓰인다면, movie는 주로 대중적인 상업영화를 말할 때 쓰여요.

few /퓨-/ 1. 거의 ~이 없는 2. (a few) 약간의

There are few cars on the road. 도로에 차가 거의 없어.
I have a few questions. 질문이 몇 가지 있어요.

✏️ few와 a few는 셀 수 있는 명사 앞에 쓰여요. few는 '거의 없는'이라는 부정적인 의미로, a few는 '조금 있는'이라는 긍정적인 의미로 씁니다.

관련단어 묶어보기

couple /커플/　1. 둘　2. 커플, 부부

I've met him a couple of times. 그를 두어 번 만난 적이 있어.

✏️ couple은 원래 둘(two)을 뜻하는 말이지만 보통 한두 개, 두서너 개 등 정확하지 않은 작은 수치를 가리킬 때 씁니다. a couple of 두서너 개의

The couple is a perfect match. 그 부부는 아주 잘 어울려.

pair /페어/　**한 쌍, 한 벌**

I bought two pairs of pants. 바지 두 벌을 샀어.

several /쎄브뤌/　**몇몇의**

He read the book several times. 그는 그 책을 여러 번 읽었어.

UNIT 110

A See the **boy** over there, **next** to the tree?
B You mean the boy wearing a **cap**?

저기 나무 옆에 있는 남자애 보여? / 모자를 쓴 남자애 말하는 거야?

boy /보이/　**1. 사내아이　2. 아들　3. 남자, 사내**

Be a good boy. 얌전히 있어.

They have two boys and a girl. 그들은 아들 둘에 딸 하나가 있어.

I met a handsome boy at the party. 파티에서 잘생긴 남자를 만났어.

Boys will be boys. 사내아이는 역시 사내아이야.

Oh, boy! 오, 이런!

✏️ boy는 감탄사로 매우 놀라운 상황에서, 갑작스럽게 통증을 느낄 때, 무척 힘들다고 느낄 때, 아주 좋은 것을 경험했을 때 등 다양한 상황에서 써요.

Boy, it hurts! 아, 아파!
Oh, boy, Olivia's sick again. 아, 올리비아가 또 아파.
Oh, boy, this is great! 야, 이거 끝내준다!

관련단어 묶어보기
boyfriend /보이프뤤드/ **남자친구**

She broke up with her boyfriend. 그녀는 남자친구와 헤어졌어.

next /넥스트/ **다음**

Who's next? 다음은 누구 차례지?

The post office is next to the bank. 우체국은 은행 옆에 있어.

next to ~옆에

She lives next door. 그녀는 옆집에 살아.

next door 옆집에, 이웃에

cap /캡/ **1. 모자 2. 뚜껑**

She wears a baseball cap. 그녀는 야구 모자를 쓴다.

✎ a baseball cap 야구 모자, a swimming cap 수영 모자, a shower cap 샤워 모자

Put the cap back on the toothpaste after using it.
치약 사용 후 뚜껑을 다시 닫아.

관련단어 묶어보기
capable /케이퍼블/ **능력 있는**

He's a very capable journalist. 그는 매우 유능한 기자야.

capacity /커패써티/ **수용력**

The stadium has capacity for about 50,000.
그 경기장은 수용 인원이 약 5만 명이다.

우리말 뜻을 보고 영어 단어를 써넣으세요.

01 그는 그 문제를 알고 있었어.　　He was _____ of the problem.

02 그는 위독해.　　He is seriously _____.

03 그는 병가를 냈어.　　He called in _____.

04 병원에서 퇴원했어.　　I was out of the _____.

05 바로 가져올게.　　I'll get it right _____.

06 결혼식이 취소되었어.　　The wedding is _____.

07 그 문제에 대해 논의하고 싶어요.　　I'd like to _____ the matter.

08 좀 더 드시겠어요?　　Would you like some _____?

09 대부분의 사람들은 동의하지 않아.　　_____ people disagree.

10 컴퓨터 다 썼니?　　Are you _____ with the computer?

11 자세히 잘 모르겠어.　　I'm not _____ sure.

12 그는 냉정한 사람이야.　　He is a _____ man.

13 기침이 심해.　　I have a terrible _____.

14 이 카레는 너무 매워.　　This curry is too _____.

15 그는 마약 중독자 같아.　　He's like a _____ addict.

16 문을 열어 두세요.　　_____ the door open, please.

17 연말연시 즐겁게 보내세요!　　Happy _____!

18 질문이 몇 가지 있어요.　　I have a _____ questions.

19 오, 이런!　　Oh, _____!

20 그녀는 옆집에 살아.　　She lives _____ door.

Answer

01 aware　02 ill　03 sick　04 hospital　05 away　06 off　07 discuss　08 more　09 Most
10 finished　11 completely　12 cold　13 cough　14 hot　15 drug　16 Leave　17 Holidays
18 few　19 boy　20 next

A Your **dog ruined** my **garden**!

B But I don't have a dog.

당신 개가 제 정원을 망쳐놨어요. / 하지만 전 개를 안 키워요.

dog /도-ㄱ/ 개

I'm going to walk the dog. 개를 산책시킬 거야.

Every dog has its day. 쥐구멍에도 볕들 날 있다.

It's a dog-eat-dog world out there. 바깥세상은 치열한 경쟁 사회야.

dog-eat-dog world 치열한 경쟁 사회

관련단어 묶어보기
puppy /퍼피/ 강아지

Our dog has just had three puppies. 우리 개가 막 강아지 세 마리를 낳았어.

cat /캩/ 고양이

The cat meowed at me. 그 고양이가 내게 야옹 했어.

Cat got your tongue? 왜 말을 안 해?

> 🖉 Has the cat got your tongue?에서 Has the를 생략한 표현으로 직역하면 '고양이가 네 혀를 물어갔니?'로 말을 하지 않거나 대답을 하지 않는 사람에게 써요. What's the matter? Cat got your tongue? 무슨 일 있어? 왜 말을 안 해?

ruin /루-인/ 망치다

The bad weather ruined our trip. 안 좋은 날씨 때문에 우리 여행을 망쳤어.

관련단어 묶어보기
destroy /디스트뤄이/ 1. 부수다, 파괴하다 2. 파멸시키다

The storm destroyed every house on the coast.
폭풍으로 해안의 모든 집이 부서졌다.

Alcohol destroyed his life. 그는 술 때문에 인생을 망쳤어.

garden /가-ㄹ든/　마당, 뜰

The house has a large back garden. 그 집에는 넓은 뒷마당이 있어.

yard /야-ㄹ드/　야드 (= 0.91 meters)

The store is about 100 yards from here.
그 상점은 여기서 100야드 정도 떨어져 있어.

grass /그뤠쓰/　잔디

Keep off the grass. 잔디밭에 들어가지 마세요.

The grass is always greener. 남의 떡이 더 커 보여.

✏ 이 속담은 The grass is always greener on the other side.를 줄인 표현이에요. 담장 넘어 다른 쪽 잔디가 더 푸르러 보인다는 뜻이죠.

wall /워-얼/　담, 벽

Walls have ears. 낮말은 새가 듣고 밤 말은 쥐가 듣는다.

A How did you **hurt** your back?

B I'm too **ashamed** to say. I fell out **of bed**.

어쩌다 허리를 다쳤니? / 말하기 너무 부끄러워. 침대에서 떨어졌어.

hurt /허-ㄹ트/　(hurt-hurt) 1. 아프다　2. 다치게 하다　3. 아프게 하다

My back hurts. 허리가 아파.

✏ 신체 특정 부위가 아플 때는 [신체 부위+hurt]를 써요. My chest hurts. 가슴이 아파. / My tooth hurts. 이가 아파.

Did you hurt yourself? 다쳤어?

✏ 신체 특정 부위를 다쳤을 때는 [사람+hurt+신체 부위]를 써요. I hurt my back. 허리를 다쳤어. / He hurt his knee. 그는 무릎을 다쳤어.

I didn't mean to hurt you. 네 마음을 아프게 할 생각은 아니었어.

pain /페인/ 통증

I had a pain in my leg. 다리가 아팠어.

✎ pain은 갑자기 느끼는 참기 어려운 고통을 말해요.

He's a real pain in the neck. 그는 정말 골칫거리야.
pain in the neck 골칫거리

painful /페인플/ 고통스러운

It's painful to see someone close die. 가까운 사람이 죽는 것을 보면 고통스럽다.

headache /헤ㄷ에이ㅋ/ 두통

I have a bad headache. 머리가 몹시 아파.

✎ ache는 일정 기간 계속되는 가벼운 통증을 말해요. toothache 두통, stomachache 복통, backache 요통

sore /쏘-ㄹ/ 따가운

His eyes looked red and sore. 그의 눈은 빨갛고 아파 보였어.

✎ sore는 주로 피부나 눈의 쓰라림, 근육의 통증 등으로 아플 때 써요.

injure /인져ㄹ/ 부상을 입히다

He injured his knee playing soccer. 그는 축구를 하다가 무릎을 다쳤어.

---

ashamed /어쉐임ㄷ/ 부끄러운

I was ashamed of my behavior. 나는 내 행동이 부끄러웠어.

embarrassed /임배러스ㅌ/ 당혹스러운

I was embarrassed by his attitude. 나는 그의 태도가 당혹스러웠어.

✎ embarrassed는 '당혹스러운' 외에 '민망한'이나 '창피한'의 뜻으로 쓰이는 경우도 많아요. I've never felt so embarrassed in my life! 내 평생 그렇게 창피했던 적이 없었어!

proud /프라우ㄷ/ 자랑스러워하는

I'm so proud of you. 네가 정말 자랑스러워.

pride /프라이드/ **자랑스러움**

His son is his pride. 그의 아들은 그의 자랑거리야.

---

of /어브/ 1. ~의 2. ~중에

I like the color of her hair. 나는 그녀의 머리색이 맘에 들어.

He's the best-looking of the three brothers. 그는 삼형제 중 가장 잘생겼어.

---

bed /베드/ **침대**

I'm tired. I'm going to bed. 나 피곤해. 잘래.

> ✏ go to bed는 직역하면 '침대로 가다'로 '자러 가다'란 뜻이에요. 비슷한 뜻으로 go to sleep이 있어요. '잠들다'에는 fall asleep을 씁니다. 그리고 '잠자다'란 뜻의 동사 sleep 은 잠을 얼마나 잤는지 또는 잠을 어떻게 잤는지를 말할 때 써요. I usually go to bed at 10. = I usually go to sleep at 10. 보통 10시에 자요. / I fell asleep during the movie. 영화를 보다 잠이 들었어. / I usually sleep for 8 hours. 보통 8시간을 자.

Don't forget to make the bed. 침대 정리하는 거 잊지 마.
make the bed 잠자리를 정리하다

관련단어 묶어보기
bedroom /베드루-움/ **침실**

My family moved into a three-bedroom house.
우리 가족은 방 세 개짜리 집으로 이사했다.

pillow /필로우/ **베개**

He sleeps with a soft pillow. 그는 부드러운 베개를 베고 자.

lamp /램프/ **전등, 스탠드**

I use a desk lamp when I study. 나는 공부할 때 탁상용 스탠드를 사용해.

> ✏ 우리가 책상에서 사용하는 '스탠드'는 desk lamp가 맞는 표현이에요.

shelf /쉘프/ **선반, 책장의 칸**

He took a book from the top shelf. 그는 맨 위 선반에서 책을 꺼냈어.

UNIT 113

A Your **hair** smells like **cigarettes**.

B It's because I went to a smoky **bar downtown**.

머리에서 담배 냄새가 나. / 시내에 담배 연기 자욱한 술집에 가서 그래.

hair /헤어/　머리카락

I must get my hair cut. 머리를 깎아야겠어.

> ✎ '머리를 깎다'로 cut my hair를 쓰면 직접 가위로 머리를 깎았다는 뜻이 돼요. get my
> hair cut 또는 get a haircut을 쓰세요. I got a haircut. 나 머리 깎았어.

Did you have your hair permed? 파마했니?
have one's hair permed 파마하다
He dyed his hair black. 그는 머리를 검게 염색했다.
dye one's hair 염색하다

관련단어 묶어보기
blond /블라-안ㄷ/　금발인

She has long blond hair. 그녀는 긴 금발이야.

> ✎ '금발'은 남녀 구분 없이 blond를 쓰지만, 여성인 경우에는 blonde를 쓰기도 해요.

curly /커-ㄹ리/　곱슬곱슬한

He has curly hair. 그는 곱슬머리야.

> ✎ wavy hair 웨이브 머리, straight hair 직모, thick hair 숱이 많은 머리, thin hair 숱이
> 적은 머리

brush /브뤄쉬/　빗질하다

Brush your hair. 머리를 빗어.

cigarette /씨거렡/　담배

How many cigarettes do you smoke a day? 담배를 하루에 몇 개비나 피우세요?

bar /바-ㄹ/　1. 술집　2. 막대기

I met him in a bar in Soho. 소호의 술집에서 그를 만났어.

There were bars on the windows. 창문에 창살이 있었어.

downtown /다운타운/　시내; 시내에

I have to go downtown today. 오늘 시내에 가야 해.

> ✎ downtown은 명사로는 '시내'지만 부사로 쓰이면 '시내에, 시내로'의 뜻이 있어요. 그래서 go to downtown이라 하지 않고 go downtown을 써요.

관련단어 묶어보기

town /타운/　소도시

I'll be out of town for about a week. 일주일 정도 자리를 비울 겁니다.

be out of town 도시를 떠나 있다

village /빌리쥐/　마을

She lives in a little fishing village. 그녀는 작은 어촌에 살아.

> ✎ fishing village 어촌, mountain village 산촌, mining village 광산촌

UNIT 114

A I need some **books** for a **paper**.

B What kind?

A About baseball, **especially** the **history** of baseball.

보고서를 위한 책이 몇 권 필요해. / 어떤 종류? / 야구에 관한, 특히 야구의 역사.

---

book /북/　1. 책　2. 예약하다

Self-help books are selling like hot cakes.

자기계발서가 날개 돋친 듯 팔리고 있다.

✎ 우리는 '꾸준히 팔리는 책'으로 '스테디셀러(steady seller)'란 말을 많이 하는데, 원어민들은 쓰지 않는 표현이에요. self-help book 자기계발서, best seller/best-selling book 베스트셀러, textbook 교과서, cookbook 요리책, novel 소설, biography 전기. comic book 만화책

I have to hit the books. 나 공부해야 해.
hit the books 열심히 공부하다

To get tickets, you have to book in advance. 표를 구하려면 미리 예약을 해야 해.

paper /페이퍼ㄹ/   1. 종이   2. 신문

This card is printed on recycled paper. 이 카드는 재활용 종이에 인쇄되어 있다.

✎ recycled paper 재생지, copy paper 복사지, toilet paper 화장지, wrapping paper 포장지

Have you seen today's paper? 오늘 신문 보셨어요?

especially /이스페셜리/   특히

I hate going out, especially in the winter.
나는 특히 겨울에 외출하는 것을 싫어해.

It's not especially cold today. 오늘은 특별히 춥지 않아.
not especially 특별히 ~한 것은 아닌

✎ 상대방의 권유에 딱히 하고 싶은 마음이 없을 때 부정적인 어감으로 not especially를 쓸 수 있어요. Would you like to go to a movie? 영화 보러 갈래요? - No, not especially. 아뇨. 별로요.

관련단어 묶어보기
particular /퍼티큐러ㄹ/   특별한 (= special)

I have nothing particular to do. 특별히 할 일은 없어.

Are you looking for something in particular? 특별히 찾으시는 물건이 있으세요?
in particular 특별히

history /히스토리/ 역사

I'm interested in Korean history. 나는 한국 역사에 관심이 있어.
We are history. 우린 끝이야.

> ✎ 직역하면 '우리는 역사다.'인데 두 사람 사이의 관계가 '역사'가 되었다, 즉 관계가 끝났다는
> 뜻으로 쓰는 표현이에요.

관련단어 묶어보기

traditional /트뤄디셔널/ 전통의

It's traditional for us to have a party after a wedding.
우리는 결혼 후에 파티를 하는 것이 전통이야.

tradition /트뤄디션/ 전통

Americans have a tradition of eating turkey on Thanksgiving.
미국 사람들은 추수감사절에 칠면조를 먹는 전통이 있어.

UNIT
115

A Put all your things in this **basket** and go **through** the **metal** detector.

B Do I have to take my **shoes** off?

소지품들은 이 바구니에 전부 담으시고 금속 탐지기를 통과하세요. / 신발을 벗어야 하나요?

basket /배스킷/ 바구니

Don't put all your eggs in one basket. 한 바구니에 모든 달걀을 넣지 마라.

> ✎ 모든 것을 한 가지에 의존하지 말라는 뜻의 속담이에요.

---

through /뜨루-/ 1. ~부터 ...까지 2. ~을 통해

This store is open Monday through Friday.
이 가게는 월요일부터 금요일까지 영업한다.

> ✎ '월요일부터 금요일까지'는 from Monday to Friday나 Monday through Friday을
> 쓸 수 있어요.

I met my girlfriend through my brother. 나는 동생을 통해 여자 친구를 만났다.

Now I'm halfway through. 이제 절반 정도 했어.

halfway through 반 정도 끝낸

관련단어 묶어보기
throughout /뜨루-아우트/   도처에, 온통

It will rain throughout the country tomorrow. 내일은 전국에 비가 올 겁니다.

---

metal /메틀/   금속

Please remove all metal objects from your pockets.
주머니에서 모든 금속 물체를 제거하십시오.

관련단어 묶어보기
iron /아이언/   1. 다리미질하다   2. 철분; 철

Have you ironed my shirt? 내 셔츠 다림질했어?

Seaweeds are rich in iron. 해조류는 철분이 풍부해.

steel /스티-일/   강철

This bridge is made of steel. 이 다리는 철로 만들어졌어.

material /머티어뤼얼/   1. 재료   2. ~에 적합한 사람

Some building materials are piled up. 건축 자재가 쌓여 있다.

He's not husband material. 그는 신랑감이 아냐.

> ✎ '신랑감, 신붓감, 대통령감, 사장감'처럼 무언가에 적합한 사람을 말할 때 material을 써요.
> wife material 신붓감, president material 대통령감, CEO material 사장감

---

shoe /슈-/   신발

Put yourself in my shoes. 내 입장이 되어 봐.

> ✎ 직역하면 '너 자신을 내 신발 안에 넣어봐.'로 내 신발을 신어보면 내 입장을 이해할 것이란 뜻
> 으로 쓰는 표현이에요.

boot /부-ㅌ/ 부츠

I wear my boots when it rains. 비가 오면 부츠를 신어.

sock /싸-악/ 양말

You put on your socks inside out. 너 양말을 뒤집어 신었어.

✏️ inside out 안팎을 뒤집어, upside down 아래위가 거꾸로, back to front 앞뒤를 거꾸로

우리말 뜻을 보고 영어 단어를 써넣으세요.

01 쥐구멍에도 볕들 날 있다.　　　Every _____ has its day.

02 왜 말을 안 해?　　　　　　　_____ got your tongue?

03 그는 술 때문에 인생을 망쳤어.　Alcohol _____ his life.

04 남의 떡이 더 커 보여.　　　　The _____ is always greener.

05 허리가 아파.　　　　　　　　My back _____.

06 머리가 몹시 아파.　　　　　　I have a bad _____.

07 네가 정말 자랑스러워.　　　　I'm so _____ of you.

08 잘래.　　　　　　　　　　　I'm going to _____.

09 나는 탁상용 스탠드를 사용해.　I use a desk _____.

10 그녀는 긴 금발이야.　　　　　She has long blond _____.

11 머리를 빗어.　　　　　　　　_____ your hair.

12 술집에서 그를 만났어.　　　　I met him in a _____.

13 시내에 가야 해.　　　　　　　I have to go _____.

14 나 공부해야 해.　　　　　　　I have to _____ the books.

15 특별히 춥지 않아.　　　　　　It's not _____ cold.

16 우린 끝이야.　　　　　　　　We are _____.

17 이제 절반 정도 했어.　　　　Now I'm halfway _____.

18 내 셔츠 다림질했어?　　　　　Have you _____ my shirt?

19 그는 신랑감이 아냐.　　　　　He's not husband _____.

20 내 입장이 되어 봐.　　　　　Put yourself in my _____.

Answer

01 dog　02 Cat　03 destroyed　04 grass　05 hurts　06 headache　07 proud　08 bed　09 lamp
10 hair　11 Brush　12 bar　13 downtown　14 hit　15 especially　16 history　17 through
18 ironed　19 material　20 shoes

A I'd like to buy a cake for my **son**'s **birthday**.
B If he likes **sports**, the **one** with a baseball might be good.
아들 생일 케이크를 사고 싶어요. / 스포츠를 좋아하면, 야구공이 있는 게 좋을 거예요.

son /썬/ 아들

She doesn't like her son-in-law that much.
그녀는 사위를 그다지 좋아하지 않는다.

> ✎ 결혼으로 맺은 가족 관계를 얘기할 때는 -in-law를 붙여 표현해요. son-in-law 사위,
> daughter-in-law 며느리, father-in-law 장인/시아버지, mother-in-law 장모/시어머니

관련단어 묶어보기
daughter /도-터ㄹ/ 딸

He's always proud of his daughter. 그는 항상 자기 딸을 자랑스러워한다.

birthday /버-ㄹ뜨데이/ 생일

Happy Birthday! 생일 축하해!

관련단어 묶어보기
birth /버-ㄹ뜨/ 출생

What's your birth date? 생년월일이 어떻게 되세요?
birth date 생년월일

born /보-ㄹ온/ 타고난, 천부적인

He was a born teacher. 그는 타고난 선생님이었어.

sport /스포-ㄹ트/ 스포츠, 운동

What's your favorite sport? 네가 가장 좋아하는 스포츠는 뭐니?

관련단어 묶어보기
fan /팬/ 팬

I'm a big fan of Michael Jordan.
나는 마이클 조던의 열렬한 팬이야.

one /원/ 하나; 특정한 사람, 물건

Which dress do you like? – This one. 어떤 옷이 맘에 드세요? - 이거요.

> ✎ one은 '하나'란 뜻 외에 '~한 것'이라는 대명사로도 쓰여요. 정황상 무엇을 가리키는지 알 수 있는 것을 나타낼 때 씁니다. that one 저거, which one 어느 거, this big one 이 큰 거

Have a good one. 잘 가.
You're not the only one. 너만 그런 게 아니야.
We solved the problems one by one. 우리는 문제를 하나씩 풀었다.
one by one 하나씩

A Do you **plan** to **visit** your hometown on Chuseok?
B Of course. We **hold** our ancestor-memorial ceremony there.
추석 때 고향을 방문할 계획이야? / 물론이지. 그곳에서 조상을 기리는 의식을 열어.

---

plan /플랜/   1. 계획   2. 약속   3. 계획하다

Sounds like a plan. 좋은 생각이야.

> ✎ 상대방의 제안이 마음에 들 때 '좋아, 그렇게 하자.'라고 답할 때 자주 쓰는 표현이에요. 비슷한 뜻으로 Sounds good.이 있습니다. Let's catch a movie after dinner. 저녁 먹고 나서 영화 보러 가자. - Sounds like a plan. 좋은 생각이야.

Do you have plans? 약속 있니?

> ✎ 누군가를 만나는 사적인 약속이나 다른 할 일이 있다고 할 때는 plans를 씁니다. 사적인 만남일 때는 식사도 하고, 술도 마시는 등 여러 가지 일을 하기 때문에 복수 형태로 써야 한다는 점 주의하세요.

I'm planning to go abroad after graduation. 나는 졸업 후에 해외로 갈 계획이다.

관련단어 묶어보기
schedule /스케쥬-울/   일정

We're behind schedule. 우리는 예정보다 늦었어.
behind schedule 예정보다 늦은

design /디자인/   기획하다

The course is designed for beginners. 그 강좌는 초보자를 위해 기획되었다.

visit /뷔지ㅌ/ 1. 방문하다 2. 방문

Visit our website! 저희 웹사이트를 방문하십시오!

Is this your first visit to Korea? 한국엔 처음 오셨나요?

visitor /뷔지터ㄹ/ 방문객, 손님

I get about 10,000 visitors per day. 하루 만 명 정도가 방문해.

hold /호울ㄷ/ (held-held) 1. 잡다, 쥐다 2. 개최하다

Will you hold my purse for a minute? 잠깐만 내 지갑 좀 들고 있을래?

The Olympics are held every four years. 올림픽은 4년마다 개최된다.

Hold the potatoes. 감자는 빼주세요.

> ✏ '~은 빼주세요.'라고 말할 때 Hold the ..., No ..., Without ...을 써서 표현할 수 있어요.
> Hold the onions. = No onions. = Without onions. 양파 빼주세요.

Hold on, please. 잠깐만 기다려 주세요.

> ✏ '잠깐만 기다려 주세요.'는 Just a moment., Wait a moment., One moment.,
> Hang on a moment. 등 다양한 표현을 쓸 수 있어요. 이때 moment 대신 '짧은 시간'을
> 나타내는 minute이나 second를 쓰기도 해요.

grab /그래ㅂ/ 1. 움켜쥐다 2. 급히 ~하다

He grabbed my bag and ran off. 그는 내 가방을 움켜쥐고 달아났다.

Let's grab a bite after work. 퇴근 후에 간단히 요기나 하자.

> ✏ grab는 '급히 ~하다'의 뜻이 있어요. 그래서 grab a bite는 샌드위치나 햄버거와 같은 간단
> 한 음식을 먹을 때 사용하죠. '간단하게 뭐 좀 먹을래?'라고 할 때는 Do you want to grab
> a bite to eat? 또는 간단히 Grab a bite?라고 하시면 돼요.

A My **cellphone** just **cut** off.

B Maybe you're **low** on **batteries**.

내 휴대폰이 방금 끊겼어. / 아마 배터리가 부족한가 봐.

cellphone /쎌포운/　휴대폰

Please turn off your cellphone during the show. 공연 중에는 휴대폰을 끄세요.

> ✐ '휴대폰'은 영어로 cellphone 또는 mobile phone(주로 영국)이라 하는데, 요즘은 유선전
> 화를 많이 쓰지 않기 때문에 특별히 cell이나 mobile을 붙이지 않고 그냥 phone이라고 하
> 는 경우도 많아요.

cut /컽/　(cut-cut) 1. 자르다　2. 머리를 깎다　3. 베다　4. 줄이다

These scissors don't cut very well. 이 가위는 잘 안 깎인다.

> ✐ cut 깎다, chop 다지다, slice 얇게 썰다, peel 껍질을 벗기다, grate 강판에 갈다

I got my hair cut last week. 지난주에 머리 깎았어.

I cut myself shaving. 면도하다가 베었어.

Prices have been cut by 25%. 가격이 25% 인하되었다.

Cut it out. 그만해.

> ✐ '그만해.'의 뜻으로 Stop it., Cut the crap., Knock it off. 등을 쓸 수 있어요.

A big truck cut in on us. 큰 트럭이 우리 앞에 끼어들었다.

cut in on ~에 끼어들다

You need to cut back on fatty food. 기름진 음식을 줄여야 해.

> ✐ cut back on 또는 cut down on은 '~을 줄이다'의 뜻이에요. cut back on smoking
> 담배를 줄이다 / cut down on expenses 경비를 줄이다

low /로우/　낮은

This food is low in calories. 이 음식은 칼로리가 낮아.

My battery is low. 배터리가 얼마 안 남았어.

관련단어 묶어보기

lower /로우어ㄹ/   낮추다

This drug lowers blood pressure. 이 약은 혈압을 낮춰줘.

battery /배터리/   배터리

I put new batteries in the clock. 새 건전지를 시계에 넣었어.

A Aren't you **supposed** to be there at seven?
B I know! I'm **late** again. I was **up** late **last** night.

거기 7시에 가기로 한 거 아냐? / 알아! 또 늦었어. 어젯밤에 늦게 잤거든.

suppose /써포우ス/   생각하다

I suppose you're right. 나는 네 말이 맞는다고 생각해.

I'm supposed to meet somebody here. 여기서 누굴 좀 만나기로 했어.

✎ be supposed to-v는 아직 일어나지 않은 미래의 일을 말할 때 써요. 이미 계획은 되어 있지만, 상황에 따라 바뀔 수도 있다는 뉘앙스가 있기 때문에 be going to-v보다는 좀 더 부드러운 느낌을 줄 수 있어요.

회화 패턴 ▶ **I'm supposed to-v ...** ~하기로 했어

I'm supposed to go there. 거기에 가기로 했어.
I'm supposed to attend the meeting. 그 회의에 참석하기로 했어.
I'm supposed to pick her up at the airport. 공항으로 그녀를 마중 나가기로 했어.

You are not supposed to smoke here. 여기서 담배를 피우면 안 돼.

You were supposed to help me. 날 도와주기로 했잖아.

✎ be supposed to가 과거시제로 쓰이면 그러기로 했는데, 그렇게 하지 않았다는 뜻으로 주로 상대방에게 책망을 할 때 써요.

late /레이트/   1. 늦은   2. ~말의   3. 돌아가신   4. 늦게

Sorry I'm late. 늦어서 미안해.

He's in his late twenties. 그는 20대 후반이다.(↔ early 초반)

Better late than never. 늦더라도 안 하는 것보다는 낫다.

> ✎ 상대방이 어떤 일을 늦게 하고 미안해하거나, 어떤 자리에 늦게 와서 미안해 할 때 쓸 수 있어
> 요. I'm sorry I'm late. 늦어서 미안해. - Better late than never. 안 오는 것보다는 나
> 아.

My late father used to like this song. 돌아가신 아버지께서 이 노래를 좋아하셨어.

She stayed up late last night. 그녀는 어젯밤에 늦게 갔다.

관련단어 묶어보기
later /레이터르/   **나중에**

Let's meet up for a drink later. 나중에 만나서 술 한 잔 하자.

They will get married sooner or later. 그들은 조만간 결혼할 거야.

sooner or later 조만간

lately /레이틀리/   **최근에**

Have you seen him lately? 최근에 그를 본 적 있니?

---

up /업/   1. 위로   2. 잠자리에서 일어나   3. 완전히

Keep your chin up! 기운 내!(= Cheer up!)

Is your sister up? 네 여동생은 일어났니?

They ate all the food up. 그들은 모든 음식을 먹어치웠어.

> ✎ 동사에 up을 덧붙여 어떤 동작을 완전히 마무리했다는 느낌을 줄 수 있어요. eat up 먹어치
> 우다 / clean up 깨끗이 청소하다 / use up 모두 써 버리다 / finish up 완전히 끝내다

관련단어 묶어보기
down /다운/   1. 아래로   2. ~을 따라   3. 우울한   4. 작동이 안 되는

Please slow down. 속도를 줄이세요.

Children are running down the street. 아이들이 거리를 따라 달리고 있어.

Don't be so down. 우울해하지 마.

The computer is down again. 컴퓨터가 또 다운되었어.

last /래스트/ 1. 지난 2. 마지막 3. 지속되다

I saw her last Sunday. 지난 일요일에 그녀를 만났어.

> last night 지난밤/어젯밤, last week 지난주, last year 작년, last April 지난 4월

We took the last bus home. 우리는 막차를 타고 집에 갔어.

The last thing I want to do is work with him.
나는 그와 절대 같이 일하고 싶지 않아.

> The last thing I want to do is ...는 '내가 하고 싶은 마지막의 것은 ~'의 뜻으로 정말 하기 싫은 것을 말할 때 써요.

회화 패턴 ▶ The last thing I want to do is ... ~는 정말 하기 싫어

The last thing I want to do is drink. 술은 정말 마시기 싫어.
The last thing I want to do is talk to her. 그녀와 정말 얘기하기 싫어.
The last thing I want to do is hurt you. 정말 널 맘 아프게 하고 싶지 않아.

When was the last time we talked? 마지막으로 얘기한 게 언제였지?

At last, my dream has come true. 마침내 내 꿈이 이루어졌어.
at last 마침내

This battery lasts long. 이 배터리는 오래 가.

> last가 동사로 쓰이면 '지속되다'의 뜻이에요. How long does the movie last? 영화 얼마나 오래 해?

UNIT 120

A His **behavior** is **becoming** more and more **ridiculous**.
B Maybe he thinks that he has become somebody **important**.
그의 행동은 점점 더 우스꽝스러워지고 있어. / 아마도 그는 자신이 중요한 사람이 되었다고
생각하나봐.

---

behavior /비헤이뷔여/ 행동

Parents can influence their children's behavior.
부모는 자녀의 행동에 영향을 줄 수 있다.

behave /비**헤**이브/　행동하다

Behave yourself while I'm away. 내가 없는 동안 얌전히 굴어.

> 🖉 behave yourself는 버릇없는 행동으로 남에게 피해를 주는 사람에게 점잖게 행동하라고 말할 때 쓰는 표현이에요. 주로 아이들이나 철없는 어른에게 써요.

---

become /비**컴**/　(became-became) ~이 되다

He wants to become an actor. 그는 배우가 되고 싶어 해.

What became of your friend Max? 네 친구 맥스는 어떻게 됐니?

What became of ...? ~은 어떻게 되었니?

---

ridiculous /뤼**디**큘러쓰/　1. 터무니없는　2. 우스꽝스러운

That's ridiculous! 말도 안 돼!

> 🖉 상대방이 말도 안 되는 터무니없는 소리를 할 때 쓰는 표현이에요. 비슷한 표현으로 Don't be ridiculous!, No way!, Get out of here! 등이 있어요.

He looked ridiculous. 그는 우스꽝스러워 보였어.

---

important /임**포**-ㄹ턴트/　중요한

It's important for you to keep your promise. 약속을 지키는 게 중요해.

importance /임**포**-ㄹ턴쓰/　중요성

I began to understand the importance of regular exercise.
나는 규칙적인 운동의 중요성을 이해하기 시작했다.

significant /씨그**니**퓌컨트/　중요한

The process is more significant than the results. 과정은 결과보다 더 중요하다.

substantial /써브스**탠**셜/　상당한

She earns a substantial income. 그녀는 상당한 수입을 벌어.

crucial /크루-셜/ **중대한**

Sunday's game is crucial for the Giants. 일요일 경기는 자이언츠에게 아주 중요해.

essential /이쎈셜/ **필수적인**

Computer skills are essential for this job. 컴퓨터 기술은 이 일에 필수적이다.

우리말 뜻을 보고 영어 단어를 써넣으세요.

01 생년월일이 어떻게 되세요?　　What's your _____ date?

02 그는 타고난 선생님이었어.　　He was a _____ teacher.

03 잘 가.　　Have a good _____.

04 문제를 하나씩 풀다　　Solve the problems one _____ one

05 참 좋은 생각이야.　　Sounds like a _____.

06 약속 있니?　　Do you have _____?

07 우리는 예정보다 늦었어.　　We're behind _____.

08 한국엔 처음 오셨나요?　　Is this your first _____ to Korea?

09 감자는 빼주세요.　　_____ the potatoes.

10 퇴근 후에 간단히 요기나 하자.　　Let's _____ a bite after work.

11 지난주에 머리 깎았어.　　I got my hair _____ last week.

12 배터리가 얼마 안 남았어.　　My battery is _____.

13 누굴 좀 만나기로 했어.　　I'm _____ to meet somebody.

14 그녀는 어젯밤에 늦게 잤다.　　She stayed up _____ last night.

15 최근에 그를 본 적 있니?　　Have you seen him _____?

16 기운 내!　　Keep your chin _____!

17 우울해하지 마.　　Don't be so _____.

18 이 배터리는 오래 가.　　This battery _____ long.

19 얌전히 굴어.　　_____ yourself.

20 말도 안 돼!　　That's _____!

Answer

01 birth　02 born　03 one　04 by　05 plan　06 plans　07 schedule　08 visit　09 Hold　10 grab
11 cut　12 low　13 supposed　14 late　15 lately　16 up　17 down　18 lasts　19 Behave
20 ridiculous

A **Fill** the bottle with **warm** water **mixed** with orange food coloring.
B Wow! The orange lava is flowing out of the bottle.

오렌지색 식용 색소를 섞은 따뜻한 물로 병을 채워. / 와! 주황색 용암이 병 밖으로 흘러나오고 있어.

fill /필/ 채우다

She kept filling up our glasses. 그녀는 우리의 잔을 계속 채워주었어.

Please fill out the form. 양식을 작성해 주세요.

fill out ~을 작성하다

관련단어 묶어보기

full /풀/ 1. 완전한 2. 가득한

Please write your full name. 성과 이름을 쓰세요.

You're so full of yourself. 너 정말 재수 없어.

> ✎ full of oneself는 '자만심에 차 있는, 자기 생각만 하는'의 뜻이에요. Amelia is unpopular because she's so full of herself. 아멜리아는 잘난 척해서 인기가 없어.

fully /풀리/ 완전히, 충분히

That's OK. I fully understand. 괜찮아요. 충분히 이해했어요.

empty /엠프티/ 빈

Is this seat empty? 이 자리 비었나요?

vacancy /뷔이컨씨/ 1. 공석 2. 빈방

The company has a vacancy for a secretary. 그 회사에 비서 자리가 하나 있어.

Do you have any vacancies? 빈 방 있나요?

warm /워-ㄹ옴/ 1. 따뜻한 2. 데우다

Thank you for such a warm welcome. 정말 따뜻하게 맞아줘서 고마워요.

I'll warm up the soup. 내가 수프를 데울게.

mix /믹쓰/ 섞다

I often mix him up with his brother. 나는 종종 그와 그의 형이 헷갈려.

mix ... up with ~와 헷갈리다

Don't mix up the papers. 서류를 뒤섞지 마.

mix up ~을 뒤죽박죽으로 만들다

He's a good mixer. 그는 사람들과 잘 어울려.

> 🖉 good mixer는 모르는 사람들과도 쉽게 어울리는 사람을 말해요. 반대로 잘 어울리지 사람은 bad mixer라고 하죠.

I have mixed feelings about retirement. 퇴직을 하니 시원섭섭하다.

mixed feelings 복잡한 감정

A Which is more **expensive**, **beef** or **chicken**?

B Beef is more expensive, **generally** speaking.

소고기와 닭고기 중 어느 게 더 비싸? / 일반적으로는 소고기가 더 비싸지.

---

expensive /익스펜씨ㅂ/ 비싼

The car is expensive to maintain. 그 차는 유지비가 비싸.

관련단어 묶어보기

expense /익스펜ㅆ/ 비용

You have to pay your own medical expenses. 의료비는 본인이 부담해야 해.

cheap /취-ㅍ/ 1. 값이 싼, 싸구려의 2. 인색한

Those clothes look cheap. 저 옷들은 싸구려 같아 보여.

You're so cheap. 넌 정말 인색해.

---

beef /비-ㅍ/ 소고기

I prefer beef to pork. 돼지고기보다 소고기를 더 좋아해.

관련단어 묶어보기

meat /미-ㅌ/ 고기

I like meat more than vegetables. 채소보다 고기를 더 좋아해.

chicken /취킨/ 1. 닭; 겁쟁이(= coward) 2. 겁 많은

Don't be such a chicken! 겁쟁이처럼 굴지 마!

> 🖉 chicken은 '겁쟁이'를 뜻해요. 참고로 pig는 욕심이 많은 사람 또는 불쾌하거나 무례한 사람을 나타내죠. Don't be such a pig! 재수 없게 굴지 마!

Don't be chicken. 겁먹지 마.

generally /줴너럴리/ 일반적으로

I generally get up at about seven o'clock. 나는 보통 7시쯤에 일어나.

관련단어 묶어보기

general /줴너럴/ 1 일반적인; 종합적인 2. 장군

What do you think of the new general manager?
새로 온 실장에 대해 어떻게 생각해?

> 🖉 general election 총선, general strike 총파업, general hospital 종합병원, general knowledge 상식

The general ordered the soldiers to advance.
장군은 병사들에게 진격하라고 명령했다.

UNIT 123

A What I have in **mind** is a model that will **function** as **both** a receiver and a transmitter.

B Well, that's beyond me.

내가 생각하고 있는 것은 수신기와 송신기 역할을 모두 할 모델이야. / 음, 그건 내 능력 밖이야.

mind /마인드/ 1. 마음, 정신 2. 신경 쓰다 3. 꺼리다

What's on your mind? 무슨 일이니?

> 🖉 상대방이 무언가 얘기하고 싶어 보이거나 고민이 있을 것 같을 때 써요. 이때 on your mind는 '마음을 떠나지 않는 생각 또는 걱정'이란 뜻이죠. Could I talk to you for a minute? 잠깐 얘기 좀 할 수 있을까? - Sure. What's on your mind? 그럼. 무슨 일이니?

I've got a lot on my mind. 머리가 좀 복잡해.

Keep that in mind. 명심해.

keep ... in mind ~을 명심하다

It slipped my mind. 깜빡했어.

> 🖉 slip은 '미끄러지다'란 뜻이에요. 그래서 slip one's mind는 뭔가 미끄러지듯 내 마음 속에서 사라져버렸다, 깜빡했다는 의미를 가져요.

I changed my mind at the last moment. 막판에 생각이 바뀌었어.

change one's mind 마음을 바꾸다

He made up his mind to stop smoking. 그는 담배를 끊기로 결심했다.

make up one's mind 결심하다

I don't mind. 신경 안 써.

> 🖉 I don't mind.는 괜찮으니까 신경 쓰지 않겠다는 뜻이라면, 비슷한 표현인 I don't care.는 관심이 없어서 신경 안 쓴다는 뜻으로 다소 퉁명스런 느낌을 줄 수 있어요.

Never mind. 괜찮아.(= That's okay.)

Don't mind me. 난 신경 쓰지 마.

> 🖉 상대방에게 나를 신경 쓰지 말고 하던 것을 계속하라는 뜻으로 쓰는 표현이에요. Don't mind me. I'll just sit here quietly. 난 신경 쓰지 마. 그냥 여기 조용히 앉아 있을게.

Mind your own business. 네 일에나 신경 써.(= It's none of your business.)

May I look around if you don't mind? 괜찮으시면 둘러봐도 될까요?

if you don't mind 괜찮다면

Do you mind if I sit here? 여기에 앉아도 될까요?

> 🖉 상대방에게 허락을 구할 때 Do you mind if I ...?를 써요. 이때 mind가 '꺼리다'의 뜻이기 때문에 허락할 때는 No, I don't mind.(아뇨, 괜찮아요.)나 No, not at all.(아뇨, 전혀요.) 처럼 부정으로, 거절할 때는 Yes, I do.(네, 꺼려지네요.)처럼 긍정으로 답해야 하죠. 그런데 흔쾌히 허락할 때는 Sure, go ahead.(물론이죠. 하세요.)를 쓰기도 해요.

회화 패턴 ▶ (Do you) mind if I ...? ~해도 될까요?

Do you mind if I smoke? 담배 피워도 될까요 ♪
Do you mind if I use the phone? 전화 좀 써도 될까요?
Mind if I put the music on? 음악 좀 틀어도 될까요?

---

function /펑ㅋ션/ 기능

This smartphone has various functions. 이 스마트폰은 다양한 기능이 있어.

both /보우ㄸ/ 둘 다(의)

She can both speak and write English. 그녀는 영어를 말하고 쓸 줄 알아.

both A and B A와 B 둘 모두

A I'm going to **lose** 10kg.

B Don't make me **laugh**!

A No, I'm **serious**.

나 10kg 뺄 거야. / 웃기지 마! / 아냐, 진심이야.

lose /루-ㅈ/ (lost-lost) 1. 잃다 2. 낭비하다 3. 지다 4. 길을 잃다

I lost my appetite. 입맛이 없어졌어.

Come on, there's no time to lose. 어서, 지체할 시간 없어.

Japan lost 4 to 2 to England. 일본은 영국에 4대2로 졌어.

I lost my way in the mountains. 산에서 길을 잃었어.

I'm going to lose my mind. 나 미칠 것 같아.

lose one's mind 미치다, 실성하다

관련단어 묶어보기
loss /로-ㅆ/ 1. 상실 2. 손실

She suffers from memory loss. 그녀는 기억 상실증을 앓고 있어.

We made a loss on the deal. 우리는 그 거래에서 손해를 보았어.

I'm at a loss what to do. 뭘 해야 할지 모르겠어.

> 🖉 at a loss는 '어쩔 줄 모르는, 할 말을 잃은'이란 뜻이에요. I'm at a loss for words.
> 무슨 말을 해야 할지 모르겠어.

laugh /래ㅍ/ 웃다

This is no laughing matter. 이건 웃을 일이 아냐.

They laughed at my hair style. 그들은 내 헤어스타일을 비웃었어.

✎ laugh at은 상대방을 비웃으며 놀리는 경우에 써요. 비슷한 뜻으로 make fun of가 있어요.
You're always making fun of me! 넌 항상 날 놀리는구나!

관련단어 묶어보기
smile /스마일/   1. 미소 짓다   2. 미소

She smiled at me. 그녀는 내게 미소를 지었다.

He replied with a smile. 그는 웃으며 대답했다.

---

serious /씨어뤼어ㅆ/   심각한

Luckily, the damage was not serious. 다행히 피해는 크지 않았어.

관련단어 묶어보기
seriously /씨어리어슬리/   심각하게

Smoking can seriously damage your health.
흡연은 당신의 건강을 심각하게 해칠 수 있다.

UNIT 125

A **Pull** up your shirt, please.
B Up to where?
A **Just below** your chest.

셔츠를 올려 주세요. / 어디까지요? / 가슴 아래까지면 돼요.

pull /풀/   당기다

I pulled the plug out. 플러그를 뽑았어.

They decided to pull down the old house. 그들은 그 낡은 집을 철거하기로 했어.
pull down 허물다

He pulled the car over. 그는 길가에 차를 세웠어.
pull over 길 한쪽에 차를 세우다

A taxi pulled up in front of us. 택시 한 대가 우리 앞에 섰다.
pull up 멈추다, 서다

Are you pulling my leg? 너 나 놀리는 거지?

✏ Are you kidding me?와 비슷한 뜻이지만, 상대방의 말이 농담인지 아닌지 애매한 상황에 주로 써요. You've won the prize! - Really? Or are you just pulling my leg? 당신이 상을 타게 되었습니다! - 정말요? 아님 그냥 저 놀리는 건가요?

I pulled a few strings. 내가 힘을 좀 썼지.

✏ 우리가 흔히 '빽을 썼다'라고 말하는 표현이 pull the strings입니다. 이때 string은 꼭두각시 인형극의 인형에 달린 줄을 말해요. 마치 인형들을 줄로 조정하듯 은밀히 영향력을 행사한다는 뜻이죠.

Pull yourself together. 진정해.

✏ 직역하면 '너 자신을 하나게 되게 잡아당겨.'인데 감정이 격해져 있는 상대방에게 정신 차리고 진정하라고 뜻으로 쓰는 표현이에요. I know you're stressed out, but you need to pull yourself together. 스트레스 받는 건 알겠는데, 마음 좀 가라앉혀.

관련단어 묶어보기

push /푸쉬/   1. 밀다   2. 몰아붙이다

Someone pushed him into the river. 누군가가 그를 강으로 밀어 넣었다.

Don't push me! 몰아붙이지 마!

✏ 직역하면 '날 밀지 마!'인데, 상황에 따라 '날 건드리지 마!' 또는 '날 다그치지 마!'의 뜻으로 써요. I had a long day, so don't push me. 오늘 힘들었어. 나 건드리지 마. / I'm not ready to go to college yet, so don't push me. 아직 대학에 갈 준비가 안됐으니 저 좀 내버려 두세요!

just /줘스트/   1. 정확히, 딱   2. 방금, 막   3. 그저, 단지

That's just what I wanted. 그게 바로 내가 원했던 거야.

He has just arrived here. 그는 방금 여기에 도착했어.

I'm just looking. 그냥 보는 거예요.

below /빌로우/   1. ~보다 아래에   2. 아래에

Sales for this year are below last year's. 올해의 매출은 작년보다 낮아.

He lives in the apartment below. 그는 아파트 아래층에 살아.

우리말 뜻을 보고 영어 단어를 써넣으세요.

01 양식을 작성해 주세요.   Please _____ out the form.

02 너 정말 재수 없어.   You're so _____ of yourself.

03 이 자리 비었나요?   Is this seat _____ ?

04 빈 방 있나요?   Do you have any _____ ?

05 내가 수프를 데울게.   I'll _____ up the soup.

06 서류를 섞지 마.   Don't _____ up the papers.

07 넌 정말 인색해.   You're so _____ .

08 겁먹지 마.   Don't be _____ .

09 명심해.   Keep that in _____ .

10 괜찮아.   _____ mind.

11 입맛이 없어졌어.   I _____ my appetite.

12 뭘 해야 할지 막막해.   I'm at a _____ what to do.

13 이건 웃을 일이 아냐.   This is no _____ matter.

14 그는 웃으며 대답했다.   He replied with a _____ .

15 피해는 크지 않았어.   The damage was not _____ .

16 그는 길가에 차를 세웠어.   He _____ the car over.

17 진정해.   Pull _____ together.

18 몰아 붙이지마!   Don't _____ me!

19 그는 방금 여기에 도착했어.   He has _____ arrived here.

20 그는 아파트 아래층에 살아.   He lives in the apartment _____ .

Answer

01 fill   02 full   03 empty   04 vacancies   05 warm   06 mix   07 cheap   08 chicken   09 mind
10 Never   11 lost   12 loss   13 laughing   14 smile   15 serious   16 pulled   17 yourself
18 push   19 just   20 below

A Look at the **building** he **named** after himself.

B I think he's **nothing** but a clever businessman.

그 사람 이름을 따서 지은 건물 좀 봐. / 나는 그가 영리한 사업가에 불과하다고 생각해.

building /빌딩/ 건물

Tall buildings lined the street. 고층 빌딩들이 거리에 늘어서 있었다.

관련단어 묶어보기

build /빌드/   (built-built) 짓다, 건설하다

His ambition is to build his own house. 그의 야망은 자신의 집을 짓는 것이다.

He has built up his career in publishing for 10 years.
그는 출판계에서 10년 동안 경력을 쌓았다.

build up 쌓아 올리다

construction /컨스트뤅션/   건설, 공사

The highway is under construction. 고속도로가 건설 중이야.

under construction 공사 중인

structure /스트뤅춰/   구조

The structure of this building is simple. 이 건물의 구조는 단순해.

---

name /네임/   1. 이름   2. 이름을 짓다

What was your name again? 이름이 뭐라고 하셨죠?

I didn't catch your name. 이름을 잘 듣지 못했어요.

catch one's name 이름을 알아듣다

He name-drops all the time. 그는 항상 인맥을 자랑해.

> 🖉 name-drop은 유명 인사들을 잘 안다고 들먹이는 것을 말해요.

I only know him by name. 나는 그의 이름만 알고 알아.

> 🖉 know ... by name은 잘 알진 못하지만 이름은 알고 있는 경우에 써요. Have you ever met Sarah? 사라 만나본 적 있니? - No, but I know her by name. 아니, 하지만 이름은 알아.

The kids called me names. 아이들이 나에게 욕을 했어.

call names 욕을 하다

He named his daughter Emily. 그는 딸에게 에밀리라는 이름을 지어주었다.

You name it. 말만 해.

✏️ 여러 가지 것들을 열거하고 나서 그 외에도 '뭐든지 다'라고 할 때 You name it.을 씁니다. 문맥에 따라 '뭐든 다 있어.', '뭐든 다 할 수 있어.', '뭐든 다 해봤어.' 등 다양한 의미를 가져요. I like all kinds of music: rock, blues, hip hop, jazz, classical - you name it! 난 모든 종류의 음악 - 록, 블루스, 힙합, 재즈, 클래식 - 을 좋아해. 뭐든 말해봐!

---

nothing /나띵/ 아무것도

There's nothing wrong with the car. 차에는 아무 이상이 없다.

What are you up to? – Nothing much. 별일 없니? - 별일 없어.

✏️ What's up?, What's new?, What's going on?, What are you up to? 등 What으로 시작하는 안부를 묻는 인사말에 '별일 없어.'로 답할 때 Nothing much. 또는 Not much.를 써요.

I got concert tickets for nothing. 공연 표를 공짜로 얻었다.

for nothing 공짜로(= for free)

We have nothing to do with the matter. 우리는 그 일과 아무 상관이 없다.

have nothing to do with ~와 상관이 없다

It was nothing but a rumor. 소문일 뿐이었다.

nothing but 오직, 그저(= only)

It's all or nothing. 모 아니면 도야.

✏️ all or nothing은 전부를 얻는지 아니면 전부를 잃든지 둘 중 하나라는 뜻이죠. Everything's all or nothing in Hollywood. 할리우드에서는 모든 것이 모 아니면 도예요.

Think nothing of it. 신경 쓰지 마세요.

✏️ 상대방이 고마워하거나 사과할 때 대답으로 쓸 수 있어요. 비슷한 표현으로 No problem., No worries., No big deal., No sweat., It's nothing. 등이 있어요.

Better than nothing. 없는 것 보다는 낫지.

There's nothing I can do. 내가 할 수 있는 게 없어.

A She looks so **sad**. Go kiss and make up.

B Why are you on her **side**?

A You know, she's your **soul mate**.

그녀가 아주 슬퍼 보이더라. 가서 뽀뽀하고 화해해. / 왜 걔 편을 드는 거야? /
너도 알다시피, 그녀는 네 소울 메이트잖아.

sad /쌔ㄷ/   슬픈

I was very sad when our cat died. 우리 고양이가 죽었을 때 몹시 슬펐어.

관련단어 묶어보기
pathetic /퍼떼틱/   1. 애처로운, 불쌍한   2. 한심한

The final scene was very pathetic. 마지막 장면은 아주 애처로웠다.

You're so pathetic. 너 참 한심하다.

> ✎ pathetic은 어떤 말이나 행동이 한심하거나 구차해보일 때 써요. Stop being pathetic.
> 한심하게 굴지 마.

side /싸이ㄷ/   1. 쪽, 옆, 면   2. 편

Look on the bright side of life. 인생의 밝은 면을 봐.

I'm always on your side. 난 항상 네 편이야.

They were walking side by side. 그들은 나란히 걷고 있었어.

side by side 나란히

soul /쏘울/   영혼

She has a pure soul. 그녀는 영혼이 순수해.

관련단어 묶어보기
spirit /스피뤼트/   영혼

Although he is dead, his spirit will be with us.
비록 그는 죽었지만, 그의 영혼은 우리와 함께 할 것입니다.

mate /메이트/ 짝

A male bird sings to attract a mate. 수컷 새는 짝을 유혹하기 위해 노래한다.

I ran into my old college roommate today.
오늘 예전 대학 룸메이트를 우연히 만났어.

> ✎ roommate 룸메이트, classmate 학우, 동창, teammate 팀 동료, housemate 동거인, playmate 놀이 친구

UNIT 128 A We're going to **throw** a **party** for Joey.

B What's the occasion?

A Next Friday is her birthday. By the way, it's **top-secret**.

조이를 위해 파티를 열거야. / 무슨 일 있어? / 다음 주 금요일이 걔 생일이거든.
근데, 이건 정말 비밀이다.

---

throw /뜨로우/ (threw-thrown) 던지다

Can you throw me that towel? 그 수건 좀 던져줄래?

Don't throw away the box. 그 상자 버리지 마.

throw away 버리다

I feel like throwing up. 토할 것 같아.

> ✎ 영어로 '토하다'는 overeat가 아니라 throw up 또는 vomit으로 표현해요. overeat은 '과식하다'란 뜻이에요. She said she felt sick and then threw up. 그녀는 구역질이 나서 토했다고 말했다.

---

party /파-르티/ 1. 파티; 일행 2. 정당

How many in your party? 일행이 몇 분이세요?

> ✎ 식당에서 종업원들이 자리를 안내할 때 사용하는 표현이에요. 일행이 세 명일 때는 Three.처럼 그냥 숫자만 말하거나 There are three of us.를 쓰면 돼요.

Which political party do you support? 어느 정당을 지지하세요?

관련단어 묶어보기
festival /풰스티벌/　축제

The film festival takes place in October. 그 영화제는 10월에 열린다.

---

top /타-압/　꼭대기; 상의

She's wearing a pink top. 그녀는 분홍색 상의를 입고 있어.

On top of that, bananas are very nutritious. 게다가 바나나는 영양이 아주 풍부해.

🖉 on top of that은 '게다가'의 뜻으로 in addition과 비슷한 표현이에요.

She's on top of the world! 그녀는 정말 행복해!

🖉 on top of the world는 직역하면 '세상의 꼭대기에'인데 마치 우리말 '하늘을 날아갈 듯한'
이란 표현처럼 엄청 행복한 기분을 나타내는 표현이에요. I'm on top of the world. I've
just had a baby daughter. 아늘을 날아갈 것 같은 기분이야. 막 딸이 태어났어.

---

secret /씨-크뤼트/　1. 비밀　2. 비결

Can you keep a secret? 비밀을 지킬 수 있겠니?

What's the secret? 비결이 뭐예요?

관련단어 묶어보기
secretary /쎄크뤼테리/　비서

She works as a secretary. 그녀는 비서로 일해.

UNIT 129

A She **eats** like a bird. That's why she's so **skinny**.

B It's not good for her **health** to eat that **little**.

그녀는 엄청 조금 먹어. 그래서 그렇게 삐쩍 마른 거야. / 그렇게 조금 먹는 건 건강에 안 좋아.

---

eat /이-트/　(ate-eaten) 먹다

He eats like a horse. 그는 아주 많이 먹어.

eat like a horse 많이 먹다

262

We often eat out on weekends. 우리는 주말에 자주 외식해.

eat out 외식하다

---

skinny /스키니/ 깡마른

Fashion models are usually too skinny. 패션모델들은 보통 너무 말랐다.

✎ skinny는 부정적인 느낌이 강해요. 긍정적인 느낌으로 날씬하다고 할 때는 slim, 몸매가 탄탄하다고 할 때는 fit을 쓰세요. She looked slim and fit for her age. 그녀는 나이에 비해 날씬하고 몸매가 탄탄해 보였어.

skin /스킨/ 1. 피부 2. 껍질

Babies have soft skin. 아기들은 피부가 부드러워.

He slipped on a banana skin. 그는 바나나 껍질을 밟고 미끄러졌다.

---

health /헬뜨/ 건강

He is in poor health. 그는 건강이 안 좋아.

be in poor health 건강이 좋지 못하다(↔ be in good health)

✎ 우리가 동네에서 흔히 볼 수 있는 '헬스클럽'은 영어로는 gym에 가까워요. health club 또는 fitness center는 다양한 운동기구를 갖춘 gym을 포함해서 수영, 골프, 스쿼시, 육상 트랙 등 다양한 활동을 할 수 있는 규모가 큰 체육센터를 가리키죠.

healthy /헬띠/ 건강한

You must eat well to stay healthy. 건강하게 지내려면 잘 먹어야 해.

stay healthy 건강을 유지하다

---

little /리틀/ 1. 작은 2. 어린 3. 거의 없는

We live in a little house. 우리는 작은 집에 살아.

My little brother is sick. 내 남동생이 아프다.

✏️ '크기가 작은'이란 뜻으로 little과 small을 쓸 수 있어요. 하지만 little에는 '나이가 어린'이
란 뜻이 있지만 small에는 없죠. a little boy (나이가) 어린 소년 / a small boy (몸집이)
작은 소년

We had very little money. 우리는 돈이 거의 없었어.

✏️ little와 a little은 셀 수 없는 명사 앞에 쓰여요. little은 '거의 없는'이라는 부정적인 의미로,
a little은 '조금 있는'이라는 긍정적인 뜻을 갖죠.

She speaks Japanese a little. 그녀는 일본어를 조금 해.

✏️ 영국영어에서는 '조금'의 뜻으로 a bit을, 미국영어에서는 a little이나 a little bit을 주로 써
요.

He's getting better little by little. 그는 조금씩 건강이 나아지고 있어.
little by little 조금씩

관련단어 묶어보기

less /레쓰/ **더 적은**

I spend less money than before. 나는 전보다 돈을 덜 써.

least /리-스트/ **가장 적은**

I read at least one book a month. 나는 적어도 한 달에 한 권의 책을 읽어.
at least 적어도

130
A How did you win the **heart** of **such** a beautiful woman?
B They say that none but the **brave deserves** the fair.
어떻게 그런 아름다운 여성의 마음을 얻으셨어요? / 용기 있는 자가 미인을 얻는다고 하잖아요.

heart /하-ㄹ트/ **1. 심장, 가슴 2. 마음; 동정심 3. 중심부**

My heart beat fast. 심장이 빠르게 뛰었다.
She has a good heart. 그녀는 착해.
Have a heart! 좀 봐줘요!

직역하면 '동정심을 가져.'예요. 상대방에게 무언가를 간절히 부탁할 때 '봐 주세요'의 느낌으로 쓰기도 해요. Have a heart! I can't pay you back until next month. 좀 봐 주세요. 다음 달까지 못 갚아요.

Don't lose heart. 용기를 잃지 마.

lose heart 용기를 잃다

The hotel is in the heart of Seoul. 그 호텔은 서울 중심에 있어.

such /써취/ 1. 그런 2. 대단한

I'm sorry, but there's no such person here.
죄송합니다만, 여기 그런 분은 안 계세요.

He is such a nice person. 그는 정말 좋은 사람이야.

She can't eat dairy products, such as milk and cheese.
그녀는 우유와 치즈 같은 유제품을 못 먹어.

such as ~와 같은

brave /브뤠이브/ 용감한

It is brave of you to say so. 네가 그렇게 말하다니 용감하구나.

관련단어 묶어보기

courage /커-ㄹ뤼쥐/ 용기

I didn't have the courage to tell her the truth.
그녀에게 진실을 말할 용기가 없었어.

encourage /인커-ㄹ뤼쥐/ 격려하다

My parents encouraged me to try new things.
부모님은 내게 새로운 것을 시도하라고 격려하셨지.

deserve /디저-ㄹ브/ ~할 자격이 있다; ~해야 마땅하다

You deserve it. 넌 그럴 자격이 있어.

부정적인 상황에 이 표현을 쓰면 '넌 그래도 싸' 또는 '자업자득이야.'란 뜻이 될 수 있어요.

She deserves the award. 그녀는 그 상을 받을 자격이 있어.

우리말 뜻을 보고 영어 단어를 써넣으세요.

01 고속도로가 건설 중이야.   The highway is under _____.

02 그는 항상 인맥을 자랑해.   He _____ all the time.

03 말만 해.   You _____ it.

04 별거 없어.   _____ much.

05 모 아니면 도야.   It's _____ or nothing.

06 너 참 한심하다.   You're so _____.

07 난 항상 네 편이야.   I'm always on your _____.

08 그녀는 영혼이 순수해.   She has a pure _____.

09 상자를 버리지 마.   Don't _____ away the box.

10 토할 것 같아.   I feel like throwing _____.

11 일행이 몇 분이세요?   How many in your _____?

12 그녀는 정말 행복해!   She's on _____ of the world!

13 비결이 뭐예요?   What's the _____?

14 그녀는 비서로 일해.   She works as a _____.

15 그는 아주 많이 먹어.   He _____ like a horse.

16 아기들은 피부가 부드러워.   Babies have _____ skin.

17 그는 건강이 안 좋아.   He is in poor _____.

18 우리는 돈이 거의 없었어.   We had very _____ money.

19 용기를 잃지 마.   Don't lose _____.

20 넌 그럴 자격이 있어.   You _____ it.

Answer

01 construction 02 name-drops 03 name 04 Nothing 05 all 06 pathetic 07 side 08 soul
09 throw 10 up 11 party 12 top 13 secret 14 secretary 15 eats 16 soft 17 health
18 little 19 heart 20 deserve

A Did you hear John **won** a **prize** in the **contest**?
B Yes, I'm **happy** about that.

존이 대회에서 상을 탔다는 소식 들었어? / 응, 그게 아주 기뻐.

win /윈/   (won-won) 1. 이기다   2. 따다

We won the game hands down. 우리는 그 경기를 쉽게 이겼어.

The company won a contract to build a new factory.
그 회사는 새 공장을 짓는 계약을 따냈다.

관련단어 묶어보기
winner /위너ㄹ/   승자 (↔ loser)

The winner takes it all. 승자가 모든 것을 차지한다.

prize /프라이즈/   상

She won the Nobel Prize in 2020. 그녀는 2020년에 노벨상을 받았어.

관련단어 묶어보기
award /어워-ㄹ드/   상

He received the Academy Award for Best Actor.
그는 아카데미 남우주연상을 받았어.

contest /칸테스트/   대회

She won first prize in a singing contest. 그녀는 노래자랑에서 일등을 했어.

happy /해피/   1. 행복한   2. 만족한 (= satisfied)

I'm so happy for you. 정말 잘 됐다.

I'm not happy with his work. 나는 그의 일이 마음에 들지 않아.

I'd be happy to. 기꺼이 할게.(= I'd love to.)

관련단어 묶어보기
unhappy /언해피/   불행한, 슬픈

You look unhappy. 너 기분이 안 좋아 보인다.

satisfy /쎄티스파이/ 만족시키다

Nothing satisfied her. 어떤 것도 그녀를 만족시키지 못했어.

satisfaction /쎄티스팩션/ 만족

She found satisfaction in her job. 그녀는 자기 일에 만족했어.

congratulation /컨그뤠츌레이션/ 축하

Congratulations on your graduation! 졸업 축하해!

> ✎ '축하합니다!'라고 말할 때 항상 복수형으로 Congratulations!라고 해요. 줄여서 Congrats!라고 하기도 하죠.

> 회화 패턴 ▶ **Congratulations on ...!** ~을 축하하다
>
> Congratulations on your promotion! 승진 축하해!
> Congratulations on your wedding! 결혼 축하해!
> Congratulations on your new job! 취업 축하해!

UNIT 132

A Why don't you **lie** on your back **and** sleep comfortably?
B For me sleeping on my **stomach** is comfortable.
등대고 누워서 편하게 자지 그래? / 난 엎드려 자는 게 편해.

lie /라이/ 1. (lay-lain) 눕다 2. (lied-lied) 거짓말하다

We lay on the beach all day. 우리는 하루 종일 해변에 누워 있었어.

She lied about her age. 그녀는 나이에 대해 거짓말 했어.

Would I lie to you? 내가 너한테 거짓말하겠니?

Don't tell a lie. 거짓말하지 마.

tell a lie 거짓말하다

관련단어 묶어보기
true /트루-/ 사실인

Is it true that he's getting married? 그가 결혼한다는 게 사실이야?

Too good to be true. 너무 좋은 얘기라 믿기지 않아.

truth /트루-뜨/ 사실

To tell the truth, I hate her. 사실은, 나는 그녀가 싫어.

to tell the truth 사실은

---

and /앤ㄷ/ 그리고, 그리고는

He fell downstairs and broke his leg. 그는 아래층으로 떨어져 다리가 부러졌다.

Knock and the door will open. 문을 두드려라, 그러면 열릴 것이다.

> ✎ 명령문 다음에 and가 쓰이면 '~해라 그러면', or가 쓰이면 '~해라 그렇지 않으면'의 뜻으로 쓰여요. Wear your coat or you'll catch a cold. 코트 입어. 그렇지 않으면 감기 걸릴 거야.

관련단어 묶어보기

nor /노-ㄹ/ ~도 아니다

Neither he nor I like to eat out. 그도 나도 외식하는 것을 좋아하지 않아.

> ✎ neither A nor B는 'A도 B도 아니다'란 뜻이에요. 회화체에서 nor 대신 or를 쓰기도 하지만 문법적으로는 틀리죠. 그리고 동사는 주어 B에 맞춥니다. Neither my mother nor I am going there today. 오늘 엄마도 나도 거기 안 가.

He was not in the classroom, nor in the library.
그는 교실에도, 도서관에도 없었다.

> ✎ nor는 '~도 아니다'의 뜻으로 and not과 같아요. He was not in the classroom, and not in the library.

---

stomach /스터먹/ 위, 배

I have an upset stomach. 배탈이 났어.

Don't drink on an empty stomach. 빈속에 술 마시지 마.

on an empty stomach 빈속에

A How soon can we expect your answer to our **proposal**?

B Well, that depends on the **head** office.

저희 제안에 대한 답변을 얼마나 빨리 기대할 수 있을까요? / 글쎄요, 그건 본사 쪽에 달려있어요.

proposal /프뤄**포**우절/ 제안

I have a proposal to make. 제안할 것이 있어요.

propose /프뤄**포**우ㅈ/ 1. 제안하다 2. 청혼하다

He proposed changing the name of the company.
그는 회사의 이름을 바꾸자고 제안했다.

He proposed to me on my birthday. 그는 내 생일에 청혼했어.

    ✍ '청혼하다'의 뜻으로 pop the question을 쓰기도 해요. pop은 '펑하고 터지다'란 뜻인데 청혼상대에게 결혼해 줄 수 있는지 불쑥 질문 던지는 것을 나타낸 표현이에요. Hasn't Sam popped the question yet? 샘이 아직 청혼 안 했니?

suggest /써**쮀**스트/ 제안하다

He suggested we go swimming. 그는 우리에게 수영하러 가자고 제안했다.

suggestion /써**쮀**스쳔/ 제안

May I make a suggestion? 제안 하나 해도 될까요?

head /헤ㄷ/ 1. 머리 2. 향하다

He nodded his head. 그는 고개를 끄덕였다.

nod one's head 고개를 끄덕이다(↔ shake one's head 고개를 흔들다)

Where are you heading? 어디 가는 거야?

    ✍ be heading과 be headed는 모두 '~로 가다'로 be going과 같은 뜻으로 쓰여요. Where are you heading? = Where are you headed? = Where are you going?

face /**풰**이ㅆ/ 1. 얼굴 2. 직면하다

Why the long face? 왜 그렇게 시무룩해?

🖊 사람이 우울하거나, 슬프거나 또는 걱정을 하게 되면 눈꼬리와 입이 밑으로 쳐지면서 얼굴이 길어 보이는데서 비롯된 표현이에요.

It's written all over your face. 얼굴에 다 쓰여 있어.

My face is so puffy. 얼굴이 너무 부었어.

🖊 얼굴이나 눈이 부어있을 때 puffy나 swollen을 써요. My eyes are puffy/swollen. 눈이 부었어.

Let's face it. 인정할 건 합시다.

🖊 face가 동사로는 '마주보다' 또는 '상황에 직면하다'의 뜻이에요. 그래서 Let's face it.은 인정하긴 쉽지 않지만 솔직히 터놓고 얘기하자고 할 때 써요. Let's face it, most of us don't get enough exercise. 인정할 건 하자고. 우리 대부분이 충분한 운동을 안 해.

They sat face to face with each other. 그들은 서로 마주 보고 앉았다.
face to face 얼굴을 마주보고

ear /이어ㄹ/ 귀

I'm all ears. 귀 기울여 듣고 있어.

🖊 귀를 쫑긋 세우고 무언가를 열심히 듣고 있거나, 앞으로 잘 들을 테니 신경 쓰지 말고 얘기하라는 뜻으로 써요.

eye /아이/ 눈

I can see it in your eyes. 네 눈을 보면 알아.

🖊 상대방의 눈빛만 보고도 그 사람의 생각이나 기분을 짐작할 수 있을 쓰는 표현이에요.

I couldn't take my eyes off you. 네게서 눈을 뗄 수가 없었어.

She has an eye for art. 그녀는 예술에 안목이 있어.

🖊 have an eye for는 '~에 안목이 있다'란 뜻이에요. eye 앞에 good을 쓰기도 해요. I have a good eye for people. 내가 사람 보는 눈이 있지.

nose /노우ㅈ/ 코 (nosy 참견하기 좋아하는)

My mom is nosy. 엄마는 남의 일에 참견하길 좋아해.

✏ 누군가의 일에 참견할 때 우리 몸 중에 코가 제일 먼저 들어가죠. 그래서 stick one's nose in은 '~에 참견하다'의 뜻이고, nose의 형용사 nosy는 '참견하기 좋아하는'의 뜻을 가져요. He's always sticking his nose into other people's business. 그는 맨날 남의 일에 참견해.

mouth /마우뜨/ 입

She has a big mouth. 그녀는 입이 가벼워.

✏ big mouth은 말이 많거나 입이 가벼워서 다른 사람의 비밀을 함부로 말하는 사람을 가리켜요.

You better watch your mouth. 말조심하는 게 좋을 거야.
watch one's mouth 말조심하다

tongue /텅/ 혀

His name is on the tip of my tongue. 그의 이름이 입에서 맴돌아.

✏ on the tip of one's tongue은 '혀끝에 있다', 다시 말해 '입 안에서 맴돌다'의 뜻으로 생각이 날 듯 말 듯 한 상황에서 써요.

tooth /투-뜨/ 이 (복수 teeth)

He grinds his teeth while sleeping. 그는 자는 동안 이를 갈아.
grind one's teeth 이를 갈다

beard /비어ㄷ/ 턱수염

He shaved off his beard. 그는 턱수염을 깎았다.

✏ '턱수염'은 beard, '콧수염'은 mustache, '구레나룻'는 sideburns라 해요.

A I **sent** him an **invitation** card, but he didn't **respond**.
B He's been **tied** up with his report lately.

그에게 초대장을 보냈는데 응답이 없더라고. / 최근에 보고서 때문에 바빠.

send /쎈ㄷ/ (sent-sent) 보내다

I'll send you a text message. 내가 문자 보낼게.

I can't afford to send my kid to a private school.
내 아이를 사립학교에 보낼 여유가 없어.

invitation /인뷔테이션/ 초대

I'm afraid I can't accept your invitation. 유감스럽지만 초대에 응할 수가 없네요.

관련단어 묶어보기
invite /인봐이트/ **초대하다**

Thank you for inviting me. 초대해줘서 고마워요.

respond /뤼스파-안드/ 1. 답장하다 2. 반응을 보이다

She hasn't responded to my email yet.
그녀는 아직 내 이메일에 답장을 하지 않았어.

How did he respond to the news? 그는 그 소식에 어떻게 반응했니?

관련단어 묶어보기
response /뤼스파-안쓰/ **반응**

The consumer response to the product is good.
제품에 대한 소비자 반응이 좋다.

react /뤼액트/ **반응하다**

She's slow to react. 그녀는 반응이 느려.

reaction /뤼액션/ **반응**

What was his reaction to your idea? 네 아이디어에 대한 그의 반응은 어땠니?

tie /타이/ 묶다

She tied the scarf around her neck. 그녀는 목에 스카프를 둘렀다.

I'm tied up now. 지금 바빠.

> ✎ be tied up은 직역하면 '묶여있다'인데 '바쁘다'의 뜻으로 쓰여요. '~로 바쁘다'라고 할 때는
> be busy, be tied up with, be swamped with 등을 써요. I'm busy with work. =
> I'm tied up with work. = I'm swamped with work. 일로 바빠.

The match ended in a tie. 시합은 무승부로 끝났다.

end in a tie 동점으로 끝나다

rope /로우ㅍ/ **밧줄**

He tied a rope to a tree. 그는 나무에 밧줄을 묶었다.

string /스트링/ **끈, 줄**

If you pull too hard, the string will break. 너무 세게 당기면 끈이 끊어진다.

UNIT 135

A I'm having a problem with my car.

B What's the **matter** with it?

A It's the engine. It's making a **funny noise**.

제 차에 문제가 있어서요. / 무엇이 문제인가요? / 엔진이요. 이상한 소리가 나요.

---

matter /매터ㄹ/ **1. 문제 2. 중요하다**

His success is only a matter of time. 그의 성공은 시간문제일 뿐이야.

To make matters worse, my car broke down. 설상가상으로 내 차가 고장 났어.

to make matters worse 설상가상으로

As a matter of fact, the plan failed. 사실 그 계획은 실패했어.

as a matter of fact 사실(= in fact, actually)

It doesn't matter to me. 난 상관없어.

> ✎ 직역하면 '그게 내게는 중요하지 않아.'예요. 특별히 무언가를 더 선호하지 않는다는 느낌으로 하는 말이죠. Where do you want to go to dinner? 저녁 어디서 먹고 싶니? - It doesn't matter to me. Any place you pick is fine. 난 상관없어. 네가 고른 곳이면 다 좋아.

case /케이ㅆ/ **1. 경우 2. 사건**

What would you do in this case? 이런 경우에는 어떻게 하겠니?

There were two murder cases last month. 지난달에 두 건의 살인사건이 있었어.

Just in case. 혹시 모르니까.

✏️ 그럴 거라 생각하지 않지만 만약을 위해 대비한다는 뜻의 표현이에요. I'll take along some aspirin, just in case. 아스피린 챙겨갈게, 혹시 모르니까.

In case I'm late, start without me. 제가 늦으면, 저 없이 시작하세요.

> **회화 패턴** > in case ... ~일지 모르니까
>
> I'll bring an umbrella in case it rains. 비 올지 모르니까 우산 가져갈게.
> I'll leave my house early in case there is traffic. 차가 막힐 가봐 집에서 일찍 나왔어.
> I'll make some sandwiches in case we get hungry later on.
> 나중에 배고플지 모르니까 샌드위치를 좀 만들게.

funny /풔니/   1. 웃긴   2. 이상한

The movie is funny and moving at the same time.
그 영화는 웃기기도 하고 감동적이기도 해.

That's funny. 그거 이상하네.

✏️ that을 강하게 발음하면 '그거 이상하네.', funny를 강하게 발음하면 '그거 웃기네.'란 뜻이 돼요.

관련단어 묶어보기
fun /풘/   재미

We had a lot of fun at the amusement park.
우리는 놀이공원에서 아주 재미있게 놀았다.

✏️ 여행이나 파티 등 무언가를 하는 것이 재미있거나 즐거운 상황일 때 fun을, 웃기거나 이상한 상황일 때는 funny를 써요.

Have fun. 재밌게 놀아.(= Enjoy yourself.)

✏️ 놀러 가는 사람에게 즐거운 시간 보내라고 할 때 쓰는 표현이에요. 상대방에게 즐거운 시간을 보내고 있냐고 물을 때는 Are you having fun?을 쓰세요.

I only said it for fun. 재미로 한 말일 뿐이야.
for fun 재미로

noise /노이즈/   시끄러운 소리

Try not to make a noise in the library. 도서관에서 떠들지 않도록 해라.
make a noise 떠들다

noisy /노이지/　**시끄러운**

The restaurant was crowded and noisy. 식당은 붐비고 시끄러웠다.

우리말 뜻을 보고 영어 단어를 써넣으세요.

01 우리는 그 경기를 이겼어.   We _____ the game.

02 승자가 모든 것을 차지한다.   The _____ takes it all.

03 정말 잘 됐다.   I'm so _____ for you.

04 졸업 축하해!   _____ on your graduation!

05 그녀는 나이에 대해 거짓말 했어.   She _____ about her age.

06 너무 좋은 얘기라 믿기지 않아.   Too good to be _____.

07 빈속에 술 마시지 마.   Don't drink on an empty _____.

08 제안 하나 해도 될까요?   May I make a _____?

09 어디 가는 거야?   Where are you _____?

10 왜 그렇게 시무룩해?   Why the long _____?

11 귀 기울여 듣고 있어.   I'm all _____.

12 그녀는 예술에 안목이 있어.   She has an _____ for art.

13 그녀는 입이 가벼워.   She has a big _____.

14 그는 턱수염을 깎았다.   He shaved off his _____.

15 내가 문자 보낼게.   I'll _____ you a text message.

16 초대해줘서 고마워.   Thank you for _____ me.

17 그녀는 반응이 느려.   She's slow to _____.

18 난 상관없어.   It doesn't _____ to me.

19 혹시 모르니까.   Just in _____.

20 재밌게 놀아.   Have _____.

Answer

01 won 02 winner 03 happy 04 Congratulations 05 lied 06 true 07 stomach
08 suggestion 09 heading 10 face 11 ears 12 eye 13 mouth 14 beard 15 send
16 inviting 17 react 18 matter 19 case 20 fun

A What are you **so afraid** of?

B I don't know what it is. Exams **always** make me scared.

뭐가 그렇게 무서워? / 뭔지 모르겠어. 시험 때면 늘 이렇게 겁이 나.

---

so /쏘우/   1. 아주   2. 그렇게   3. ~도 또한   4. 그래서

Food is so expensive! 음식 값이 정말 비싸!

Is that so? 진짜?

✎ 상대방의 말에 놀라움이나 관심을 나타낼 때 써요. John's got the flu. 존이 독감에 걸렸어.
- Is that so? That's too bad. 그래? 안됐다.

I'm cold. – So am I. 춥다. - 나도 마찬가지야.

✎ 상대방의 말에 '나도 그래.'라고 맞장구칠 때 So am I.나 So do I. 등을 쓸 수 있어요. 이
때 am이나 do는 앞서 상대방이 쓴 동사의 종류와 시제에 따라 바뀌죠. I'm hungry. 나 배
고파. - So am I. 나도. / I like pizza. 나 피자 좋아해. - So do I. 나도. / I had lunch.
나 점심 먹었어. - So did I. 나도.

There were no buses, so we had to walk. 버스가 없어서 우리는 걸어야 했어.

관련단어 묶어보기
therefore /데어포-ㄹ/   **따라서**

Therefore, it's better to eat healthy food.

따라서 건강에 좋은 음식을 먹는 것이 좋다.

---

afraid /어프뤠이ㄷ/   **무서워하는**

Don't be afraid. 겁내지 마.

I'm afraid I have to leave. 유감스럽게도 가봐야겠어요.

✎ I'm afraid는 상대방이 들었을 때 유감스러운 내용을 말할 때 표현 앞에 붙여 사용해요.

회화 패턴 ▶ I'm afraid ...   (유감스럽게도) ~같아요

I'm afraid I can't. 못할 것 같아요.

I'm afraid I can't help you. 도와드리지 못할 것 같아요.

I'm afraid our team will lose. 저희 팀이 질 것 같아요.

scared /스케어ㄷ/ 무서워하는

I'm scared to death. 무서워 죽겠어.
scared to death 무서워 죽을 것 같은

frightened /프롸이튼ㄷ/ 겁먹은

I was frightened about the future. 나는 미래가 두려웠어.

threat /뜨뤠트/ 협박

He made a threat to kill her. 그는 그녀를 죽이겠다고 협박했다.
make a threat 협박하다

threaten /뜨뤠튼/ 협박하다

He threatened me with a gun. 그는 총으로 나를 위협했다.

fear /퓌어ㄹ/ 두려움, 공포

He has a fear for the dark. 그는 어둠을 두려워한다.

panic /패닉/ 공황, 패닉

Don't panic. I'll get there in 10 minutes. 당황하지 마. 10분 안에 갈게.

---

always /올-웨이즈/ 항상

He's always criticizing me. 그는 맨날 나를 비난해.

> ✎ 현재진행형 문장에 always를 쓰면 짜증이나 불만 같은 부정적인 느낌을 줄 수 있어요.
> You're always being late. 넌 맨날 이렇게 늦니.

As always, she was late for school. 언제나 그랬듯이, 그녀는 학교에 지각했다.
as always 늘 그렇듯

UNIT 137

A The girl you were with at the restaurant was **pretty**.
   Introduce me.

B **Dream** on. She's got a boyfriend.

식당에서 너랑 같이 있던 여자애 예쁘더라. 소개시켜줘. / 꿈 깨. 남자친구 있어.

---

pretty /프리티/ 예쁜; 꽤

The traffic was pretty bad. 교통이 꽤 안 좋았어.

관련단어 묶어보기

cute /큐-티/ 귀여운

I have a cute puppy. 난 귀여운 강아지를 길러.

beautiful /뷰-티플/ 아름다운

You look beautiful today. 너 오늘 예뻐 보여.

beauty /뷰-티/ 아름다움

Beauty is only skin-deep. 아름다움은 단지 피부 깊이일 뿐이다.

ugly /어글리/ 못생긴

He has an ugly face. 그는 얼굴이 못생겼어.

    ✎ ugly는 '(용모가) 못생긴'이란 뜻 외에 '불쾌한', '추악한', '보기 흉한' 등 다양한 의미로 써
    요. an ugly sound 불쾌한 목소리 / an ugly rumor 추악한 소문 / an ugly bridge 보
    기 흉한 다리

---

introduce /인트러듀-쓰/ 1. 소개하다 2. 접하게 하다

Can I introduce myself? 제 소개를 해도 될까요?

    ✎ Can I 대신 Let me도 자주 쓰죠. Let me introduce myself. My name is Jeff
    Kent. 제 소개를 할게요. 제 이름은 제프 켄트예요.

My aunt introduced me to cooking. 이모는 내게 요리를 접하게 해주었다.

---

dream /드뤼-임/ 1. 꿈을 꾸다 2. 희망 3. 꿈 4. 이상적인

She dreamed of becoming a chef. 그녀는 요리사가 되는 것을 꿈꿨어.

Her dream is to make a movie. 그녀의 꿈은 영화를 만드는 거야.

I had a funny dream last night. 어젯밤에 웃기는 꿈을 꿨어.

Seeing him again was like a bad dream. 그를 다시 보는 것은 악몽과도 같았어.

like a bad dream 악몽 같은

In your dreams! 꿈 깨!(= Dream on!)

🖉 우리는 말도 안되는 소리를 들으면 '꿈 깨!'나 '꿈도 꾸지 마!'라고 하죠. 하지만 영어는 반대로 '꿈에서나 그래.(In your dreams!)'나 '계속 꿈꿔!(Dream on!)'이라고 표현해요.

What's your dream job? 네가 바라는 직업은 뭐니?

🖉 가장 바라는 이상적인 사람이나 사물 앞에 dream을 붙여 말해요. dream home 꿈에 그리던 집 / dream husband 이상적인 남편 / dream team 환상적인 멤버로 이루어진 팀

UNIT 138

A My heart was beating to this **loud** music.

B I'm getting **hungry** because I've been **jumping** and **shouting** a lot.

내 심장이 이 요란한 음악에 맞춰 뛰고 있었어. / 계속 뛰면서 소리를 질렀더니 배가 고파.

---

loud /라우드/ 1. 소리가 큰 2. 요란한

Could you speak louder? 좀 더 크게 말해 주시겠어요?

I read the book out loud. 그 책을 큰 소리로 읽었어.

🖉 out loud는 '소리 내어'의 뜻이에요. 예를 들어 laugh out loud는 '소리 내어 웃다'이죠. 채팅창에 약어로 머리글자를 따서 LOL이라 쓰기도 해요. I literally LOLed when I got your text. 네 문자를 받고 정말 엄청 웃었어.

Did I just say that out loud? 내가 방금 그렇게 큰 소리로 말했니?

Your shirt is so loud. 니 셔츠 완전 요란하다.

🖉 색상, 빛깔이나 무늬가 지나치게 화려한 경우에 써요. loud colors 요란한 색상 / loud jewelry 요란한 보석

hungry /헝그뤼/ 배고픈

I'm hungry. What's for dinner? 배고파. 저녁은 뭐야?

관련단어 묶어보기
starve /스타-ㄹ브/ 굶주리다

You must be starving! 배고프겠다!

✎ be starving 또는 be starved는 '몹시 배고픈'의 뜻이에요. When are we eating? I'm starved. 우리 언제 밥 먹어? 나 배고파.

They'll either die from the cold or starve to death.
그들은 추위로 죽거나 굶어 죽을 것이다.
starve to death 굶어죽다

jump /쩜ㅍ/ 뛰다

The children jumped up and down with joy.
아이들은 기뻐서 펄쩍 뛰었다.
jump up and down 펄쩍펄쩍 뛰다

관련단어 묶어보기
bounce /바운쓰/ 깡충깡충 뛰다

Stop bouncing on the bed! 침대에서 뛰지 마!

bound /바운드/ 1. ~할 것 같은 2. ~행의(for)

She's bound to find out. 그녀는 틀림없이 알아낼 거야.

✎ be bound to-v는 '틀림없이 ~하다'란 뜻이에요. Such a foolish plan is bound to fail. 이런 어리석은 계획은 틀림없이 실패할 거야.

She got on a plane bound for Peru. 그녀는 페루 행 비행기를 탔다.

shout /샤우ㅌ/ 소리치다

I shouted for help but nobody came. 도와달라고 소리쳤지만 아무도 오지 않았어.

관련단어 묶어보기
scream /스크뤼-임/ 소리치다, 비명을 지르다

She felt like screaming at her husband.
그녀는 남편에게 소리치고 싶은 심정이었다.

A Where's the box office?
B We don't **sell tickets** at the **door**.
매표소가 어디죠? / 현장에서는 표를 팔지 않아요.

sell /쎌/　(sold-sold) 1. 팔다　2. 팔리다

We sold the car for $10,000. 우리는 그 차를 1만 달러에 팔았어.

Ice cream sells well in the summer. 아이스크림은 여름에 잘 팔린다.

The seats are completely sold out. 좌석이 완전히 매진되었다.

　✍ be sold out은 '다 팔리다, 매진되다'의 뜻이에요. 주어로 we를 쓰기도 해요. Are there any more tickets? 표 남은 거 있나요? - No, I'm sorry. We're sold out. 아뇨. 죄송합니다. 다 팔렸어요.

관련단어 묶어보기
sale /쎄일/　**판매; 매출(sales)**

Sales of automobiles are up this year. 올해 자동차 매출이 증가했다.

The department store is having a sale now. 그 백화점은 지금 세일을 하고 있다.
have a sale 세일하다

It's not for sale. 그건 판매용이 아니에요.
for sale 팔려고 내놓은

These pants are on sale. 이 바지는 세일 중이야.

　✍ on sale은 주로 '할인 중인'이란 뜻으로 쓰지만 '팔려고 내놓은'이란 뜻으로도 쓰여요. Her new novel will go on sale next week. 그녀의 새 소설이 다음 주부터 판매를 시작해.

ticket /티킷/　**티켓**

I'd like to book two tickets to Berlin. 베를린으로 가는 표 두 장을 예약하고 싶어요.

door /도-ㄹ/ 문

Be sure to lock the door. 문을 꼭 잠가.

lock the door 문을 잠그다

He lives next door to us. 그는 우리 옆집에 살아.

next door 옆집에

I prefer working out of doors. 야외에서 일하는 것이 더 좋아.

out of doors 집 밖에서(= outdoors)

관련단어 묶어보기

gate /게이트/ 탑승구

Air France flight 76 leaves from gate 6A.

에어 프랑스 76편은 6A 탑승구에서 출발합니다.

> ✏️ gate는 공항의 탑승구나 건물 밖 담이나 펜스에 있는 문을 말해요. 반면 door는 주로 건물 안에 있는 문을 말하죠.

UNIT 140

A You should change that aspect of your **personality**.

B What's wrong with it?

A Don't **raise** your voice. You're too **sensitive**.

너는 네 성격의 그런 면을 바꿔야 해. / 뭐가 문제인데? / 목소리 높이지 마. 넌 너무 예민해.

---

personality /퍼-ㄹ서낼러티/ 성격

His wife has a strong personality. 그의 아내는 개성이 강해.

관련단어 묶어보기

person /퍼-ㄹ슨/ 인간, 개인

She is a morning person. 그녀는 아침형 인간이야.

✏ night person 저녁형 인간, cat person 고양이를 좋아하는 사람, dog person 개를 좋아하는 사람, people person 사교적인 사람, coffee person 커피를 좋아하는 사람

You look better in person. 실물이 나으세요.

✏ 사진으로만 봤던 사람을 직접 만나서 실물이 낫다고 말할 때 쓰는 표현이에요. 이때 in person은 '직접, 몸소'의 뜻이죠.

personal /퍼-ㄹ서널/ 개인적인

He quit his job for personal reasons. 그는 개인적인 이유로 회사를 그만뒀어.

personally /퍼-ㄹ서널리/ 개인적으로

Personally, I don't like comedy movies.
개인적으로, 나는 코미디 영화를 좋아하지 않아.

Don't take it personally. 언짢게 생각하지 마.

✏ 직역하면 '그것(상대방의 말이나 행동)을 개인적으로 받아들이지 마'인데, 기분 상하게 하려고 일부러 한 건 아니니 이해하라는 뜻으로 쓰는 표현이에요. Don't take it personally, but you really need a haircut. 언짢게 생각하진 말고, 너 정말 머리 좀 깎아야겠어.

personnel /퍼-ㄹ서넬/ 인사과

She works in personnel. 그녀는 인사과에서 일해.

character /캐뤽터르/ 성격, 성품

He has a good character. 그는 성격이 좋아.

✏ character와 personality는 모두 '성격'의 뜻으로 쓰여요. character가 오랜 기간 형성된 '인성, 품성'을 나타낸다면, personality는 '친절한(kind), 외향적인(outgoing), 냉정한(cold)'처럼 다른 사람과 구별 짓는 그 사람만이 지닌 '특성'을 주로 나타내죠.

feature /퓌-쳐ㄹ/ 1. 특징 2. 얼굴 생김새, 이목구비

This phone has some new features. 이 전화기는 몇 가지 새로운 특징이 있다.
Your eyes are your best feature. 너는 얼굴에서 눈이 제일 예뻐.

raise /뤠이ㅈ/ 1. 올리다 2. 키우다

Raise your hand if you know the answer. 정답을 알면 손을 들어.
I was born and raised in Seoul. 나는 서울 토박이야.

    ✎ raise는 '키우다'이고 grow up은 '자라다'예요. I was born in Busan, but I grew up in Seoul. 난 부산에서 태어났지만, 서울에서 자랐어.

관련단어 묶어보기

lift /리프트/ **들어 올리다**

He lifted his arms over his head. 그는 두 팔을 머리 위로 들어올렸다.

rise /롸이즈/ **(rose-risen) 오르다**

Sales rose by thirty percent. 매출이 30퍼센트 증가했다.

grow /그로우/ **(grew-grown) 1. 자라다 2. ~해지다**

Grow up! 철 좀 들어!

    ✎ grow up은 신체적으로 '성장'하는 것을 뜻하기도 하지만, 정신적으로 '성숙'하는 것을 나타내기도 하죠. 비슷한 뜻으로 Act your age!가 있어요. Sarah, act your age! You're like a child sometimes. 사라, 나잇값 좀 해! 가끔 어린애 같이 굴어

The skies grew dark. 하늘이 어두워졌다.

breed /브뤼-드/ **품종**

What breed of dog is that? 저건 어떤 품종의 개야?

---

sensitive /쎈써티ㅂ/ **1. 세심한 2. 민감한**

He's kind and sensitive. 그는 친절하고 세심해.

She's very sensitive about her weight. 그녀는 체중에 아주 민감해.

관련단어 묶어보기

sense /쎈ㅆ/ **1. 감각 2. 의미**

He has a really good sense of humor. 그는 정말 유머감각이 뛰어나.

That makes sense. 일리 있네.

    ✎ make sense는 '말이 되다, 타당하다' 외에 '이해하기 쉽다'의 뜻으로 쓰여요. Does it make sense to you? 이해하시겠어요?

sensible /쎈써블/ **합리적인**

She seems very sensible. 그녀는 매우 분별력이 있어 보인다.

nonsense /나-안쎈쓰/ **허튼소리**

That's absolute nonsense! 그건 정말 말도 안 되는 소리야!

concept /카-안쎕트/ **개념**

He has no concept of time. 그는 시간개념이 없어.

Review

우리말 뜻을 보고 영어 단어를 써넣으세요.

01 음식 값이 정말 비싸!   Food is _____ expensive.

02 겁내지 마.   Don't be _____.

03 무서워 죽겠어.   I'm _____ to death.

04 당황하지 마.   Don't _____.

05 그는 맨날 나를 비난해.   He's _____ criticizing me.

06 교통이 꽤 안 좋았어.   The traffic was _____ bad.

07 그는 얼굴이 못생겼어.   He has an _____ face.

08 제 소개를 해도 될까요?   Can I _____ myself?

09 꿈 깨!   In your _____!

10 좀 더 크게 말해 주시겠어요?   Could you speak _____?

11 배고프겠다!   You must be _____.

12 그녀는 반드시 알아낼 거야.   She's _____ to find out.

13 우리는 그 차를 팔았어.   We _____ the car.

14 그건 판매용이 아니에요.   It's not for _____.

15 이 바지는 세일 중이야.   These pants are _____ sale.

16 그는 우리 옆집에 살아.   He lives next _____ to us.

17 실물이 나으세요.   You look better in _____.

18 언짢게 생각하지 마.   Don't take it _____.

19 나는 서울 토박이야.   I was born and _____ in Seoul.

20 일리 있네.   That makes _____.

Answer

01 so   02 afraid   03 scared   04 panic   05 always   06 pretty   07 ugly   08 introduce
09 dreams   10 louder   11 starving   12 bound   13 sold   14 sale   15 on   16 door   17 person
18 personally   19 raised   20 sense

A When you come out of the **bathroom**, make sure the **water** is turned off.

B Water is **leaking** from the pipe.

화장실에서 나올 때 수돗물을 잠갔는지 꼭 확인해. / 배관에서 물이 새고 있어.

bathroom /배ㄸ루-움/   화장실

I have to go to the bathroom. 화장실에 가야겠어.

> 🖉 bathroom은 주로 집안에 있는 화장실을 나타내지만 공중 화장실을 뜻하기도 해요. '공중 화장실'은 보통 restroom, men's room, ladies' room을 쓰죠. 영국에서는 toilet이나 WC도 '화장실'의 뜻이에요. 비행기에 있는 '화장실'은 lavatory입니다.

관련단어 묶어보기

bath /배ㄸ/   목욕

I took a bath before bed. 자기 전에 목욕을 했어.

take a bath 목욕하다

shave /쉐이브/   면도하다

Brian had cut himself shaving. 브라이언은 면도를 하다 베였다.

wash /와-쉬/   씻다

Go wash up now. 이제 가서 씻어.

toilet /토일럿/   변기

Flush the toilet after using it. 사용한 후에 변기 물 내려.

The toilet is blocked up. 변기가 막혔어.

> 🖉 toilet은 미국에서는 주로 '변기', 영국에서는 '화장실'의 뜻으로 써요.

shower /샤우어ㄹ/   샤워

I was taking a shower. 샤워하고 있었어.

take a shower 샤워하다

water /워-터ㄹ/   물; (화초에) 물을 주다

Will you water my house plants while I'm away?
내가 없는 동안 우리 집 화분에 물 좀 줄래?

The smell makes my mouth water. 그 냄새를 맡으니 군침이 돌아.

make one's mouth water 군침이 돌다

관련단어 묶어보기
ice /아이ㅆ/   **얼음**

He tried to break the ice with a joke. 그는 농담으로 어색함을 깨려 했다.

break the ice 서먹서먹한 분위기를 깨다

 직역하면 '얼음을 깨다'인데 이때 '얼음'은 '냉랭한 분위기'를 비유적으로 나타낸 표현이에요.
보통 사람들이 처음 만나서 어색하고 대화가 잘 이루어지지 않을 때 써요.

melt /멜ㅌ/   **녹이다**

Melt the butter in a saucepan. 냄비에 버터를 녹여.

float /플로우ㅌ/   **흘러가다**

I looked up at the clouds floating in the sky. 하늘에 떠 있는 구름을 올려다보았어.

leak /리-ㅋ/   **1. 새다 2 누출**

My car is leaking oil. 내 차에 기름이 새고 있어.

The explosion was caused by a gas leak. 그 폭발은 가스 누출 때문이었다.

UNIT 142   A Does he have **evidence** to support this?
B **Nobody knows**.

그는 이걸 뒷받침할 증거를 가지고 있니? / 아무도 모르지.

evidence /에뷔던ㅆ/   **증거**

There is no evidence that he is a criminal. 그가 범인이라는 증거는 없어.

관련단어 묶어보기
proof /프루-ㅍ/   **1. 증거, 증명 2. 알콜 함량**

Keep the receipt as proof of purchase. 영수증을 구입 증빙으로 보관하세요.

I can't drink anything over 40 proof. 나는 20도 이상의 술은 못 마셔.

✏️ 영어로 '알콜 함량'은 proof로 나타내요. proof 수치는 우리가 쓰는 '도수'의 대략 2배라 보면 돼요. 20도 = 40 proof

prove /프루-ㅂ/ 증명하다

I know you're lying! – Prove it. 거짓말하는 거 알아! – 증명해 봐.

nobody /노우버디/ 아무도 ~않다 (= no one)

I knocked on the door, but nobody answered.
문을 두드렸는데 아무도 답하지 않았어.

관련단어 묶어보기
none /넌/ 아무도

None of my friends helped me. 내 친구 중 누구도 나를 돕지 않았어.

know /노우/ (knew-known) 알다

Do I know you? 저 아세요?

✏️ 모르는 사람이 아는 척 인사하거나 말을 걸어올 때 영어는 Do you know me?라고 하지 않고 Do I know you?로 표현하니 주의하세요.

Who knows? 누가 알겠어?(= God knows.)
Not that I know of. 내가 알기론 그렇지 않아.

✏️ 상대방의 말에 아닌 것 같긴 하지만 100% 확신할 수 없을 때 쓰는 표현이에요. Is she seeing anybody? 그녀는 사귀는 사람 있니?– Not that I know of. 내가 알기론 아냐

You don't want to know. 모르는 게 좋을 거야.

✏️ 직역하면 '너는 아는 걸 원하지 않을 기야.'인데 상대방에게 알게 되면 후회할 깃이란 내용을 부드럽게 돌려 말할 때 써요. What is she doing? 그녀는 뭐하고 있어? - Believe me. You don't want to know. 날 믿어. 모르는 게 좋아.

You never know. 그건 알 수 없는 일이야.

어떤 일을 단정해 이야기하는 상대방에게 어떤 일이 일어날지는 아무도 알 수 없다고 할 때 써요. You never know. You might win the lottery. 그건 알 수 없는 일이야. 네가 복권에 당첨될지 누가 알아?

I knew it. 그럴 줄 알았어.

 어떤 일이 예상한대로 일어났을 때 쓰는 표현이에요. She says she's not coming. 그녀가 오지 않을 거야. - I knew it. 그럴 줄 알았어

How should I know? 내가 어떻게 알아?(= I have no idea.)

 상대방이 내가 모르는 사실을 당연히 알 것처럼 물어올 때 쓰는 표현이에요. 비슷한 의미로 How am I supposed to know?을 쓰기도 해요.

You know, I don't like this kind of movie.
있잖아, 난 이런 종류의 영화를 좋아하지 않아.
you know 있잖아

As far as I know, it's a matter of time. 내가 알기로 그건 시간문제야.
as far as I know 내가 알기로

관련단어 묶어보기
knowledge /날-리쥐/ 　지식

I have no basic knowledge in computers.
나는 컴퓨터에 대한 기본적인 지식이 없어.

UNIT 143

A It's so **bright** I can't see the screen well.

B Why don't you **close** the **curtain**?

너무 밝아서 화면이 잘 안 보여. / 커튼을 치지 그래?

bright /브롸이트/　1. 밝은　2. 똑똑한　3. 앞날이 밝은

The room was large and bright. 그 방은 크고 밝았어.

She is a bright child. 그녀는 똑똑한 아이예요.

The child has a bright future. 그 아이는 장래가 밝아.

Look on the bright side. 긍정적으로 생각해.

close /클로우ㅈ/   1. 닫다   2. 문을 닫다   /클로우ㅆ/ 3. 가까운   4. 사이가 가까운   5. 막상막하의

Do you mind if I close the window? 창문을 닫아도 될까요?

The store closes every Sunday. 그 가게는 일요일마다 문을 닫아.

The shop closed down last year. 그 가게는 작년에 폐업했어.

close down 폐업하다

My house is close to the school. 우리 집은 학교에서 가깝다.

> ✏️ close가 '거리가 가까운'이라는 뜻일 때는 명사 앞에 잘 쓰지 않고, 주로 close to 형태로 써요. 명사 앞에서는 nearby를 씁니다. 근처 학교 a nearby school

I'm really close to him. 나는 그와 정말 친해.

Korea won. It was a close game. 한국이 이겼어. 막상막하의 경기였지.

That was close. 큰일 날 뻔했어.

> ✏️ 무언가 안 좋은 일이 일어날 뻔한 상황에서 써요. 우리말로는 '십년감수했어.'나 '아슬아슬했어.'로 해석될 수 있어요. 비슷한 표현으로 That was a close call.을 쓰기도 해요. That car almost hit me. That was a close call. 저 차가 날 칠 뻔했어. 정말 아슬아슬했어.

관련단어 묶어보기

closely /클로우슬리/   가까이

I watched his face closely. 그의 얼굴을 유심히 지켜봤어.

shut /셧/   (shut – shut) 닫다

Shut up and listen! 입 닥치고 내 말 들어!

shut up 입을 다물다

curtain /커-ㄹ튼/

She drew the curtains and switched the light on. 그녀는 커튼을 치고 불을 켰다.

draw the curtain 커튼을 치다

A I saw the movie ***Modern*** Times yesterday.

B You mean the **famous** film about a factory worker during the **Depression** of the 1930s?

어제 '모던 타임즈'라는 영화를 봤어. / 1930년대 공황 당시의 공장 노동자에 관한 유명한 영화 말이야?

modern /마-더-ㄹ언/ 현대적인

This airport is very modern. 이 공항은 매우 현대적이다.

A cellphone is a necessity in modern society.

현대 사회에서 휴대전화는 필수품이다.

famous /풰이머ㅆ/ 유명한

France is famous for its wine. 프랑스는 와인으로 유명해.

be famous for ~로 유명하다

She is famous as a writer. 그녀는 작가로 유명해.

be famous as ~로 유명하다

관련단어 묶어보기

popular /파-퓰러ㄹ/ 1. 인기 있는 2. 대중의

Baseball is a popular sport in Korea. 야구는 한국에서 인기 있는 스포츠야.

Popular support for the president has increased.

대통령에 대한 대중의 지지가 높아졌어.

population /파-퓰레이션/ 인구

What's the population of Korea? 한국의 인구는 얼마나 되나요?

Florida has a large Hispanic population. 플로리다는 히스패닉 인구가 많다.

depression /디프뤠션/ 1. 우울증 2. 불경기, 불황

He was in a state of depression. 그는 우울증에 빠져 있었어.

Many companies closed during the depression.

불경기 동안 많은 회사들이 문을 닫았다.

boom /부-움/   1. 호황, 붐   2. 꽝하는 소리

There is a boom in online games. 온라인 게임이 호황이야.

We heard a boom in the distance. 멀리서 꽝하는 소리가 들렸다.

A I'd like to buy **under** $50, if **possible**.

B How about this T-shirt? It's on sale for thirty **bucks**.

가능하다면 50달러 아래로 사고 싶어요. / 이 티셔츠는 어떠세요?
30달러에 할인 판매 중이에요.

under /언더ㄹ/   1. ~ 미만의   2. ~ 아래에, 속에

Children under 10 are not admitted. 10세 미만의 어린이는 입장할 수 없다.

She is wearing a blouse under her coat.
그녀는 코트 아래에 블라우스를 입고 있어.

I'm under a lot of stress at work. 직장에서 스트레스를 많이 받아.

under stress 스트레스를 받는

The road is under construction. 그 도로는 공사 중이야.

under construction 공사 중인

underneath /언더ㄹ니-ㄸ/   ~ 아래에, 밑에

Life jackets are located underneath the seats.
구명조끼는 좌석 아래에 위치해 있다.

possible /파-써블/   가능한

Is it possible to speak to the manager, please? 매니저와 얘기할 수 있을까요?

I'll send it today if possible. 가능하다면 오늘 보낼게.

if possible 가능하면

As soon as possible. 가능한 빨리.(= ASAP)

possibly /파-써블리/   혹시, 아마

Could you possibly close that window? 저 창문 좀 닫아 주시겠습니까?

✎ Could you possibly...?는 '혹시 ~이 가능할까요?'의 뜻으로 누군가에게 무언가를 정중하게 부탁할 때 써요.

possibility /파-써빌러티/ 가능성

Is there a possibility of getting a scholarship? 장학금을 받을 가능성이 있을까요?

impossible /임파-써블/ 불가능한

If you try your best, nothing is impossible. 최선을 다한다면 불가능한 일은 없다.

buck /벅/ 달러 (= dollar)

He owes me ten bucks. 그는 나에게 10달러를 빚졌어.

✎ buck은 dollar를 가리켜요. 참고로 1,000달러는 grand라고 해요. He bought a used car for about five grand. 그는 중고차를 5,000달러쯤 주고 샀어.

I feel like a million bucks. 기분이 아주 좋아.

✎ like a million bucks는 '아주 좋은'의 뜻이에요. buck 대신 dollar를 쓰기도 하죠. You look like a million dollars in that suit. 그 정장을 입고 있으니까 정말 멋져 보여.

Ten bucks says you're wrong. 네가 틀렸다는데 10달러 걸게.

✎ ten bucks says는 직역하면 '10달러가 말하다'인데 돈을 걸고 내기를 할 정도로 확실하다고 장담할 때 써요. 금액은 바꿔 말할 수도 있어요. Twenty bucks says you can't finish it. 네가 그걸 끝내지 못한다에 20달러 건다.

우리말 뜻을 보고 영어 단어를 써넣으세요.

01 화장실에 가야겠어.   I have to go to the _____.

02 자기 전에 목욕을 했어.   I took a _____ before bed.

03 가서 씻어.   Go _____ up now.

04 변기 물 내려.   Flush the _____.

05 샤워하고 있었어.   I was taking a _____.

06 우리 집 화분에 물 좀 줄래?   Will you _____ my house plants?

07 냄비에 버터를 녹여.   _____ the butter in a saucepan.

08 내 차에 기름이 새고 있어.   My car is _____ oil.

09 증명해 봐.   _____ it.

10 누가 알겠어?   Who _____?

11 밝은 면을 봐.   Look on the _____ side.

12 그 가게는 작년에 폐업했어.   The shop _____ down last year.

13 입 닥치고 내 말 들어!   _____ up and listen!

14 이 공항은 매우 현대적이다.   This airport is very _____.

15 프랑스는 와인으로 유명해.   France is _____ for its wine.

16 야구는 인기 있는 스포츠야.   Baseball is a _____ sport.

17 온라인 게임이 호황이야.   There is a _____ in online games.

18 스트레스를 많이 받아.   I'm _____ a lot of stress.

19 불가능한 일은 없어.   Nothing is _____.

20 기분이 아주 좋아.   I feel like a million _____.

Answer

01 bathroom   02 bath   03 wash   04 toilet   05 shower   06 water   07 Melt   08 leaking
09 Prove   10 knows   11 bright   12 closed   13 Shut   14 modern   15 famous   16 popular
17 boom   18 under   19 impossible   20 bucks

297

A My brother is the one with a **dark** sports jacket.
B Oh, I see him. He's holding a **bunch** of **flowers**.
내 남동생은 어두운 스포츠 재킷을 입고 있어. / 오, 보인다. 꽃다발을 들고 있네.

dark /다-ㄹ크/　1. 어두운(↔ light)　2. 암울한

We'd better go home. It's getting dark. 집에 가야겠다. 날이 어두워지고 있어.

The movie was dark and gloomy. 그 영화는 어둡고 암울했어.

관련단어 묶어보기

light /라이트/　1. 불, 등　2. 신호등(= traffic light)　3. 가벼운　4. 약한
　　　　　　　5. (lit-lit) 불을 붙이다

She left a light on in the room. 그녀는 방에 불을 켜두었다.

The light turned green. 신호등이 초록색으로 변했다.

Hydrogen is lighter than air. 수소는 공기보다 가볍다.

I'm a light sleeper. 나는 잠귀가 밝아.

> 🖉 light sleeper는 잠을 깊이 못자고 작은 소리에도 쉽게 잠을 깨는 사람을 말해요. 반대로 누가 깨워도 잘 깨지 못할 정도로 깊이 자는 사람은 heavy sleeper라고 하죠.

He lit a cigarette. 그는 담배에 불을 붙였다.

shine /샤인/　(shone-shone) 비추다

Can you shine the flashlight over here? 여기 손전등 좀 비춰줄래?

He goes jogging every day, rain or shine.
그는 비가 오나 눈이 오나 매일 조깅을 한다.

> 🖉 rain or shine은 '비가 오든 해가 나든', 즉 '날씨에 상관없이'란 뜻이에요. 우리말로는 '비가 오나 눈이 오나'와 비슷한 뜻을 갖는 표현이죠.

flash /플래쉬/　1. 플래시　2. 섬광, 번쩍임

The flash didn't go off. 플래시가 터지지 않았어.

A week has passed in a flash. 일주일이 눈 깜짝할 사이에 지나갔다.

> 🖉 in a flash는 마치 빛이 번쩍이고 사라지는 것처럼 빠른 속도를 표현할 때 써요. 우리말로는 '순식간에, 눈 깜짝할 사이에'의 뜻이죠.

bunch /번취/ 다발, 송이; 많음

That's a bunch of crap! 그건 헛소리야!

a bunch of 많은(= a lot of)

🖉 crap은 원래 '똥'을 말해요. 속어로는 '허튼 소리'란 뜻으로 쓰입니다.

flower /플라우어ㄹ/ 꽃

The flowers are in full bloom. 꽃이 만발했어.

🖉 be in full bloom은 '활짝 피어 있다'의 뜻이에요.

관련단어 묶어보기
rose /로우즈/ 장미

He gave me a bouquet of red roses. 그는 내게 빨간 장미 한 다발을 주었다.

🖉 a bouquet of red roses는 '빨간 장미 한 다발'이에요. bouquet는 '꽃다발'의 뜻으로 /부케이/로 발음해요.

UNIT 147

A Japan **claims** Dokdo is their **land**.

B Says **who**? Dokdo **definitely belongs** to Korea.

일본은 독도가 자기 땅이라 주장해. / 누구 맘대로? 독도는 분명 한국 땅이야.

claim /클레임/ 주장하다

She claimed that the dog attacked her. 그녀는 개가 자신을 공격했다고 주장했다.

관련단어 묶어보기
insist /인씨스트/ 수상하나

Stay for supper. I insist! 저녁 드시고 가세요. 사양하지 마세요!

🖉 I insist!는 상대방에게 호의를 베풀고 싶다며 거절하지 마시라고 강하게 말할 때 써요.

Why don't you call them up? – Oh, if you insist!

오늘 그들에게 전화해 보는 게 어때? - 아, 정 그렇다면!

> ✒ if you insist는 썩 내키지 않지만 상대방의 권유에 못 이겨 동의할 때 쓰는 표현입니다.

land /랜ㄷ/　1. 땅, 육지　2. 착륙하다

The price of land is rising. 땅값이 오르고 있다.

My flight landed in Chicago an hour late.
내 비행기는 시카고에 한 시간 늦게 도착했다.

관련단어 묶어보기

field /퓌-일ㄷ/　분야; 들판

He is an expert in this field. 그는 이 방면의 전문가다.

ground /그롸운ㄷ/　1. 땅　2. 외출을 금지하다

They work 200 meters below ground. 그들은 지하 200미터에서 일한다.

I'm grounded. 나 외출 금지야.

> ✒ be grounded는 '외출 금지를 당하다'의 뜻이에요. Go to your room. You're grounded! 네 방으로 가. 넌 외출 금지야.

dig /디ㄱ/　(dug-dug) 파다

The dog was digging a hole. 개가 구멍을 파고 있었다.

Let's dig in. 먹자.

> ✒ dig in에서 dig는 '파다', in은 '안으로'니까 직역하면 '(음식을) 안으로 파다', 즉 '음식을 먹기 시작하다'란 뜻인 거죠.

who /후-/　누구, 누가

Who's calling, please? 누구시죠?

> ✒ 전화를 건 사람이 누구인지 물을 때 Who's calling, please?나 May I ask who's calling?을 써요.

whose /후-ㅈ/ 누구의

Whose coat is this? 이건 누구의 코트죠?

whoever /후-에붜ㄹ/ 누구든

Whoever he is, I do not want to see him. 그가 누구든 보고 싶지 않아.

> ✏ 의문사에 -ever가 붙으면 '~든'이란 뜻이에요. whatever 무엇이든 / whenever 언제든 / wherever 어디든 / however 어떻게든

---

definitely /데퓌너틀리/ 분명히

Will you come to the party? – Definitely! 파티에 올래? - 물론이지!

> ✏ 상대방의 제안을 흔쾌히 받아들이거나 상대방의 말에 동의할 때 Definitely., Absolutely., Exactly., For sure. 등을 써요. We all need to work harder. 우린 모두 더 열심히 일해야 해. - Absolutely! 정말 그래.

---

definite /데퓌너트/ 분명한

Please give me a definite answer. 확실하게 대답해 주세요.

definition /데퓌니션/ 정의

What is the definition of happiness? 행복의 정의는 무엇일까?

define /디퐈인/ 정의하다

The word *love* is difficult to define briefly.
사랑이라는 단어는 간단히 정의하기 어렵다.

---

belong /빌로-옹/ 1. ~에 속하다 2. 제자리에 있다 3. ~의 소유이다(to)

You don't belong here. 넌 여기 안 어울려.

> ✏ 직역하면 '너는 여기에 속해 있지 않아.'로 어떤 곳에서 어울리지 못하고 어색해하는 사람에게 쓰는 표현이에요.

Put the chair back where it belongs. 의자를 제자리에 갖다 놔.

The house belonged to my grandfather. 그 집은 우리 할아버지의 것이었어.

 UNIT 148

A I think he is **cheating** on me.
B **Break** up with him. There are plenty of **fish** in the sea.
그가 바람피우고 있는 것 같아. / 헤어져. 다른 남자도 많아.

cheat /취-ㅌ/ 속이다, 부정행위를 하다

He cheated on the test. 그는 시험에서 부정행위를 했어.

　✎ cheat on은 '시험에서 부정행위를 하다' 또는 '바람을 피우다'의 뜻으로 써요. 우리말로 시험
　에서 부정행위를 할 때 쓰는 '컨닝(cunning)'은 잘못된 표현이에요.

break /브뤠익/ (broke-broken) 1. 깨다 2. 어기다 3. 쉬다 4. 고장 내다
　　　　　　　　　5. 잔돈으로 바꾸다 6. 휴식

The kid broke the window. 아이가 창문을 깼다.

I never break my promises. 나는 약속을 어기는 법이 없어.

Shall we break for lunch now? 이제 점심 먹으러 갈까?

　✎ break는 '짧은 시간 동안 하던 일을 멈추다'란 뜻으로 쓰여요.

I broke the washing machine. 세탁기를 고장 냈어.

　✎ '세탁기가 고장 났어.'라고 할 때는 The washing machine broke.나 The washing
　machine is broken을 쓸 수 있어요. 자동차, 지하철, 오토바이 등이 고장 났을 때는 주로
　break down을 써요. My car broke down. 내 차 고장 났어.

Can you break a 20-dollar bill? 20달러짜리 지폐를 잔돈으로 바꿔 주시겠어요?

Let's take a ten-minute break. 10분만 쉬자.

　✎ take a break는 '잠시 휴식을 취하다'의 뜻이에요. break 앞에 구체적인 시간을 쓰거나
　take 다음에 숫자로 간단히 표현할 수도 있어요. Let's take a five-minute break. =
　Take five. 5분 쉬자.

I'll go shopping during my lunch break. 점심시간에 쇼핑하러 갈 거야.

Give me a break. 좀 봐줘.

🖋 Give me a break.는 상황에 따라 '좀 봐줘., 말도 안 돼., 그만 좀 해.' 등 다양한 뜻으로 쓰이는 표현이에요. I was only late once. Give me a break. 딱 한번 늦었다. 좀 봐 줘. / He says he went to Harvard. 걔 하버드 나왔대. - Give me a break. 말도 안 돼. / Aren't you finished yet? 아직 안 끝났니? - Give me a break. I started 10 minutes ago. 그만 좀 해. 10분 전에 시작했다고.

Is the dog housebroken? 개가 대소변을 가리니?
housebroken 대소변을 가리는

관련단어 묶어보기
crack /크랙/   **갈라져 생긴 금**

The cup has a crack in it. 컵에 금이 갔어.

---

fish /퓌쉬/   **생선**

We had fish for dinner. 우리는 저녁으로 생선을 먹었어.

🖋 mackerel 고등어, salmon 연어, tuna 참치, cod 대구, trout 송어, catfish 메기

I feel like a fish out of water. 정말 어색해.

🖋 a fish out of water는 직역하면 '물 밖에 나온 물고기'로 낯선 환경에서 어색하거나 불편해 하는 사람을 비유적으로 표현한 말이에요. Our new teacher looked like a fish out of water. 새로 오신 선생님은 무척 어색해 하는 것처럼 보여.

I drink like a fish. 나는 술을 많이 마셔.
drink like a fish 술을 많이 마시다

He goes fishing every weekend. 그는 주말마다 낚시를 간다.
go fishing 낚시하러 가다

UNIT 149
A My throat's all **dried** up.
B Here, try an herb candy. It should **clear** your **throat**.
목이 칼칼해. / 여기, 이 허브 사탕 먹어봐. 목이 시원해질 거야.

dry /드라이/   **1. 건조한   2. 건성인   3. 말리다, 닦다**

Store in a cool dry place. 서늘하고 건조한 곳에 보관해.

She has dry skin. 그녀는 피부가 건조해.

He is drying his hair with a towel. 그는 수건으로 머리를 말리고 있어.

관련단어 묶어보기

wet /웨ㅌ/   1. 젖은   2. 마르지 않은   3. 오줌을 싸다

His shirt was wet with sweat. 그의 셔츠는 땀으로 젖어 있었다.

The paint is still wet. 페인트가 아직 마르지 않았어.

He wet his bed again. 그는 침대에 다시 오줌을 쌌어.

clear /클리어ㄹ/   1. 분명한   2. 맑은   3. 깨끗한, 투명한   4. 치우다

It's clear that he's lying. 그는 거짓말하는 게 분명해.

The weather will be clear tomorrow. 내일은 날씨가 맑을 거야.

This fish lives only in very clear water. 이 물고기는 아주 깨끗한 물에서만 살아.

It's your turn to clear the table. 네가 식탁을 치울 차례야.

> ✎ clear는 '치우다', clean은 '청소하다'예요. clear the table 식탁 위 접시 등을 치우다 / clean the table 행주로 식탁 위 먼지 등을 깨끗이 닦다

관련단어 묶어보기

clearly /클리얼리/   분명히

I saw it clearly with my own eyes. 내 눈으로 분명히 보았어.

pure /퓨어ㄹ/   1. 순수한   2. 깨끗한

This ring is made of pure gold. 이 반지는 순금으로 만들어졌어.

The mountain air is pure. 산 공기는 깨끗해.

vague /붸이ㄱ/   애매한

He gave a vague answer. 그는 애매하게 대답했어.

throat /뜨로우ㅌ/   목

I have a sore throat. 목이 아파.

have a sore throat 목이 아프다

He cleared his throat. 그는 목청을 가다듬었다.

clear one's throat 목청을 가다듬다

UNIT 150

A **Excuse** me. Is the **restaurant** still open?

B Yes, but I'm afraid you'll have to **hurry**.

실례합니다. 식당이 아직 영업하나요? / 네, 하지만 서두르셔야 할 거예요.

---

excuse /익스큐-ㅈ/   1. **실례하다**   2. /익스큐-ㅆ/ **변명**

Excuse me for a second. 잠깐만 실례할게요.

Don't make excuses. 변명하지 마.

make an excuse 변명하다, 핑계 대다

관련단어 묶어보기

pardon /파-ㄹ든/   **용서하다**

Oh, pardon me. 오, 죄송합니다.

My phone number is 920-9013. – I beg your pardon?

제 전화번호는 920-9013입니다. – 뭐라고 하셨죠?

> ✎ 상대방의 말을 알아듣지 못했을 때 I beg your pardon? 외에도 Excuse me?, Sorry?, Come again?, Could you say that again? 등을 쓸 수 있어요.

---

restaurant /뤠스터라-안트/   **식당**

We had a meal in a Chinese restaurant. 우리는 중국 식당에서 식사했어.

관련단어 묶어보기

menu /메뉴-/   **메뉴**

May I see the menu, please? 메뉴 좀 볼 수 있을까요?

---

hurry /허-뤼/   1. **서두르다**   2. **서두름**

If you hurry, you'll get there in time. 서두르면 제시간에 도착할 겁니다.

Hurry up! We're going to be late! 서둘러! 우리 늦어!

No hurry. 천천히 해.(= Take your time.)

I'm in a hurry. 나 급해.
be in a hurry 바쁘다
What's the hurry? 뭐가 그리 급해?(= What's the rush?)

우리말 뜻을 보고 영어 단어를 써넣으세요.

01 날이 어두워지고 있어.   It's getting _____.

02 나는 잠귀가 밝아.   I'm a _____ sleeper.

03 그건 헛소리야!   That's a _____ of crap!

04 사양하지 마세요!   I _____!

05 땅값이 오르고 있다.   The price of _____ is rising.

06 나 외출 금지야.   I'm _____.

07 먹자.   Let's _____ in.

08 누구시죠?   _____'s calling, please?

09 이건 누구의 코트죠?   _____ coat is this?

10 넌 여기 안 어울려.   You don't _____ here.

11 그가 시험에서 부정행위를 했어.   He _____ on the test.

12 점심 먹으러 갈까?   Shall we _____ for lunch?

13 컵에 금이 갔어.   The cup has a _____ in it.

14 나는 술을 많이 마셔.   I drink like a _____.

15 페인트가 아직 마르지 않았어.   The paint is still _____.

16 네가 식탁을 치울 차례야.   It's your turn to _____ the table.

17 그는 애매하게 대답했어.   He gave a _____ answer.

18 목이 아파.   I have a sore _____.

19 변명하지 마.   Don't make _____.

20 뭐가 그리 급해?   What's the _____?

Answer

01 dark 02 light 03 bunch 04 insist 05 land 06 grounded 07 dig 08 Who 09 Whose
10 belong 11 cheated 12 break 13 crack 14 fish 15 wet 16 clear 17 vague 18 throat
19 excuses 20 hurry

A Can you **direct** me to the **police station**?
B Sorry, I'm a stranger here myself.

경찰서 가는 길 좀 알려주시겠어요? / 죄송합니다만, 저도 이곳이 처음이에요.

direct /디뤡트/   1. 알려주다   2. 총괄하다   3. 감독하다   4. 직행의   5. 딱 부러지는

Can you direct me to the bus station? 버스 터미널까지 가는 길 좀 알려주실래요?

She is going to direct the new project. 그녀는 새 프로젝트를 총괄할 거야.

The movie was directed by John Ford. 그 영화는 존 포드가 감독했어.

Is there a direct flight to Boston? 보스턴으로 가는 직항편이 있나요?

I like his direct manner. 그의 딱 부러지는 태도가 좋아.

관련단어 묶어보기
direction /디뤡션/   1. 방향   2. 지시

I have a good sense of direction. 나는 방향 감각이 좋아.

I followed the directions on the label. 라벨에 적힌 지시를 따랐어.

directly /디뤡틀리/   직접

You'd better talk to her directly. 그녀와 직접 대화하는 게 좋을 거야.

police /펄리-씨/   (the) 경찰

He reported the accident to the police. 그는 그 사고를 경찰에 신고했어.

관련단어 묶어보기
cop /카-압/   경찰 (= police officer)

Somebody call the cops! 누가 경찰 좀 불러!

station /스테이션/   1. 역   2. 소, 서, 국

I want to get off at the next station. 다음 역에서 내리고 싶어요.

Is there a gas station around here? 근처에 주유소가 있나요?

✎ gas station 주유소, police station 경찰서, fire station 소방서, broadcasting station 방송국

UNIT 152

A Mommy, Tom said a **dirty word**.

B I'll **teach** him a **lesson**.

엄마, 톰이 상스러운 말을 했어요. / 그 녀석 한번 혼내줘야겠구나.

dirty /더-ㄹ티/　1. 더러운　2. 비열한

The room was dirty and untidy. 그 방은 더럽고 지저분했어.

It's dirty to attack someone from behind. 뒤에서 누군가를 공격하는 것은 비열해.

He gave her a dirty look. 그는 그녀를 째려봤어.

> 🖊 a dirty look은 '불쾌한 또는 화난 얼굴 표정'이에요. 그래서 [give+사람+a dirty look]은 누군가를 안 좋은 표정으로 보는 걸 말하죠.

word /워-ㄹ드/　1. 단어; 말, 대화　2. 약속, 맹세

I'll have a word with him. 내가 그와 말해볼게.

have a word with ~와 말을 하다

> 🖊 word는 '단어' 외에 '말, 대화'란 뜻이 있어요. Can I have a word with you for a second? 잠깐 나랑 얘기 좀 할 수 있어?

Promise you won't say a word to anyone. 아무한테도 말 안 하겠다고 약속해.

> 🖊 say a word는 '말 한마디 하다'인데 부정어 not과 같이 '한 마디도 하지 않다'란 뜻으로 써요. Don't say a word. 아무 말도 하지 마. / I won't say a word. 아무 말도 안 할게.

I trust him to keep his word. 나는 그가 약속을 지킬 것이라 믿어.

keep one's word 약속을 지키다(= keep one's promise)

You have my word. 약속할게.(= I give you my word.)

> 🖊 직역하면 '너는 내 맹세를 가지고 있어.'로 서로 간에 약속한 걸 꼭 지키겠다고 할 때 써요. Are you certain? 확실해? - You have my word. 내 말 믿어.

In a word, he is a genius. 한마디로 그는 천재다.

in a word 한 마디로(= in short, in a nutshell)

teach /티-취/　(taught-taught) 가르치다

My dad taught me to swim. 아빠는 내게 수영을 가르쳐 주셨어.

관련단어 묶어보기
lecture /렉쳐ㄹ/ **강의**

A lot of students attended his lecture. 많은 학생들이 그의 강의를 들었다.

lesson /레쓴/ **1. 수업 2. 단원, 과 3. 교훈**

I'm taking a ballet lesson. 발레 수업을 받고 있어.

This book is divided into 15 lessons. 이 책은 15개의 단원으로 나뉘어 있다.

The accident taught us a valuable lesson.
그 사고는 우리에게 소중한 교훈을 주었어.

UNIT 153

A What do you think of him?

B He's **honest**, **experienced**, and **neat**.

너는 그를 어떻게 생각하니? / 그는 정직하고, 경험이 많고 단정해.

honest /아-니스트/ **정직한, 솔직한**

He is an honest person. 그는 정직한 사람이야.

To be honest, I was scared. 솔직히, 무서웠어.

to be honest 솔직히

관련단어 묶어보기
honestly /아-니스틀리/ **솔직히**

Honestly, it doesn't matter. 솔직히, 그건 중요하지 않아.

frank /프랭크/ **솔직한, 숨김없는**

To be frank, I don't like him very much. 솔직히, 그를 별로 좋아하지 않아.

> ✎ '솔직히'란 뜻으로 to be honest, to be frank, to be honest with you, to be frank with you, honestly speaking, frankly speaking, honestly, frankly 등 다양한 표현이 있어요.

experienced /익스**피**어뤼언스트/ 경험이 많은

He's a very experienced teacher. 그는 아주 경험이 많은 선생님이야.

관련단어 묶어보기

experience /익스**피**어뤼언씨/ 경험

I have experience in teaching English. 영어를 가르친 경험이 있어요.

> 회화 패턴 **I have experience in ...** ~한 경험이 있어요
>
> I have a lot of experience in this field. 이 분야에 대한 경험이 많아요.
> I have some experience in fashion design. 패션 디자인에 경험이 좀 있어요.
> I have four year's experience in management. 4년의 관리 경험이 있어요.

In my experience, that is not correct. 경험상, 그건 정확하지 않아.

in my experience 내 경험에 의하면

experiment /익스**페**뤼먼트/ 실험

We do lots of experiments in class. 우리는 수업시간에 많은 실험을 해.

---

neat /니-트/ 1. 단정한 2. 깔끔한 3. 뛰어난, 멋진

His clothes are always neat. 그의 옷은 항상 단정해.

She is a very neat person. 그녀는 아주 깔끔한 사람이야.

What a neat idea! 정말 멋진 생각이다!

A I got a speeding ticket last **month**.
B Did you pay the **fine**? That's your **fault**.

지난달에 속도위반 딱지를 받았어. / 벌금 냈어? 그건 네 잘못이야.

month /먼뜨/ 달, 월

He's starting college at the end of the month. 그는 이달 말에 대학에 입학한다.

> ✏ at the end of the month 이달 말에, at the start of the month 이달 초에, next month 다음달, last month 지난달, month by month 달마다

She was in the hospital for months. 그녀는 몇 달 동안 입원해 있었다.

for months 몇 달 동안

관련단어 묶어보기
monthly /먼뜰리/   **매월의**

How much is the monthly gas bill? 가스 요금이 한 달에 얼마 나와?

---

fine /퐈인/   **1. 괜찮은   2. 가는(↔ thick)   3. 벌금을 물리다**

I'm fine with it. 난 괜찮아.

     🖉 '괜찮을 거야.'라고 상대방을 위로할 때는 You'll be fine.을 써요.

She has fine hair. 그녀는 머리카락이 가늘다.
He was fined $50 for speeding. 그는 과속으로 50달러의 벌금을 물었어.

관련단어 묶어보기
penalty /페널티/   **처벌, 벌금**

What's the penalty for late payment? 연체하면 벌금이 얼마지요?

---

fault /포-올트/   **1. 잘못   2. 결함**

It's not your fault. 그건 네 잘못이 아냐.
The car has a serious fault. 그 차는 심각한 결함이 있어.

관련단어 묶어보기
slip /슬립/   **1. 실수   2. 미끄러지다**

Sorry, it was a slip of the tongue. 미안, 말실수였어.
a slip of the tongue 말실수
He slipped on the ice. 그는 얼음 위에서 미끄러졌다.
It slipped my mind. 깜빡했어.

     🖉 직역하면 '그것이 내 정신에서 빠져나갔다'인데 주로 깜빡하고 어떤 일을 하지 않아 핑계를 댈 때 써요. I'm sorry I forgot your birthday. It slipped my mind. 네 생일을 잊어서 미안해. 깜빡했어.

blame /블레임/   **탓하다**

Don't blame me. 나를 탓하지 마.

I don't blame you. 그럴 수 있어.

> ✎ 직역하면 '나는 너를 탓하지 않아.'인데 상대방의 행동이나 태도가 어쩔 수 없는 상황 때문이었다고 이해하거나 동의할 때 써요. Then I told him to leave. 그러고 나서 그에게 나가라고 했어. - I don't blame you. 그럴 수 있어.

A Would this **purse** make a nice **gift** for her?
B How about a **key** chain? That would be **simple** and cheap.

이 핸드백이 그녀에게 좋은 선물이 될까? / 열쇠고리는 어때? 소박하고 저렴할 거야.

purse /퍼-ㄹ쓰/ 여성용 가방(= handbag)

I put my wallet in my purse. 지갑을 핸드백에 넣었어.

> ✎ purse와 handbag은 '여성용 가방'이고, wallet은 지폐나 신용카드 등을 넣는 접이식 지갑을 말해요.

gift /기프트/ 1. 선물(= present) 2. 재능

I gave him a book as a gift. 그에게 선물로 책을 줬어.

She has a gift for languages. 그녀는 언어에 재능이 있어.

관련단어 묶어보기
wrap /랩/ 1. 포장하다 2. 마무리하다(up)

Could you wrap the present for me? 선물 좀 포장해 주실래요?

> ✎ 장식을 넣어서 선물 포장을 해달라고 할 때는 gift-wrap을 써요. Would you gift-wrap it? 선물용으로 포장해 주실래요?

It's time to wrap up the project. 프로젝트를 마무리할 때야.
wrap up 마무리하다

key /키-/ 1. 열쇠 2. 비결 3. 핵심적인

I can't find my car key. 내 자동차 열쇠를 찾을 수가 없어.

Creativity is the key to success. 창의력은 성공의 열쇠다.

She played a key role in the game. 그녀는 경기에서 중요한 역할을 했어.

play a key role 중요한 역할을 하다

simple /씸플/   1. 쉬운 (= easy)   2. 소박한

It's simple to make cider. 사과 주스를 만드는 건 쉬워.

We had a simple but delicious meal. 우리는 소박하지만 맛있는 식사를 했어.

`관련단어 묶어보기`
simply /씸플리/   1. 간단히   2. 단순히

To put it simply, he was fired. 간단히 말하면, 그는 해고되었어.

> ✐ to put it simply는 '간단히 말하면'이란 뜻이에요. 이때 put은 '말하다'란 의미죠. simply put, simply speaking도 비슷한 표현이에요. Simply put, the movie was horrible. 간단히 말하면, 그 영화는 끔찍했어.

It's not simply a question of money. 단순한 돈 문제가 아니다.

우리말 뜻을 보고 영어 단어를 써넣으세요.

01 그의 딱 부러지는 태도가 좋아.   I like his _____ manner.

02 나는 방향 감각이 좋아.   I have a good sense of _____.

03 누가 경찰 좀 불러!   Somebody call the _____!

04 근처에 주유소가 있나요?   Is there a gas _____ around here?

05 그는 그녀를 째려봤어.   He gave her a _____ look.

06 약속할게.   You have my _____.

07 발레 수업을 받고 있어.   I'm taking a ballet _____.

08 솔직히, 무서웠어.   To be _____, I was scared.

09 경험상, 그건 정확하지 않아.   In my _____, that is not correct.

10 그의 옷은 항상 단정해.   His clothes are always _____.

11 가스 요금이 한 달에 얼마 나와?   How much is the _____ gas bill?

12 난 괜찮아.   I'm _____ with it.

13 그건 네 잘못이 아냐.   It's not your _____.

14 깜빡했어.   It _____ my mind.

15 네가 그럴 만도 해.   I don't _____ you.

16 지갑을 핸드백에 넣었어.   I put my wallet in my _____.

17 그녀는 언어에 재능이 있어.   She has a _____ for languages.

18 선물 좀 포장해 주실래요?   Could you _____ the present?

19 창의력은 성공의 열쇠다.   Creativity is the _____ to success.

20 간단히 말하면, 그는 해고되었어.   To put it _____, he was fired.

Answer

01 direct   02 direction   03 cops   04 station   05 dirty   06 word   07 lesson   08 honest
09 experience   10 neat   11 monthly   12 fine   13 fault   14 slipped   15 blame   16 purse
17 gift   18 wrap   19 key   20 simply

UNIT 156

A Can you help me carry the groceries into the house?

B Of **course**. What did you buy?

A I bought some **fruit**, **vegetables**, and **milk**.

식료품을 집 안으로 옮기는 것 좀 도와줄래? / 물론이지. 무엇을 샀니? / 과일, 채소랑 우유를 샀어.

---

course /코-ㄹ쓰/　1. 과정　2. 항로

I'm taking a course in English grammar online.
온라인으로 영어 문법 과정을 듣고 있어.

The plane was off course. 비행기가 항로를 이탈했어.

off course 항로를 이탈해서

Are you leaving now? – Of course not. 지금 가니? – 물론 아니지.

> ✍ 상대방의 말을 강하게 부정할 때 Of course not.이나 Certainly not, Absolutely not.,
> Definitely not. 등을 써요. Are you angry with me for being late? 내가 늦어서 화
> 났니? - No, certainly not. 오, 전혀 아냐.

fruit /프루-ㅌ/　과일

Bananas are my favorite fruit. 바나나는 내가 가장 좋아하는 과일이야.

관련단어 묶어보기

apple /애플/　사과

My daughter is the apple of my eye. 내 딸은 눈에 넣어도 안 아파.

> ✍ the apple of one's eye는 '무척 사랑하는 사람이나 사물'을 가리켜요. 이때 apple은 '눈
> 동자(pupil)'를 뜻하죠. 눈동자는 눈에서 가장 중요하기 때문에 비롯된 표현이에요.

lemon /레먼/　레몬; 불량품

I soon realized the car was a lemon. 그 차가 고물이라는 걸 곧 깨달았어.

> ✍ 레몬은 보기엔 예쁘지만 한입 베어 물면 신맛이 너무 강해서 얼굴이 찌푸려지죠. 그래서
> lemon이 겉은 멀쩡해 보이지만 속은 불량인 제품에 비유적으로 쓰여요. My computer is
> a lemon. 내 컴퓨터는 고물이야.

strawberry /스트뤄-베뤼/　딸기

Strawberries are in season these days. 요즘 딸기가 제철이야.

vegetable /붸쥐터블/   채소

Vegetables are rich in vitamins. 채소는 비타민이 풍부해.

milk /밀ㅋ/   우유

I like banana-flavored milk. 바나나 맛 우유를 좋아해.
banana-flavored milk 바나나 맛 우유

`관련단어 묶어보기`
cheese /취-ㅈ/   치즈 (cheesy 저급한)

This song is so cheesy. 이 노래는 정말 유치해.

yogurt /요우거르트/   요구르트

Yogurt is usually low in fat. 요구르트는 보통 지방이 적다.

UNIT 157

A It's **somewhat** weird.
B Then let's **stop** and see whether one of the tires is going **flat**.

좀 이상해. / 그럼 세워서 타이어 중에 하나가 펑크 났는지 보자.

somewhat /썸왙/   좀, 약간

This novel is somewhat boring. 이 소설은 좀 지루해.

`관련단어 묶어보기`
rather /래더ㄹ/   좀, 약간

The color is green rather than blue. 그 색은 파란색이라기보다는 녹색에 가까워.
rather than ~보다 차라리
I'd rather go back. 차라리 돌아가는 게 낫겠어.
would rather 차라리 ~하겠다

stop /스타-ㅍ/ 1. 멈추다 2. 정류장

Stop it! That hurts! 그만해! 아파!

We need to get off at the next stop. 우리 다음 정류장에서 내려야 해.

> ✎ 우리가 주변에서 흔히 보는 '버스 정류장'은 bus stop이에요. 터미널처럼 여러 대의 버스가 운행 중인 곳은 bus station 또는 bus terminal이라 해요.

I'll stop by tomorrow. 내일 들를게.

> ✎ '잠깐 들르다'의 뜻으로 stop by와 drop by를 써요. stop by는 우리가 상점에 물건을 사러 들렀을 때처럼 약간의 시간이 걸리는 상황에, drop by는 주로 물건 같은 것을 건네줄 때처럼 아주 잠깐 들렀을 때 씁니다.

관련단어 묶어보기
quit /크윝/ 그만두다

She quit her job. 그녀는 직장을 그만뒀어.

> ✎ stop은 일상적으로 반복되는 행위를 잠깐 멈출 때, quit은 그 행위를 멈추고 다시는 하지 않겠다고 할 때 써요. 그래서 quit은 주로 습관(habit)이나 직업(job)을 그만둔다고 할 때 쓰죠.

block /블라-악/ 1. 막다, 차단하다 2. 구역

I think he blocked you. 그가 널 차단한 것 같아.

The sink's blocked up. 싱크대가 막혔어.

block up 구멍을 막다(= clog up)

It's three blocks from here. 여기서 세 블록 떨어져 있어.

flat /플랱/ 1. 평평한 2. 김이 빠진

The land around here is very flat. 이 부근의 땅은 아주 평평해.

I have a flat tire. 타이어가 펑크 났어.

> ✎ flat tire는 펑크가 나서 납작해진 타이어를 말해요. 그래서 have a flat tire는 '(펑크 난) 납작한 타이어를 가지다', 즉 '타이어가 펑크 나다'란 뜻이에요.

This Coke has gone flat. 이 콜라는 김이 빠졌어.

> ✎ 콜라나 맥주가 김이 빠졌을 때, go flat이나 be flat을 써요. This beer is flat. = This beer has gone flat. 맥주가 김이 빠졌어.

even /이-븐/　1. 고른　2. 훨씬　3. ~조차도

The floor isn't even. 바닥이 고르지 않아.

She's even more intelligent than her sister. 그녀는 언니보다 훨씬 더 똑똑하다.

> 🖉 even은 '훨씬'의 뜻으로 비교급 앞에서 형용사를 강조하는 역할을 해요. much, a lot, far, still 등도 비슷한 쓰임을 갖죠. I'm feeling much better. 몸이 훨씬 나아졌어.

Even a child can understand it. 어린아이조차도 이해할 수 있다.

UNIT 158

A Who's in **charge** of producing the new product **line**?

B It will be announced at the next **staff** meeting.

누가 신제품 라인의 생산을 담당하나요? / 다음 직원회의에서 발표될 겁니다.

---

charge /차-ㄹ쥐/　1. 청구하다　2. 고소하다　3. 충전하다　4. 앞으로 달아놓다
　　　　　　　　　5. 책임

The hotel charges $124 a night. 그 호텔은 하룻밤 숙박료가 124달러야.

He was charged with murder. 그는 살인죄로 기소되었어.

I forgot to charge the battery. 배터리 충전하는 걸 깜빡 했어.

> 🖉 charge는 '충천하다'의 뜻으로 다양하게 써요. I need to charge my phone. 휴대폰을 충전해야 해. / The battery is charging. 배터리가 충전 중이야.

Charge it to my room, please. 요금은 내 방으로 달아 주세요.

> 🖉 호텔의 유료 서비스를 이용한 후에, 방으로 비용을 청구해 달라고 할 때 써요.

Delivery is free of charge. 발송은 무료예요.

> 🖉 free of charge에서 free는 '~이 없는', charge는 '청구'니까 '청구가 없는', 즉 '무료의' 란 뜻이죠. 비슷한 표현으로 free, for free 등이 있어요.

I'm in charge of customer service. 고객 서비스 담당이에요.

> 🖉 charge는 명사로 '책임'의 뜻이 있어요. 그래서 in charge of는 '~의 책임에 있는', 즉 '~을 담당해서'란 뜻이죠. I'm in charge of accounting. 회계 담당이에요.

I left the battery on charge all night. 밤새 배터리를 충전해 두었다.
on charge 충전하여

line /라인/ 선, 줄

Sign your name on the line at the bottom. 맨 아래 줄에 서명하세요.

I was standing in line to order. 주문하려고 줄을 서 있었다.
stand in line 줄을 서다

Hold the line, please. 끊지 말고 기다려 주세요.
hold the line 전화를 끊지 않고 기다리다

`관련단어 묶어보기`

online /오-온라인/ 온라인의

You can buy tickets online. 온라인으로 표를 살 수 있어요.

row /로우/ 줄, 열

Our seats are three rows from the front. 우리 자리는 앞에서 3번째 줄이에요.

> ✎ 3번째 줄은 three rows 또는 the third row를 써요.

It has rained for two days in a row. 이틀 연달아 비가 내렸어.

> ✎ in a row는 마치 줄을 세운 것처럼 '연달아서, 연속해서'의 뜻이에요. He won three gold medals in a row. 그는 3회 연속 금메달을 땄어.

staff /스태프/ 직원

We're having a staff party today. 우리는 오늘 직원회식을 해.

> ✎ staff는 집합 명사로 개인이 아니라 직원 전체를 나타내는 말이에요. 직원 한 사람을 말할 때는 staff member라고 해요. She's a new staff member. 그녀는 새로 들어온 직원이야.

A Can you **extend** your validity **date** by one month?
B No, we can't **alter** the agreement.

유효기간을 한 달 연장해 줄 수 있나요? / 아뇨, 계약서를 변경할 순 없어요.

extend /익ㅅ텐ㄷ/   1. 확장하다   2. 연장하다

We're going to extend our kitchen. 우리는 부엌을 더 크게 만들 거예요.

The contract will be extended to May 2030.
계약 기간이 2030년 5월까지 연장된다.

관련단어 묶어보기
extension /익ㅅ텐션/   연장; 내선

Give me extension 121, please. 내선 121번 부탁합니다.

extent /익ㅅ텐ㅌ/   정도

I agree with her to a certain extent. 어느 정도 그녀의 의견에 동의해.
to a certain extent 어느 정도까지

range /뤠인쥐/   범위

The price range is from 200 dollars to 500 dollars.
가격대가 200달러에서 500달러까지 있어.

---

date /데이ㅌ/   1. 날짜   2. 데이트   3. ~와 데이트하다

What date is it today? – It's March 10th. 오늘이 며칠이지? – 3월 10일.

> ✎ 날짜를 물을 때는 What date is it today. 또는 What's today's date?를, 요일에는
> What day is it today?(오늘 무슨 요일이야?)를 써요.

I have a date with him tonight. 오늘 밤 그와 데이트가 있어.
Are you still dating him? 그와 아직 사귀니?

> 🔊 '~와 사귀다'는 date with가 아니라 date 또는 have a date with를 써요.

---

alter /올-터ㄹ/   바꾸다

She altered her schedule. 그녀는 일정을 바꿨어.

관련단어 묶어보기
change /췌인쥐/　1. 바뀌다　2. 잔돈　3. 기분 전환

You haven't changed a bit. 너 하나도 안 변했구나.

Would you change seats with me? 저와 자리 좀 바꿔 주시겠어요?
change seats 자리를 바꾸다

Here's four dollars. Keep the change. 여기 4달러요. 잔돈은 가지세요.
keep the change 잔돈을 가지다

Let's eat out for a change. 기분 전환으로 외식하자.
for a change 기분 전환으로

UNIT 160

A Why don't we hire **some temporary** workers?
B You're **right**. That would be an alternative.
임시 직원을 고용하는 게 어때? / 맞아. 그게 대안이 될지 몰라.

---

some /썸/　조금의

Would you like some cake? 케이크 좀 드실래요?

　🖉 some은 주로 긍정문에 쓰지만 무언가를 권유하거나 요청할 때는 의문문이어도 any가 아니라 some을 써요.

관련단어 묶어보기
any /에니/　1. 어떤　2. 어떤 ~라도

Do you have any questions? 질문 있으십니까?
Any time will be fine. 아무 때나 괜찮아.

　🖉 any가 긍정문에서 사람이나 사물 앞에서 '어떤 ~라도'의 뜻으로 쓰여요. Any child knows that. 어떤 아이라도 그걸 알아.

I can't wait any more. 더 이상 기다릴 수 없어.
not ... any more 더 이상 ~ 않다

temporary /템퍼뤄뤼/　일시적인

More than half the staff are temporary. 직원의 절반 이상이 임시직이야.

관련단어 묶어보기
part-time /파-ㄹ트타임/　시간제의

I work part-time at a fast food restaurant. 패스트푸드점에서 아르바이트해.

forever /퍼뤠버ㄹ/　영원히

I want to live here forever. 여기서 영원히 살고 싶어.

permanent /퍼ㄹ머넌트/　영구적인

I'm looking for a permanent job. 정규직을 찾고 있어.

---

right /롸이트/　1. 옳은, 맞는　2. 오른쪽　3. 바로, 곧　4. 권리

You went there, right? 거기 갔었지, 맞지?

> 🖉 상대방에게 사실을 확인하며 가볍게 '맞지?'라고 말할 때 문장 끝에 right를 붙여 표현해요. You're bored, right? 심심하지, 맞지? / The meeting is at 11, right? 회의가 11시에 있지, 맞지?

Take a right turn here. 여기서 우회전해.
I'll be right back. 금방 돌아올게.

> 🖉 I'll be right there.는 '금방 그리로 갈게.', I'll be right out.은 '금방 나갈게.'의 뜻이에요. 참고로 right없이 I'll be back.이라 말하면 금방은 아니지만 언젠가 돌아오겠다는 뜻이 돼요.

The public has a right to know. 대중은 알 권리가 있어.

관련단어 묶어보기
left /레프트/　왼쪽

On your left you can see City Hall. 왼쪽으로 시청이 보여요.

correct /커뤡트/　1. 맞는　2. 고치다

That's correct. 맞아.
Correct me if I'm wrong. 내가 틀리면 고쳐줘.

✎ 내가 알던 것과 다르게 상황이 돌아갈 때 조금은 황당해하며 쓸 수 있는 표현이에요. Correct me if I'm wrong, but didn't you say you'd never met him before? 내가 틀리면 고쳐줘. 너 그를 전에 만난 적이 없다고 하지 않았어?

우리말 뜻을 보고 영어 단어를 써넣으세요.

01 비행기가 항로를 이탈했어. The plane was off _____.

02 그 차는 고물이었어. The car was a _____.

03 채소는 비타민이 풍부해. _____ are rich in vitamins.

04 이 노래는 정말 유치해. This song is so _____.

05 이 소설은 좀 지루해. This novel is _____ boring.

06 차라리 돌아가는 게 낫겠어. I'd _____ go back.

07 내일 들를게. I'll _____ by tomorrow.

08 싱크대가 막혔어. The sink's _____ up.

09 타이어가 펑크 났어. I have a _____ tire.

10 바닥이 고르지 않아. The floor isn't _____.

11 그는 살인죄로 기소되었어. He was _____ with murder.

12 끊지 말고 기다려 주세요. Hold the _____, please.

13 이틀 연달아 비가 내렸어. It has rained for two days in a _____.

14 우리는 오늘 직원회식을 해. We're having a _____ party today.

15 내선 121번 부탁합니다. Give me _____ 121, please.

16 오늘이 며칠이지? What _____ is it today?

17 잔돈은 가지세요. _____ the change.

18 아무 때나 괜찮아. _____ time will be fine.

19 금방 돌아올게. I'll be _____ back.

20 내가 틀리면 고쳐줘. _____ me if I'm wrong.

Answer

01 course 02 lemon 03 Vegetables 04 cheesy 05 somewhat 06 rather 07 stop
08 blocked 09 flat 10 even 11 charged 12 line 13 row 14 staff 15 extension 16 date
17 Keep 18 Any 19 right 20 Correct

A How **much** is it **altogether**?

B Let's see, that comes **to** $60.

A Do you accept **credit** cards?

전부 얼마죠? / 어디 보자, 60달러입니다. / 신용카드 되나요?

much /머취/　1. 많은　2. (비교급 강조) 훨씬

I didn't get much sleep last night. 어젯밤에 잠을 많이 못 잤어.

✍ much는 '많은'의 뜻으로 셀 수 없는 명사 앞에 써요. much time 많은 시간, much money 많은 돈

How much in total? 전부 얼마야?

✍ how much는 '얼마'의 뜻으로 가격을 물을 때 써요. How much is that? 저거 얼마예요? / How much are these shoes? 이 신발 얼마예요?

She can run much faster than I can. 그녀는 나보다 훨씬 빨리 달릴 수 있어.

관련단어 묶어보기
many /메니/　많은

I have many things to do. 할 일이 많아.

✍ many는 '많은'의 뜻으로 셀 수 있는 명사 앞에 써요. many friends 많은 친구들, many people 많은 사람들

altogether /올-터게더ㄹ/　모두 합쳐 (= in all)

There were five people altogether. 모두 다섯 명이었다.

to /투-/　~로, ~쪽으로

He walked to the station. 그는 역까지 걸어갔다.

I read the book from beginning to end. 그 책을 처음부터 끝까지 읽었어.

from A to B A부터 B까지

credit /크뤠딭/　1. 신용　2. 인정, 칭찬, 공로　3. 학점

I bought the dishwasher on credit. 신용카드로 식기 세척기를 샀어.

✑ on credit은 '신용으로'의 뜻으로 물건을 외상으로 사거나 신용카드로 결제하는 것을 말해요.

What's the credit limit on your Visa card? 비자카드 신용한도는 어떻게 돼?
She took credit for trying her best. 그녀는 최선을 다해서 인정을 받았어.

✑ take credit은 긍정적으로는 '인정/칭찬을 받다', 부정적으로는 '(남의) 공로를 차지하다'의 뜻으로 쓰여요. He took credit for everything that Olivia did. 그는 올리비아가 했던 모든 공로를 차지했어.

I don't have enough credits to graduate. 나는 졸업하기에 학점이 충분하지 않아.

✑ 졸업을 위해 필요한 이수학점을 credit라 해요. 성적을 말할 때 쓰는 학점에는 grade를 써요. a three-credit course 3학점 과정 / grade point average(GPA) 평균 평점

UNIT 162

A How much longer **until** the team completes the **cost** analysis for the new **project**?
B It **should** be done by tomorrow.

팀이 새 프로젝트의 비용 분석을 마칠 때까지 얼마나 더 걸리니? / 내일까지 끝내야 해.

---

until /언틸/　~까지 (= till)

This coupon is valid until May. 이 쿠폰은 5월까지 유효해.
Until now he has lived alone. 지금까지 그는 혼자 살아왔어.
until now 지금까지

✑ until now는 지금까지는 그랬지만, 상황이 바뀌어 이제부터는 그렇지 않을 때 써요. 반면 비슷한 뜻으로 쓰이는 so far는 지금까지는 그랬는데, 앞으로는 어떻게 될지 알 수 없을 때 쓰죠. So far, so good. (앞으로는 모르겠지만) 지금까지는 아주 좋아.

---

cost /코-스트/　1. 비용　2. 비용이 들다

The cost of the repairs was very high. 수리비가 아주 많이 들었어.

We need to get that contract, at all cost.
우리는 무슨 수를 써서라도 그 계약을 따내야 해.

at all cost 무슨 일이 있어도

This camera cost 200 dollars. 이 카메라는 200달러가 들었어.

> ✎ buy(사다)와 pay(지불하다)로 비슷한 뜻을 표현할 수 있어요. I bought this camera for 200 dollars. 이 카메라를 200달러에 샀어. / I paid 200 dollars for this camera. 이 카메라를 사는데 200달러를 썼어.

관련단어 묶어보기

fee /퓌-/   요금, 수수료

The entrance fee is 15 dollars. 입장료는 15달러예요.

entrance fee 입장 요금

> ✎ 주로 어떤 서비스를 이용하고 지불하는 요금을 말해요. tuition fees 등록금 / legal fees 법률 상담료 / consultation fee 상담료

project /프롸쥌ㅌ/   과제

We're doing a project on the environment.
우리는 환경에 대한 프로젝트를 하고 있어.

should /슈ㄷ/   ~해야 하다

You should read his new book. 그의 새로운 책을 한번 읽어봐.

> ✎ should는 '~해야 하다'의 뜻이긴 하지만, 반드시 해야 한다는 강압적인 느낌보다는 '~하는 게 좋겠다'란 권유의 느낌으로 쓰는 경우가 많아요.

회화 패턴 ▷ **You should ...** ~해봐

You should go on a diet. 다이어트 좀 해.
You should take your ID. 신분증 챙겨.
You should get some rest. 좀 쉬어.

You shouldn't have come here. 여기 오지 말았어야지.

shouldn't have pp ~하지 말았어야 했는데

You shouldn't have. 안 그러셔도 되는데.

✏️ 선물을 받고 예의를 갖춰 감사하며 쓰는 표현이에요. 우리가 '뭘 이런 걸 다.'라고 말하는 것과 비슷하죠.

관련단어 묶어보기

ought to /오-ㅌ 터/　~해야 하다

You ought not to behave like that. 넌 그렇게 행동해서는 안 돼.

✏️ ought to는 should와 같은 뜻으로 쓰지만 좀 더 격식을 갖춘 느낌을 주죠. should에 비해 사용빈도는 떨어져요. '~하지 말아야 해'라고 부정할 때는 ought not to를 써요.

UNIT 163

A How can I **play pool** well?

B You have to **calculate** the **angles** accurately.

어떻게 하면 당구를 잘 칠 수 있을까? / 각도를 정확하게 계산해야 해.

play /플레이/　1. (게임, 놀이 등을) 하다　2. 연주하다　3. 연기하다　4. 놀다
5. 장난으로 속이다

Do you know how to play tennis? 테니스 칠 줄 아세요?

He was playing the piano. 그는 피아노를 치고 있었어.

✏️ play 다음에 '운동 이름'이 올 때는 관사를 쓰지 않아요. '악기 이름'이 올 때는 대체로 the를 쓰지만 생략하기도 해요. play soccer 축구하다, play baseball 야구하다 / play the violin 바이올린을 연주하다, play the guitar 기타를 연주하다

Who played Darth Vader in Star Wars?
누가 스타워즈에서 다스 베이더를 연기했지?

I won't play with Jenny. 나는 제니랑 안 놀 거야.

✏️ play는 아이들끼리 모여 노는 것을 뜻하는 단어에요. 어른들의 경우에는 play 대신 hang out으로 표현해요. Who is he hanging out with these days? 그는 요즘 누구랑 어울리니?

Don't play dumb. 시치미 떼지 마.

✏️ dumb은 '말을 못하는'의 뜻으로 play dumb은 말을 못하는 척 시치미 떼는 것을 말해요.

player /플레이어ㄹ/　**1. 선수　2. 바람둥이**

He's the key player in our team. 그는 우리 팀의 핵심 선수야

He's a player. 그는 바람둥이야.

✎ player는 주로 남자에게 쓰는 표현이에요. womanizer라고도 하죠. 남녀 모두 쓸 수 있는 표현으로는 flirt가 있어요. She's a real flirt. 그녀는 정말 바람둥이야.

pool /푸-울/　**1. 수영장　2. 당구**

The hotel has two outdoor pools. 그 호텔에는 야외 수영장이 두 개 있어.

He likes to play pool once a week. 그는 일주일에 한 번 당구치는 걸 좋아해.

✎ 우리가 흔히 '포켓볼'이라 부르는 당구 게임은 pocket ball이 아니라 pool이라 해야 맞는 표현이에요.

calculate /캘큘레이트/　**계산하다**

I'm trying to calculate the cost of the trip. 여행 경비를 계산하는 중이야.

calculation /캘큘레이션/　**계산**

Let me make a rough calculation. 대충 계산해 볼게.

angle /앵글/　**1. 각도　2. 관점**

The wall is leaning at a 10-degree angle. 벽이 10도 각도로 기울어져 있어.

Try looking at the problem from another angle.
한번 다른 관점에서 문제를 바라봐.

A Don't **count** on the **shipment** arriving **exactly** on time.

B Why not? Are you **anticipating** any delay?

선적이 정확히 제시간에 도착할 거라고 기대하지 마. / 왜? 지연될 걸로 예상하니?

count /카운트/   1. 세다   2. 중요하다

She can count up to five now. 그녀는 이제 다섯까지 셀 수 있어.

First impressions really count. 첫인상은 정말 중요해.

> ✎ '중요하다'의 뜻으로 count, matter, be important를 쓸 수 있어요. Every votes count. = Every votes matter. = Every votes are important. 선거에서의 모든 표는 중요해.

You can count on me. 날 믿어도 돼.

> ✎ count on은 '~을 믿다'의 뜻이에요. 비슷한 뜻으로 depend on, rely on이 있어요.

That sounds like fun. Count me in. 재밌겠다. 나도 끼워줘.

count in 포함시키다(↔ count out 제외하다)

shipment /쉽먼트/   선적

The goods are ready for shipment. 화물이 선적 준비가 되어 있다.

관련단어 묶어보기
ship /쉽/   (큰) 배, 선박

They boarded a ship bound for India. 그들은 인도로 가는 배에 올랐다.

boat /보우트/   배, 보트

We are in the same boat. 우리는 같은 처지야.

in the same boat 운명을 같이 하는

> ✎ 수백 명 정도의 승객을 태울 수 있는 배는 boat, 수천 명 이상의 승객을 수용할 수 있는 배에는 ship을 써요.

exactly /이그잭틀리/   정확히

I remember exactly what she said. 그녀가 말한 걸 정확히 기억해.

We need to buy a new car. – Exactly. 우리는 새 차를 사야 해. – 맞아.

> ✐ exactly는 '정확히'란 뜻으로 상대방의 말에 '정확히 그렇다', 즉 정말 그렇다고 동의할 때 쓰죠. 비슷한 뜻의 표현으로 absolutely나 definitely가 있어요.

He told you? - Not exactly. 그가 말해줬어? - 꼭 그런 건 아니고.

관련단어 묶어보기
exact /이그줵트/ **정확한**

I don't remember the exact date. 정확한 날짜는 기억나지 않아.

---

anticipate /앤티쎄페이트/ 기대하다

Sales are better than anticipated. 매출이 기대 이상이야.

관련단어 묶어보기
expect /익스펙트/ **기대하다**

It's better than I expected. 내가 기대했던 것보다 좋아.

> ✐ expect는 앞으로 어떤 일이 일어날 것이라고 생각하다의 뜻이에요. 한마디로 '예상하다'에 가까운 기대죠. 우리가 흔히 말하는 '손꼽아 기대하다'의 느낌에는 expect보다는 look forward to가 맞아요. I'm looking forward to my vacation. 휴가가 기대돼.

predict /프뤼딕트/ **예측하다**

Showers are predicted for tonight. 오늘 밤에는 소나기가 내릴 것으로 보입니다.

UNIT 165

A Apparently the **real estate** market's picking up.

B The **whole economy** will probably get better.

부동산 시장이 회복되고 있는 것 같아. / 아마 경제 전체가 좋아질 거야.

real /뤼-얼/ **1. 실제의, 현실의   2. (가짜가 아닌) 진짜의**

For real? 진짜?

I want to buy a real fur coat. 진짜 모피 코트를 사고 싶어.

관련단어 묶어보기

realistic /뤼얼리스틱/   현실적인

You should set realistic goals. 현실적인 목표를 세워야 해.

reality /뤼앨러티/   현실

You must face reality. 현실을 직시해야 해.

realize /뤼얼라이즈/   1. 깨닫다   2. 실현하다

I realized that she was crying. 그녀가 울고 있다는 걸 깨달았어.

He finally realized his dream. 그는 마침내 꿈을 실현했어.

practical /프랙티컬/   1. 실질적인   2. 현실적인

They can offer practical help. 그들은 실질적인 도움을 줄 수 있어.

The plan isn't practical. 그 계획은 현실적이지 않아.

estate /이스테이트/   재산; 유산

He left his entire estate to his son. 그는 전 재산을 아들에게 남겼어.

whole /호울/   모든

Let's just forget the whole thing. 그냥 다 잊자.

As a whole, the festival was successful. 대체로 축제는 성공적이었어.

as a whole 대체로

economy /이카-너미/   경기, 경제

The economy is getting worse. 경기가 악화되고 있어.

economic /이-커나-믹/ 경제의

Economic growth has been slow. 경제 성장이 더뎌.

우리말 뜻을 보고 영어 단어를 써넣으세요.

01 전부 얼마야?   How _____ in total.

02 할 일이 많아.   I have _____ things to do.

03 신용카드로 식기 세척기를 샀어.   I bought the dishwasher on _____.

04 이 쿠폰은 5월까지 유효해.   This coupon is valid _____ May.

05 이 카메라는 200달러가 들었어.   This camera _____ 200 dollars.

06 입장료는 15달러예요.   The entrance _____ is 15 dollars.

07 안 그러셔도 되는데.   You _____ have.

08 넌 그렇게 행동해서는 안 돼.   You _____ not to behave like that.

09 그는 피아노를 치고 있었어.   He was _____ the piano.

10 시치미 떼지 마.   Don't play _____.

11 그는 바람둥이야.   He's a _____.

12 대충 계산해 볼게요.   Let me make a rough _____.

13 날 믿어도 돼.   You can _____ on me.

14 우리는 같은 처지야.   We are in the same _____.

15 그녀가 말한 걸 정확히 기억해.   I remember _____ what she said.

16 예상보다 좋아.   It's better than I _____.

17 진짜?   For _____?

18 현실을 직시해야 해.   You must face _____.

19 그냥 다 잊자.   Let's just forget the _____ thing.

20 경세가 익화뇌고 있어.   The _____ is getting worse.

A Has the **finance committee approved** this year's **budget**?

B It's being **voted** on right now.

재무위원회에서 금년 예산을 승인했니? / 지금 투표 중이야.

finance /퐈이낸써/   재무, 금융

She wants to get a job in finance. 그녀는 금융 분야에 취직하고 싶어 해.

관련단어 묶어보기
financial /퐈이낸셜/   재정의

He had no financial support from his parents.

그는 부모로부터 재정적 지원을 받지 못했어.

committee /커미티/   위원회

She's on the management committee. 그녀는 운영 위원회 소속이야.

관련단어 묶어보기
commit /커미ㅌ/   저지르다

Women commit fewer crimes than men. 여성이 남성보다 범죄를 덜 저지른다.

commitment /커미ㅌ먼ㅌ/   헌신

I appreciate your commitment. 여러분의 헌신에 감사드려요.

approve /어프루-ㅂ/   찬성하다

I don't approve of cosmetic surgery. 나는 성형수술에 찬성하지 않아.

관련단어 묶어보기
approval /어프루-벌/   찬성, 승인

She showed her approval with a smile. 그녀는 미소를 지으며 찬성을 표시했다.

permission /퍼ㄹ미션/   허락

I have to get permission to use the car. 그 차를 이용하려면 허락을 받아해.

budget /버쥣/ 예산

I traveled on a tight budget. 나는 빠듯한 예산으로 여행했어.

vote /붜우트/ 1. 투표하다 2. (선거) 표

Who did you vote for? 누구한테 투표했니?

He lost the election by twenty votes. 그는 선거에서 20표 차로 졌어.

UNIT 167

A This robot will be used in many ways.
B **Like** how?
A By crawling through destroyed **areas** to search for **victims**.

이 로봇은 여러 가지 방법으로 사용될 거야. / 어떻게? / 피해자를 찾기 위해 파괴된 지역을 기어 다니면서 말이야.

like /라이크/ 1. 좋아하다 2. ~처럼

How do you like the movie? 그 영화 어때?

> 🖊 상대방의 느낌이나 생각을 물을 때 How do you like ...?을 써요. What do you think of ...?에 비해 좀 더 친근한 느낌을 주죠.

회화 패턴 ▶ **How do you like...?** ~은 어때?

How do you like your new job? 새로운 일은 어때?
How do you like my new shoes? 내 새 신발 어때?
How do you like the weather here? 여기 날씨 맘에 드니?

How do you like your egg? 달걀을 어떻게 해드릴까요?
how do you like ...? ~은 어떻게 해드릴까요?

> 🖊 달걀은 익히는 방법에 따라 hard-boiled(완숙), soft-boiled(반숙), scrambled(스크램블), over easy(한쪽을 모두 익히고 다른 쪽은 살짝 익힌), over hard(앞뒤 양쪽을 모두 익힌), sunny-side up(한쪽만 익힌) 등이 있어요.

Would you like something to drink? 음료수 좀 드시겠어요?
would you like ...? ~하시겠어요?

I'd like to see that movie. 그 영화를 보고 싶어요.

I would like to-v ~하고 싶어요

Like this? 이렇게요?

✎ like이 전치사로 명사 앞에 쓰이면 '~처럼'의 뜻이에요.

---

likewise /라이크와이즈/ 마찬가지야

Glad to meet you. - Likewise. 만나서 반가워요. - 저도요.

✎ Likewise.는 상대방의 말에 나도 그렇다고 맞장구칠 때 쓰죠. Me, too., Same here. So am I., So do I. 등의 표현보다 좀 더 격식을 갖춘 느낌을 줘요. Nice talking to you. 말씀 즐거웠어요. - Likewise. 저도요.

관련단어 묶어보기
enjoy /인줘이/ 즐기다

Enjoy your meal. 맛있게 드세요.

✎ 무언가를 활짝 웃으며 하는 모습을 묘사할 때 enjoy란 동사를 떠올려 보세요. 식사(meal), 파티(party), 영화(movie), 여행(trip), 풍경(view) 등 다양한 명사와 어울려 쓸 수 있을 거예요.

Did you enjoy your trip? 여행은 재미있었니?
Sounds like fun. Enjoy yourself. 재밌겠다. 즐거운 시간 보내.

✎ 상대방에게 무언가를 즐기라고 말할 때 Enjoy yourself., Enjoy!, Enjoy it! 등을 쓸 수 있어요.

prefer /프리풔-ㄹ/ 더 좋아하다

Which do you prefer, rice or bread? 밥과 빵 중에 어떤 걸 더 좋아하니?

---

area /에어뤼어/ 지역

The traffic is always heavy in this area. 이 지역은 항상 교통이 혼잡해.

관련단어 묶어보기
district /디스트뤽트/ 지역, 지구

Wall Street is in the financial district of New York.

월 스트리트는 뉴욕의 금융가에 있어.

victim /뷕팀/ 희생

All these people are innocent victims. 이 사람들은 모두 죄 없는 희생양이야.

✏ innocent victim 죄 없는 희생양, flood victim 수재민, murder victim 살인 피해자, earthquake victim 지진 피해자

A Why is he **pretending** not to see you?
B We had a **big** argument a while **ago**.

왜 못 본 척 하는 거야? / 얼마 전에 심하게 다퉜거든.

pretend /프뤼텐ㄷ/ ~인 척하다

I can't pretend that I like him. 나는 그를 좋아하는 척 할 수 없어.

---

big /빅/ 큰; 심각한

You're making a big mistake. 너는 큰 잘못을 하고 있어.

✏ big은 물리적인 크기가 큰 것은 물론, 개념적으로 크게 느끼는 문제나 감정 등에 써요. big problem 심각한 문제, big decision 중요한 결정, big smile 함박웃음

I'm not a big eater. 나 많이 못 먹어.

관련단어 묶어보기
large /라-ㄹ쥐/ 큰

He is a large child for his age. 그는 나이에 비해 몸집이 큰 아이다

✏ big과 비슷한 뜻이지만, 주로 물리적으로 큰 것을 묘사할 때 써요.

huge /휴-ㅈ/ 막대한, 거대한

The party was a huge success. 그 파티는 대성공이었어.

grand /그랜드/   1. 웅장한   2. 1천 달러

His house was grand and beautiful. 그의 집은 크고 아름다웠어.

The car cost him 15 grand. 그 차는 그에게 1만 5천 달러가 들었다.

> ✎ 숫자 다음에 grand가 올 때 복수형을 쓰지 않아요. 3 grands (X) / 3 grand (O) 3천 달러

massive /매씨ㅂ/   거대한

His house is massive. 그의 집은 어마어마하게 커.

vast /봬스트/   어마어마하게 큰

His business empire was vast. 그의 기업 제국은 어마어마했다.

maximum /맥씨멈/   최대 (↔ minimum)

Tourists can stay up to a maximum of 90 days.
관광객들은 최대 90일까지 머무를 수 있다.

expand /익스팬ㄷ/   확장하다

We've expanded the business. 우리는 사업을 확장했어.

---

ago /어고우/   ~전에

I learned to drive a long time ago. 오래전에 운전을 배웠어.

a long time ago 오래전에

`관련단어 묶어보기`

before /비포-ㄹ/   ~전에

I have met him before. 전에 그를 만난 적이 있어.

> ✎ ago는 현재를 기준으로 구체적인 시간을 나타내는 어구 다음에 쓰입니다. 이 경우를 제외하고 막연하게 쓰이는 '~전에'는 대부분 before를 써요. two hours ago 2시간 전에, a few days ago 며칠 전에 / before sunrise 해 뜨기 전에, before six o'clock 6시 전에, before you go 가기 전에

UNIT 169

A I like to **collect rare plants**.

B That must be an expensive hobby.

나는 희귀한 식물을 모으는 걸 좋아해. / 그거 돈이 많이 드는 취미겠다.

collect /컬렉ㅌ/ 모으다

When did you start collecting dolls? 언제부터 인형을 모으기 시작하셨나요?

관련단어 묶어보기
collection /컬렉션/ 모금

We have a collection for a local charity. 우리는 지역 자선 단체를 위한 모금을 해요.

pile /파일/ 무더기, 더미

I have piles of work to do. 할 일이 산더미처럼 쌓여 있어.
piles of 많은

gather /개더ㄹ/ 1. 모으다 2. 모이다

I gathered information on the Internet. 인터넷에서 정보를 모았어.

A crowd gathered to watch the fight. 군중들이 싸움을 지켜보기 위해 모였다.

rare /뤠어/ 희귀한

She is suffering from a rare disease. 그녀는 희귀병을 앓고 있어.

plant /플랜ㅌ/ 1. 심다 2. 공장 3. 식물, 나무

We've planted carrots in the garden. 우리는 정원에 당근을 심었어.

My father worked in an automobile plant.
나의 아버지는 자동차 공장에서 일하셨어.

Don't forget to water the plants. 화분에 물주는 것 잊기 마.

관련단어 묶어보기
seed /씨-ㄷ/ 씨, 씨앗

I swallow grape seeds. 나는 포도 씨를 삼켜.

A There's nothing to **criticize** about the concert hall. It's **state** of the **art**.

B The facilities might be **perfect** but the transportation is inconvenient.

그 콘서트홀은 흠잡을 데가 없더라. 최신식이야. / 시설은 완벽할지 모르겠지만, 교통이 불편해.

criticize /크뤼티싸이ㅈ/　비판하다, 비난하다

He does nothing but criticize all the time. 그는 항상 비판만 해.

관련단어 묶어보기
criticism /크뤼티씨점/　비판

You must learn to accept criticism. 비판을 받아들이는 법을 배워야해.

critical /크뤼티컬/　비판적인

He's critical of everything. 그는 매사에 비판적이야.

state /스테이트/　1. 상태　2. 주　3. 진술하다

The house was in a terrible state. 그 집은 형편없는 상태였어.

Alaska is the biggest state in the US. 알래스카는 미국에서 가장 큰 주이다.

Please state your name and address. 이름과 주소를 진술해 주세요.

관련단어 묶어보기
statement /스테이트먼트/　진술

She refused to make a statement to the police.
그녀는 경찰에 진술하기를 거부했다.
make a statement 진술하다

art /아-르트/　1. 미술　2. 예술

Some works of art were stolen. 몇몇 미술품이 도난당했어.

He is an expert in the arts. 그는 예술 전문가다.

artist /아-ㄹ티스트/　화가, 예술가

Monet is one of my favorite artists. 모네는 내가 가장 좋아하는 화가 중 한 명이다.

---

perfect /퍼-퓍트/　1. 완벽한　2. 완전한

He was the perfect father. 그는 완벽한 아버지였어.

She is a perfect stranger to me. 그녀는 내가 전혀 모르는 사람이야.

perfectly /퍼-퓍틀리/　완전히

She is perfectly suited for the job. 그녀는 그 일에 아주 적합해.

우리말 뜻을 보고 영어 단어를 써넣으세요.

01 그녀는 운영 위원회 소속이야.   She's on the management _____.

02 여러분의 헌신에 감사드려요.   I appreciate your _____.

03 나는 성형수술에 찬성하지 않아.   I don't _____ of cosmetic surgery.

04 나는 빠듯한 예산으로 여행했어.   I traveled on a tight _____.

05 누구한테 투표했어?   Who did you _____ for?

06 그 영화를 보고 싶어요.   I'd _____ to see that movie.

07 여행은 즐거우셨나요?   Did you _____ your trip?

08 너는 어느 것을 더 좋아하니?   Which do you _____?

09 나 많이 못 먹어.   I'm not a _____ eater.

10 그 파티는 대성공이었어.   The party was a _____ success.

11 우리는 사업을 확장했어.   We've _____ the business.

12 오래전에 운전을 배웠어.   I learned to drive a long time _____.

13 전에 그를 만난 적이 있어.   I have met him _____.

14 할 일이 산더미처럼 쌓여 있어.   I have _____ of work to do.

15 그녀는 희귀병을 앓고 있어.   She is suffering from a _____ disease.

16 화분에 물주는 걸 잊지 마.   Don't forget to water the _____.

17 나는 포도 씨를 삼켜.   I swallow grape _____.

18 그는 매사에 비판적이야.   He's _____ of everything.

19 그 집은 형편없는 상태였어.   The house was in a terrible _____.

20 그는 완벽한 아버지였어.   He was the _____ father.

Answer

01 committee   02 commitment   03 approve   04 budget   05 vote   06 like   07 enjoy   08 prefer
09 big   10 huge   11 expanded   12 ago   13 before   14 piles   15 rare   16 plants   17 seeds
18 critical   19 state   20 perfect

A What's your **grade point** average like?

B I got a 3.7. It's good **enough** to get me into the master's program.

성적 평균이 어떻게 돼? / 3.7점 받았어. 석사과정에 들어가기에 충분해.

grade /그뤠이ㄷ/   1. 등급   2. 성적   3. 학년

We use the best-grade material. 저희는 최고 등급의 재료를 사용해요.

Her grades have improved a lot. 그녀의 성적이 많이 향상되었어.

He is in second grade. 그는 2학년이야.

> ✐ grade는 보통 초등학교부터 고등학교까지의 '학년'을 나타내요. 미국에서는 이 과정을 모두 묶어서 12학년제로 운영되는 경우가 많죠.

point /포인ㅌ/   1. 요점   2. 가리키다

I get the point. 무슨 말인지 알겠어.

Get to the point. 요점만 말해.

> ✐ 주제를 벗어나서 말을 빙빙 돌리는 사람에게 말하려는 요점만 말하라고 할 때 써요. I have to leave soon, so please get to the point. 나 곧 가야해. 그러니 요점만 말해줘.

That's a good point. 좋은 지적이야.

You have a point there. 네 말에 일리가 있어.

What's the point? 그게 무슨 소용이 있어?

> ✐ 그래봐야 아무런 소용이 없다는 체념하는 듯한 느낌을 주는 표현이에요.

회화 패턴 **What's the point of ...?** ~가 무슨 소용이 있어?

What's the point of doing this? 이러는 게 무슨 소용이 있어?

What's the point of waiting? 기다리는 게 무슨 소용이 있어?

What's the point of learning English? 영어는 배워 무슨 소용이 있어?

The point is, he's so rude. 요점은, 그가 너무 무례하다는 거야.

the point is 요점은 ~이다

The point is, ... 요점은 ~야

The point is, you lied. 요점은, 네가 거짓말을 했다는 거야.
The point is, snakes can be dangerous. 요점은, 뱀은 위험할 수 있다는 거야.
The point is, we need to work together. 요점은, 우리가 함께 일해야 한다는 거야.

She always points out my mistakes. 그녀는 항상 내 실수를 지적해.
point out 지적하다

enough /이너프/ 1. 충분한 2. 충분히

Do you have enough money to buy a car? 차를 살만한 충분한 돈이 있니?
This room is big enough for two people. 이 방은 두 사람이 묵을 수 있을 만큼 크다.

> ✎ enough는 부사로 쓰일 때 수식하는 형용사와 부사 뒤에 쓰여요. big enough 충분히 큰,
> old enough 충분히 나이가 든, fast enough 충분히 빠른

That's enough! 그만해!

> ✎ 말 그대로 '그거면 충분해!'라고 할 때, 또 상대방이 지나친 말이나 행동에 대해 이제는 그만 멈
> 추라는 뜻으로 써요. That's enough! No more excuses. 그만해! 더 이상 변명하지 마.

Enough is enough! 더 이상은 안 돼!

> ✎ 경고에도 불구하고 상대방이 계속 신경에 거슬리는 행동을 할 때, 이제는 더 이상 참지 않고 분
> 명한 조처를 취하겠다고 경고하는 표현이에요. You've been complaining for the last
> hour. Enough is enough! 넌 한 시간째 불평 중이야. 더 이상은 안 돼!

Good enough. 이만하면 충분해.
I can't thank you enough. 뭐라고 감사드려야 될지 모르겠네요.

> ✎ 직역하면 '아무리 고마워해도 충분치 않아요.' 즉, 말로는 표현 못 할 정도로 고마음을 표현할
> 때 써요. Here's the book I promised you. 여기 내가 약속했던 책이에요. - I can't
> thank you enough. 정말 감사드려요.

A We should do our best to overcome the economic **crisis**.

B That's right. But it doesn't **seem** to be **easy**.

우리는 경제 위기를 극복하기 위해 최선을 다해야 해. / 맞아. 하지만 쉽지 않아 보여.

crisis /크롸이씨쓰/ **위기**

The car industry is now in crisis. 자동차 산업이 지금 위기에 처해 있어.

be in crisis 위기이다

관련단어 묶어보기

emergency /이**머**-ㄹ전씨/ **비상**

In case of emergency, press this button. 비상시에는 이 버튼을 누르세요.

in case of emergency 비상시에

seem /씨-임/ **~인 것 같다**

She seems happy. 그녀는 행복한 것 같아.

It seems like a good idea. 좋은 생각인 것 같아.

it seems like ~인 것 같다

easy /이-지/ **1. 쉬운 2. 편한**

That's easy for you to say. 말하기는 쉽지.

✎ 상대방은 어렵지 않다는 식으로 얘기하지만 실제로는 꽤 어렵다고 생각할 때 써요. Just do it. 하면 돼. - That's easy for you to say. 말하기는 쉽지.

She lives an easy life in the country. 그녀는 시골에서 안락한 생활을 하고 있다.

Easy come, easy go. 쉽게 얻은 것은 쉽게 잃는다.

That's easier said than done. 말하기는 쉬워도 하기는 어렵다.

Go easy on the mayo. 마요네즈 많이 넣지 마.

✎ go easy on 다음에 사물이 오면 '~을 덜 쓰다', 사람이 오면 '~을 봐주다'의 뜻으로 쓰여요. Go easy on Paul for a while. He's having a hard time at school. 당분간 폴을 좀 살살 대해. 학교에서 힘든 시간을 보내고 있어.

Take it easy. Don't panic. 진정해. 당황하지 말고.

take it easy 진정하다

I'll talk to you later. Take it easy. 나중에 얘기하자. 잘 가.

take it easy 잘 가다

easily /이-절리/   **쉽게**

She makes friends easily. 그녀는 친구를 쉽게 사귀어.

strict /스트릭트/   **엄격한**

She's very strict with her children. 그녀는 아이들에게 아주 엄격해.

UNIT 173

A I really want to **earn** a scholarship.
B Wow, you're **aiming** high.
A That's why I'm working **hard**.

장학금을 꼭 받고 싶어. / 와, 목표가 높구나. / 그래서 내가 열심히 공부하는 거야.

---

earn /어-ㄹ언/   **돈을 벌다**

She earns about $70,000 a year. 그녀는 1년에 약 7만 달러를 벌어.

---

aim /에임/   **1. 목적, 목표   2. 겨누다**

What is the aim of their research? 그들 연구의 목적은 무엇인가요?

She was aiming a gun at me. 그녀는 내게 총을 겨누고 있었어.

---

hard /하-ㄹ드/   **1. 딱딱한(↔ soft)   2. 어려운, 힘든   3. 열심히**

The ground is too hard to dig. 땅이 너무 단단해서 땅을 못 파.

We had a hard time finding her house. 우리는 그녀의 집을 찾느라 애를 먹었어.

(사람) **have a hard time v-ing** ... ~하는데 애를 먹다

I had a hard time studying math. 수학을 공부하는데 애를 먹었어.

I'm having a hard time finding a job. 일자리를 찾는데 애를 먹고 있어.

She's having a hard time adjusting to college life.
그녀는 대학 생활에 적응하는데 애를 먹고 있어.

Please don't give me a hard time. 제발 날 힘들게 하지 마.

You must try harder. 더 열심히 노력해야 해.

hardly /하-ㄹ들리/ 거의 ~않다

I can hardly believe it. 정말 그걸 믿기 힘들어.

> ✎ hardly가 조동사 can과 같이 쓰여서 '거의 ~할 수가 없다'란 뜻으로 쓰여요. I can hardly keep my eyes open. (졸려서) 눈을 제대로 뜨고 있을 수가 없어.

stiff /스티프/ 뻣뻣한

I have a stiff neck. 목이 뻣뻣해.

solid /쌀-리드/ 고체

Milk is a liquid, and cheese is a solid. 우유는 액체고, 치즈는 고체다.

UNIT 174

A Did you **understand** the **assignment**?

B I grasped the **basic idea**.

과제는 잘 이해했니? / 기본적인 생각은 대충 파악했어.

understand /언더르스탠드/ (understood-understood) 이해하다

I understand your situation. 네 상황은 이해해.

Understood. Thank you! 알겠습니다. 감사합니다!

> ✎ Understood.는 It's understood.를 줄인 표현이에요. 상대방의 말이 이해되었다는 뜻이죠. 비슷한 표현으로 I understand., I got it., I see. 등이 있어요.

assignment /어**싸**인먼트/ 과제

Please hand in your assignment by tomorrow. 내일까지 과제를 제출하세요.

관련단어 묶어보기
homework /호움워-ㄹ크/ 숙제

I have to do my homework. 숙제를 해야 해.
do one's homework 숙제하다

---

basic /베이씩/ 1. 기본적인 2. 수준이 기초적인

The basic ingredient is meat. 기본 재료는 고기예요.

> 🖉 /베이직/은 틀린 발음이에요. /베이씩/이 맞는 발음이죠, 철자도 bagic이 아니라 basic이 맞아요.

My Chinese is very basic. 제 중국어는 아주 기초예요.

관련단어 묶어보기
basically /베이씨칼리/ 기본적으로

Human beings are basically good. 인간은 기본적으로 선하다.

basis /베이씨ㅆ/ 기준, 기반

We meet on a regular basis. 우리는 정기적으로 만나.
on a regular basis 정기적으로

base /베이ㅆ/ 기반

The company has its base in San Francisco.
그 회사는 샌프란시스코에 기반을 두고 있어.

---

idea /아이**디**-어/ 아이디어, 생각

I have a good idea. 좋은 아이디어가 있어.

> 🖉 idea를 우리말로 단순히 '생각'이라고만 표현하기 어려운 점이 있어요. idea는 '생각을 해서 알아낸 결과물로서의 어떤 것'을 뜻하거든요. 마치 '아이디어 상품'처럼요. 그래서 이런 점 때문에 idea는 우리말로도 그냥 '아이디어'로 쓰는 경우가 많죠.

I get the idea. 무슨 말인지 알겠어.

I have no idea. 모르겠어.

✐ I don't know.와 같은 뜻의 표현이에요. 말 그대로 상대방의 질문에 생각을 해봤는데, 딱히 떠오르는 것이 없을 때 쓰죠.

He's good at coming up with new ideas.
그는 새로운 아이디어 내는 걸 잘해.
come up with an idea 아이디어를 떠올리다

UNIT 175
A In many western countries, attorneys are not **usually** respected.
B **Really**? It's **quite** the **opposite** in Korea.

서구 여러 나라에서, 변호사들은 보통 존경받지 않아. / 정말? 한국은 정반대야.

---

usually /유-주얼리/   보통

We usually go by car. 우리는 보통 차를 타고 다녀.

관련단어 묶어보기
usual /유-주얼/   1. 보통의, 평소의   2. 늘 먹던 것

It is usual for me to skip breakfast. 나는 보통 아침을 걸러.

I'll have my usual. 늘 먹던 걸로 할게요.

I went to bed at 11:30 as usual. 여느 때처럼 11시 30분에 잠자리에 들었어.
as usual 평소처럼

unusual /언유-주얼/   유별난

Her taste in clothes is unusual. 그녀의 옷에 대한 취향은 유별나다.

---

really /뤼-얼리/   정말로

I'm really sorry. 정말 미안해.

I don't like ice cream. – Really?
나는 아이스크림을 좋아하지 않아. - 정말?

✐ '정말?'이란 뜻으로 Really? 외에도 For real?, Seriously?, Are you serious?, Are you sure?, No kidding!, No way! 등을 쓸 수 있어요.

No, not really. 아니, 별로.

관련단어 묶어보기
literally /리터뤌리/　1. 말 그대로　2. 진짜

My computer is literally an antique. 내 컴퓨터는 말 그대로 골동품이야.

✎ 그냥 말하면 상대방이 믿지 않을 것 같은 사실을 말할 때 진짜 그렇다는 의미를 강조하기 위해 써요. He was literally insane. 그는 말 그대로 미쳤어.

I'm so tired. I can literally sleep all day.
나 너무 피곤해. 진짜 하루 종일이라도 자겠어.

✎ 실제로는 일어날 수 없는 것에 빗대어 써요. 그만큼 자신의 감정이 절실하다는 것을 강조하죠. Steam was literally coming out of his ears. 진짜로 그의 귀에서 증기가 뿜어져 나왔다니까.(= He was very angry.)

quite /콰이트/　꽤

I feel quite tired after my long walk. 한참을 걸었더니 꽤 피곤하다.

opposite /아-퍼저트/　맞은편에(= across from)

The hotel is opposite the bank. 그 호텔은 은행 맞은편에 있어.

✎ 길을 건너지 않고 은행 바로 앞에 호텔이 있을 때는 in front of the bank를, 길을 건너서 맞은편에 있을 때는 opposite the bank나 across from the bank를 써요.

우리말 뜻을 보고 영어 단어를 써넣으세요.

01 그는 2학년이야.　　　　　　He is in second _____.

02 요점만 말해.　　　　　　　　Get to the _____.

03 그만해!　　　　　　　　　　That's _____!

04 자동차 사업이 위기에 처해 있어.　The car industry is in _____.

05 좋은 생각인 것 같아.　　　　It _____ like a good idea.

06 그렇게 말하기는 쉽지.　　　　That's _____ for you to say.

07 마요네즈 많이 넣지 마.　　　_____ easy on the mayo.

08 그녀는 아이들에게 아주 엄격해.　She's very _____ with her children.

09 그녀는 내게 총을 겨누고 있었어.　She was _____ at a gun at me.

10 날 힘들게 하지 마.　　　　　Don't give me a _____ time.

11 정말 믿기 힘들다.　　　　　I can _____ believe it.

12 치즈는 고체다.　　　　　　Cheese is a _____.

13 당신 상황을 이해해요.　　　I understand your _____.

14 제 중국어는 아주 기초예요.　My Chinese is very _____.

15 우리는 정기적으로 만나.　　We meet on a regular _____.

16 나도 몰라.　　　　　　　　I have no _____.

17 늘 먹던 걸로 할게요.　　　I'll have my _____.

18 아니, 별로.　　　　　　　No, not _____.

19 진짜 하루 종일이라도 자겠어.　I can _____ sleep all day.

20 그 호텔은 은행 맞은편에 있어.　The hotel is _____ the bank.

Answer

01 grade　02 point　03 enough　04 crisis　05 seems　06 easy　07 Go　08 strict　09 aiming

10 hard　11 hardly　12 solid　13 situation　14 basic　15 basis　16 idea　17 usual　18 really

19 literally　20 opposite

A Our new **marketing** strategy can **attract** more **customers**.

B But we're on an **extremely tight** budget.

새로운 마케팅 전략이 더 많은 고객을 끌어들일 수 있어요. / 하지만 예산이 너무 빠듯해요.

marketing /마-ㄹ키팅/ 마케팅

I work in the marketing department. 마케팅 부서에서 일해요.

관련단어 묶어보기
market /마-ㄹ킷/ 시장

They put a new product on the market. 그 회사에서 시장에 신제품을 내놨어.

🖉 market research 시장조사, market share 시장점유율, fish market 수산시장, flea market 벼룩시장, job market 취업시장

attract /어트뢕트/ 마음을 끌다

I was attracted to him right away. 나는 바로 그에게 끌렸어.

관련단어 묶어보기
attractive /어트뢕티ㅂ/ 매력적인

She's really attractive. 그녀는 정말 매력적이야.

customer /커스터머/ 고객

She's our regular customer. 그녀는 우리 단골 고객이야.

관련단어 묶어보기
consumer /컨슈-머/ 소비자

The lovely design caught the eye of consumers.
사랑스러운 디자인이 소비자들의 눈길을 사로잡았다.

client /클라이언트/ 고객

I have an appointment with a client at ten. 10시에 고객과 약속이 있어.

customer는 가게에서 상품을 사는 손님을, client는 주로 전문가나 기업의 서비스를 이용하는 고객을 뜻해요.

guest /게스트/ 손님

Do you mind if I use your phone? – Be my guest.
전화 좀 써도 될까요? - 하세요.

 Be my guest.는 주로 허락을 구하는 상대방에게 흔쾌히 그렇게 하라고 말할 때 써요.

extremely /익스트뤼-임리/ 극도로, 극히

That movie was extremely funny. 그 영화는 정말 웃겼다.

tight /타이트/ 꽉 조이는

She was wearing a tight pair of jeans. 그녀는 몸에 꼭 끼는 청바지를 입고 있었어.

관련단어 묶어보기

loose /루-ㅅ/ 헐거운; 풀린

These pants are too loose. 이 바지는 너무 헐렁해.

 옷이 헐렁할 때 loose나 baggy를 써요. a baggy T-shirt 헐렁한 티셔츠

UNIT 177

A It seems like there is still so much racial **abuse** in **foreign** countries.

B It depends on **where** you are.

외국에서는 아직도 인종 차별이 너무 많은 것 같아. / 그건 네가 어디에 있느냐에 따라 달라.

abuse /어뷰-ㅆ/ 1. 남용, 오용 2. 학대 3. 욕설

This is an abuse of power. 이건 권력 남용이에요.
Child abuse must be prohibited. 아동 학대는 금지되어야 한다.

People shouted abuse at the soldiers. 사람들은 병사들에게 욕설을 외쳤다.

foreign /포-륀/　1. 외국의　2. 외국과의

Can you speak any foreign languages? 외국어 할 줄 아는 거 있나요?

The foreign minister made a speech. 외무장관이 연설을 했다.

> ✐ foreign minister 외무장관, foreign aid 대외원조, foreign exchange 외환, foreign
> trade 해외무역, foreign correspondent 해외특파원

where /웨어/　어디

Where did you go after school? 학교 끝나고 어디 갔었니?

Where were we? 우리 어디까지 얘기했지?

> ✐ 대화가 잠시 중단되었다가 다시 시작하려고 하는데 어디까지 얘기했는지 기억이 나지 않을 때
> 쓰는 표현이에요. '내가 어디까지 얘기했지?'라고 말할 때는 Where was I?를 써요.

관련단어 묶어보기
wherever /웨어뤠버/　어디든

Wherever you go, I'll follow you. 네가 어디 가든, 널 따라 갈 거야.

nowhere /노우웨어/　아무데도

There's nowhere else to put a desk. 책상을 놓을 곳이 없어.

I'm getting nowhere with the report. 보고서에 진척이 없어.

> ✐ get nowhere는 직역하면 '어디에도 도착하지 못하다'로 아무런 성과를 내지 못했을 때나 전
> 혀 아무런 소용이 없는 것을 말할 때 써요. Arguing will get us nowhere. 논쟁을 해봐야
> 소용없어.

somewhere /썸웨어/　어딘가에

I've seen her somewhere before. 전에 어딘가에서 그녀를 본 적이 있어.

A **Each** time you change **gears** you have to **step** on the clutch.

B I don't have to do that. My car is an **automatic**.

기어를 바꿀 때마다 클러치를 밟아야 해. / 그럴 필요 없어. 내 차는 자동 변속이거든.

each /이-취/   각각의

Brush your teeth right after each meal. 매 식사 후에 바로 이를 닦아.

We are made for each other. 우린 천생연분이야.

> ✎ each other는 '서로'의 뜻으로 둘 또는 그 이상의 사람이나 사물에 써요. 비슷한 표현으로 one another가 있어요. You all know each other? 너희 모두 서로 아는 사이니?

관련단어 묶어보기

every /에브리/   모든; ~마다

Trains leave every 30 minutes. 기차가 30분마다 출발해.

> ✎ '(시간) 마다'라고 할 때 [every+숫자+시간단위]를 써요. every 10 seconds 10초마다 / every 2 hours 2시간마다 / every 4 years 4년마다

Every time I wash my car, it rains. 내가 세차를 할 때마다 비가 와.

every time ~할 때마다

gear /기어/   1. 기어   2. 장비

I have a mountain bike with 21 gears. 나는 21단 기어가 달린 산악자전거가 있어.

We'll need some camping gear. 캠핑 장비가 좀 필요할 거야.

step /스텝/   1. 걸음을 옮기다   2. 밟다   3. 걸음

Step aside. 옆으로 비키세요.

You're stepping on my foot. 당신이 제 발을 밟고 있어요.

Watch your step. 조심해서 걸어.

> ✎ '발밑 조심해.' 또는 '조심해서 걸어.'의 뜻이에요. It's slippery, so watch your step. 미끄러우니까 조심해서 걸어.

We are taking steps to solve the problem.

우리는 그 문제를 해결하기 위한 조치를 취하고 있어.

take steps 조치를 취하다

He is moving toward his goal step by step.

그는 차근차근 목표를 향해 나아가고 있어.

step by step 한 걸음 한 걸음, 차근차근

관련단어 묶어보기

stair /스테어/ 계단

Go up the stairs and her office is on the right.

계단을 올라가시면 그녀의 사무실은 오른쪽에 있어요.

✎ '(하나의) 계단'을 말해요. 보통 계단은 여러 개로 이뤄져있기 때문에 주로 복수 형태(stairs)를 써요.

automatic /오-터매틱/ 자동의

Is this camera automatic? 이 카메라 자동이야?

관련단어 묶어보기

automatically /오-터매티컬리/ 자동으로

The door opens and shuts automatically. 문이 자동으로 열리고 닫혀.

UNIT 179

A I love the way Chaplin **deals** with the problems of industrial **societies**.

B Me, too. That's why he is called the King of **Comedy**.

나는 채플린이 산업 사회의 문제들을 다루는 방식이 너무 좋아.

나도 그래. 그래서 그가 코미디의 왕으로 불리는 것이겠지.

deal /디-일/ 거래

Here's the deal. 이렇게 하자.

🖊 Here's the deal.은 상대방에게 현재의 상황이 이러니 어떻게 하자고 제안할 때 써요. Here's the deal. You're going to stay here while I go find help. 이렇게 하자. 내가 가서 도움을 요청할테니까 넌 여기 있어.

Okay. Deal. 좋아. 그렇게 하자.

🖊 It's a deal.을 줄인 표현이에요. 거래가 되었으니 그렇게 하자란 뜻으로 상대방의 제안을 받아드릴 때 써요. You do the laundry. I do the dishes. 넌 빨래해. 내가 설거지할 게. - Deal. 그러자.

No big deal. 별일 아냐.(= No biggie.)

🖊 big deal은 원래 '중요한 것'을 뜻하는데 상황에 따라서는 부정적인 의미로 '뭐가 중요해?' 식으로 쓰이기도 해요. Going to college is still a big deal. 대학에 진학하는 것은 여전히 중요해. / I ran five miles this morning. 오늘 아침에 5마일 달렸어. - Big deal! I ran ten. 그래서 뭐? 난 10마일 달렸어.

That dress is a really good deal. 그 옷 정말 잘 샀다.

관련단어 묶어보기

treat /트뤼-ㅌ/   1. 취급하다   2. 치료하다   3. 대접, 한턱

She treats me like one of the family. 그녀는 나를 가족처럼 대해.

Nowadays, malaria can be treated with drugs.
요즘에는 말라리아가 약으로 치료될 수 있어.

This is my treat. 이번에는 내가 쏠게.

🖊 '내가 쏠게.'라고 말할 때 I'll treat you out., It's my treat., It's on me. 등을 써요.

treatment /트뤼-ㅌ먼ㅌ/   1. 치료   2. 취급

They developed a new treatment for cancer.
그들은 새로운 암 치료법을 개발했다.

I was given unfair treatment. 나는 부당한 대우를 받았어.

society /서싸이어티/   사회

Racism is still a problem in modern society.

현대사회에서 인종차별은 여전히 문제다.

social /쏘우셜/ 사회의, 사교의

I'm just a social drinker. 술자리에서 분위기 맞추는 정도야.

club /클럽/ 클럽, 동아리

Have you joined any clubs? 동아리에 가입했어요?

community /커뮤-너티/ 지역 사회

He has a good name in the local community. 그는 지역 사회에서 평판이 좋아.

---

comedy /카-머디/ 코미디, 희극

I prefer comedy to tragedy. 나는 비극보다 희극을 더 좋아해.

UNIT 180

A How do I **apply** for a visa?

B I'm not so **sure**. My travel **agency** took care of it.

비자 신청은 어떻게 해? / 잘 모르겠어. 여행사에서 처리했거든.

---

apply /어플라이/ 1. 지원하다(for) 2. 적용되다(to) 3. 바르다

I applied for a job in a large company. 대기업에 입사 원서를 냈어.

This law only applies to married people. 이 법은 기혼자에게만 적용돼요.

Apply this ointment to your wound. 이 연고를 상처에 발라.

application /애플리케이션/ 신청

I filled out the application form. 신청서를 작성했어.

application form 신청양식

🖉 휴대폰의 '어플'을 영어로는 app /앱/ 또는 application이라고 해요.

---

sure /슈어ㄹ/ 확신하는

I'm not sure. 잘 모르겠어.

Sure thing. 물론이지.

Please make sure to clean up after using the sink.
싱크대 사용 후 반드시 청소해 주세요.
make sure to 꼭 ~하다

I don't know for sure. 확실히는 몰라.
for sure 확실히

관련단어 묶어보기
bet /벹/　(bet-bet) 1. 내기에 돈을 걸다　2. ~이 틀림없다

How much do you want to bet? 얼마를 걸고 싶으세요?
I bet she won't come. 그녀가 오지 않을 거라 장담해.

회화 패턴 ▶ **I bet ...** ~라 믿어
I bet it's nothing. 별일 아닐 거라 믿어.
I bet everything will be fine. 모든 게 잘 되리라 믿어.
I bet we'll make it. 우린 해낼 거라 믿어.

Going to the party on Saturday? – You bet!
토요일에 파티에 가? - 물론이지!

guarantee /개뤈티-/　1. 보장하다　2. 품질보증

Can you guarantee tap water is safe? 수돗물이 안전하다고 보장할 수 있어?
We provide a 5-year guarantee. 저희는 5년간 품질보증을 제공합니다.

✎ 우리가 쓰는 A/S 또는 '애프터 서비스'는 틀린 표현이에요. 영어로는 guarantee 또는 warranty를 써요.

agency /에이줜씨/ 대행사

Can you suggest a good travel agency? 좋은 여행사 좀 추천해 주실래요?

관련단어 묶어보기
agent /에이줜트/ 첩보원; 중개인

He is an FBI agent. 그는 FBI 요원이야.

✎ secret agent 비밀요원, real estate agent 부동산 중개인, insurance agent 보험 설계사, literary agent 출판 에이전트

우리말 뜻을 보고 영어 단어를 써넣으세요.

01 마케팅 부서에서 일해요. I work in the _____ department.

02 그녀는 정말 매력적이야. She's really _____.

03 그녀는 우리 단골 고객이야. She's our regular _____.

04 고객과 약속이 있어. I have an appointment with a _____.

05 하세요. Be my _____.

06 이 바지는 너무 헐렁해. These pants are too _____.

07 아동 학대는 금지되어야 한다. Child _____ must be prohibited.

08 외국어 할 줄 아는 거 있나요? Can you speak any _____ languages?

09 우리 어디까지 얘기했지? _____ were we?

10 보고서에 진전이 없어. I'm getting _____ with the report.

11 우린 천생연분이야. We are made for _____ other.

12 기차가 30분마다 출발해. Trains leave _____ 30 minutes.

13 캠핑 장비가 좀 필요할 거야. We'll need some camping _____.

14 옆으로 비키세요. _____ aside.

15 이렇게 하자. Here's the _____.

16 이번에는 내가 쏠게. This is my _____.

17 술자리에서 분위기 맞추는 정도야. I'm just a _____ drinker.

18 신청서를 작성했어. I filled out the _____ form.

19 물론이지. _____ thing.

20 그녀가 오지 않을 거라 장담해. I _____ she won't come.

A I seem to have misplaced your **rough draft**.

B What on **earth** are you talking about?

네 초고를 어디 잘못 뒀나 봐. / 도대체 무슨 말을 하는 거야?

rough /뤄프/   1. 힘든   2. 거친

I've had a rough day. 오늘은 무척 힘든 날이었어.

The road was steep and rough. 길이 가파르고 험했어.

관련단어 묶어보기
roughly /뤄플리/   대략

The meeting lasted roughly an hour. 회의는 대략 한 시간 동안 계속되었어.

draft /드래프트/   1. 초고, 초안   2. 징병하다, 선발하다

He made several changes to the first draft. 그는 초고에 몇 가지를 바꿨어.

They were drafted into the army. 그들은 군대에 징집되었다.

✎ 프로 스포츠 팀에서 선수를 선발하는 것에도 draft를 써요. He was drafted by the Yankees in the first round. 그는 1라운드에서 양키스에 선발되었다.

earth /어-ㄹ뜨/   땅; 지구

The plane fell to earth. 비행기가 땅에 추락했어.

관련단어 묶어보기
planet /플래니트/   행성

Is there life on other planets? 다른 행성에 생명체가 있을까?

sun /썬/   태양; 햇볕

Too much sun is bad for the skin. 햇볕을 너무 많이 쬐면 피부에 좋지 않아.

nature /네이춰/   1. 자연   2. 본성

I like to get out and enjoy nature. 밖에 나가 자연을 즐기는 걸 좋아해.

Jealousy is human nature. 질투는 인간의 본성이야.

He is good by nature. 그는 천성이 착해.

by nature 천성적으로, 선천적으로

natural /내츄럴/ 당연한

It's natural for him to get angry. 그가 화를 내는 건 당연해.

naturally /내츄럴리/ 선천적으로

She was naturally shy. 그녀는 원래 수줍음이 많았어.

A When you want to **release** the object you're **dragging**, let go of the **mouse** button.

B I got it. Thanks!

드래그하고 있는 대상을 놓고 싶으면 마우스 버튼을 떼면 돼. / 알겠어. 고마워!

---

release /릴리-ㅆ/ 1. 풀어주다 2. 공개하다 3. 개봉, 발표 4. 석방

Three hostages were released this morning.
세 명의 인질이 오늘 아침에 풀려났어.

His new film will be released tomorrow. 그의 새 영화가 내일 개봉해.

What's the release date? 발매일이 언제니?

He got a release from prison after one year. 그는 1년 만에 출소했어.

관련단어 묶어보기
remove /뤼무-ㅂ/ 1. 치우다, 제거하다 2. 옷을 벗다

The server removed the dish from the table. 서버가 식탁에서 접시를 치웠다.

She removed her jacket and hung it on a chair.
그녀는 재킷을 벗어서 의자에 걸었다.

removal /뤼무-벌/ 제거

This detergent is good for stain removal. 이 세제는 얼룩 제거에 좋아.

---

drag /드래ㄱ/ 1. 드래그하다, 끌다 2. 지루한 것

I dragged the MP3 files into a music folder.
MP3 파일들을 음악 폴더에 끌어넣었어.

It was a real drag. 지루해서 혼났어.

🖊 짜증이 날 정도로 지루하고 따분한 사람이나 사물을 drag라 해요. I don't know who invited this guy to the party. He is a such a drag! 누가 이 남자를 파티에 초대했는지 모르겠어. 정말 따분해!

mouse /마우쓰/   1. 마우스   2. 쥐(복수 mice)

I'm a mouse potato. 난 매일 컴퓨터만 해.

🖊 한 손에는 감자칩, 한 손에는 맥주를 들고 하루 종일 소파에 앉아있는 사람을 couch potato(소파 감자)라고 하죠. mouse potato(마우스 감자)는 손에 마우스를 쥐고 컴퓨터 앞에서 오랜 시간을 보내는 사람을 말하는 신조어예요.

The house is full of mice. 집 안에 쥐가 가득해.

관련단어 묶어보기

trap /트랩/   1. 덫, 함정   2. 가두다

He fell into their trap. 그는 그들의 함정에 빠졌어.

People were trapped in the burning building. 사람들이 불타는 건물에 갇혔어.

UNIT 183

A You guys **click** so well.

B When we **hang** out, we click. We **argue** about every **single** thing at work.

너네는 죽이 잘 맞는구나. / 놀 때는 잘 맞는데, 같이 일할 때는 사사건건 다퉈.

click /클릭/   1. 클릭하다   2. 호흡이 맞다

Click the OK button to start. 시작하려면 OK 버튼을 클릭해.

We met at a party and clicked immediately. 우리는 파티에서 만나 바로 친해졌어.

🖊 '서로 잘 통하다' 또는 '서로 죽이 잘 맞다'를 영어로는 click이나 hit it off로 표현해요. We really clicked. = We really hit it off. 우리 엄청 잘 맞아.

hang /행/ 1. (hung-hung) 걸다, 매달다 2. (hanged-hanged) 목을 매다

You can hang your coat in the closet. 옷장에 코트를 거시면 돼요.

He hanged himself in his prison cell. 그는 교도소 감방에서 목을 매 자살했어.

I was hanging out with my friends last night. 어젯밤에 친구들과 놀고 있었어.

> 🖊 '친구들과 놀다'를 아이들의 경우에는 play with를, 어른의 경우에는 hang out with, get together with, spend time with로 표현해요. I like to hang out with my friends. = I like to get together with my friends. = I like to spend time with my friends. 나는 친구들과 어울리는 걸 좋아해.

I'm just hanging around. 그냥 시간 때우고 있어.

hang around 시간을 보내다, 서성거리다

Hang in there. 조금만 견뎌.

> 🖊 직역하면 '거기 안에서 매달려.'예요. 이때 there는 지금 처해있는 상황을 가리키죠. 한마디로 지금 힘들겠지만 참고 견디면 괜찮아질 것이라는 의미에요. Hang in there. Things will work out. 조금만 견뎌. 일이 잘 풀릴 거야.

Don't hang up on me. I need to talk to you. 전화 끊지 마. 너랑 할 얘기가 있어.

hang up 전화를 끊다

---

argue /아-ㄹ규-/ ~에 대해 논쟁하다(over)

We argue over nothing. 우리는 아무것도 아닌 일로 말다툼을 해.

관련단어 묶어보기
argument /아-ㄹ규먼ㅌ/ 논쟁

I had an argument with my husband this morning.
오늘 아침에 남편과 다퉜어.

have an argument 논쟁하다

---

single /씽글/ 미혼의; 1인용의

Are you married or single? 기혼이세요, 미혼이세요?

> 🖊 미혼인지 물을 때 solo를 쓰면 틀려요. single이 맞죠. solo는 '혼자서 하는 연주'나 '혼자서 하는 비행'을 말해요. a piano solo 피아노 독주 / a solo flight 단독 비행

A What **conditions** are specified in the **contract**?

B **Refer** to our order sheet. Everything is **spelled** out in **detail**.

계약서에 어떤 조건이 명시되어 있니? / 우리의 주문서를 참고해.

모든 것이 자세히 기술되어 있어.

condition /컨디션/ 1. 조건 2. 상태

Health is an essential condition for happiness. 건강은 행복의 필수 조건이다.

My car is in good condition. 내 차는 상태가 좋아.

be in good condition 상태가 좋다

> 🖉 condition은 '상태'란 뜻이지만 주로 사물에만 써요. 사람의 '상태'에는 잘 쓰지 않으니 주의
> 하세요. My condition isn't good. (X) / I don't feel well. (O) 컨디션이 안 좋아.

contract /칸트뢕트/ 계약

Read the contract carefully before you sign it.

계약서에 서명하기 전에 주의 깊게 읽어.

> 🖉 win a contract 계약을 따다, cancel a contract 계약을 취소하다, violate a
> contract 계약을 어기다, break a contract 계약을 파기하다

refer /뤼퍼-ㄹ/ ~에 대해 언급하다(to)

He promised not to refer to the matter again.

그는 다시는 그 문제를 언급하지 않겠다고 약속했어.

관련단어 묶어보기
reference /뤠프런씨/ 언급

She made a reference to the incident in the speech.

그녀는 연설에서 그 사건에 대해 언급했어.

make a reference 언급하다

mention /멘션/ 언급하다

Thank you very much. – Don't mention it. 정말 고마워. - 그런 말 마.

He speaks French well, not to mention English.
그는 영어는 말할 것도 없고 프랑스어도 잘한다.

spell /스펠/   1. 철자를 말하다   2. 마법

How do you spell your name? 이름 철자가 어떻게 되세요?

The witch cast a spell on the princess. 마녀는 공주에게 마법을 걸었다.
cast a spell on ~에게 마법을 걸다
Do I need to spell it out for you? 그걸 자세히 설명해야 해?
spell out 자세히 설명하다

detail /디-테일/   세부사항

Please explain the plan in detail. 계획을 자세히 설명해 주세요.
in detail 자세히

UNIT 185

A Do you **breast-feed or** bottle-feed your **baby**?
B I give my baby a bottle.
아기에게 **모유를** 먹여, 우유를 먹여? / 우유 먹여.

breast /브레스트/   유방, 가슴

She was holding her baby against her breast.
그녀는 아기를 가슴에 안고 있었어.

369

✏️ breast는 주로 여성의 가슴을 가리켜요. 구어체로 boob를 쓰기도 하는데 다소 무례하게 들릴 수 있어요. 참고로 '가슴성형수술'은 보통 boob job이라고 해요. **She has to plan a boob job.** 그녀는 가슴성형수술을 받을 계획이야.

관련단어 묶어보기

chest /쳬스트/ 가슴, 흉부

He has a broad chest. 그는 가슴이 넓어.

---

feed /퓌-ㄷ/ (fed-fed) 밥을 먹이다, 먹이를 주다

Did you feed the cat yet? 고양이에게 밥 줬니?

---

or /오-ㄹ/ 1. 그렇지 않으면 2. 또는

Stop that, or I'll tell Mom! 그만해, 그렇지 않으면 엄마에게 말할 거야!

✏️ [명령문+or]는 '~해, 그렇지 않으면'의 뜻이에요. **Finish your dinner or you won't get any dessert.** 저녁을 다 먹지 않으면 디저트 주지 않을 거야.

I'll either email or call you. 이메일을 보내든지 전화든지 할게.

✏️ either A or B는 A, B 둘 중 하나를 선택하거나 추측하는 상황에 써요. **I can't remember her name. It's either Marie or Mary.** 그녀의 이름이 기억 안 나. 마리 아니면 매리일 거야.

I'll stay here for a week or so. 일주일 정도 여기에 머물 거야.

✏️ or so는 '~쯤, 정도'의 뜻으로 어림짐작해서 말을 할 때 요긴하게 쓸 수 있는 표현이에요. **Tickets cost $30 or so.** 티켓이 30달러쯤 해.

---

baby /베이비/ 1. 아기 2. 막내

Don't be a baby. 아기처럼 굴지 마.

✏️ baby boy 남자 아기, baby girl 여자 아기, baby face 동안, baby clothes 유아복, baby food 이유식

I'm the baby of the family. 나는 가족 중에 막내야.

She's having a baby. 그녀는 아기를 임신 중이야.

be having a baby 임신 중이다

She had a baby boy this morning. 그녀는 오늘 아침에 남자아기를 낳았어.

> ✎ have a baby는 '아기가 있다', be having a baby는 '아기를 임신 중이다', had a baby는 '아기를 낳다'예요. 시제에 따라 뜻이 달라질 수 있으니 주의하세요. She has a baby girl. 그녀는 여자 아기가 있어.

관련단어 묶어보기

pregnant /프뤠그넌ㅌ/ 임신한

She's six months pregnant. 그녀는 임신 6개월이야.

diaper /다이퍼ㄹ/ 기저귀

She changed the baby's diaper. 그녀는 아기의 기저귀를 갈았다.

Review

우리말 뜻을 보고 영어 단어를 써넣으세요.

01 오늘은 무척 힘든 날이었어.   I've had a _____ day.

02 그들은 군대에 징집되었다.   They were _____ into the army.

03 비행기가 땅에 추락했어.   The plane fell to _____.

04 그는 천성이 착해.   He is good by _____.

05 발매일이 언제야?   What's the _____ date?

06 지루해서 혼났어.   It was a real _____.

07 집 안에 쥐가 가득해.   The house is full of _____.

08 그는 그들의 함정에 빠졌어.   He fell into their _____.

09 그냥 시간 때우고 있어.   I'm just _____ around.

10 남편과 말다툼을 했어.   I had an _____ with my husband.

11 미혼이세요?   Are you _____?

12 내 차는 상태가 좋아.   My car is in good _____.

13 계약서를 주의 깊게 읽어.   Read the _____ carefully.

14 그런 말 마.   Don't _____ it.

15 이름을 어떻게 쓰세요?   How do you _____ your name?

16 계획을 자세히 설명해 주세요.   Please explain the plan in _____.

17 그는 가슴이 넓어.   He has a broad _____.

18 고양이에게 밥 줬니?   Did you _____ the cat yet?

19 나는 가족 중에 막내야.   I'm the _____ of the family.

20 그녀는 임신 6개월이야.   She's six months _____.

Answer

01 rough   02 drafted   03 earth   04 nature   05 release   06 drag   07 mice   08 trap
09 hanging   10 argument   11 single   12 condition   13 contract   14 mention   15 spell
16 detail   17 chest   18 feed   19 baby   20 pregnant

A I'll buy this **round** cushion.

B What do you think of the **square-shaped** cushion?

A If you say so, I'll go with your **opinion**.

이 동그란 쿠션을 살래. / 사각 모양의 쿠션은 어때? / 그렇게 말하면, 네 의견에 따르게.

round /롸운드/　1. 둥근　2. 회　3. 한 차례 돌리는 술

These glasses suit people with round faces.

이 안경은 얼굴이 동그란 사람들에게 잘 어울려.

He was knocked out in the fifth round. 그는 5회에 KO 당했어.

This round is on me. 이번 잔은 내가 낼게.

> ✎ 술자리에 있는 모든 사람들에게 한 잔씩 돌리는 술을 말해요. I'll buy the next round. 다
> 음 잔은 내가 살게.

관련단어 묶어보기
circle /써-ㄹ클/　원

There are 360 degrees in a circle. 원 안에 360도가 있다.

square /스퀘어/　1. 정사각형　2. 평방의　3. 광장

He cut the fabric into squares. 그는 천을 네모나게 잘랐다.

This park is 20 square kilometers. 이 공원은 20평방킬로미터야.

A concert is taking place in City Hall Square.

시청 광장에서 콘서트가 열리고 있어.

shape /쉐이프/　모양

Candles come in all shapes and sizes. 양초는 온갖 모양과 크기로 나온다.

I exercise every day to keep in shape. 건강을 유지하기 위해 매일 운동을 해.

keep in shape 건강을 유지하다

> ✎ keep in shape는 '건강을 유지하다'의 뜻이에요. 이때 shape는 '육체의 건강한 상태'
> 를 나타내죠. 반대로 be out of shape는 '건강을 잃다'를 의미해요. I'm out of shape
> because I haven't been exercising. 운동을 하지 않았더니 건강이 안 좋아.

opinion /어피년/ 생각, 의견

In my opinion, you're wrong. 내 생각에, 네가 틀렸어.

✎ in my opinion은 '내 생각에'의 뜻이에요. 이처럼 자신의 개인적인 생각을 말할 때 쓸 수 있는 표현은 무척 많아요. in my view, as I see it, if you ask me, as far as I'm concerned, the way I see it, personally (speaking)

관련단어 묶어보기
view /뷰-/   1. 견해   2. 시야   3. 전망

We have different views on the marriage.
우리는 결혼에 대해 서로 다른 견해를 가지고 있어.

Sit down. You're blocking my view. 앉아. 네가 내 시야를 가리고 있어.

I'd like a room with a nice view. 전망 좋은 방으로 주세요.

UNIT 187

A How **balanced** is your life **style**?

B I **stick** to a routine. **Otherwise** I get easily frustrated.

얼마나 균형 잡힌 생활을 하니? / 규칙적인 일과를 충실히 지켜. 그렇지 않으면 쉽게 짜증을 내.

---

balance /밸런쓰/   1. 균형   2. 은행 잔고

I lost my balance and fell on my face. 중심을 잃고 앞으로 넘어졌어.

Try to keep a balance between work and play.
일과 놀이의 균형을 유지하도록 해.

You can check your bank balance on the Internet.
인터넷으로 은행 잔고를 확인할 수 있어.

---

style /스타일/   1. 스타일   2. 유행(= fashion)

My husband has no sense of style. 내 남편은 패션 감각이 없어.

Miniskirts are now in style. 지금 미니스커트가 유행 중이야.

in style 유행하는(↔ out of style 유행이 지난)

---

stick /스틱/   (stuck-stuck) 1. 붙이다   2. 꼼짝하지 않다   3. 방침을 고수하다(to)

There was chewing gum stuck to my shoe. 신발에 껌이 붙어 있었어.

A fish bone stuck in my throat. 생선 가시가 목에 걸렸어.

We are sticking to the original plan. 우리는 원래의 계획을 고수하고 있어.

관련단어 묶어보기
sticker /스티커/ **스티커**

This sticker doesn't come off easily. 이 스티커는 잘 떨어지지 않아.

sticky /스티키/ **끈적거리는**

There's some sticky stuff in your hair. 머리에 끈적끈적한 게 있어.

---

otherwise /어더ㄹ와이즈/ **그렇지 않으면**

We must hurry, otherwise we'll be late. 서둘러야 해. 그렇지 않으면 늦을 거야.

UNIT
188

A The **band** members are **finally** taking the **stage**.

B I'll be looking **forward** to it.

드디어 밴드 멤버들이 무대에 오르고 있어. / 정말 기대된다.

---

band /밴드/ **밴드; 무리**

A band of soldiers are on the truck. 한 무리의 군인들이 트럭에 타고 있다.

a band of ~의 무리

---

finally /퐈이널리/ **1. 마침내 2. 마지막으로**

We finally got home at midnight. 우리는 마침내 자정에 집에 도착했어.

Finally, I'll say one more thing. 마지막으로 한 말씀만 더 드릴게요.

관련단어 묶어보기
final /퐈이널/ **1. 마지막 2. 결승전**

This is my final warning to you. 이것이 네게 보내는 마지막 경고야.

The Korean soccer team reached the finals. 한국 축구팀이 결승전에 진출했어.

✐ '결승전'은 한 경기로 끝나는 경우가 많지만 단수(final)가 아닌 복수(finals) 형태로 쓰는 경우도 많아요. reach the final = reach the finals 결승에 진출하다

end /엔드/ 끝

End of story. 그게 다야.

✐ 더 이상 덧붙일 말이 없거나 말하고 싶지 않을 때 써요. He yelled at me. I left. End of story. 그는 내게 소리 질렀고, 나는 떠났지. 그게 다야.

I'm going on vacation at the end of this month. 이달 말에 휴가를 떠나.
at the end of ~의 말에(↔ **at the start of** ~의 초에)

Housework is a never-ending task. 집안일은 끝이 없어.
never-ending 끝이 없는

He ended up telling his friend everything.
그는 결국 친구에게 모든 것을 털어놓았어.

> **회화 패턴** (사람) end up v-ing ... 결국 ~해
>
> We ended up seeing a different movie. 우린 결국 다른 영화를 봤어.
> I ended up spending the night at the airport. 결국 그날 밤을 공항에서 보냈어.
> Most dieters end up putting weight back on.
> 살을 뺐던 사람들 대부분이 결국 다시 살이 쪄.

stage /스테이쥐/ 1. 무대 2. 단계

This play is on stage once a day. 이 연극은 하루에 한 번 무대에 올라요.
Let's move on to the next stage. 다음 단계로 넘어가죠.

forward /포-ㄹ워ㄹ드/ 앞으로

Please step forward when I call your name.
이름을 부르면 앞으로 한 발짝 나와 주세요.

I'm looking forward to seeing you again. 다시 뵙기를 기대합니다.
look forward to v-ing ~하기를 기대하다

A Why is the car so **bent** up?

B I fell asleep at the **wheel** and **crashed** into the car in **front** of me.

차가 왜 이렇게 찌그러졌어? / 졸음 운전하다가 내 앞에 차를 들이 받았어.

---

bend /벤드/ (bent-bent) 1. 구부리다 2. 굽히다

You need a special tool to bend the steel.
강철을 구부리기 위해서는 특별한 도구가 필요하다.

I bent down to lift the box off the floor.
상자를 바닥에서 들어올리기 위해 몸을 굽혔다.

bend down 아래로 숙이다

Better bend than break. 지는 것이 이기는 것이다.

✏️ 직역하면 '부러지는 것보다 구부리는 것이 낫다.'의 뜻을 갖는 영어 속담이에요.

---

wheel /위-일/ 1. 바퀴 2. 자동차 핸들

My bike needs a new front wheel. 내 자전거는 새 앞바퀴가 필요해.

Let me take the wheel. 내가 운전할 게.

✏️ 자동차의 '운전대'를 우리는 '핸들(handle)'이라 하죠. 하지만 영어의 handle은 '손잡이'를 말해요. '운전대'는 steering wheel이라 하죠. 그래서 take the wheel은 우리말 '운전대를 잡다'에 가까운 영어식 표현이에요.

---

crash /크래쉬/ 1. 고장 나다 2. (자동차) 사고, (비행기) 추락 3. 굉음, 쿵, 쾅

The computer crashed. 컴퓨터가 작동 안 해.

The driver was killed in the crash. 그 운전자는 자동차 사고로 죽었어.

I heard a loud crash from the kitchen. 부엌에서 요란한 굉음이 들렸어.

---

front /프런트/ 앞쪽

He always sits at the front of the class. 그는 항상 교실 맨 앞에 앉아.

You must pay the bill up front. 계산은 선불이에요.

> ✎ up front는 '미리'의 뜻이에요. 그래서 pay ... up front는 '미리 지급하다' 또는 '선불하다'
> 예요.

UNIT 190

A Are the utility fees **included** in the rent?

B Only the **electricity** and water **bills** are included.

공과금이 임대료에 포함된 건가요? / 전기와 수도 요금만 포함되어 있어요.

---

include /인클루-ㄷ/ 포함하다

The tax is included in this price. 세금은 이 가격에 포함되어 있어요.

관련단어 묶어보기
including /인클루-딩/ ~을 포함하여

It's $24.99, including shipping and handling.
배송비와 취급비를 포함해서 24달러 99센트입니다.

exclude /익스클루-ㄷ/ 제외하다

Some products are excluded from the sale. 일부 제품은 할인 판매에서 제외된다.

---

electricity /일렉트뤼써티/ 전기

The electricity has been cut off. 전기가 끊겼어.

관련단어 묶어보기
electrical /일렉트뤼컬/ 전기의

The fire was caused by an electrical fault. 화재는 전기적 결함으로 일어났어.

electronic /일렉트롸-닉/ 전자의

Turn off all electronic devices. 모든 전자 장치를 끄세요.

plug /플러ㄱ/ 1. 플러그 2. 틀어막다

Put a plug into the outlet. 콘센트에 플러그를 꽂아.

The sink is plugged up. 싱크대가 막혔어.

bill /빌/   1. 계산서 (= check)   2. 지폐   3. 법안

Can I have the bill, please? 계산서 좀 주시겠어요?

Let's split the bill. 나눠서 계산하자.

Can you break a twenty-dollar bill? 20달러 지폐를 잔돈으로 바꿔주실래요?

The bill was passed by 165 votes to 124.
그 법안은 165표 대 124표로 통과되었다.

Review

우리말 뜻을 보고 영어 단어를 써넣으세요.

01 이번 잔은 내가 낼게. This _____ is on me.

02 그는 천을 네모나게 잘랐다. He cut the fabric into _____.

03 내 생각에, 네가 틀렸어. In my _____, you're wrong.

04 전망 좋은 방으로 주세요. I'd like a room with a nice _____.

05 중심을 잃었어. I lost my _____.

06 미니스커트가 유행하고 있어. Miniskirts are in _____.

07 생선 가시가 목에 걸렸어. A fish bone _____ in my throat.

08 한 무리의 군인들 a _____ of soldiers

09 우리는 마침내 집에 도착했어. We _____ got home.

10 그게 다야. _____ of story.

11 다음 단계로 넘어가죠. Let's move on to the next _____.

12 다시 뵙기를 기대합니다. I'm looking _____ to seeing you again.

13 지는 것이 이기는 것이다. Better _____ than break.

14 내가 운전할 게. Let me take the _____.

15 컴퓨터가 작동 안 해. The computer _____.

16 계산은 선불이에요. You must pay the bill up _____.

17 세금은 이 가격에 포함되어 있어요. The tax is _____ in this price.

18 전기가 끊겼어. The _____ has been cut off.

19 계산서 좀 주시겠어요? Can I have the _____, please?

20 나눠서 계산하자. Let's _____ the bill.

Answer

01 round   02 squares   03 opinion   04 view   05 balance   06 fashion   07 stuck   08 band
09 finally   10 End   11 stage   12 forward   13 bend   14 wheel   15 crashed   16 front
17 included   18 electricity   19 bill   20 split

380

A The unemployment **rate** is **highest** now.
B The government should do something for it **immediately**.

실업률이 지금 최고야. / 정부는 즉시 뭔가를 해야 해.

rate /뤠이트/　1. 비율　2. 요금

South Korea is worried about the low birth rate.

한국은 낮은 출산율 때문에 걱정하고 있다.

> 🖉 birth rate 출산율, death rate 사망률, unemployment rate 실업률, success rate 성공률, failure rate 실패율, divorce rate 이혼율, survival rate 생존율

What is the hourly parking rate? 시간당 주차비가 얼마죠?

> 🖉 parking rate 주차비, special rate 특별할인요금, hourly rate 시급, weekly rate 주급, going rate 시세, flat rate 정액제요금

percent /퍼쎈트/　퍼센트, 백분율

I agree with you one hundred percent. 나는 너의 의견에 100% 동의해.

> 🖉 우리가 '백분율'을 말할 때 쓰는 '프로'나 '프로티지'는 잘못된 표현이에요.

proportion /프러포-ㄹ션/　비율

The proportion of women graduates has increased.

여성 졸업자의 비율이 증가하고 있다.

ratio /뤠이쉬오우/　비율

The ratio of teachers to students is one to thirty.

교사와 학생의 비율은 1대30이다.

high /하이/　높은; 높이, 높은 곳에

What's the highest mountain in the US? 미국에서 가장 높은 산은?

highly /하일리/　(수준, 양 등이) 높이

I think very highly of the work. 나는 그 일을 매우 높이 평가해.
think highly of ~을 높이 평가하다

🖉 high와 highly는 모두 '높이'의 뜻으로 쓰이는 부사예요. high는 물리적으로 높은 곳을 나타내는 반면, highly는 수준이나 양, 정도가 높은 경우에 사용해요. fly high in the sky 하늘 높이 날다 / highly successful politician 매우 성공한 정치인

height /하이트/ 높은 곳, 고도; 키

I'm afraid of heights. 난 높은 곳은 질색이야.

tall /토-올/ 키가 큰

How tall are you? 키가 얼마야?

🖉 tall은 '아래에서 위까지 전체 높이'를 뜻하기 때문에 사람이나 건물(building), 나무(tree) 등 한 눈으로 전체를 볼 수 있는 단어와 어울려요. 반면 high는 '높이 자체'에 주목하는 단어이기 때문에 산(mountain), 천장(ceiling), 담(wall) 등과 씁니다.

weight /웨이트/ 1. 체중 2. 무게

He's put on weight recently. 그는 최근에 살이 쪘다.
put on weight 체중이 늘다(↔ **lose weight** 체중이 줄다)

🖉 '체중이 늘다' 또는 '체중이 줄다'를 표현할 때 put on my weight나 lose his weight처럼 weight 앞에 소유격을 쓰지 않아요.

Tomatoes are sold by weight. 토마토는 무게로 판다.
by weight 무게 단위로

weigh /웨이/ 무게가 나가다

Do you know how much it weighs? 무게가 얼마나 나가는지 아세요?

immediately /이미-디어틀리/ 즉시(= at once, right away)

She asked him to come home immediately.
그녀는 그에게 즉시 집으로 돌아오라고 부탁했다.

관련단어 묶어보기
immediate /이미-디어트/ 즉각적인

I want an immediate answer. 즉각적인 대답을 원해.

A Is it **safe** to **allow** cookies?

B It's safe, but you can **restrict** them if you **desire**.

쿠키를 먹게 해도 안전할까요? / 안전하지만, 원하시면 제한해도 돼요.

safe /쎄이프/　1. 안전한　2. 금고

Please keep your passport in a safe place. 여권을 안전한 곳에 보관하세요.

Better safe than sorry. 후회하는 것보다 조심하는 게 낫지.

> 🖊 조심하지 않아서 나중에 후회하는 것보다는 미리 조심하는 게 낫다는 뜻의 표현이에요. You should take your car to the mechanic right away. Better safe than sorry. 차를 정비공에게 가져가봐. 나중에 후회하는 거보다 낫잖아.

He keeps money in a safe. 그는 금고에 돈을 보관해.

관련단어 묶어보기

safety /쎄이프티/　안전

For your own safety, keep your seat belt fastened.
안전을 위해 안전벨트를 매십시오.

secure /씨큐어ㄹ/　안전한

There are no secure jobs these days. 요즘은 안전한 일자리가 없어.

security /씨큐어러티/　안전

There were two security guards on duty. 근무 중인 두 명의 경비원이 있었어.

allow /얼라우/　허락하다, 허용하다

I'm not allowed to eat fast food. 난 패스트푸드를 먹으면 안 돼.

> 🖊 be not allowed to-v는 '~하는 것이 허락되지 않는다', 즉 '~하면 안 된다'란 뜻이에요.

You're not allowed to chew gum in Singapore.
싱가포르에서는 껌을 씹는 것이 허용되지 않아요.

관련단어 묶어보기

allowance /얼라우언쓰/　허용량

Passengers' baggage allowance is 75 pounds.

승객의 수하물 허용량은 75파운드다.

restrict /뤼스트뤽트/   제한하다

I restrict myself to two glasses of wine. 나는 포도주 두 잔으로 제한해.

관련단어 묶어보기
restriction /뤼스트뤽션/   제한

Our school has restrictions on cellphone use.
우리 학교는 휴대폰 사용에 제한이 있어.

desire /디자이어ㄹ/   욕구

She has a strong desire to learn. 그녀는 배우고 싶은 욕구가 강해.

I have no desire to cause any trouble. 문제를 일으키고 싶지 않아.

> **회화 패턴** ▶ (사람) **have no desire to-v ...** ~할 생각이 없어
>
> I have no desire to do anything. 뭐든 할 생각이 없어.
> I have no desire to study English. 영어를 공부할 생각이 없어.
> They have no desire to have children. 그들은 아이를 가질 생각이 없어.

UNIT 193

A I can't **believe** he didn't call me back.
B That's a **bitter** pill to **swallow**.

그가 다시 전화하지 않았다니 믿을 수가 없어. / 그 사실을 받아들이기 힘들겠구나.

believe /빌리-ㅂ/   1. 신뢰하다   2. 믿다

Believe me. 날 믿어.

Some people believe in life after death. 어떤 사람들은 사후의 삶을 믿어요.

> ✎ 어떤 것이 존재한다고 믿는 경우에는 believe가 아니라 believe in을 써요. Do you
> believe in ghost? 유령의 존재를 믿니?

Believe it or not, it's true. 믿거나 말거나, 그것은 사실이다.
believe it or not 믿거나 말거나

belief /빌리-프/ **믿음**

I never lost my belief in him. 나는 그에 대한 믿음을 결코 잃지 않았어.

unbelievable /언빌리-버블/ **믿기 힘든**

That's unbelievable. 믿을 수가 없군.

incredible /인크뤠더블/ **믿기 힘든**

The planes make an incredible noise. 비행기는 믿기 힘든 소리를 낸다.

confident /카-안피던트/ **1. 확신하는 2. 자신감 있는**

I'm confident that I can do it. 그것을 할 수 있다고 확신해.

> ✎ I'm confident는 I'm sure나 I'm certain과 비슷한 뜻이에요.

I'm confident in using English. 영어를 하는 거에 자신 있어.

confidence /카-안피던씨/ **자신감**

He lacks confidence. 그는 자신감이 부족해.

---

bitter /비터ㄹ/ **1. 쓴 2. 쓰라린**

The coffee is too bitter. 그 커피는 너무 써.

I learned that from bitter experience. 나는 그것을 쓰라린 경험을 통해 배웠어.

---

swallow /스와-일로우/ **1. 삼키다 2. 감정을 억누르다**

These tablets are too big to swallow. 이 알약은 너무 커서 삼킬 수가 없어.

I swallowed my pride and phoned him. 자존심을 억누르고 그에게 전화했어.

A Have you ever tried spicy chicken **feet**?

B That's **gross**. Just **imagining** it makes me sick.

매운 닭발 먹어봤어? / 징그러워. 상상만 해도 속이 메스껍다.

foot /풋/ **1. 발(복수 feet) 2. 피트(= 30.48cm)**

He's six feet tall. 그는 키가 6피트야.

inch /인취/ **인치(= 2.54cm)**

The baby was crawling forward inch by inch.
아기는 조금씩 앞으로 기어가고 있었다.
inch by inch 조금씩

leg /레ㄱ/ **다리**

He crossed his legs. 그는 다리를 꼬았다.
cross one's legs 다리를 꼬다

toe /토우/ **발가락**

She looked me over from head to toe. 그녀는 나를 위아래로 훑어보았다.
from head to toe 머리부터 발끝까지

football /풑보-올/ **미식축구; 축구(= soccer)**

I'm not a big football fan. 난 축구를 그다지 좋아하지 않아.

> ✎ 미국에서 '축구'는 soccer, '미식축구'는 football이라 하고, 영국에서는 '축구'를 football
> 이라 해요.

gross /그로우ㅆ/ **1. 총, 전체의 2. 역겨운(= disgusting)**

My gross income is about $60,000 a year. 내 총수입은 1년에 약 6만 달러야.
Oh, gross! I hate spinach! 오, 역겨워! 난 시금치가 싫어!

> ✎ 어떤 것의 모습, 냄새, 맛 등이 역겨울 때 써요. It smells gross. 역겨운 냄새가 나.

nasty /내스티/ **못된; 형편없는**

She has a nasty temper. 그녀는 성질이 고약해.

> ✎ 생김새, 냄새나 맛이 형편없다고 표현할 때도 써요. The food looks nasty. 음식이 형편없
> 어 보여.

imagine /이매쥔/ 상상하다

We can't imagine life without cellphones now.
우리는 지금 휴대폰이 없는 삶은 상상할 수 없어.

관련단어 묶어보기

imagination /이매쥐네이션/ 상상

His paintings show great imagination. 그의 그림은 대단한 상상력을 보여준다.

image /이미쥐/ 이미지

The company is trying to improve its image.
그 회사는 이미지 개선을 위해 노력하고 있어.

UNIT 195

A The **number** of people with two jobs is increasing lately.

B There's not enough **income** from one job **due** to the continuing recession.

최근에 두 직업을 가진 사람들의 수가 증가하고 있어. / 계속되는 불황으로 한 직장에서 받는 수입으론 충분하지 않거든.

---

number /넘버ㄹ/ 숫자, 번호

Sorry, you've got the wrong number. 죄송합니다, 전화 잘못 거셨어요.

Social media users are increasing in number. SNS 사용자 수가 증가하고 있다.
in number 숫자상으로

She has quite a number of books. 그녀는 꽤 많은 책을 가지고 있어.
a number of 많은(= many)

---

income /인컴/ 수입

People on a high income should pay higher taxes.
고소득자는 더 높은 세금을 내야 하나.

🖉 income tax 소득세, annual income 연 수입, extra income 부수입, monthly income 월수입

---

due /두-/   1. 도착할 예정인   2. 돈을 지불해야 하는   3. 출산 예정인

The plane is due to arrive at 4:00. 비행기는 4시에 도착할 예정이야.

> ✏️ '~하기로 되어있는'의 뜻으로 '기한'을 나타낼 때도 쓸 수 있어요. Your books are due
> back to the library by May 15. 책을 5월 15일까지 도서관에 반납하게 되어 있어.

The rent is due tomorrow. 집세를 내일까지 내야 해.

When are you due? 출산 예정일이 언제예요?

우리말 뜻을 보고 영어 단어를 써넣으세요.

01 시간당 주차비가 얼마죠?   What is the hourly parking _____?

02 나는 그 일을 높이 평가해.   I think _____ of the work.

03 난 높은 곳은 질색이야.   I'm afraid of _____.

04 키가 얼마야?   How _____ are you?

05 토마토는 무게로 팔아.   Tomatoes are sold by _____.

06 즉각적인 대답을 원해.   I want an _____ answer.

07 그는 금고에 돈을 보관해.   He keeps money in a _____.

08 난 패스트푸드를 먹으면 안 돼.   I'm not _____ to eat fast food.

09 그녀는 배우고 싶은 욕구가 강해.   She has a strong _____ to learn.

10 날 믿어.   _____ me.

11 믿을 수가 없군.   That's _____.

12 그는 자신감이 부족해.   He lacks _____.

13 그 커피는 너무 써.   The coffee is too _____.

14 그는 다리를 꼬았다.   He crossed his _____.

15 오, 역겨워!   Oh, _____!

16 그녀는 성질이 고약해.   She has a _____ temper.

17 전화 잘못 거셨어요.   You've got the wrong _____.

18 그녀는 많은 책을 가지고 있다.   She has a number _____ books.

19 고소득자   people on a high _____

20 출산 예정일이 언제예요?   When are you _____?

Answer

01 rate   02 highly   03 heights   04 tall   05 weight   06 immediate   07 safe   08 allowed

09 desire   10 Believe   11 unbelievable   12 confidence   13 bitter   14 legs   15 gross   16 nasty

17 number   18 of   19 income   20 due

UNIT 196

A Isn't it exciting to try to catch **criminals**?
B There aren't many criminals in this **quiet city**.

범죄자들을 잡으려는 게 신나지 않아요? / 이 조용한 도시에는 범죄자가 많이 없어요.

---

criminal /크뤼미널/   1. 범인   2. 범죄의

The police arrested the criminal. 경찰이 범인을 체포했어.

> ✎ thief 도둑, robber 강도, shoplifter 좀도둑, pickpocket 소매치기, murderer 살인자

Stealing is a criminal act. 절도는 범죄 행위다.

관련단어 묶어보기

crime /크라임/   **범죄**

The city has a low crime rate. 그 도시는 범죄율이 낮아.

> ✎ crime rate 범죄율, crime prevention 범죄예방, sex crime 성범죄, computer crime 컴퓨터 범죄, crime scene 범죄현장

sin /씬/   **죄**

She confessed her sins to the priest. 그녀는 자신의 죄를 신부에게 고백했다.

> ✎ crime은 법률적인 죄를, sin은 주로 종교적 또는 도덕적 죄를 뜻해요. original sin 원죄

---

quiet /콰이어트/   **조용한**

He's a quiet, shy person. 그는 조용하고 수줍은 사람이야.

관련단어 묶어보기

quietly /콰이어틀리/   **조용히**

Can you speak more quietly? 좀 더 조용히 말씀해 주실래요?

---

city /씨티/   **도시**

Paris is France's capital city. 파리는 프랑스의 수도다.

citizen /씨티즌/ 국민

I'm a Korean citizen. 저는 한국 국민입니다.

capital /캐피틀/ 1. 수도 2. 자본 3. 대문자

What's the capital of Korea? 한국의 수도는 어디인가요?

The government is trying to attract foreign capital.
정부는 외국 자본을 유치하기 위해 노력하고 있다.

Please fill in the form in capitals. 양식을 대문자로 작성하세요.

in capitals 대문자로

UNIT 197

A Are you saying that more **blood** groups **exist**?

B Yeah. About 300 **types** of red blood cells have been identified so **far**.

더 많은 혈액 그룹이 존재한다는 말씀이세요? / 네. 지금까지 약 300 종류의 적혈구가 확인되었어요.

---

blood /블러드/ 피, 혈통

Blood is thicker than water. 피는 물보다 진하다.

What's your blood type? 혈액형이 뭐에요?

blood type 혈액형

> 🖉 우리는 혈액형이 성격과 관련이 있다고 생각하는 경우가 많아서 외국인들에게도 이 질문을 자주 하죠. 하지만 외국인들은 혈액형을 묻는 질문에 익숙하지 않은 경우가 많고, 혹시라도 자신의 혈액이 필요한가라고 오해할 수 있어요.

I'm going to give blood this afternoon. 오늘 오후에 헌혈할 거야.

give blood 헌혈하다

---

exist /이그지스트/ 존재하다

No life exists without water. 물 없이는 어떤 생명체도 존재하지 않는다.

existence /이그지스턴쓰/ 존재

It's impossible to prove the existence of God.
신의 존재를 증명하는 것은 불가능하다.

type /타이프/　1. 종류, 유형　2. 활자

He's not my type. 그는 내 타입이 아니야.

> ✎ 사람에게는 type을 쓰고, 옷, 노래, 건물 등에는 style을 써요. This jacket is not my style. 이 재킷은 내 스타일이 아니야.

My ideal type is a tall man with a sense of humor.
내 이상형은 유머감각을 가진 키 큰 남자야.
ideal type 이상형

The type was so small that I couldn't read it.
활자가 너무 작아서 읽을 수가 없었어.

관련단어 묶어보기
typical /티피컬/　대표적인

Please give me a typical example. 대표적인 예를 들어 주세요.

far /퐈-ㄹ/　1. 먼　2. 훨씬

How far is it to the museum from here? 여기서 박물관까지 얼마나 먼가요?

> **회화 패턴** How far is it ...? 얼마나 멀어요?
>
> How far is it? 얼마나 멀어요?
> How far is it to the airport? 공항까지 얼마나 멀어요?
> How far is it from Seoul to Mokpo? 서울에서 목포까지 얼마나 멀어요?

Your computer is far better than mine. 너의 컴퓨터는 내 것보다 훨씬 나아.

So far, so good. 지금까지는 좋아.

> ✎ 상대방이 어떤 일의 진행상황을 물을 때 쓰는 표현이에요. How's the project going? 프로젝트는 어떻게 진행되고 있니?- So far, so good. 지금까지는 좋아.

A What do you think about the **retirement** of the **president**?

B I **wonder** about the **circumstances**.

회장의 은퇴에 대해 어떻게 생각해? / 그 배경이 궁금해.

retirement /뤼**타**이어ㄹ먼ㅌ/ 은퇴

I want to live in the country after retirement. 은퇴 후에는 시골에서 살고 싶어.

관련단어 묶어보기

retire /뤼**타**이어ㄹ/ 은퇴하다

She retired from the company in 2019. 그녀는 2019년에 회사를 퇴직했어.

president /프뤠지던ㅌ/ 1. 대통령 2. 회장

He was elected president. 그는 대통령에 선출됐어.

He became a company president. 그는 회사 회장이 되었어.

wonder /원더ㄹ/ 1. 궁금하다 2. 놀라움

Just wondering. 그냥 궁금해서.

I wonder who she is. 그녀가 누구인지 궁금해.

> **회화 패턴** I wonder ... ~가 궁금해
>
> I wonder how old he is. 그가 몇 살인지 궁금해.
> I wonder where I left my key. 열쇠를 어디에 뒀는지 궁금해.
> I wonder what happened then. 그때 무슨 일이 있었는지 궁금해.

I was wondering if you could help me. 저를 도와주실 수 있을까요?

✎ I was wondering if...는 상대방에게 무언가를 정중하게 부탁하거나 허락을 받을 때 써요.
시제는 과거시제지만 과거가 아니라 현재의 시제를 표현해요.

I was wondering if ... ~할 수 있을까요?

I was wondering if I could borrow your car? 제가 당신의 차 좀 빌릴 수 있을까요?
I was wondering if you'd like to come to dinner. 저녁식사에 오실 수 있을까요?
I was wondering if you could help me with my project.
제 프로젝트 좀 도와주실 수 있을까요?

No wonder. 그럼 그렇지.

✎ 직역하면 '놀라움이 아니다.'인데, 모든 상황을 보면 당연히 그럴 수밖에 없다고 생각할 때 써요. He failed the test. 그는 시험에 떨어졌어. - No wonder. He didn't study. 그럼 그렇지. 공부를 안 했거든.

It's no wonder you failed the exam. 그러니까 시험에 떨어지지.

(It's) no wonder ... 그러니까 ~하지 / 어쩐지 ~하더라

It's no wonder you're hungry. 그러니까 배가 고프지.
No wonder you can't sleep. 그러니까 잠을 못 자지.
No wonder I had a headache. 어쩐지 머리가 아프더라.

---

wonderful /원더ㄹ펄/ **아주 멋진, 훌륭한**

There's a wonderful view from the window. 창문에서 멋진 경치가 보여.

curious /큐리어ㅆ/ **궁금한**

I'm just curious to know. How old is he? 그냥 궁금해서 그래. 그는 몇 살이니?

---

circumstance /써-ㄹ컴스탠ㅆ/ **상황, 환경**

It depends on the circumstances. 상황에 따라 달라.

I dropped out of school due to family circumstances.
가정 형편 때문에 학교를 중퇴했어.

A Does your **employer** provide **medical insurance**?

B They do, but they only pay 80% of the monthly fees.

고용주가 의료보험을 지원해 주나요? / 해줘요. 하지만 매달 보험료의 80%만 지불합니다.

employer /임플로이어ㄹ/ 고용주

They're very good employers. 그들은 무척 좋은 고용주야.

관련단어 묶어보기

employ /임플로이/ 채용하다

The company employs 1,500 workers.

그 회사는 1,500명의 직원을 고용하고 있다.

unemployed /언임플로이ㄷ/ 실직한

I've been unemployed for six months. 6개월 동안 실직 상태야.

employee /임플로이/ 직원

How many employees does the firm have? 그 회사는 직원이 몇 명인가요?

employment /임플로이먼ㅌ/ 고용

The employment situation is getting worse. 고용 상황이 점점 악화되고 있어.

unemployment /언임플로이먼ㅌ/ 실업

He's on unemployment benefit. 그는 실업 수당을 받고 있어.

unemployment benefit 실업수당

medical /메디컬/ 의학의

She graduated from medical school. 그녀는 의대를 졸업했어.

medical school 의과 대학

He needs urgent medical treatment. 그는 응급 치료가 필요해.

관련단어 묶어보기

surgery /써-ㄹ줘뤼/ 수술

She had surgery on her heart. 그녀는 심장 수술을 받았어.

have surgery 수술을 받다

insurance /인슈어뤈쓰/ 보험

It would be good to have insurance just in case.
만일의 경우를 대비해서 보험에 가입하는 것이 좋을 거야.

> ✐ cancer insurance 암보험, health insurance 건강보험, life insurance 생명보험, auto insurance 자동차보험

관련단어 묶어보기
pension /펜션/ 연금, 생활보조금

He lives on a pension. 그는 연금으로 생활해.

> ✐ pension에는 숙박 시설 '펜션'의 뜻은 없어요. 영어로는 rental cottage(임대용 시골집)가 펜션의 뜻에 가까운 표현이에요.

UNIT 200

A Can't you **quote** us anything cheaper?
B Sorry, but that's our **rock bottom price**.

좀 더 싸게 해주실 수 없나요? / 죄송하지만 그게 최저 가격이에요.

---

quote /크오우트/ 1. 인용하다 2. 견적을 말하다

He quoted from the Bible. 그는 성경에서 인용했어.

Will you quote a price on the repairs? 수리비용을 견적 내주실래요?

---

rock /롸-ㅋ/ 1. 바위 2. 끝내주다

Huge waves were crashing against the rocks.
거대한 파도가 바위에 부딪치고 있었어.

His marriage is on the rocks. 그의 결혼은 파탄 직전이야.
on the rocks 파탄 직전인(= in trouble)

> ✐ on the rocks는 바위 위에 위태롭게 있는 모습처럼 사업이나 관계가 파탄 직전인 상황을 묘사해요. '술에 얼음을 넣은'의 뜻으로도 써요. He ordered a whiskey on the rocks. 그는 얼음 넣은 위스키를 주문했다.

You rock. 넌 최고야.(= You're awesome.)

> **회화 패턴** (사람/사물) rock ... ~는 끝내줘
>
> This bank rocks. 이 밴드 끝내줘.
> Her new car really rocks. 그녀의 새 차 끝내줘.
> That new Pitt film rocks. 그 새 브래드 피트 영화 끝내줘.

---

bottom /바-텀/ 바닥

The bottom of the pool is very slippery. 수영장 바닥이 아주 미끄러워.

The Dodgers are at the bottom of the league. 다저스가 리그 최하위야.
at the bottom of ~의 밑바닥에

Bottoms up! 건배!(= Drink up!)

✐ 말 그대로 잔을 들어 바닥이 위로 가게 해서 술잔을 모두 비우라는 뜻이에요. '원샷(one
shot)'이란 말은 쓰지 않아요.

What's the bottom line? 요점이 뭐야?

✐ bottom line은 직역하면 '맨 아랫줄'로 고려할만한 가장 중요한 것, 즉 '핵심, 요점'을 뜻해
요. The bottom lie is that they lost the game. 중요한 점은 그들이 경기에서 졌다는
거야.

---

price /프라이쓰/ 가격

The house prices are going down. 집값이 떨어지고 있어.

I bought this sweater at half price. 이 스웨터를 반값에 샀어.
at half price 반값에

Could you cut the price for me? 좀 깎아줄 수 없을까요?
cut the price 가격을 깎다

우리말 뜻을 보고 영어 단어를 써넣으세요.

01 절도는 범죄 행위다.   Stealing is a _____ act.

02 그는 조용한 사람이야.   He's a _____ person.

03 저는 한국 국민입니다.   I'm a Korean _____.

04 한국의 수도는 어디인가요?   What's the _____ of Korea?

05 피는 물보다 진하다.   _____ is thicker than water.

06 신의 존재를 증명하다   prove the _____ of God

07 대표적인 예를 들어 주세요.   Please give me a _____ example.

08 지금까지는 좋아.   So _____, so good.

09 그녀는 회사를 퇴직했어.   She _____ from the company.

10 그는 대통령에 선출됐어.   He was elected _____.

11 그냥 궁금해서.   Just _____.

12 그냥 궁금해서 그래.   I'm just _____ to know.

13 상황에 따라 달라.   It depends on the _____.

14 그 회사는 직원이 몇 명인가요?   How many _____ does the firm have?

15 그녀는 의대를 졸업했어.   She graduated from _____ school.

16 그는 연금으로 생활해.   He lives on a _____.

17 그는 성경에서 인용했어.   He _____ from the Bible.

18 넌 최고야.   You _____.

19 건배!   _____ up!

20 좀 깎아줄 수 없을까요?   Could you cut the _____ for me?

Answer

01 criminal   02 quiet   03 citizen   04 capital   05 Blood   06 existence   07 typical   08 far
09 retired   10 president   11 wondering   12 curious   13 circumstances   14 employees
15 medical   16 pension   17 quoted   18 rock   19 Bottoms   20 price

A Has anyone brought a lost purse?

B Can you **describe** it for me?

A It's about average **sized** and brown with a white **border**.

잃어버린 가방 주워온 사람 있었나요? / 그것을 제게 묘사해 주시겠어요? /

보통 크기이고 흰색 테두리가 있는 갈색이에요.

describe /디스크롸이브/ 묘사하다

I tried to describe what I had seen. 내가 본 것을 묘사하려고 노력했어.

관련단어 묶어보기

description /디스크립션/ 묘사, 서술

It's beyond description. 그건 말로는 표현할 수 없어.

> ✎ beyond description은 '묘사의 범위를 넘어선', 즉 '말로는 표현 못할'의 뜻이에요. The landscape is beautiful beyond description. 풍경이 말로 표현 못할 정도로 아름다워.

size /싸이즈/ 크기

Do you have this shirt in a larger size? 이 셔츠가 더 큰 사이즈가 있나요?

관련단어 묶어보기

slim /슬림/ 날씬한

How do you stay slim? 날씬한 몸매를 어떻게 유지하니?

thick /띡/ 1. 두꺼운 2. 숱이 많은 3. 걸쭉한

The wall is about 16 inches thick. 벽의 두께는 약 16인치이다.

He has thick hair. 그는 머리숱이 많아.

> ✎ 반대로 '머리숱이 적다'는 thin hair예요. She has thin hair. 그녀는 머리숱이 적어.

The soup is too thick. 수프가 너무 진해.

> ✎ 반대로 국물이 묽은 경우에는 thin을 써요. The sauce was thin. 소스가 묽었어.

thin /띤/ 1. 얇은 2. 산소가 희박한

Cut the cucumber into thin slices. 오이를 얇게 썰어.

The air is thin at the top of a mountain. 산꼭대기는 공기가 희박해.

border /보-ㄹ더ㄹ/ 국경, 경계

They escaped across the border. 그들은 국경을 넘어 탈출했어.

edge /에쥐/ 모서리

He was sitting on the edge of the bed. 그는 침대 끝에 앉아 있었어.

The movie had me on the edge of my seat. 그 영화는 손에 땀을 쥐게 했어.

> ✎ on the edge of one's seat는 '손에 땀을 쥐게 하는'의 뜻이에요. 영화나 공연을 보면서 몸을 기울여 의자 모서리에 걸터 앉아있는 모습을 상상해 보세요. We sat on the edge of our seats during the entire play. 우리는 연극을 보는 내내 손에 땀을 쥐고 앉아있었어.

UNIT 202

A The use of chopsticks helped to **develop brainpower**.

B That's why you're good at **math**.

젓가락 사용이 지능을 발달시키는데 도움이 돼. / 그래서 네가 수학을 잘하는 거구나.

develop /디벨러ㅍ/ 1. 발전시키다 2. 개발하다 3. 발달시키다

We need to develop local industries. 우리는 지역 산업을 발전시킬 필요가 있어.

The company develops new software. 그 회사는 새로운 소프트웨어를 개발해.

Reading develops the imagination of children.
독서는 아이들의 상상력을 키워준다.

brain /브뤠인/ 뇌, 두뇌; 머리, 지능

Come on, use your brain. 이봐, 머리를 써. (= use your head)

I'm racking my brain. 머리를 짜내고 있어.

> ✎ rack은 '(생각을) 짜내다', '고문하다, 괴롭히다'의 뜻이에요.

power /파우어ㄹ/   1. 힘, 권한   2. 전기

That is beyond my power. 그건 내 권한 밖이야.

The building has had a power failure. 그 건물이 정전되었어.

power failure 정전

math /매ㄸ/   수학

Are you good at math? 너 수학 잘해?

plus /플러ㅆ/   1. 더하기   2. ~ 이상의   3. 영상의

Four plus two is six. 4 더하기 2는 6이다.

The cellphone costs 800 dollars plus. 그 휴대폰은 800달러 이상이 들어.

The temperature is plus ten degrees. 기온이 영상 10도야.

UNIT 203

A How are things going with your **research** paper?

B **Super**! In **fact**, I just finished writing the last **paragraph**.

연구 보고서는 잘 돼가니? / 아주 잘 돼. 사실 마지막 단락을 막 끝냈어.

---

research /뤼-서취/   연구, 조사

She does research into language development.

그녀는 언어 발달에 관한 연구를 해.

do research 연구를 하다

super /수-퍼ㄹ/   1. 굉장히 좋은   2. 정말, 아주, 너무

That sounds super. 그거 굉장하다.

I'm super tired. 나 정말 피곤해.

> ✎ super가 부사로 very 또는 extremely와 비슷한 뜻으로 쓰여요. She's super smart.
> 그녀는 정말 똑똑해. / Today's models are super thin. 요즘 모델들은 너무 말랐어.

fact /팩트/ 사실

As a matter of fact, I have a boyfriend. 사실, 남자친구 있어.
as a matter of fact 사실은(= in fact)

관련단어 묶어보기
factor /팩터ㄹ/ 요소

The first impression is an important factor. 첫인상은 중요한 요소다.

paragraph /패뤄그래ㅍ/ 단락

Please see the first paragraph on page 10. 10쪽 첫 번째 단락을 보세요.

관련단어 묶어보기
text /텍스트/ 1. 글 2. 문자를 보내다

This book has not much text. 이 책은 글이 많지 않아.
I'll text you. 문자할게.

sentence /쎈턴씨/ 문장

Every sentence in English begins with a capital letter.
영어의 모든 문장은 대문자로 시작해.

period /피어리어ㄷ/ 1. 마침표 2. 기간, 시기

The period is omitted in this sentence. 이 문장엔 마침표가 빠져 있어.
The answer is no, period! 대답은 안 된다야. 더 이상 말하지 마!

> ✎ period는 문장을 마무리 짓는 '마침표'란 뜻이 있죠. 그래서 더 이상은 이 이야기는 하고 싶지 않다고 짜증 섞인 투로 잘라 말할 때 문장 끝에 써요. You're not going to the movies tonight, period! 넌 오늘밤에 영화 보러 못가. 끝!

Most teenagers go through a period of rebelling.
대부분의 십대들은 반항하는 시기를 겪는다.

A What's your partner's best **habit**?
B She's **plain**.
A That's not a habit, **stupid**!

네 파트너의 가장 좋은 습관은 뭐야? / 그녀는 평범해. / 그건 습관이 아니야, 멍청아!

habit /해빗/ 습관, 버릇

He has a habit of shaking legs. 그는 다리를 흔드는 버릇이 있어.

Try to break your bad habits. 나쁜 습관을 버리도록 노력해.

break a habit 습관을 고치다

Old habits die hard. 세 살 버릇 여든까지 간다.

> ✎ 직역하면 '오래된 습관은 없애기 힘들다.'예요. I just can't seem to give up smoking. Old habits die hard. 난 담배를 끊기 힘들 것 같아. 습관을 버리기 어렵네.

plain /플레인/ 1. 담백한 2. 무늬가 없는 3. 이해하기 쉬운

I like plain food. 나는 담백한 음식을 좋아해.

She wore a plain dress. 그녀는 무늬가 없는 옷을 입었어.

Can you explain that in plain English? 쉬운 영어로 설명해주시겠어요?

> ✎ in plain English는 '쉬운 영어로'인데, 전문 용어를 쓰지 않고 쉽고 분명한 말로 표현하는 경우에 써요. Let me say it in plain English. You're fired. 쉽고 분명하게 말씀드릴게요. 당신은 해고예요!

stupid /스투-피ㄷ/ 어리석은

She always asks stupid questions. 그녀는 항상 어리석은 질문을 해.

관련단어 묶어보기
fool /푸-울/ 1. 바보 2. 바보짓을 하다

I don't want to look like a fool. 바보처럼 보이고 싶지 않아.

He made a fool of me in front of others. 그는 다른 사람들 앞에서 나를 놀렸어.

make a fool of ~를 놀리다

Stop fooling around. 그만 빈둥거려.

fool around 빈둥거리다, 노닥거리다

I'm nobody's fool. 날 쉽게 보지 마.

> ✎ nobody's fool 또는 no fool은 직역하면 '누구에게도 바보가 아닌 사람'이죠. 그래서 '똑똑한 사람' 또는 '쉽게 속지 않는 사람'이란 뜻으로 써요. He may not look very smart, but he's no fool. 그가 아주 똑똑해 보이진 않지만, 만만치 않은 사람이야.

nut /넡/   1. 괴짜; 견과; 암나사   2. (nuts) 미친

He is such a nut. 그는 정말 괴짜야.

Are you nuts? 너 미쳤니?(= Are you crazy?)

> ✎ nuts는 형용사로 '미친'의 뜻으로 쓰여요. They looked at me like I was nuts. 그들은 나를 미친 사람인 것처럼 봤어.

dumb /덤/   멍청한

That was a dumb thing to do. 그것은 멍청한 짓이었어.

silly /씰리/   어리석은(= foolish)

Don't be silly. 바보같이 굴지 마.

> ✎ stupid나 dumb은 '머리가 나쁜, 멍청한'의 뜻이라면, silly와 foolish는 '어리석은'의 뜻으로 잘못된 판단이나 행동을 탓할 때 주로 써요.

UNIT 205

A Do you have to **cross** any of the bridges **regularly**?
B Not everyday. I cross it once in a **while**.

정기적으로 다리를 건너야 하니? / 매일은 아니야. 가끔 건너.

---

cross /크뤄-ㅆ/   1. X표, 십자   2. 가로질러 건너다   3. 성호를 긋다

I put a cross on the map. 지도에 X표를 했어.

Be careful when you cross the street. 길을 건널 때 조심해.

Cross my heart. 맹세해.

✎ Cross my heart and hope to die.를 줄여 표현한 말로, 가슴에 십자가를 긋고 맹세했으니 자신의 말이 사실이 아니면 죽어도 좋다란 뜻의 표현이에요.

I'll keep my fingers crossed. 행운을 빌어.(= Fingers crossed.)
Cross out the last sentence. 마지막 문장을 지워.
cross out 줄을 그어 지우다

regularly /뤠귤럴리/ 정기적으로

We meet regularly every Saturday. 우리는 매주 토요일마다 정기적으로 만나.

관련단어 묶어보기
regular /뤠귤러/ **1. 정기적인 2. 보통의, 표준적인 3. 단골손님**

We hold regular meetings. 우리는 정기적으로 회의를 열어.
We ordered a regular pizza. 우리는 보통 크기의 피자를 주문했어.

✎ 특별하지 않고 일반적인 것에 쓰여요. regular gas 일반 휘발유, regular coffee (카페인이 함유된) 일반 커피, regular price 정가

I'm a regular here. 난 여기 단골이야.(= regular customer)

while /와일/ **1. ~하는 동안 2. 잠시**

Hold still while I take a picture. 내가 사진 찍는 동안 가만히 있어.

✎ '~동안'의 뜻으로 while과 during이 있어요. while은 접속사로 다음에 주어와 동사로 이루어진 절이 와야 하죠. 반면 during은 전치사로 뒤에 명사가 옵니다. while you were out 네가 외출한 동안, while you wait 네가 기다리는 동안 / during the summer 여름 동안, during the trip 여행 동안

He will be with you in a while. 그는 잠시 후에 올 거야.

✎ in a while 잠시 후에, for a while 잠깐 동안, quite a while 꽤 오래, all the while 줄곧, once in a while 가끔

관련단어 묶어보기
whereas /웨ㄹ애ㅈ/ **반면에**(= while)

I'm good at math, whereas my brother is good at English.

405

나는 수학을 잘하는데, 형은 영어를 잘한다.

우리말 뜻을 보고 영어 단어를 써넣으세요.

01 그건 말로는 표현할 수 없어.　　It's beyond _____.

02 날씬한 몸매를 어떻게 유지하니?　How do you stay _____?

03 그는 머리숱이 많아.　　He has _____ hair.

04 그들은 국경을 넘어 탈출했어.　They escaped across the _____.

05 머리를 써.　　Use your _____.

06 그 건물이 정전되었어.　　The building has had a _____ failure.

07 너 수학 잘해?　　Are you good at _____?

08 기온이 영상 10도야.　　The temperature is _____ ten degrees.

09 나 너무 피곤해.　　I'm _____ tired.

10 문자할게.　　I'll _____ you.

11 이 문장엔 마침표가 빠져 있어.　The _____ is omitted in this sentence.

12 나쁜 습관을 버리도록 노력해.　Try to break your bad _____.

13 오래된 습관은 고치기 힘들다.　Old habits _____ hard.

14 난 담백한 음식을 좋아해.　　I like _____ food.

15 그만 빈둥거려.　　Stop _____ around.

16 너 미쳤니?　　Are you _____?

17 바보같이 굴지 마.　　Don't be _____.

18 맹세해.　　_____ my heart.

19 우리는 정기적으로 회의를 해.　We hold _____ meetings.

20 그는 잠시 후에 올 거야.　　He will be with you in a _____.

Answer

01 description　02 slim　03 thick　04 border　05 brain　06 power　07 math　08 plus　09 super
10 text　11 period　12 habits　13 die　14 plain　15 fooling　16 nuts　17 silly　18 Cross
19 regular　20 while

A How can we **attach** this here?
B Can't we use sticky **tape**?
A No. That's too **weak**.

이걸 여기 어떻게 붙이지? / 접착테이프를 쓰면 안 될까? / 안 돼. 너무 약해.

attach /어태취/   1. 붙이다   2. 첨부하다   3. ~에 애착을 가지게 하다

Don't forget to attach a name tag to the trunk.
여행용 가방에 이름표 다는 걸 잊지 마.

I forgot to attach a file to the e-mail. 이메일에 파일을 첨부하는 것을 잊었어.

I'm really attached to my old car. 나는 내 오래된 차에 정말 애착이 가.

tape /테입/   1. 녹음하다, 녹화하다   2. 테이프로 붙이다   3. 붕대를 감다

Would you mind if I taped this conversation? 제가 이 대화를 녹음해도 될까요?

He has lots of postcards taped to his wall. 그는 많은 엽서를 벽에 붙여 놓았어.

His ankle was taped. 그의 발목에 붕대가 감겨 있었어.

weak /위-ㅋ/   1. 약한, 힘이 없는   2. 소리, 빛 등이 약한

He has a weak heart. 그는 심장이 약해.

The light is too weak. 빛이 너무 약해.

He knows his weak points well. 그는 자신의 약점을 잘 알고 있어.

weak point 약점(↔ strong point 강점)

관련단어 묶어보기
strong /스트뤄-옹/   튼튼한, 강한

He is over 80, but he is still strong. 그는 80세가 넘었지만 여전히 튼튼해.

strength /스트뤵따/   힘, 기운

I have to build up my strength. 나는 체력을 길러야 해.

A Because of **political** instability over the **future**, **oil** prices are going up.

B These rising oil prices are a real **burden** on our economy.

미래에 대한 정치적 불안 때문에 유가가 오르고 있어. / 이런 유가 상승은 우리 경제에 정말 큰 부담이야.

politics /파-알러틱쓰/ 정치

I have little interest in politics. 나는 정치에 거의 관심이 없어.

future /퓨-춰/ 미래, 장래

She has a bright future as a painter. 그녀는 화가로서 장래가 밝아.

She is likely to marry in the near future. 그녀는 조만간 결혼할 것 같아.

in the near future 조만간

관련단어 묶어보기
past /패스트/ 1. 과거의 2. 지나간 3. 지나서

I have learned a lot from past experience. 과거의 경험에서 많은 것을 배웠어.

I've been ill for the past few days. 지난 며칠 동안 아팠어.

The bus went past without stopping. 버스는 멈추지 않고 지나갔어.

previous /프뤼-뷔어쓰/ 이전의

I met him the previous day. 나는 그 전날 그를 만났어.

oil /오일/ 식용유; 석유

Put some oil in the frying pan. 프라이팬에 기름을 좀 넣어.

관련단어 묶어보기
gas /개쓰/ 휘발(= gasoline); 가스

I need to get some gas. 휘발유를 넣어야겠어.

> ✎ 우리가 흔히 쓰는 기체인 '가스'란 뜻 외에 휘발유를 뜻하는 gasoline을 줄여서 gas라고 써요. The car almost ran out of gas. 차에 휘발유가 거의 떨어졌어.

fuel /퓨-얼/ 연료

Don't add fuel to the fire. Go away! 불난데 부채질하지 마. 꺼져!

✏️ 우리 속담에서는 불난데 부채질을 하고, 영어 속담은 불난데 기름 같은 연료를 더한다고 하죠.

---

burden /버-ㄹ든/ 짐, 부담

I don't want to be a burden to you. 너에게 짐이 되고 싶지 않아.

관련단어 묶어보기
load /로우드/ 1. 많음 2. 채우다, 싣다

She has loads of friends. 그녀는 친구가 많다.
loads of 많은(= lots of)
We loaded the ship with the boxes. 우리는 배에 상자를 실었다.

✏️ '채우다'의 뜻일 때는 load the ship with the boxes(배를 박스로 채우다)로, '싣다'의 뜻일 때는 load the boxes on the ship(박스를 배에 싣다)으로 표현해요.

UNIT 208

A She is out of **danger** now. **Apparently** she had a **slight** heart attack.

B Is she **conscious**?

그녀는 이제 위험에서 벗어났어. 가벼운 심장마비였던 것 같아. / 의식이 있어?

---

danger /데인줘/ 위험

His life is in danger. 그의 목숨이 위험해.
be in danger 위험에 처하다

관련단어 묶어보기
dangerous /데인줘러쓰/ 위험한

It's dangerous to ride a motorcycle without a helmet.
안전모를 쓰지 않고 오토바이를 타는 것은 위험해.

410

apparently /어패뤈틀리/   듣기로는, 보기에는

Apparently it's going to rain. 비가 온대.

관련단어 묶어보기
obvious /아-ㅂ뷔어ㅆ/   분명한(= apparent)

It's obvious that he is lying. 그가 거짓말을 하고 있는 것이 분명해.

obviously /아-ㅂ뷔어슬리/   분명히

Obviously, she was crying. 분명히 그녀는 울고 있었다.

> ✎ obvious와 apparent는 모두 '분명한'이란 비슷한 뜻으로 써요. 그런데 부사인 obviously
> 와 apparently는 뜻이 달라요. obviously는 확신을 가지고 '분명히'란 뜻이에요. 반면에
> apparently는 100% 확신할 수 없는 막연한 정보를 전할 때 '듣기로는', '보기에는'이란 뜻
> 으로 써요. Obviously, she is quite a good dancer. 분명히 그녀는 꽤 춤을 잘 춰. /
> Apparently, she is quite a good dancer. 그녀는 꽤 춤을 잘 춘다고 하더라고.

---

slight /슬라이트/   사소한, 경미한

There's a slight problem. 사소한 문제가 있어.

관련단어 묶어보기
slightly /슬라이틀리/   약간

The color is slightly different. 색깔이 약간 다르다.

---

conscious /카-안셔ㅆ/   1. 의식하는   2. 의식이 있는

She is always conscious of her weight. 그녀는 항상 자신의 몸무게를 의식해.
He was still conscious when the ambulance arrived.
구급차가 도착했을 때 그는 여전히 의식이 있었어.

A You're so lucky to be able to study overseas.

B I can't **wait**! I just **received** an **email** from my roommate.

해외에서 공부할 수 있다니 정말 운이 좋구나. / 빨리 가고 싶어! 방금 룸메이트에서
이메일을 받았거든.

wait /웨이트/ 기다리다

I'm sorry to keep you waiting. 기다리게 해서 미안해.

I can't wait to see you. 빨리 널 보고 싶어.

> 🖉 can't wait to-v는 직역하면 '~하기를 기다릴 수 없다'로 무언가에 빨리 하고 싶어 설레는
> 마음을 나타내는 표현이에요. 보다 격식을 갖춘 표현으로는 look forward to v-ing가 있어
> 요.

> 회화 패턴 **I can't wait to-v ...** 빨리 ~하고 싶어
>
> I can't wait to get back home. 빨리 집에 돌아가고 싶어.
> I can't wait to get out of here. 여기서 빨리 벗어나고 싶어.
> I can't wait to see the movie. 그 영화를 빨리 보고 싶어.

Let's wait and see. 기다려 봅시다.

It can wait. 나중에 해도 돼.

> 🖉 can wait는 '기다릴 수 있다'로 급하지 않으니 나중에 해도 된다는 뜻으로 써요. Go home.
> The report can wait till tomorrow. 집에 가. 보고서는 내일까지 내도 돼.

receive /뤼씨-ㅂ/ 받다

Did you receive my letter? 내 편지 받았니?

관련단어 묶어보기
receipt /뤼씨-ㅌ/ 영수증

Here's your change and receipt. 여기 거스름돈과 영수증이요.

> 🖉 발음을 틀리기 쉬우니 주의하세요. p는 발음되지 않는 묵음이고, 강세가 2음절에 있어요.

email /이-메일/　1. 이메일을 보내다　2. 이메일

I'll email you my resume. 이력서를 이메일로 보내드릴게요.

Send me an email. 저한테 이메일을 보내세요.

관련단어 묶어보기

letter /레터ㄹ/　글자; 편지

There are 26 letters in the English alphabet.
영어 알파벳에는 26개의 글자가 있다.

package /패키쥐/　소포(= parcel)

I went to the post office to mail a package. 우체국에 가서 소포를 부쳤어.

packet /패킽/　갑; 봉지

I smoke a packet of cigarettes a day. 나는 하루에 담배 한 갑을 피워.

> ✏️ 껌이나 담배처럼 같은 모양의 것들이 여러 개 담겨 있는 경우, 미국에서는 pack, 영국에서는 packet을 주로 써요. 또한 packet은 커피, 설탕 또는 케첩 등을 담은 얇고 작은 봉지를 가리켜요. a pack of gum 껌 한 통, a pack of cigarettes 담배 한 갑 / a packet of coffee 커피 한 봉지, a packet of ketchup 케첩 한 봉지

pack /팩/　1. 짐을 꾸리다　2. (packed) 꽉 찬(= full)

I have to go home and pack. 집에 가서 짐을 싸야 해.

The restaurant was packed. 식당은 만원이었어.

UNIT 210

A Let's take our **camping equipment**. We can **sleep** in the tent.

B It'll be cold at night. We'd better **stay** in a hotel.

우리 캠핑 장비를 가지고 가자. 텐트에서 잘 수 있으니까. / 밤에는 추울 거야.
호텔에 묵는 게 낫겠어.

---

camp /캠ㅍ/　야영하다

Let's go camping over the weekend. 주말에 캠핑 가자.

go camping 캠핑하러 가다

---

equipment /이크윕먼ㅌ/　장비

You should check all equipment regularly. 모든 장비를 정기적으로 점검하렴.

tent /텐트/ **텐트**

It only took twenty minutes to put up the tent.
텐트 치는 데 20분밖에 걸리지 않았어.

map /맵/ **지도**

Can you read a map? 지도 볼 줄 아니?

---

sleep /슬리-ㅍ/ **(slept-slept) 자다**

Sleep tight. 잘 자.

> 🖉 예전 침대는 매트리스 아래 여러 개의 끈으로 바닥을 만들었기 때문에 침대를 꽉 묶어야 흔들리지 않고 편하게 잔 것에서 비롯된 표현이에요. Good night.이나 Night night.과 비슷한 뜻이죠.

I usually sleep in on Sundays. 일요일에는 대개 늦잠을 자.

> 🖉 sleep in은 일부러 마음먹고서 늦게까지 자는 것을 말해요. 의도하지 않게 늦잠을 잤을 때는 oversleep을 써요.

I slept like a baby. 잠을 푹 잤어.

> 🖉 sleep like a baby는 직역하면 '아기처럼 자다'로 '잠을 잘 자다'란 뜻이에요. 비슷한 표현으로 sleep like a log(통나무처럼 자다)가 있어요.

Let me sleep on it. 생각 좀 해볼게요.

> 🖉 sleep on it은 '그것 위에서 자다'인데, 이때 it은 주로 '고민거리'를 뜻해요. 지금 바로 결정하지 말고 하룻밤 정도는 곰곰이 생각해보라는 뜻의 표현이에요.

I didn't get much sleep last night. 어젯밤에 잠을 많이 못 잤어.
get sleep 잠을 자다

---

stay /스테이/ **1. 머무르다 2. 유지하다**

We stayed in a hotel. 우리는 호텔에서 묵었어.
Eat right to stay healthy. 건강을 유지하려면 제대로 먹어.

Stay away from her! 그녀에게서 떨어져!

stay away 가까이 가지 않다, 접근하지 않다

I stayed up all night. 나 밤 샜어.

stay up 깨어있다

> ✏️ stay는 우리말과 다른 영어식 사고방식을 잘 보여주는 단어에요. 우리는 '가까이 가지 않다',
> '자지 않다'라고 하지만, 같은 표현을 영어는 '떨어져(away) 머물다', '깨어있는(up) 상태를
> 유지하다'로 표현하죠.

우리말 뜻을 보고 영어 단어를 써넣으세요.

01 이메일에 파일을 첨부하다   _____ a file to the e-mail

02 그의 발목에 붕대가 감겨 있었어.   His ankle was _____.

03 그는 심장이 약해.   He has a _____ heart.

04 그는 여전히 튼튼해.   He is still _____.

05 나는 정치에 거의 관심이 없어.   I have little interest in _____.

06 나 요 며칠 동안 아팠어.   I've been ill for the _____ few days.

07 휘발유를 넣어야겠어.   I need to get some _____.

08 그의 목숨이 위험해.   His life is in _____.

09 비가 올 것 같아.   _____ it's going to rain.

10 분명히 그녀는 울고 있었어.   _____, she was crying.

11 사소한 문제가 있어.   There's a _____ problem.

12 빨리 널 보고 싶어.   I can't _____ to see you.

13 내 편지 받았니?   Did you _____ my letter?

14 여기 영수증이요.   Here's your _____.

15 저한테 이메일 보내세요.   Send me an _____.

16 식당이 만원이었어.   The restaurant was _____.

17 캠핑 가자.   Let's go _____.

18 지도 볼 줄 아니?   Can you read a _____?

19 잘 자.   _____ tight.

20 우리는 호텔에서 묵었어.   We _____ in a hotel.

Answer

01 attach   02 taped   03 weak   04 strong   05 politics   06 past   07 gas   08 danger
09 Apparently   10 Obviously   11 slight   12 wait   13 receive   14 receipt   15 e-mail   16 packed
17 camping   18 map   19 Sleep   20 stayed

A I'm not saying that I'm not **interested** in the **position**.

B Please stop **confusing** me, and just cut to the chase.

그러니까 제가 그 자리에 관심이 없다는 건 아니고요. / 헷갈리게 하지 말고 딱 잘라서
말해 주세요.

interested /인터뤠스티드/ 관심 있는

I'm interested in taking pictures. 나는 사진 찍는 것에 관심 있어.

관련단어 묶어보기
interesting /인터뤠스팅/ 흥미로운

That's an interesting idea. 그거 흥미로운 생각이다.

> 🖉 interesting은 '흥미로운'이란 뜻 외에 특이하거나 이상하다고 생각하는 경우에도 쓸 수 있어
> 요. He's an interesting character. 그는 성격이 특이해.

interest /인터뤠스트/ 1. 관심 2. 이자

He has an interest in jazz. 그는 재즈에 관심이 있다.

have an interest in ~에 관심이 있다

How much is the monthly interest? 월 이자가 얼마죠?

boring /보-오륑/ 지루한

He kept telling boring stories. 그는 지루한 얘기를 계속 했어.

bored /보-오드/ 지루해 하는

I'm bored to death. 심심해서 죽을 지경이야.

bored to death 심심해서 죽을 것 같은

dull /덜/ 1. 지루한 2. 무딘

The movie was pretty dull. 그 영화는 꽤 지루했어.

The blade is dull. 칼날이 무뎌.

position /퍼지션/ 1. 위치 2. 자세 3. 처지, 상황 4. 입장, 의견

I changed the position of my computer. 내 컴퓨터의 위치를 바꿨어.

Please lie in a comfortable position. 편한 자세로 누우세요.

I'm not in a position to help you. 당신을 도울 처지가 못돼요.

What's your position on the policy? 그 정책에 대한 당신의 입장은 뭔가요?

---

confusing /컨퓨-징/ **헷갈리다**

These two words are very confusing. 이 두 단어는 매우 헷갈려요.

관련단어 묶어보기
confused /컨퓨-ㅈㄷ/ **혼란스러운**

I'm confused. Can you say that again? 헷갈려. 다시 한 번 말해줄래?

confusion /컨퓨-즌/ **혼란**

I'm sorry if I caused any confusion. 제가 혼란스럽게 했다면 죄송해요.

A Police have arrested the guys who **shot** the **queen**.

B I hope they **lock** them up forever.

경찰이 여왕을 쏜 놈들을 체포했어. / 그 녀석들을 영원히 가뒀으면 좋겠어.

---

shoot /슈-ㅌ/ 1. (shot-shot) 쏘다 2. 빌어먹을

Don't shoot! 쏘지 마!

Shoot! I've forgotten my book. 빌어먹을! 책을 잊고 안 가져왔어.

✎ 짜증이 났거나 놀랐을 때 써요. 원래는 Shit!인데 상스러운 욕이라서 순화해서 표현한 거죠.

관련단어 묶어보기
shot /샤-ㅌ/ 1. 슛 2. 발사, 발포 3. 사진

The goalkeeper blocked the shot. 골키퍼가 그 슛을 막았어.

Someone took a shot at her. 누군가가 그녀에게 총을 쐈어.
take a shot 총을 쏘다

He took some shots of me. 그는 내 사진을 찍었어.
take a shot 사진을 찍다(= take a picture)

---

queen /크위-인/ **여왕**

She was crowned queen at the age of 18. 그녀는 18세에 여왕으로 추대되었어.

royal /뤄이열/ **왕실의**

There's no royal road to learning English. 영어 공부에는 왕도가 없다.

---

lock /라-ㅋ/ **1. 잠그다(↔ unlock) 2. 자물쇠**

Did you lock the car? 차 잠갔어?

He was locked up for 10 years. 그는 10년간 교도소에 수감되었어.

lock up 교도소에 가두다

He turned the key in the lock. 그는 자물쇠의 열쇠를 돌렸어.

UNIT 213

A Why is he so angry like that?

B Someone touched a sensitive **spot**. I've **never** seen him hit the **ceiling** like that before, **either**.

그는 왜 그렇게 화가 났어? / 누군가 민감한 부분을 건드렸어. 나도 그가 저렇게 화내는 건 첨 봐.

spot /스파-ㅌ/ **얼룩, 점**

She removed the ink spot from her shirt. 그녀는 셔츠의 잉크 얼룩을 제거했다.

He gave a speech on the spot. 그는 즉석에서 연설을 했다.

> ✎ on the spot는 '즉석에서', '그 자리에서'의 뜻이에요. She was fired on the spot. 그녀는 그 자리에서 해고되었다.

---

never /네버ㄹ/ **결코 ~ 않다**

She has never been to France. 그녀는 프랑스에 가본 적이 없어.

I'll never ever leave you. 난 절대 널 떠나지 않을 거야.

never ever 결코 ~ 않다

Never say never. 사람 일은 모르는 거야.

> ✍ 직역하면 '절대 아니란 말은 하지 마.'로 앞으로의 일은 알 수 없으니, 어떤 일이 절대 일어나지 않을 거라 속단하지 말라는 뜻으로 써요. She will never call me again. 그녀가 다신 전화하지 않을 거야. - Never say never. 그건 모르는 일이야.

관련단어 묶어보기
not /나-ㅌ/ 아니다

Thanks a lot. - Not at all. 정말 고마워. - 천만에.

> ✍ not at all은 '전혀 아니다'란 뜻으로 무언가를 강하게 부정할 때도 써요. Did she say anything?그녀가 무슨 말을 했니? - No, not at all. 아니, 전혀.

ceiling /씨-일링/ 천장

The walls and ceiling are painted white. 벽과 천장이 흰색으로 칠해져 있다.

관련단어 묶어보기
floor /플로-ㄹ/ 1. 바닥 2. 층

I was sitting on the floor watching TV. 나는 바닥에 앉아서 TV를 보고 있었어.
Our office is on the top floor. 우리 사무실은 꼭대기 층에 있어.

roof /루-ㅍ/ 지붕

We live under the same roof. 우리는 한 지붕 아래 살아.

either /이-더ㄹ/ 둘 중 어느 하나의

You can take either pencil. 어느 연필이든 하나 가져도 돼.

> ✍ either는 2가지 중에 아무거나 상관없이 하나를 선택할 수 있다는 뜻으로 써요. There's tea or coffee. You can have either. 차와 커피가 있어. 둘 중 아무거나 하나 마셔.

Either you or he is lying. 너 아니면 그가 거짓말을 하고 있어.

> ✍ either A or B는 'A 또는 B 중에 하나'의 뜻으로 문장의 동사는 B(he)에 맞춰 쓰기 때문에 are가 아니라 is를 썼어요.

If you don't go, I won't go either. 네가 안 가면 나도 안 갈 거야.
not ... either ~도 또한 아니다

A Could we have **center** seats?

B **Unfortunately** all center seats are **occupied**.

가운데 자리로 주시겠어요? / 안타깝게도 가운데 자리는 모두 찼어요.

center /쎈터ㄹ/ 중심

New York is the center of the world economy. 뉴욕은 세계 경제의 중심이다.

관련단어 묶어보기
central /쎈트럴/ 중심의

They live in central London. 그들은 런던 중심부에 살아.

concentrate /카-안센트뤠이트/ ~에 집중하다(on)

I couldn't concentrate on the music. 음악에 집중할 수가 없었어.

---

unfortunately /언풔-ㄹ춰너틀리/ 불행히도

Unfortunately, he is leaving the company. 불행히도 그는 회사를 그만둘 겁니다.

관련단어 묶어보기
unfortunate /언풔-ㄹ춰너트/ 불행한

He is an unfortunate person. 그는 불행한 사람이야.

fortunate /풔-ㄹ춰너트/ 운이 좋은

I was fortunate enough to win a scholarship. 운이 좋아서 장학금을 탔어.

fortune /풔-ㄹ추-운/ 1. 운, 행운 2. 많은 돈 3. 운수

I had the good fortune to pass the exam. 운 좋게 시험에 합격했어.

She made a fortune by investing in stocks.
그녀는 주식에 투자해서 많은 돈을 벌었어.
make a fortune 큰돈을 벌다

She told my fortune with cards. 그녀는 카드로 내 운세를 점쳤다.

---

occupy /아-큐파이/ 공간을 차지하다

Is this seat occupied? 이 자리에 누가 앉았나요?

✎ 직역하면 '이 자리 누가 차지했나요?'로 Is this seat taken?, Is this seat free?, Is anybody sitting here?와 비슷한 표현이에요.

The bed occupies most of the room. 침대가 방의 대부분을 차지하고 있어.

UNIT 215

A Do you know this **fancy** way to **fold** napkins?
B No. But I saw Sam doing it **once**, so I'll give it a try.

냅킨을 접는 이런 화려한 방법을 알고 있니? / 아니. 하지만 샘이 하는 걸 한 번 봤으니까 한번 해 볼게.

---

fancy /팬씨/   1. 화려한   2. 고급의

That dress is too fancy for a little girl. 그 옷은 어린 소녀에게 너무 화려해.

✎ 우리는 '문구점'을 '팬시(fancy)점'이라 부르기도 하지만, 영어로는 틀린 표현이에요. '문구점'은 stationery예요.

She took me to a fancy restaurant. 그녀는 나를 고급 레스토랑에 데리고 갔어.

---

fold /포울드/   (종이나 천 등을) 접다

Can you help me fold the sheets? 시트 개는 것 좀 도와줄래?
He folded his arms and looked at me. 그는 팔짱을 끼고 나를 바라보았어.
fold one's arms 팔짱을 끼다

---

once /원쓰/   1. 일단 ~하면   2. 한 번

Once you start, you must finish it. 일단 시작하면 끝을 내야 한다.
Can you explain it to me once more? 한 번 더 설명해 주시겠어요?
once more 한 번 더

I have been there once or twice. 그곳에 한두 번 가본 적이 있어.
once or twice 한두 번

All at once I heard a loud noise. 갑자기 큰 소리를 들었어.
all at once 갑자기(= suddenly)

Get out at once! 당장 나가!

at once 당장

I wish you'd come here early for once. 한 번만이라도 네가 일찍 왔으면 좋겠어.
for once 이번 한번만은

I will forgive you just this once. 이번 한 번만 용서해 줄게.
this once 이번만은

We go out for dinner once in a while. 우리는 가끔 저녁 먹으러 나가.

> 🖉 once in a while은 '가끔'의 뜻이에요. 비슷한 뜻으로 sometimes, at times, from time to time, every now and then, occasionally 등 다양한 표현이 있어요.

Once upon a time, there lived a beautiful princess.
옛날에 아름다운 공주가 살았어요.
once upon a time 옛날에

Once bitten, twice shy. 자라보고 놀란 가슴 솥뚜껑 보고 놀란다.

> 🖉 직역하면 '한번 물리면, 두 번 움츠려든다.'예요. 한 번 안 좋은 경험을 했던 사람은 다시 똑같은 일을 하기 꺼린다는 뜻이죠. She won't marry again. Once bitten, twice shy. 그녀는 다신 결혼 안 할 거야. 한 번 크게 데었거든.

우리말 뜻을 보고 영어 단어를 써넣으세요.

01 그거 흥미로운 생각이다.　　　　That's an _____ idea.

02 그는 지루한 얘기를 계속 했어.　　He kept telling _____ stories.

03 칼날이 무뎌.　　　　　　　　　The blade is _____.

04 편안한 자세로 누우세요.　　　　Please lie in a comfortable _____.

05 헷갈려.　　　　　　　　　　　I'm _____.

06 쏘지 마!　　　　　　　　　　Don't _____!

07 그는 내 사진을 찍었어.　　　　He took some _____ of me.

08 차 잠갔어?　　　　　　　　　Did you _____ the car?

09 그는 즉석에서 연설 했어.　　　He gave a speech on the _____.

10 난 절대 널 떠나지 않을 거야.　I'll _____ ever leave you.

11 우리 사무실은 꼭대기 층에 있어.　Our office is on the top _____.

12 어느 연필이든 하나 가져도 돼.　You can take _____ pencil.

13 그들은 런던 중심부에 살아.　　They live in _____ London.

14 그는 불행한 사람이야.　　　　He is an _____ person.

15 그녀는 많은 돈을 벌었어.　　　She made a _____.

16 이 자리에 누가 앉았나요?　　　Is this seat _____?

17 그녀는 나를 고급 식당에 데려 갔어. She took me to a _____ restaurant.

18 시트 개는 것 좀 도와줄래?　　Can you help me _____ the sheets?

19 갑자기 큰 소리를 들었어.　　　All at _____, I heard a loud noise.

20 우리는 가끔 저녁 먹으러 나가.　We go out for dinner once in a _____.

Answer

01 interesting　02 boring　03 dull　04 position　05 confused　06 shoot　07 shots　08 lock

09 spot　10 never　11 floor　12 either　13 central　14 unfortunate　15 fortune　16 occupied

17 fancy　18 fold　19 once　20 while

A Did you **join** Greenpeace?
B Yes, it's a **charity** organization that is **concerned** with environmental issues.

그린피스에 가입했니? / 응, 환경 문제에 관심 있는 자선 단체야.

join /줘인/ 1. 입대하다, 가입하다 2. 함께 하다 3. 연결하다

I decided to join the army. 입대하기로 했어.

Do you mind if I join you? 같이 가도 될까?

This bridge joins the island to the mainland. 이 다리는 섬과 본토를 연결해.

charity /채뤄티/ 1. 자선단체 2. 관용

We're raising money for charity. 우리는 자선단체를 위한 기금을 모으고 있어.

He showed no charity to me. 그는 내게 관용을 베풀지 않았어.

concern /컨써-ㄹ언/ 1. 관심 2. 염려 3. 염려하는 4. 관련 있는

My main concern is sports these days. 나의 주된 관심사는 요즘 스포츠야.

I have concerns about her health. 그녀의 건강이 걱정돼.

I'm very concerned about their safety. 그들의 안전이 아주 걱정돼.

be concerned about ~을 걱정하다

His job is concerned with computers. 그의 직업은 컴퓨터와 관련이 있어.

be concerned with ~와 관련이 있다

He is very mean as far as money is concerned.

그는 돈에 있어서는 아주 인색해.

> 🖊 as far as (사람) be concerned는 '~의 생각에는, ~의 입장에서는', as far as (사물) be concerned는 '~와 관련해서, ~에 있어서는'의 뜻이에요.

회화 패턴 **as far as ... is concerned** ~의 입장에서는 / ~에 있어서는

As far as I'm concerned, there's no reason to wait. 내 생각에, 기다릴 이유가 없어.

As far as she's concerned, he is perfect. 그녀 입장에서, 그는 완벽해.

As far as computers are concerned, I know nothing.

컴퓨터 관련해서, 나는 아는 게 없어.

UNIT 217

A Could you show me how to **operate** this **machine**?
B Certainly. Just **press** this button.

이 기계를 어떻게 작동하면 되는지 보여 주실래요? / 물론이죠. 이 버튼만 누르세요.

---

operate /아-퍼뤠이트/   1. 작동하다   2. 수술하다

Do you know how to operate this camera? 이 카메라 어떻게 작동하는지 알아?

Surgeons operated on his knee. 외과 의사들이 그의 무릎을 수술했어.

관련단어 묶어보기
operation /아-퍼뤠이션/   1. 작동   2. 수술

The operation of this machine is simple. 이 기계의 작동은 간단해.

He had an operation on his leg. 그는 다리 수술을 받았어.

have an operation 수술을 받다

---

machine /머쉬-인/   기계

This machine runs on electricity. 이 기계는 전기로 작동해.

> ✎ vending machine 자판기, sewing machine 재봉틀, washing machine 세탁기,
> answering machine 자동응답기

관련단어 묶어보기
machinery /머쉬-너리/   기계류

There is a lot of machinery in the factory. 공장에 많은 기계들이 있어.

> ✎ 보통 특정 분야에 쓰이는 큰 기계류를 말해요. farm machinery 농기계, industrial
> machinery 산업장비, heavy machinery 중장비

tool /투-울/   도구, 연장

I know how to use this tool. 이 도구를 어떻게 사용하는지 알아.

---

press /프뤠씨/   1. 누르다   2. 압력을 가하다   3. (the) 언론(신문과 잡지)

Could you press seven, please? 7층 좀 눌러주시겠어요?

426

He pressed me to accept the job. 그는 내게 그 일을 받아들이라고 강요했어.

The incident was reported in the press. 그 사건은 언론에 보도되었다.

pressure /프뤠셔ㄹ/ 압력, 압박

She has high blood pressure. 그녀는 고혈압이야.
high blood pressure 고혈압(↔ low blood pressure 저혈압)

I'm under pressure at work. 나는 직장에서 스트레스를 받고 있어.
be under pressure 스트레스를 받다(= be under stress)

UNIT 218

A What do you **regard** as a major **failure** in your life?

B Here's an **example** from my past.

인생에서 가장 큰 실패는 무엇이라고 생각하십니까? / 여기 제 과거 사례가 있습니다.

---

regard /뤼가-ㄹ드/ 1. ~라 생각하다 2. 안부

She regards herself as an entertainer. 그녀는 자신을 연예인이라 생각해.

Give my regards to your mother. 어머니께 안부 전해줘.
give my regards to ~에게 안부 전해주다

regarding /뤼가-ㄹ딩/ ~에 관해서

He said nothing regarding the accident.
그는 그 사고에 대해 아무 말도 하지 않았어.

consider /컨시더ㄹ/ 생각하다

I need some time to consider. 생각할 시간이 좀 필요해.

considerable /컨시더뤄블/ 상당한

He has saved a considerable amount of money.
그는 상당한 액수의 돈을 저축했어.

consideration /컨시더뤠이션/ 고려, 배려

She lacks consideration for others. 그녀는 다른 사람들에 대한 배려가 부족해.

failure /풰일려ㄹ/   1. 실패   2. 실패자

The plan ended in failure. 그 계획은 실패로 끝났어.

I feel like a failure in life. 인생의 낙오자가 된 기분이야.

관련단어 묶어보기
fail /풰일/   1. 실패하다   2. 실패

Doctors failed to save the girl's life. 의사들은 그 소녀의 생명을 구하지 못했다.
fail to-v ~하지 못하다

He never fails to call me on my birthday. 그는 내 생일에 항상 전화를 해.

> ✎ never fail to-v는 직역하면 '절대 ~하는 것을 실패하지 않다'로 '항상 ~하다'란 뜻이에요.
> You never fail to make me smile. 넌 항상 날 웃게 만들어.

I will be present without fail. 반드시 참석할 거야.
without fail 반드시

---

example /이그잼플/   예, 사례

Unemployment, for example, is a serious social problem.
예를 들어 실업은 심각한 사회문제다.
for example 예를 들어(= for instance)

UNIT 219

X-pert is a website offering links to sites across all **subjects**, including robot **technology**, **waste** recycling and education.
X-pert는 로봇 공학, 폐기물 재활용, 교육 등 모든 주제의 사이트들과의 링크를 제공하는 웹사이트다.

---

subject /서ㅂ쥑트/   주제; 과목

The subject of the program is mental health.
그 프로그램의 주제는 정신 건강이다.

> ✎ 학교에서 배우는 '과목'도 subject를 써요. My favorite subject is math. 내가 제일 좋아하는 과목은 수학이야.

theme /띠-임/ 테마, 주제

What is the theme of this book? 이 책의 주제는 뭐야?

> 🖊 theme은 글, 연설이나 영화 등에서 전달하고자 하는 중심 주제(main subject)를 말해요.
> major theme 주요 테마, theme park 테마 파크(특정한 주제를 중심으로 꾸민 놀이공원),
> theme music 테마 음악, 주제곡

---

technology /테크날러쥐/ 기술

The company has invested in the latest technology.
그 회사는 최신 기술에 투자했다.

technique /테크니-ㅋ/ 기법

Various techniques were used in this movie.
이 영화에는 다양한 기법이 사용되었다.

technical /테크니클/ 기술적인

The plane was delayed due to a technical problem.
기술적인 문제로 비행기가 연착되었다.

technically /테크니클리/ 엄밀히 말하면; 기술적으로

Technically, this is not my house. 엄밀히 말하면, 이건 내 집이 아냐.

> 🖊 technically는 '기술적으로'의 뜻도 있지만, 회화체에서는 '엄밀히 말하면, 따지고 보면'의
> 의미로 자주 써요. Technically, they're still married. 엄밀히 말하면, 그들은 여전히 부
> 부야.

---

waste /웨이스트/ 1. 낭비하다 2. (wasted) 만취한 3. 낭비 4. 쓰레기

He wastes all his money on beer. 그는 모든 돈을 맥주에 낭비한다.
They got wasted at the party. 그들은 파티에서 엄청 취했어.

> 🖊 wasted는 '만취한(very drunk)'의 뜻이에요. 비슷한 표현으로 hammered,
> smashed, plastered, trashed 등이 있어요.

It's a waste of time to watch that movie. 그 영화를 보는 건 시간 낭비야.

> ✏️ '시간 낭비'는 waste of time이고 '돈 낭비'는 waste of money예요. Luxury goods are a waste of money. 사치품은 돈 낭비야.

They dumped industrial waste into the river. 그들은 산업 폐기물을 강에 버렸어.

> ✏️ industrial waste 산업 폐기물, toxic waste 유독성 폐기물, nuclear waste 핵폐기물, household waste 생활 쓰레기

관련단어 묶어보기

trash /트래쉬/   **쓰레기**

Can you take out the trash on your way out? 나가는 길에 쓰레기 좀 버려줄래?
take out the trash 쓰레기를 버리다

garbage /가-ㄹ비쥐/   **쓰레기**

Put that in the garbage can. 그걸 쓰레기통에 버려.
garbage can 쓰레기통(= trash can)

UNIT 220

Rescuers went house to house looking for survivors of the worst natural **disaster** to **hit** the United States.
구조대원들은 미국을 강타한 최악의 자연재해에서 살아남은 사람들을 찾아 집집마다 돌아다녔다.

---

rescue /뤠스큐/   **구하다**

He rescued a girl from the fire. 그는 화재에서 여자아이를 구했어.

관련단어 묶어보기

save /쎄이브/   **1. 구하다   2. 돈을 모으다   3. 절약하다**

You really saved my life. 네 덕에 목숨을 건졌어.
I'm saving up to travel to Europe. 유럽 여행을 위해 저축을 하고 있어.
save up 돈을 모으다
We'll save a lot of time if we go by car. 차를 타고 가면 시간이 많이 절약될 거야.

spare /스페어ㄹ/   **1. 여분의   2. 여가 시간**

Take spare clothes in case you get wet. 젖을 때를 대비해서 여분의 옷을 가져가.

What do you do in your spare time? 여가 시간에 뭐하니?

✏️ 상대방의 취미를 묻고 싶을 때 딱딱한 느낌을 주는 What's your hobby?보다는 What do you do for fun?, What do you do in your free time?, What do you do in your spare time?을 주로 써요.

disaster /디재ㅅ터ㄹ/   1. 재난, 참사   2. 완전한 실패

Thousands died in the disaster. 그 재난으로 수천 명이 죽었어.

This report is a total disaster. 이 보고서는 완전 엉망이야.

✏️ disaster는 비유적으로 끔찍할 정도로 실패한 것을 말할 때 써요. Because of the weather, the parade was a total disaster. 날씨 때문에 그 퍼레이드는 완전히 최악이었어.

hit /힡/   (hit-hit) 1. 때리다   2. ~과 부딪치다   3. 인기, 히트

He hit me in the face. 그는 내 얼굴을 때렸어.

He was hit by a car. 그는 차에 치였어.

We hit it off. 우린 죽이 잘 맞아.

hit it off 죽이 맞다

The movie was a big hit. 그 영화는 대히트였어.

관련단어 묶어보기

beat /비-ㅌ/   (beat-beaten) 1. 때리다   2. 이기다   3. 심장이 고동치다   4. 지친

The man had been beaten to death. 그 남자는 맞아 죽었어.

✏️ 똑같이 '때리다'의 뜻이지만 주로 hit는 한번, beat는 여러 번 때리는 경우를 말해요. hit the ball 공을 치다 / beat the door 문을 두드리다

Korea beat Germany three to one. 한국이 독일을 3대1로 이겼어.

✏️ 경기, 선거나 전쟁 등에서 승리한 경우에는 win을 써요. 반면 경기, 선거나 전쟁에서 상대편을 꺾은 경우에는 beat을 쓰죠. win a game 경기를 이기다, win a race 경주에 이기다, win a war 전쟁을 이기다, win an election 선거에서 승리하다 / beat Japan 일본을 이기다, beat Trump in the election 선거에서 트럼프를 이기다

Her heart was beating fast. 그녀의 심장이 빠르게 뛰고 있었어.

Nothing beats home-cooked meals. 집에서 요리한 식사만한 게 없어.

✎ nothing beats ...는 직역하면 '어느 것도 ~을 이길 수 없어'로 '~만한 게 없어'라고 말할 때 써요.

회화 패턴 ▶ Nothing beats ... ~만한 게 없어 / ~이 최고야

Nothing beats this place for crabs. 게 요리는 이 집이 최고야.
Nothing beats traveling with an old friend. 오랜 친구와 여행하는 것 만한 게 없지.
Nothing beats a cold beer on a hot afternoon. 무더운 오후에 시원한 맥주만한 게 없지.

Don't beat around the bush. 말 돌리지 마.

✎ beat around the bush는 새 사냥 전에 주변 덤불을 치는 것에서 유래한 표현이에요. 정작 새는 잡지 않고 장황하게 준비만 하고 있다는 뜻이죠. 그래서 본론으로 안 들어가고 말을 빙빙 돌려 말할 때 써요. Don't beat around the bush. Just tell me the truth. 말 돌리지 마. 그냥 내게 진실을 말해.

I'm dead beat. 너무 지쳤어.
dead beat 녹초가 된
It beats me. 모르겠어.

✎ It beats me.는 I don't know.나 I have no idea.와 비슷한 표현이에요. It을 생략하고 Beats me.로 쓰기도 해요. Why did he do such a stupid thing? 그는 왜 그렇게 바보 같은 짓을 저질렀을까? - Beats me. 모르겠어.

tap /탭/ 1. 톡톡 두드리다 2. 수도꼭지

Someone tapped me on the shoulder. 누군가가 내 어깨를 툭 쳤다.
The tap keeps leaking. 수도꼭지가 자꾸 새.

stir /스터-ㄹ/ 섞다

Add the eggs and stir well. 달걀을 넣고 잘 저어.

우리말 뜻을 보고 영어 단어를 써넣으세요.

01 같이 가도 될까? Do you mind if I _____ you?

02 그녀의 건강이 걱정돼. I have _____ about her health.

03 돈에 관해서는 as far as money is _____

04 그는 다리 수술을 받았어. He had an _____ on his leg.

05 이 기계는 전기로 작동해. This _____ runs on electricity.

06 이 도구를 어떻게 사용하는지 알아. I know how to use this _____.

07 7층 좀 눌러주시겠어요? Could you _____ seven, please?

08 그녀는 고혈압이야. She has high blood _____.

09 어머니에게 안부 전해줘. Give my _____ to your mother.

10 상당한 액수의 돈을 저축하다 save a _____ amount of money

11 그 계획은 실패로 끝났어. The plan ended in _____.

12 최신 기술에 투자하다 invest in the latest _____

13 그들은 파티에서 엄청 취했어. They got _____ at the party.

14 그걸 쓰레기통에 버려. Put that in the _____ can.

15 화재에서 여자아이를 구하다 _____ a girl from the fire

16 여가 시간에는 뭐하니? What do you do in your _____ time?

17 이 보고서는 완전 엉망이야. This report is a total _____.

18 우린 죽이 잘 맞아. We _____ it off.

19 한국이 독일을 3대1로 이겼어. Korea _____ Germany three to one.

20 달걀을 넣고 잘 저어. Add the eggs and _____ well.

Answer

01 join 02 concerns 03 concerned 04 operation 05 machine 06 tool 07 press

08 pressure 09 regards 10 considerable 11 failure 12 technology 13 wasted 14 garbage

15 rescue 16 spare 17 disaster 18 hit 19 beat 20 stir

Traditional views toward women continue to slow **progress** toward **equal** rights **between** the **sexes**.

여성에 대한 전통적인 관점은 남성과 여성 간의 평등한 권리를 향한 진보를 계속 늦추고 있다.

progress /프롸-그레쓰/　진전, 진척

He made a lot of progress in English. 그는 영어에서 많은 진전을 이뤘다.

make a progress 진전을 이루다

Quiet! Exams in progress. 조용히! 시험 진행 중.

in progress 진행 중인

equal /이-크월/　1. 동등한, 평등한　2. 같다

All people are equal. 모든 사람들은 평등하다.

One plus six equals seven. 1 더하기 6은 7이다.

관련단어 묶어보기
equally /이-크월리/　똑같이, 균등하게

They shared the work equally. 그들은 그 일을 똑같이 나눴어.

between /비ㅌ위-인/　사이에

Just between you and me, he is really stupid. 우리끼리 얘기지만 그는 참 멍청해.

관련단어 묶어보기
among /어멍/　사이에

She is popular among her friends. 그녀는 친구들 사이에서 인기가 있다.

　　🖉 among은 셋 이상의 사람이나 사물 사이에, between은 두 명의 사람이나 두 개의 사물 사이에 주로 써요. 하지만 between의 경우 셋 이상이라도 두 부류로 확실히 구별되는 경우에는 쓸 수 있어요. He drove too quickly between the cars. 그는 차 사이를 너무 빨리 몰았어.

sex /쎅쓰/　성

Write your name and sex at the top of the paper.
종이 맨 위에 이름과 성별을 쓰세요.

관련단어 묶어보기

male /메일/　**남성; 수컷 (↔ female 여성; 암컷)**

Is this dog a male or female? 이 개는 수컷이니 암컷이니?

 수컷일 때는 a male, a he를, 암컷일 때는 a female, a she를 써요.

UNIT 222　American unilateralism has **reached** new heights, and **rich** nations are adopting policies that **harm** the **environment**.
미국의 일방주의는 새로운 정점에 도달했고, 부유한 국가들은 환경을 해치는 정책을 채택하고 있다.

---

reach /뤼-취/　1. 도착하다　2. 손이 닿다　3. 연락하다　4. 어떤 단계에 이르다

We reached Seoul last night. 우리는 어젯밤에 서울에 도착했어.

✎ '~에 도착하다'의 뜻으로 reach, arrive at/in, get to를 써요. We arrived at the station early. = We got to the station early. 우리는 일찍 역에 도착했어.

I can't reach the top shelf. 맨 위 선반에 손이 닿지 않아.
How can I reach you? 어떻게 연락할 수 있니?

✎ 전화나 이메일 등으로 상대방에게 연락할 때 reach나 contact를 써요. You can reach me by email. 이메일로 연락하면 돼.

The Korean team reached the finals. 한국 팀이 결승에 진출했어.

---

rich /뤼취/　1. 부유한　2. 풍부한

I worked hard to get rich. 부자가 되기 위해 열심히 일했어.
Apples are rich in vitamin C. 사과는 비타민 C가 풍부해.

관련단어 묶어보기

poor /푸어리/　1. 좋지 못한; 가난한　2. 불쌍한

She's in poor health. 그녀는 건강이 안 좋아.

The poor kid had lost both his parents. 그 불쌍한 아이는 부모를 잃었어.

property /프롸-퍼ㄹ티/ 재산(건물과 땅)

Private property. No parking. 사유 재산. 주차 금지.

harm /하-ㄹ암/ 1. 손해 2. 손해를 끼치다

What's the harm? 손해 볼 거 없잖아?

> ✏ '~한다고 손해 볼 거 없잖아?'라고 말할 땐 What's the harm in ...?을 써요. What's the harm in asking? 물어본다고 손해 볼 거 없잖아?

He did serious harm to me. 그는 내게 심각한 손해를 끼쳤어.

관련단어 묶어보기
damage /대미쥐/ 손상

Was there any damage to your car? 네 차에 손상은 없었니?

environment /인봐이런먼트/ 1. (자연) 환경 2. (주변) 환경

We have to protect the environment. 우리는 환경을 보호해야 해.

We have a pleasant work environment. 우리는 쾌적한 근무 환경을 가지고 있어.

UNIT 223
Analysts pointed out that the **success** of the **stock** market **reflected** a drastic change in the investment patterns of **local** firms.

분석가들은 주식시장의 성공이 국내 기업들의 투자 패턴에 있어 근본적인 변화를 반영하고 있다고 지적했다.

success /썩쎄ㅆ/ 성공

Her success is due to hard work. 그녀의 성공은 열심히 일한 덕분이다.

succeed /썩씨-ㄷ/   성공하다(in)

She succeeded in losing weight. 그녀는 살을 빼는데 성공했어.

successful /썩쎄스플/   성공한, 출세한

The operation was successful. 수술은 성공적이었어.

---

stock /스타-ㅋ/   1. 주식   2. 재고

He made a fortune in the stock market. 그는 주식으로 큰돈을 벌었다.

Do you have this book in stock? 이 책 재고 있나요?

in stock 재고가 있는(↔ out of stock 재고가 없는)

---

reflect /뤼플렉트/   1. 비추다, 반사하다   2. 곰곰이 생각하다

I saw myself reflected in the mirror. 거울에 비친 내 모습을 봤어.

I need time to reflect before I decide. 결정하기 전에 생각할 시간이 필요해.

reflection /뤼플렉션/   1. 반사   2. 성찰

Can you see your reflection in the glass? 유리에 비친 너의 모습이 보이니?

A week off would give him time for reflection.
일주일간의 휴가는 그에게 성찰의 시간을 줄 것이다.

---

local /로우클/   지역의

This is a park for local residents. 이곳은 지역 주민들을 위한 공원이야.

> ✎ local resident 지역 주민, local newspaper 지역신문, local time 현지시간, local
> dialect 지역방언, local government 지방정부

locally /로우컬리/   국지적으로

There will be some rain locally. 국지적으로 약간의 비가 내립니다.

UNIT 224

The **sweeping** zeal for learning English often **ignores** the essential **question**: What's the **purpose** to learn a foreign language?

영어를 배우려는 열풍은 종종 본질적인 질문을 무시한다. 외국어를 배우는 목적은 무엇인가?

sweep /스위-프/ (swept-swept) 1. 쓸다 2. 휩쓸고 가다

Will you sweep the leaves off the patio? 테라스 낙엽을 쓸어줄래?

Thunderstorms swept the country. 폭풍우가 전국을 휩쓸었다.

ignore /이그노-ㄹ/ 무시하다

I said hello but she ignored me. 인사를 했는데 그녀는 날 모른척했어.

ignore는 사람을 깔보거나 업신여기는 것이 아니라, 남을 보고도 못 본 척하거나, 남의 말을 듣고도 못 들은 척할 때 써요.

question /크웨스쳔/ 질문

Is it okay if I ask you a few questions? 몇 가지 질문을 해도 괜찮을까요?

관련단어 묶어보기

doubt /다우ㅌ/ 1. 의심하다, 믿지 않다 2. 의심

Do you think he will win? – I doubt it. 그가 이길 것 같아? – 그렇지 않을걸.

상대방의 말에 동의하지 않고 내 생각은 다르다고 할 때 써요. 비슷한 표현으로 I don't think so.가 있어요.

I have no doubt he loves her. 그가 그녀를 사랑하는 게 틀림없어.

Without a doubt. 틀림없어.

Without a doubt.나 No doubt.는 직역하면 '의심의 여지가 없다.'예요. 상대방의 말에 동의하며 '틀림없어.' 또는 '맞아.'라고 말할 때 써요. He'll probably blame someone else. 그는 아마 다른 누군가를 탓할 거야. - No doubt. 맞아.

suspect /써스펙트/　1. 수상쩍어 하다　2. /써스펙트/ 용의자

Act naturally and no one will suspect you.
자연스럽게 행동하면 아무도 널 의심하지 않을 거야.

He's a suspect in the murder case. 그는 그 살인 사건의 용의자야.

---

purpose /퍼-ㄹ퍼ㅆ/　목적, 의도

She slammed the door on purpose. 그녀는 일부러 문을 세게 닫았다.

on purpose 고의로, 일부러(↔ **by mistake** 실수로)

✎ /퍼-**포**우ㅈ/라고 잘못 발음하는 경우가 많으니 주의하세요.

UNIT 225

Overall consumer **spending** during this year's first **quarter** **posted** a 3.9 percent **increase**.
올 1분기 전체 소비지출은 3.9% 증가를 기록했다.

---

spend /스펜드/　(spent-spent) 1. 돈을 쓰다　2. 시간을 보내다

She spends a lot of money on clothes. 그녀는 옷에 많은 돈을 써.

> **회화 패턴** ▶ (사람) spend (돈) on ... ~에 (돈)을 써
>
> I spent $30 on his birthday gift. 그의 생일 선물을 사는데 30달러를 썼어.
> I don't spend much on clothes. 나는 옷에 돈을 많이 쓰지 않아.
> How much did you spend on your car? 차에 돈을 얼마나 썼니?

I want to spend more time with my family.
나는 좀 더 많은 시간을 가족과 보내고 싶어.

---

quarter /크오-ㄹ터ㄹ/　1. 4분의 1(1/4)　2. 15분　3. 25센트　4. 분기

They spend a quarter of their income on food. 그들은 수입의 1/4을 식비로 써.

He will be there in a quarter of an hour. 그는 15분 후에 거기 도착할 거야.

You need to pay a quarter more. 25센트를 더 지불하셔야 해요.

Sales were up 10 percent last quarter. 매출이 지난 분기에 10% 증가했어.

post /포우스트/   1. 직책, 일자리(= job)   2. 게시하다

I applied for the post. 그 일자리에 지원했어.

I posted my pictures on my blog. 내 블로그에 사진을 올렸어.

Keep me posted. 계속 알려줘.

> ✎ 상대방에게 새로운 소식이나 진행 상황을 계속 알려달라고 할 때 쓰는 표현이에요. posted 대신 informed를 쓰기도 해요. I don't know what time they're arriving, but I'll keep you informed! 몇 시에 그들이 도착하는지 모르지만, 계속 알려줄게.

관련단어 묶어보기
poster /포우스터ㄹ/   포스터

He put up a poster on the wall. 그는 벽에 포스터를 붙였다.

---

increase /인크뤼-ㅆ/   1. 증가하다, 인상되다   2. /인크리-ㅆ/ 증가

Gold has increased in price. 금값이 올랐어.

The crime rate is on the increase. 범죄율이 증가하고 있다.

be on the increase 증가하고 있다

우리말 뜻을 보고 영어 단어를 써넣으세요.

01 시험 진행 중.   Exam in _____.

02 모든 사람들은 평등하다.   All people are _____.

03 우리끼리 얘기지만   just _____ you and me

04 이 개는 수컷이니 암컷이니?   Is this dog a _____ or female?

05 맨 위 선반에 손이 닿지 않아.   I can't _____ the top shelf.

06 사과는 비타민 C가 풍부해.   Apples are _____ in vitamin C.

07 그녀는 건강이 안 좋아.   She's in _____ health.

08 손해 볼 게 뭐가 있어?   What's the _____?

09 환경을 보호하다   _____ the environment

10 그녀는 살을 빼는데 성공했어.   She _____ in losing weight.

11 이 책 재고 있나요?   Do you have this book in _____?

12 생각할 시간이 필요해.   I need time to _____.

13 낙엽을 쓸어줄래?   Will you _____ the leaves?

14 그녀는 나를 모른척했어.   She _____ me.

15 그렇지 않을걸.   I _____ it.

16 그는 용의자야.   He's a _____.

17 옷에 많은 돈을 쓰다   _____ a lot of money on clothes

18 15분 후에   in a _____ of an hour

19 그 일자리에 지원했어.   I applied for the _____.

20 금값이 올랐어.   God has _____ in price.

Answer

01 progress   02 equal   03 between   04 male   05 reach   06 rich   07 poor   08 harm
09 protect   10 succeeded   11 stock   12 reflect   13 sweep   14 ignored   15 doubt   16 suspect
17 spend   18 quarter   19 post   20 increased

Though the **figures** indicate the elderly are largely more economically active, they still lack **decent** job **opportunities**.

그 수치는 노인들이 대체로 경제적으로 더 활동적이라는 것을 나타내지만, 그들은 여전히 좋은 일자리 기회가 부족하다.

figure /퓌규어ㄹ/ 1. 도표; 몸매 2. 이해하다; 해결하다

Please see figure 5. 5번 도표를 보세요.

I can't figure out how to do this. 난 이걸 어떻게 하는 건지 이해 못하겠어.

figure out 이해하다

I finally figured it out. 마침내 그걸 해결했어.

figure out 해결하다

> ✎ figure는 구체적인 어떤 모양을 의미해요. figure out은 무언가가 모습을 드러내는 이미지죠. 그래서 모르던 것을 알게 되다 또는 풀리지 않던 문제를 해결하다란 뜻을 갖게 되었어요.

decent /디-슨트/ 1. 괜찮은 2. 옷을 제대로 입은

There are no decent restaurants here. 여긴 괜찮은 식당이 없어.

> ✎ decent는 최고는 아니지만 꽤 괜찮은(good enough but not the best) 것을 말할 때 써요. 학점에 비유하자면 A-정도의 느낌이죠. I've got to get some decent clothes. 좀 괜찮은 옷을 사야겠어.

It's me. Are you decent? 난데. 들어가도 돼?

opportunity /아-퍼ㄹ투-너티/ 기회

Don't miss this opportunity. 이번 기회 놓치지 마.

관련단어 묶어보기
chance /챈쓰/ 1. 기회 2. 가능성

He lost the chance of a lifetime. 그는 평생 한 번 있을 기회를 놓쳤어.

> ✎ chance는 주로 운 좋게 얻은 기회를 말한다면, opportunity는 노력해서 얻어낸 기회를 말해요.

There is no chance that he will pass the exam.
그가 시험에 합격할 가능성이 없어.

Chances are you won't have to pay. 아마 넌 돈을 안 내도 될 거야.

Chances are ... 아마 ~일 거야

Chances are you'll be fine. 아마 넌 괜찮을 거야.
Chances are the traffic will be terrible. 아마 교통이 엄청 막힐 거야.
Chances are she has already heard the news.
아마 그녀는 이미 그 소식을 들었을 거야.

Have we met before, by any chance? 우리가 전에 만났나요, 혹시?

✍ by any chance는 '혹시'란 뜻이죠. 상대방에게 좀 더 정중한 느낌으로 조심스럽게 물어볼
때 문장의 앞이나 끝에 붙여 말해요.

..., by any chance? 혹시 ~?

Are you free tonight, by any chance? 혹시 저녁에 시간 있어?
Are you in love with her, by any chance? 혹시 그녀를 사랑하니?
Are you Mr. Grant, by any chance? 혹시 그랜트 씨인가요?

I met him on the street by chance. 우연히 그를 거리에서 만났어.
by chance 우연히(= by accident)

Not a chance! 어림없는 소리!

✍ 상대방의 말을 강하게 부정할 때 써요. 비슷한 표현으로 No way!, Don't do that!, In
your dreams! 등이 있어요.

I'll take my chances. 운에 맡겨 볼게.

✍ 직역하면 '내 운을 선택할게.'인데 위험이 있을 수 있지만 그럼에도 불구하고 도전해 보겠다
는 뜻으로 써요. 미래의 결과는 알 수 없지만 내가 가진 운을 시험해보겠다는 의지의 표현이죠.
You might not succeed. 성공 못할지도 몰라. - I know, but I'll take my chances
anyway. 알아. 하지만 어쨌든 운에 한 번 맡겨 볼라고.

Despite **repeated promises** of **incentives**, the North has not **returned** to the talks.

거듭된 인센티브 약속에도 불구하고, 북한은 회담에 복귀하지 않고 있다.

repeat /뤼피-ㅌ/   반복하다

Can you repeat that, please? 다시 한 번 말씀해 주실래요?

promise /프롸-미ㅆ/   1. 약속   2. 약속하다

You have my promise. 약속 지킬게.

> ✎ 직역하면 '너는 나의 약속을 가졌다.'로 상대방에게 한 다짐을 지키겠다는 뜻으로 써요. 비슷한 표현으로 You have my word., Take my word for it. 등이 있어요.

Promise not to tell anyone! 누구에게도 말하지 않겠다고 약속해!

관련단어 묶어보기
swear /스웨어ㄹ/   (swore-sworn) 1. 맹세하다   2. 욕하다

I never touched your purse. I swear. 난 네 지갑을 결코 건드리지 않았어. 맹세해.
I swear to God I didn't do it. 맹세코 그러지 않았어.

> ✎ I swear to God ...는 말 그대로 '하나님에게 ~라고 맹세해'란 뜻이에요. 자신의 말이 진심이라는 것을 강조하는 표현이죠.

회화 패턴 ▶ I swear to God ...   맹세코 ~

I swear to God it was an accident. 맹세코 일부러 그러지 않았어.
I swear to God I was never at that place. 맹세코 그 장소에 절대 있지 않았어.
I swear to God I didn't know that you called me. 맹세코 네가 전화한 줄 몰랐어.

Don't swear in front of the children. 아이들 앞에서 욕하지 마.

incentive /인센티ㅂ/   장려

He will be given an incentive pay. 그는 장려금을 받을 거야.

return /뤼터-ㄹ언/　1. 돌아가다　2. 반납하다　3. 회답하다　4. 반품

Are you returning to Spain? 스페인으로 돌아갈거니?

I returned the books to the library. 도서관에 책을 반납했어.

She never returned my call. 그녀는 내 전화에 답하지 않았어.

No returns are allowed on sale items. 할인 품목은 반품되지 않습니다.

UNIT
228
At **present**, many property buyers **deliberately** under-report the **value** of purchase price in order to pay fewer **taxes**.
현재 많은 부동산 구매자들은 세금을 더 적게 내기 위해서 의도적으로 구매 가격을 낮게 보고하고 있다.

---

present /프뤠즌트/　1. 참석한　2. 현재의　3. 선물　4. /프리젠트/ 제시하다

The whole family was present at the funeral. 장례식에 온 가족이 참석했어.

What is your present occupation? 현재 직업은 무엇인가요?

Would you wrap the present? 선물을 포장해 주시겠어요?

You must present your passport. 여권을 제시해야 해.

관련단어 묶어보기
presentation /프뤼-젠테이션/　프레젠테이션

I'm giving a presentation today. 나 오늘 프레젠테이션이 있어.
give a presentation 프레젠테이션하다

current /커-뤈트/　현재의

He isn't satisfied with his current job. 그는 현재 직업에 만족하지 않아.

currently /커-뤈틀리/　현재는, 지금은

He is currently traveling abroad. 그는 지금 해외여행 중이에요.

deliberately /딜리버뤗틀리/　고의로(= on purpose)

He approached me deliberately. 그는 의도적으로 내게 접근했어.

value /뷀류/　가치

I realized the value of regular exercise. 규칙적인 운동의 가치를 깨달았어.

worth /워-ㄹ뜨/   ~의 가치가 있는

It's not worth the money. 그 돈 주고 사기는 아까워.

worthwhile /워-ㄹ뜨와일/   ~할 가치가 있는

It is worthwhile to read the book. 그 책은 읽을 가치가 있어.

> ✎ It is worthwhile to-v는 '~할 가치가 있다'란 뜻이에요. Is it worthwhile to try to fix my computer? 내 컴퓨터를 고쳐야할 가치가 있을까?

dear /디어ㄹ/   1. 사랑하는, 소중한   2. 이런

She is my dearest friend. 그녀는 제가 가장 사랑하는 친구예요.

Oh, dear! I lost my wallet. 오 이런! 지갑을 잃어버렸어요.

> ✎ Oh, dear!는 놀랐거나 실망했을 때 써요. 이 표현은 주로 나이든 여성들이 쓰는 편이에요. 비슷한 표현으로 Oh, my!, Oh, man!, Oh, boy! 등이 있어요.

tax /택쓰/   세금

I earned $100,000 before tax last year. 작년에 세 전 10만 달러 벌었어.

> ✎ income tax 소득세, estate tax 상속세, value-added tax 부가가치세(VAT), corporate tax 법인세, direct tax 직접세, indirect tax 간접세

UNIT 229

For **decades**, Koreans have sacrificed their **physical** and **mental** health.

수 십 년 동안 한국인들은 그들의 육체적 그리고 정신적 건강을 희생해왔다.

decade /데케이드/   10년

House prices have risen sharply in the last decade.

집값이 지난 10년간 급격히 올랐어.

446

physical /퓌지클/ 신체의

He has a physical disability. 그는 신체장애가 있어.

관련단어 묶어보기
body /바-디/ 1. 신체, 몸 2. 시체

My body aches all over. 온몸이 쑤셔.

Police found the body in the river. 경찰은 강에서 시체를 발견했다.

Over my dead body! 절대 안 돼!(= Not on your life!)

> ✎ 직역하면 '내 죽은 몸을 넘어!'인데, 말 그대로 내가 죽고 나면 그때 하라, 즉 지금은 절대 안 된다는 뜻이죠. 우리말로는 '내 눈에 흙이 들어가기 전까지는 안 돼.'와 가까운 표현이에요.

muscle /머쓸/ 근육

Weightlifting will strengthen your muscles. 역기 들기는 근육을 강화해준다.

shoulder /쇼울더ㄹ/ 어깨

She needed a shoulder to cry on. 그녀는 누군가 기댈 사람이 필요했어.

> ✎ a shoulder to cry on은 '기대어 울어도 되는 어깨'인데, 비유적으로 누군가에게 위로가 되는 기댈 수 있는 사람을 뜻해요.

knee /니-/ 무릎

He fell and scraped his knee. 그는 넘어져서 무릎을 긁혔어.

neck /넥/ 목

I have a stiff neck. 목이 뻣뻣해.

naked /네이키ㄷ/ 벌거벗은

You can't see the star with the naked eye. 육안으로는 그 별을 볼 수 없어.

with the naked eye 육안으로, 맨 눈으로

---

mental /멘틀/ 정신의

You need a positive mental attitude. 너는 긍정적인 정신자세가 필요해.

관련단어 묶어보기
emotional /이모우셔늘/ 감정적인

I got a little emotional. 좀 울컥했어.

> ✎ get emotional은 '감정적이 되다'란 뜻인데, 감정이 격해져서 울음을 터뜨릴 것 같은 상황에 써요.

People trust the **information** given by **statistics**. If 65 percent of the people support a new **policy**, then they accept it without considering the **source**.

사람들은 통계에 의해 주어진 정보를 신뢰한다. 국민의 65%가 새로운 정책을 지지하면 출처는 고려하지 않고 수용한다.

information /인풔ㄹ메이션/ 정보

Do you have any information about our company?

저희 회사에 대해 아는 게 있으신가요?

관련단어 묶어보기

inform /인풔-ㄹ옴/ 알리다

Keep me informed. 계속 알려줘.(= Keep me posted.)

statistic /스터티스틱/ 통계

Statistics show that the crime rate is falling.

통계에 따르면 범죄율이 떨어지고 있다.

policy /팔-러씨/ 1. 정책 2. 방침

What's the government's policy on education?

정부의 교육 정책은 무엇인가요?

It's my policy not to gossip. 험담을 하지 않는 것이 나의 방침이야.

source /쏘-ㄹ쓰/ 원천, 근원

What is your main source of income? 주된 수입원이 뭐죠?

They developed new energy sources. 그들은 새로운 에너지원을 개발했어.

energy source 에너지원

관련단어 묶어보기

resource /리-쏘-ㄹ쓰/   자원

The country is rich in natural resources. 그 나라는 천연자원이 풍부해.

energy /에너ㄹ쥐/   1. 기운   2. 활기, 정력

I have no energy today. 나 오늘 기운이 하나도 없어.

She is always full of energy. 그녀는 항상 활기가 넘쳐.

우리말 뜻을 보고 영어 단어를 써넣으세요.

01 5번 도표를 보세요.　　　　　　Please see ＿＿＿＿＿ 5.

02 마침내 내가 그걸 해결했어.　　I finally figured it ＿＿＿＿＿.

03 들어가도 돼?　　　　　　　　Are you ＿＿＿＿＿?

04 이번 기회 놓치지 마.　　　　　Don't miss this ＿＿＿＿＿.

05 우연히 그를 거리에서 만났어.　I met him on the street by ＿＿＿＿＿.

06 다시 한 번 말해줄래요?　　　Can you ＿＿＿＿＿ that, please?

07 약속 지킬게.　　　　　　　　You have my ＿＿＿＿＿.

08 하늘에 맹세코 그러지 않았어.　I ＿＿＿＿＿ to God I didn't do it.

09 스페인으로 돌아갈거니?　　　Are you ＿＿＿＿＿ to Spain?

10 현재 직업은 무엇인가요?　　　What is your ＿＿＿＿＿ occupation?

11 나 오늘 프레젠테이션 있어.　　I'm giving a ＿＿＿＿＿ today.

12 그는 현재 해외여행 중이야.　　He is ＿＿＿＿＿ traveling abroad.

13 그 돈 주고 산 건 아까워.　　　It's not ＿＿＿＿＿ the money.

14 그는 신체장애가 있어.　　　　He has a ＿＿＿＿＿ disability.

15 절대 안 돼!　　　　　　　　　Over my dead ＿＿＿＿＿!

16 목이 뻣뻣해.　　　　　　　　I have a stiff ＿＿＿＿＿.

17 긍정적인 정신자세　　　　　　a positive ＿＿＿＿＿ attitude

18 좀 울컥했어.　　　　　　　　I got a little ＿＿＿＿＿.

19 계속 알려줘.　　　　　　　　Keep me ＿＿＿＿＿.

20 그녀는 항상 활기가 넘쳐.　　　She is always full of ＿＿＿＿＿.

Answer

01 figure　02 out　03 decent　04 opportunity　05 chance　06 repeat　07 promise　08 swear

09 returning　10 present　11 presentation　12 currently　13 worth　14 physical　15 body

16 neck　17 mental　18 emotional　19 informed　20 energy

They expect a partial **strike** by **union** members would **disturb** the output of 850 vehicles.

그들은 조합원들의 부분 파업이 850대의 차량 생산에 지장을 줄 것으로 예상한다.

strike /스트롸이크/   1. 파업   2. (struck-struck) 때리다

The bus drivers have been on strike. 버스기사들이 파업 중이야.

be on strike 파업 중이다

She struck him hard across the face. 그녀는 그의 얼굴을 세게 때렸어.

관련단어 묶어보기
knock /나-크/   1. 두드리다   2. 때리다

She knocked on the door. 그녀는 문을 두드렸다.

knock on (문을) 노크하다

He knocked his opponent down. 그는 상대편을 때려눕혔어.

knock down ~을 때려눕히다

bump /범프/   1. 부딪치다   2. 우연히 마주치다(into)   3. (bumps) 닭살, 소름

Be careful not to bump your head. 머리를 부딪치지 않도록 조심하세요.

I bumped into him in town. 시내에서 우연히 그를 만났어.(= run into)

I got goose bumps. 소름이 끼쳤어.

> ✎ goose bumps는 추위, 공포나 갑작스런 흥분으로 생긴 닭살, 소름을 뜻해요. get goose bumps 소름이 돋다

union /유-니언/   1. 노조   2. 연합

Are you going to join the union? 노조에 가입할 거니?

The United States is a union of 50 states. 미국은 50개 주의 연합이다.

disturb /디스터-ㄹ브/   방해하다

Sorry to disturb you, but can I talk to you for a moment?
방해해서 미안하지만 잠깐 얘기 좀 할 수 있을까요?

✎ 열심히 무언가를 하고 있는 상대방에게 잠깐 양해를 구할 때, Sorry to disturb you, but..., Sorry to bother you, but..., Sorry to interrupt you, but..., Excuse me, but... 등을 써요.

interrupt /인터뤕트/   방해하다

Sorry, I didn't mean to interrupt you. 미안해, 방해하려던 건 아니었어.

232
It's obvious that companies that don't accept outside **influence** hit a glass ceiling in terms of **profit margins**.

외부 영향력을 인정하지 않는 기업은 이윤 면에서 벽에 부딪칠 것이 분명하다.

influence /인플루언쓰/   1. 영향, 영향력   2. 영향을 주다

Her father was a big influence on her. 그녀의 아버지는 그녀에게 큰 영향을 줬어.

✎ 유튜브, 페이스북이나 인스타그램 등 SNS 채널에서 수십만 명의 구독자를 보유한 유명인을 인플루언서(influencer)라고 해요. Companies look for Facebook influencers who can promote their brand. 회사들은 그들의 브랜드를 홍보할 페이스북 인플루언서들을 찾고 있다.

I don't want to influence your decision. 나는 너의 결정에 영향을 주고 싶지 않아.

profit /프롸-퓌트/   이익

He made a profit of 10,000 dollars. 그는 10,000달러의 이익을 냈어.
make a profit 이익을 내다

benefit /베네퓌트/   1. 이익   2. 수당   3. 이득을 얻다

He got great benefit from the business. 그는 그 사업에서 큰 이익을 얻었다.

✎ benefit는 '자선 행사, 모금 행사'라는 뜻으로도 써요. benefit concert 자선 음악회, benefit performance 자선 공연

Your benefits package includes medical insurance.

당신의 복지혜택에는 의료보험이 포함되어 있습니다.
benefits package 복지혜택

Who benefited from her death? 그녀의 죽음으로 누가 이득을 얻었지?

debt /데트/ 빚

We don't want to get into debt. 우리는 빚을 지고 싶지 않아.
get into debt 빚을 지다

margin /마-ㄹ쥔/ 1. 여백 2. 마진, 이문

I made notes in the margin. 여백에 메모를 했어.

What are your average operating margins? 평균 운영 수익이 어떻게 되세요?

UNIT 233

She flew to Sudan to take **part** in famine **relief** work **requested** by World **Vision**.

그녀는 월드비전이 요청한 기근 구호 작업에 참여하기 위해 수단으로 날아갔다.

---

part /파-ㄹ트/ 1. 부분 2. 지역 3. 배역, 역할

The front part of the car was damaged. 차의 앞부분이 손상되었어.

What part of Seoul? 서울 어디?

He took the part of James Bond. 그는 제임스 본드 역할을 했어.

All the students took part in the festival. 모든 학생들이 축제에 참가했어.
take part in ~에 참가하다

relief /륄리-ㅍ/ 안도, 안심

I passed the exam! – What a relief! 저 시험에 합격했어요! – 정말 다행이다!

> ✎ 걱정했던 일이 잘 풀려 다행이라고 생각할 때 '정말 다행이다!' 또는 '정말 안심이다!'란 뜻으로 What a relief!를 써요.

To my relief, they spoke Korean. 다행스럽게도, 그들은 한국어를 말했어.
to my relief 다행스럽게도

request /뤼퀘스트/   1. 요청, 신청   2. 요청하다(= ask for)

They made a request for help. 그들이 도움을 요청했어.

make a request 요청하다

They requested aid from the government. 그들은 정부에 원조를 요청했어.

관련단어 묶어보기

demand /디맨드/   1. 요구   2. 수요

They accepted our demands for higher pay.
그들은 임금 인상에 대한 우리의 요구를 받아들였어.

The supply is not meeting the demand. 공급이 수요를 맞추지 못하고 있어.

---

vision /뷔전/   1. 시력(= sight)   2. 비전, 선견지명

He has good vision. 그는 시력이 좋아.

He has a clear vision for the future. 그는 미래에 대한 명확한 비전을 가지고 있어.

UNIT 234

I'm **organized** and **responsible**. I organize my **tasks** and give each task a certain amount of time.
저는 체계적이고 책임감이 있습니다. 내 업무를 정리해서 각각의 업무에 일정한 시간을 배분합니다.

organized /오-ㄹ거나이ㅈ드/   체계적인

He is always organized at work. 그는 항상 체계적으로 일을 해.

관련단어 묶어보기

organize /오-ㄹ거나이ㅈ/   1. 정리하다   2. 조직하다, 준비하다

Organize your thoughts before you write. 글을 쓰기 전에 생각을 정리해.

She was busy organizing the event. 그녀는 행사를 준비하느라 바빴어.

organization /오-ㄹ거너제이션/   조직, 기구

The Red Cross is an international organization. 적십자는 국제적인 조직이다.

---

responsible /뤼스파-안서블/   ~을 책임지고 있는

He is responsible for training new staff.

그는 신입직원을 훈련하는 책임을 맡고 있다.

be responsible for ~에 대한 책임을 맡다

관련단어 묶어보기
responsibility /뤼스파-안서**빌러티**/ **책임**

I'll take responsibility for the task. 그 일은 내가 책임질게.

task /태스크/ 일, 과업

Taking care of a baby is no easy task. 아기를 돌보는 것은 쉬운 일이 아니야.

> 🖉 be no easy task는 '쉬운 일이 아니다'란 뜻이죠. be not an easy task와 비슷한 뜻
> 이지만 no를 쓰면 쉽지 않다는 것을 좀 더 강조하는 느낌이 있어요. Keeping ourselves
> healthy is no easy task . 건강을 유지하는 건 쉬운 일이 아니야.

관련단어 묶어보기
duty /두-티/ 1. 임무   2. 관세

I simply did my duty. 나는 그저 해야 할 일을 했을 뿐이야.

The duty on cigarettes has been raised. 담배에 대한 관세가 인상되었어.

I'm off duty today. 나는 오늘 비번이야.

off duty 비번인(↔ on duty 근무중인)

 UNIT 235 **Guilty** decisions were made against those **refusing** to serve in the military for **religious** reasons.

종교적인 이유로 군 복무를 거부하는 사람들에 대해 유죄판결이 내려졌다.

guilty /길티/ 1. 죄책감이 느는   2. 유죄의

I feel guilty about not inviting her to the party.

그녀를 파티에 초대하지 않은 것이 맘에 걸려.

> 🖉 guilty pleasure란 표현이 있어요. 직역하면 '죄책감을 느끼는 즐거움'인데, 죄책감을 느끼
> 면서도 즐기는 행동을 말해요. Ice cream is my guilty pleasure. 아이스크림은 내겐 은
> 밀한 기쁨이야.

455

The jury found him guilty of murder. 배심원단은 그에게 살인죄를 선고했어.

refuse /뤼퓨-ㅈ/ 거부하다, 거절하다

He refused to go into the hospital. 그는 입원을 거부했다.

관련단어 묶어보기
reject /뤼-쉑ㅌ/ 1. 거절하다 2. 불합격시키다

He proposed to her, but she rejected him. 그가 청혼했지만 그녀는 거절했어.

I applied to Harvard University, but I was rejected.
하버드 대학에 지원했는데, 불합격했어.

> ✎ refuse와 reject는 모두 '거부하다, 거절하다'의 뜻으로 쓰여요. 약간 다른 점은 refuse에 비해 reject는 어떤 기준에 맞추지 못해서, 충분히 좋지 못해서 거절한다는 느낌이 있죠.

deny /디나이/ 부인하다

He still denies murdering his wife. 그는 여전히 아내를 살해한 것을 부인해.

religious /륄리줘ㅆ/ 신앙심이 깊은

They are deeply religious. 그들은 독실하다.

관련단어 묶어보기
religion /륄리젼/ 종교

What's your religion? 종교가 뭐예요?

bless /블레ㅆ/ 신의 가호를 빌다

Achoo! – Bless you! 에취! - 몸조심 하세요!

> ✎ 영어권 국가에서는 누가 재채기를 하면 Bless you!라고 말해요. 과거 중세 시대 유럽에서 흑사병이 유행했는데, 재채기가 흑사병의 초기 증상이라 생각한 사람들이 병이 나으라는 의미로 쓰기 시작한 표현이에요.

hell /헬/ 지옥; 도대체(= heck)

What the hell are you doing here? 도대체 여기서 뭐하고 있는 거야?

456

✎ 의문사 바로 다음에 the hell이나 the heck을 쓰면 '도대체'란 뜻이 돼요. 주로 짜증내며 따지거나 놀라움을 나타낼 때 씁니다. What the heck was that? 도대체 저게 뭐야?

heaven /헤븐/ 천국

I just lay in the sun and did nothing. It was heaven.
그저 햇볕에 누워 아무것도 하지 않았어. 그곳은 천국이었지.

church /춰-ㄹ취/ 교회

We go to church every Sunday. 우리는 주일마다 예배를 드린다.

✎ go to church는 물리적인 장소로 '교회에 가다'란 뜻이 아니라 '교회에 가서 예배를 드리다'의 뜻이에요. 방문할 목적으로 교회에 가는 경우에는 go to the church를 쓰죠. 비슷한 쓰임으로 go to bed(자러 가다), go to work(일하러 가다), go to school(공부하러 가다) 등이 있어요.

pray /프뤠이/ 기도하다

Martha prayed to God for help. 마사는 신에게 도움을 청했다.

prayer /프뤠어르/ 기도

I'll say a prayer for you. 널 위해 기도할게.

say a prayer 기도를 드리다

✎ /프뤠어르/로 발음하면 '기도', /프뤠이어르/로 발음하면 '기도하는 사람'이란 뜻이에요.

우리말 뜻을 보고 영어 단어를 써넣으세요.

01 그녀는 문을 두드렸다.   She _____ on the door.

02 시내에서 우연히 그를 만났어.   I _____ into him in town.

03 소름이 끼쳤어.   I got _____ bumps.

04 노조에 가입할 거니?   Are you going to join the _____?

05 방해하려던 건 아니었어.   I didn't mean to _____ you.

06 $10,000달러의 이익을 내다   make a _____ of 10,000 dollars

07 우리는 빚을 지고 싶지 않아.   We don't want to get into _____.

08 여백에 메모를 했어.   I made notes in the _____.

09 서울 어디?   What _____ of Seoul?

10 정말 다행이다!   What a _____!

11 그들은 원조를 요청했다.   They _____ aid.

12 공급이 수요를 맞추지 못하고 있다. The supply is not meeting the _____.

13 생각을 정리해.   _____ your thoughts.

14 나 오늘 비번이야.   I'm off _____ today.

15 그는 입원을 거부했어.   He _____ to go into the hospital.

16 불합격했어.   I was _____.

17 종교가 뭐예요?   What's your _____?

18 몸조심 하세요!   _____ you!

19 그곳은 천국이었어.   It was _____.

20 널 위해 기도할게.   I'll say a _____ for you.

Answer

01 knocked   02 bumped   03 goose   04 union   05 interrupt   06 profit   07 debt   08 margin
09 part   10 relief   11 requested   12 demand   13 Organize   14 duty   15 refused   16 rejected
17 religion   18 Bless   19 heaven   20 prayer

The outcome has **confirmed** how hard it is to narrow the wide **gap** between them in understanding their **shared** history.

그 결과는 그들이 공유하는 역사를 이해하는데 있어서 큰 격차를 좁히는 것이 얼마나 어려운지를 확인시켜준다.

confirm /컨풔-ㄹ엄/   확인하다

The president refused to confirm the rumor. 대통령은 그 소문의 확인을 거부했다.

gap /갭/   1. 틈, 간격   2. 격차

A cold wind blew through the gap in the window.
창문 틈으로 찬바람이 불어왔다.

The gap between rich and poor is increasing. 빈부격차가 갈수록 심해지고 있다.

관련단어 묶어보기
hole /호울/   구멍, 구덩이

He dug a deep hole in the garden. 그는 정원에 깊은 구덩이를 팠어.

share /쉐어/   1. 함께 쓰다, 공유하다   2. 나누다   3. 몫, 지분

The three of us shared a taxi. 우리 셋은 택시를 함께 탔어.

Will you share your fries with me? 감자튀김 좀 나눠 먹을래?

Don't worry. You'll get your share. 걱정하지 마. 네 몫을 갖게 될 거야.

관련단어 묶어보기
divide /디봐이드/   나누다

I divided the pizza into eight pieces. 피자를 8조각으로 나눴어.

division /디뷔전/   부

I work in the sales division. 나는 영업부에서 일해.

section /쎅션/   구역

The library has a large biology section. 그 도서관은 생물학 코너가 넓다.

separate /쎄퍼뤄ㅌ/　1. 분리된　2. /쎄퍼뤠이트/ 헤어지다

I try to keep meat separate from other food.
나는 고기를 다른 음식과 분리해서 보관하려고 애써.

They separated last year. 그들은 작년에 헤어졌어.

UNIT 237

Public labor reform **measures** are **likely** to open a new round of intense debate.
공공 노동 개혁 조치가 새로운 신랄할 논쟁을 불러일으킬 것으로 보인다.

---

public /퍼블릭/　1. 공공의　2. 일반 사람들

Please be quiet in public places. 공공장소에서는 조용히 하세요.

Her husband is nice to her in public.
그녀의 남편은 사람들 있는 곳에서는 그녀에게 잘해준다.

in public 사람들이 있는 데서

관련단어 묶어보기
publicity /퍼블리써티/　홍보

There has been a lot of publicity for his new book.
그의 새 책을 많이 홍보하고 있는 중이야.

civil /씨벌/　1. 국가의　2. 국내의

I'm preparing for a civil service exam. 공무원 시험을 준비 중이야.

A civil war broke out in Africa. 아프리카에서 내전이 일어났어.

> ✎ civil war은 '내전'의 뜻이에요. 미국의 대표적인 내전인 '남북전쟁'은 American Civil War라고 합니다.

---

labor /레이버ㄹ/　1. 노동　2. 진통

To make a living, I do manual labor. 생활비를 벌기 위해서 육체노동을 해.

She was in labor for seven hours. 그녀는 7시간 동안 진통을 했어.

be in labor 산고를 겪고 있다

measure /메저ㄹ/   1. 재다   2. 조치

Can you measure the desk? 책상을 재줄래?

The police took measures to reduce crime.
경찰은 범죄를 줄이기 위한 조치를 취했다.

take a measure 조치를 취하다

pound /파운ㄷ/   파운드 (= 450 gram)

A pound is 16 ounces. 1파운드는 16온스다.

pint /파인ㅌ/   파인트 (= 0.473 liter)

Add two pints of water. 물 2파인트를 더해라.

barrel /배뤌/   배럴 (= 159 liter)

Oil prices went up by 50 cents a barrel. 유가가 배럴당 50센트 올랐다.

likely /라이클리/   1. ~할 것 같은   2. 그럴듯한

I'm likely to forget if you don't remind me.
네가 상기시켜 주지 않으면 잊어버릴 것 같아.

be likely to-v ~일 것 같다

This is the most likely explanation. 이것이 가장 그럴듯한 설명이야.

UNIT 238 Korea was the **leader** in display panel **production**. But China will **presumably replace** Korea.
한국은 디스플레이 패널 생산에서 선두였다. 하지만 중국이 아마도 한국을 대체할 것이다.

leader /리-더ㄹ/   지도자, 대표

He is a born leader. 그는 타고난 지도자야.

lead /리-ㄷ/   (led-led) 1. 지도하다, 앞장서다   2. ~에서 첫째이다

You lead and we'll follow. 네가 앞장서면 우리가 따라갈게.

Korean companies lead the world in IT.

한국 회사들은 IT 분야에서 세계를 선도하고 있다.

leadership /리-더ㄹ쉽/ 지도력

Kids learn leadership skills. 아이들은 리더십 기술을 배워.

production /프롸덕션/ 생산

We need to increase production by 20%. 우리는 생산량을 20% 늘려야 해.

관련단어 묶어보기
produce /프뤄듀-쓰/ 생산하다

The factory produces about fifty cars per hour.
그 공장은 시간 당 약 50대의 자동차를 생산한다.

product /프롸-덕트/ 상품

The company has launched a new product. 그 회사는 신제품을 출시했어.

goods /굳ㅈ/ 제품

Where are household goods? 가사용품은 어디 있나요?

> 🖉 household goods 가사용품, electrical goods 전기제품, agricultural goods 농산품, duty-free goods 면세품, luxury goods 사치품, damaged goods 파손상품

presumably /프뤼주-머블리/ 아마, 짐작컨대

He's dead now, presumably. 아마 그는 죽었을 거야.

관련단어 묶어보기
presume /프뤼주-움/ 추측하다

I presume we'll be there by six o'clock.
아마 우리가 거기에 6시까지는 도착할 거야.

replace /뤼플레이쓰/ 1. 대신하다 2. 바꾸다, 교체하다

We found someone to replace her. 우리는 그녀를 대신할 사람을 찾았어.
We're thinking of replacing our old TV. 우리는 오래된 TV를 바꿀 생각이야.

462

UNIT 239 Prosecutors said the interrogation **session** will be **recorded** with CCTVs to prevent **false** statements being made.

검찰은 허위 진술이 나오지 않도록 취조 과정을 CCTV로 녹화하겠다고 밝혔다.

session /쎄션/ 특정한 활동을 위한 시간

There will be a question-and-answer session. 질의응답 시간이 있을 거예요.

record /뤼코-ㄹ드/ 1. 기록하다 2. 녹음하다 3. /뤠코-드/ 기록

I recorded all my expenses during the trip. 여행 중에 모든 비용을 기록했어.
To record, press the red button. 녹음하려면 빨간색 버튼을 눌러.
Last winter was the coldest on record. 지난겨울은 기록상 가장 추웠어.

관련단어 묶어보기
register /뤠쥐스터ㄹ/ 등록하다

I'd like to register for a Spanish course. 스페인어 강좌에 등록하고 싶어요.

registration /뤠쥐스트뤠이션/ 등록

The registration fee is $75. 등록비는 75달러예요.
registration fee 등록비

false /풔-올쓰/ 1. 틀린(↔ true) 2. 인조의 3. 위조의

He gave false information to the police. 그는 경찰에게 허위 정보를 주었어.
My grandfather wears false teeth. 제 할아버지께서는 틀니를 끼세요.
He uses a false name. 그는 가명을 써.

✎ false name 가명, false document 위조문서, false hair 가발, false teeth 틀니

Experts stress that a proper environment to nurture **silver industries** and consistent state support are crucial ingredients.

전문가들은 실버산업을 육성하기 위한 적절한 환경과 일관된 국가 지원이 중요한 요소라고 강조한다.

expert /엑스퍼-르트/ 전문가

He's an expert on space. 그는 우주 전문가야.

stress /스트뤠ㅆ/ 1. 스트레스 2. 스트레스를 주다(out) 3. 강조, 중점

My mom gives me lots of stress. 엄마는 내게 많은 스트레스를 줘.

I've been under a lot of stress recently. 최근에 스트레스를 많이 받았어.
under stress 스트레스를 받는

You're stressing me out! 너 때문에 스트레스 받아!

She put stress on the importance of exercise. 그녀는 운동의 중요성을 강조했어.

관련단어 묶어보기
tension /텐션/ 긴장

Exercise helps relieve tension. 운동은 긴장 완화에 도움이 된다.

silver /씰붜ㄹ/ 은

This dish is made of silver. 이 접시는 은으로 만들어졌어.

관련단어 묶어보기
gold /고울드/ 금

This ring is 100% pure gold. 이 반지는 100% 순금이야.
pure gold 순금

jewelry /쥬-얼리/ 보석

She is wearing expensive jewelry. 그녀는 값비싼 보석을 하고 있어.

industry /인더스트뤼/ 산업

Hollywood is the center of the American movie industry.

할리우드는 미국 영화 산업의 중심이다.

우리말 뜻을 보고 영어 단어를 써넣으세요.

01 소문의 확인을 거부하다   refuse to _____ the rumor

02 빈부격차   the _____ between rich and poor

03 감자튀김 좀 나눠 먹을래?   Will you _____ your fries with me?

04 그들은 작년에 헤어졌어.   They _____ last year.

05 아프리카에서 내전이 일어났어.   A _____ war broke out in Africa.

06 막노동을 해.   I do manual _____.

07 책상을 재줄래?   Can you _____ the desk?

08 그는 타고난 지도자다.   He is a born _____.

09 생산량을 20% 늘리다   increase _____ by 20%

10 가사용품은 어디 있나요?   Where are household _____?

11 아마 그는 죽었을 거야.   He's dead now, _____.

12 우리의 오래된 TV를 교체하다   _____ our old TV

13 질의응답 시간   a question-and-answer _____

14 스페인어 강좌에 등록하다   _____ for a Spanish course

15 등록비는 75달러입니다.   The _____ fee is $75.

16 그는 가명을 써요.   He uses a _____ name.

17 그는 우주 전문가야.   He's an _____ on space.

18 너 때문에 스트레스 받아!   You're _____ me out!

19 이 접시는 은으로 만들어졌어.   This dish is made of _____.

20 미국 영화 산업의 중심   the center of the American movie _____

Answer

01 confirm   02 gap   03 share   04 separated   05 civil   06 labor   07 measure   08 leader
09 production   10 goods   11 presumably   12 replace   13 session   14 register   15 registration
16 false   17 expert   18 stressing   19 silver   20 industry

Index

breakfast	201	carriage	145	clean	114
breast	369	carry	145	clear	304
breath	057	case	274	clearly	304
breathe	057	cash	022	clever	110
breed	286	cat	229	click	366
bright	292	catch	076	client	354
brilliant	110	ceiling	420	clock	036
bring	098	cellphone	243	close	293
broad	139	center	421	closely	293
brother	126	central	421	cloth	166
brush	233	century	078	clothes	166
buck	296	cereal	056	clothing	166
bucket	079	certain	192	cloud	161
budget	337	certainly	192	club	360
build	258	challenging	060	clue	205
building	258	chance	442	coast	156
bump	451	change	322	coffee	078
bunch	299	character	285	coin	017
burden	410	charge	319	cold	223
bus	138	charity	425	collar	095
business	144	chat	186	colleague	088
busy	164	cheap	251	collect	341
but	159	cheat	302	collection	341
buy	094	check	155	color	108
buyer	095	cheese	317	come	061
by	035	chest	370	comedy	360
bye	151	chicken	252	comfortable	048
calculate	330	child	046	commercial	062
calculation	330	choice	181	commit	336
calendar	147	choose	181	commitment	336
call	104	church	457	committee	336
camp	413	cigarette	233	communicate	186
can	142	circle	372	communication	186
cap	227	circumstance	394	community	360
capable	227	citizen	391	company	133
capacity	227	city	390	compete	197
capital	391	civil	460	competition	197
card	022	claim	299	competitive	197
care	068	class	212	complete	222
career	106	classroom	212	completely	222
careful	069	clause	402	concentrate	421

469

different	164	dry	303	equally	434
difficult	060	due	388	equipment	413
difficulty	060	dull	417	error	071
dig	300	dumb	404	especially	235
dinner	201	duty	455	essential	248
direct	308	each	357	estate	333
direction	308	ear	271	even	319
directly	308	early	190	evening	169
dirty	309	earn	348	ever	136
disagree	032	earth	364	every	357
disappear	125	easily	348	everybody	129
disappointed	021	easy	347	everyone	129
disaster	431	eat	262	everything	070
discount	138	economic	334	everywhere	070
discuss	221	economy	333	evidence	290
discussion	221	edge	400	exact	332
dish	210	education	107	exactly	331
distance	114	educational	107	exam	037
district	338	effect	026	examine	037
disturb	451	effective	026	example	428
divide	459	effort	020	excellent	196
division	459	either	420	except	080
divorce	202	electrical	378	exception	080
do	036	electricity	378	exceptional	080
doctor	041	electronic	378	exchange	141
dog	229	email	413	excited	163
dollar	016	embarrassed	231	excitement	163
door	284	emergency	347	exciting	163
double	154	emotional	447	exclude	378
doubt	438	employ	395	excuse	305
down	245	employee	395	exist	391
downstairs	177	employer	395	existence	391
downtown	234	employment	395	expand	340
draft	364	empty	250	expect	332
drag	365	encourage	203	expense	251
dream	280	end	376	expensive	251
dress	095	energy	449	experience	311
drink	078	enjoy	338	experienced	311
drive	176	enough	346	experiment	311
drop	105	environment	436	expert	464
drug	223	equal	434	explain	076

explanation	076	final	374	freeway	139
extend	321	finally	374	frequently	201
extension	321	finance	336	fresh	122
extent	321	financial	336	friend	132
extra	100	find	030	friendly	132
extremely	355	fine	312	frightened	279
eye	271	finger	200	front	377
face	270	finish	222	fruit	316
fact	402	fire	165	fuel	410
factor	402	first	144	full	250
fail	428	firstly	145	fully	250
failure	428	fish	303	fun	275
fair	129	fit	167	function	253
fairly	130	fix	159	funny	275
fall	182	flash	298	future	409
false	463	flat	318	gain	096
familiar	108	flight	143	game	197
familly	108	float	290	gap	459
famous	294	flood	161	garbage	430
fan	240	floor	420	garden	230
fancy	422	flower	299	gas	409
fantastic	196	fly	143	gate	284
far	392	fold	422	gather	341
fast	148	folk	109	gear	357
fault	312	follow	150	general	252
favor	031	food	099	generally	252
favorite	031	fool	403	get	039
fear	279	foot	385	gift	313
feature	285	football	386	give	016
fee	328	for	119	glad	193
feed	370	foreign	356	glue	170
feel	162	forever	323	go	086
feeling	163	forget	180	gold	464
female	435	forgive	072	good	134
festival	262	forth	033	goodness	136
few	225	fortunate	421	goods	462
field	300	fortune	421	gorgeous	196
fight	130	forward	376	grab	242
figure	442	frank	310	grade	345
fill	250	free	122	graduate	107
film	225	freedom	123	grand	340

just	256	lid	211	male	435
keep	204	lie	268	man	176
key	313	life	123	manage	195
kid	046	lift	286	management	196
kill	174	light	298	manner	097
kind	155	like	337	many	326
kitchen	210	likely	461	map	414
knee	447	likewise	338	margin	453
knock	451	limit	133	market	354
know	291	line	320	marketing	354
knowledge	292	listen	101	marry	202
labor	460	literally	352	marvelous	196
lamp	232	little	263	massive	340
land	300	live	123	match	167
language	110	living	123	mate	261
large	339	load	410	material	237
last	246	loan	039	math	401
late	245	local	437	matter	274
lately	245	locally	437	maximum	340
later	245	lock	419	may	086
laugh	254	lonely	088	maybe	062
law	070	long	153	meal	056
lawyer	069	look	213	mean	217
lead	461	loose	355	meaning	218
leader	461	lose	254	measure	461
leadership	462	loss	254	meat	251
leak	290	lost	254	media	120
lean	205	lot	066	medical	395
learn	106	loud	281	medicine	223
least	264	love	069	meet	127
leave	224	lovely	069	meeting	127
lecture	310	low	243	melt	290
left	323	lower	244	mental	447
leg	386	luck	055	mention	368
lemon	316	luckily	055	menu	305
lend	091	lucky	055	merely	215
less	264	lunch	201	mess	115
lesson	310	machine	426	message	091
let	032	machinery	426	messy	115
letter	413	mad	117	metal	237
license	136	make	046	method	097

middle	185	necessarily	075	ocean	156
midnight	215	necessary	075	o'clock	035
might	085	neck	447	odd	052
milk	317	need	070	of	232
mimute	058	negative	195	off	221
mind	252	neighbor	151	offer	050
miss	126	neither	199	office	089
mistake	071	nerve	042	officer	089
mix	250	never	419	official	090
modern	294	new	122	often	201
mom	126	news	119	oil	409
moment	091	newspaper	120	okay	049
money	017	next	227	old	122
month	311	nice	162	on	106
monthly	312	night	215	once	422
mood	217	no	029	one	241
more	222	nobody	291	online	320
morning	179	noise	275	only	215
most	222	noisy	276	open	075
mostly	222	none	291	operate	426
mouse	366	nonsense	287	operation	426
mouth	272	nope	029	opinion	373
move	200	nor	269	opportunity	442
movie	225	nose	271	opposite	352
much	326	not	420	option	181
mug	210	note	091	or	370
murder	175	nothing	259	order	058
muscle	447	notice	206	organization	454
museum	181	now	019	organize	454
music	211	nowadays	019	organized	454
nail	200	nowhere	356	other	194
naked	447	nuisance	109	otherwise	374
name	258	number	387	ought to	329
narrow	139	nurse	041	ounce	461
nasty	300	nut	404	out	090
natural	365	object	153	outside	090
naturally	365	obtain	136	oven	211
nature	364	obvious	411	over	132
near	141	obviously	411	owe	169
nearly	141	occupy	421	own	038
neat	311	occur	019	owner	038

say	081	ship	331	slow	148
scared	279	shipment	331	slowly	148
schedule	241	shirt	095	smart	110
school	107	shock	175	smell	089
score	037	shoe	237	smile	255
scream	282	shoot	418	smoke	165
sea	156	shop	141	smoking	165
season	183	shopping	141	snow	161
seat	048	short	154	so	278
second	058	shot	418	social	360
secret	262	should	328	society	359
secretary	262	shoulder	447	sock	238
section	459	shout	282	solid	349
secure	383	show	184	solution	160
security	383	shower	289	solve	160
see	017	shut	293	some	322
seed	341	sick	220	somebody	203
seem	347	side	260	somehow	102
sell	283	sight	018	someone	203
send	272	sign	066	something	203
sense	286	signal	066	sometimes	015
sensible	287	significant	247	somewhat	317
sensitive	287	silly	404	somewhere	356
sentence	402	silver	464	son	240
separate	460	simple	314	soon	124
serious	255	simply	314	sore	231
seriously	255	sin	390	sorry	021
serve	050	since	074	sort	156
service	049	single	367	soul	260
session	463	sink	211	sound	051
set	076	sister	126	source	448
settle	076	sit	048	space	115
several	226	size	399	spare	430
sex	435	skill	080	speak	081
shall	207	skin	263	speech	079
shame	042	skinny	263	speechless	080
shape	372	sleep	414	spell	369
share	459	slight	411	spend	439
shave	289	slightly	411	spill	078
shelf	232	slim	399	spirit	260
shine	298	slip	312	sport	240

tired	190	ugly	280	voice	051
to	326	unbelievable	385	vote	337
today	035	uncle	045	wait	412
toe	386	uncomfortable	048	wake	179
together	089	under	295	walk	148
toilet	289	underneath	295	wall	230
tomorrow	035	understand	349	wander	087
ton	066	unemployed	395	want	072
tongue	272	unemployment	395	warm	250
tonight	216	unfair	130	warn	069
too	094	unfortunate	421	warning	069
tool	426	unfortunately	421	wash	289
tooth	272	unhappy	267	waste	429
top	262	uniform	166	watch	018
touch	156	union	451	water	289
toward	213	unit	152	way	096
towel	098	unless	065	weak	408
town	234	until	327	wear	172
tradition	236	unusual	351	weather	161
traditional	236	up	245	website	020
traffic	139	upset	117	wedding	202
trap	366	upstairs	177	week	047
trash	430	use	124	weekend	047
travel	137	used	125	weekly	048
treat	359	useful	125	weigh	382
treatment	359	usual	351	weight	382
tree	173	usually	351	weird	052
tricky	060	vacancy	250	welcome	128
trip	137	vacation	225	well	184
trouble	109	vague	304	wet	304
true	268	value	445	what	027
trust	085	various	133	whatever	028
truth	269	vast	340	wheel	377
try	020	vegetable	317	when	191
T-shirt	166	very	110	whenever	191
tube	099	victim	339	where	356
tune	212	view	373	whereas	405
turn	118	village	234	wherever	356
twin	169	vision	454	whether	065
type	392	visit	242	which	119
typical	392	visitor	242	while	405

480

한 번 들으면 "아하!"하고 바로 이해되는
미국 사람들이 평생 써먹는 **표현 101가지**

T. John Kim 지음 / 15,800원 / 170*225 / 224쪽

01 저자의 미국 생활 경험이 생생하게 담긴 일화 속에서 학습할 표현을 확인하게 됩니다. 어떠한 상황에서 쓰였는지 글로 한번 이해하고, 어떠한 의미와 뉘앙스로 쓰이는지 그림을 통해서도 쉽게 이해할 수 있어요. 학습한 표현은 다양한 예문을 통해 다시 한번 확인하고, 대화를 통해 활용해 봅니다. 특히, 문장과 대화는 꼭 원어민 음성으로 들어보세요.

02 책으로 학습할 표현을 확인했다면, 이제 실천 페이지를 통해 복습을 해주세요. 4가지 미션을 수행하시면 됩니다. 이 미션을 하나씩 실천하다 보면 어느새 자연스럽게 익숙해져 있는 여러분을 발견할 거예요!

* 실천페이지 www.pub365.co.kr 홈페이지 다운로드

미국 사람들이 매일 쓰는

인생 영단어

초판 1쇄 인쇄 2024년 7월 24일
초판 1쇄 발행 2024년 8월 12일

지은이 한진 (지니쌤)
발행인 임충배
홍보/마케팅 양경자
편집 김인숙, 왕혜영
디자인 정은진
펴낸곳 도서출판 삼육오(PUB.365)
제작 (주)피앤엠123

출판신고 2014년 4월 3일
등록번호 제406-2014-000035호

경기도 파주시 산남로 183-25
TEL 031-946-3196 / FAX 031-946-3171
홈페이지   www.pub365.co.kr

ISBN 979-11-92431-77-2 13740
ⓒ 2024 한진 (지니쌤) & PUB.365